嶋田珠巳／斎藤兆史／大津由紀雄［編］

言語接触

英語化する日本語から考える
「言語とはなにか」

東京大学出版会

Language Contact:
Linguistic Problems Seen Through "Anglicizing" Japanese
T. Shimada, Y. Saito, and Y. Otsu, Editors
University of Tokyo Press, 2019
ISBN 987-4-13-083079-9

はじめに

　ある言語と別の言語が触れ合った時に，なにかが起こる．そのとき，どんなふうに，どんなことが起き，触れ合った土地の言語状況や言語にどのような影響を与えるのかについて研究する分野を「接触言語学」と呼ぶ．

　2016年に，編著者の一人である嶋田珠巳が『英語という選択——アイルランドの今』（岩波書店，以下，『選択』）を出版した．同書はアイルランドにおける言語をめぐる現象——とくに，言語交替を中心に，そのプロセス，そこに生まれたアイルランド英語，人々の意識，コミュニティの様子を描いたものである．同書は多くの読者を得て，いくつかの書評の対象となったり，インタビュー取材を受けたりした．

　これらの書評の視点は言語学の域に留まらず，教育，文学，進化学など，じつに多様であった．そうした状況を受け，やはり編著者の一人である大津由紀雄は「語り尽くそう，『英語という選択』」（以下，「選択シンポジウム」）を企画し，2017年3月4日に明海大学浦安キャンパスにおいて開催された．選択シンポジウムでは，もう一人の編著者である斎藤兆史など『選択』の書評者を含む，関連分野の研究者8名が登壇し，フロアも交え，活発で，重要な議論が展開された．

　その選択シンポジウムで展開された議論を引き継ぎ，とくに，日本語の未来を考える視点から企画されたのが本書である．本書では現代日本における言語接触の実態とその視点から日本語の未来を探ろうとするもので，その作業をするために必要と考えられるさまざまなことがら，たとえば，言語接触のメカニズムについての一般的知見，日本以外の地域における言語接触，現代日本の言語状況を生み出した背景などについても考察を行う．

　本書の読み方はさまざま考えられる．言うまでもなく，最初から最後まで通読しながら，興味をそそられたテーマや視点，あるいは，疑問に感じた部分について，各章に付された参考文献や本書末尾に置かれた読書案内を参考にさらなる探究を試みるという正統派の読み方がある．言語学への関心が強いという

読者であれば，私たちが勧めるまでもなく，まず第Ⅰ部の各章に赴くであろう。あとは気になる章から読み進めていただければよい。言語教育，ことに，英語教育の関心があるという読者であれば，第Ⅳ部を最初に読み，そのあと，第Ⅰ部に戻って，気の向くままに読み進めるという方法もあろう。さらに，気になる著者，気になるトピックから読んでみたいという読者もいるだろう。それもまたよし。著者からのメッセージをしっかりと受けとめていただきたい。

編著者一同
嶋 田 珠 巳
斎 藤 兆 史
大 津 由 紀 雄

言語接触——英語化する日本語から考える「言語とはなにか」・目次

はじめに　i

プロローグ ……………………………………… 嶋田珠巳　1

1　言語交替が起こる　1
2　英語は日本語を脅かすのか　3
3　英語が混ざる日本語　5
4　どこまでの「変化」ならゆるされるのか　8
5　本書へのいざない　10

第Ⅰ部　言語接触を考える基礎
言語接触とはどのようなもので，そもそも言語とはなにか

第1章　言語接触とはなにか ……………………… 嶋田珠巳　15

1　接触はことばをかえる　15
2　言語接触のとらえかた　16
3　身近な言語接触　20
4　言語接触とその帰結　25
5　言語が替わるときに実際に言語に起きていること　33
6　接触による言語変化　35
7　言語接触が問題になるとき　37
8　言語接触研究のおもしろさ　40

第2章　言語における固有と外来 ……………………… 林　徹　49

1　「コトバ」という言葉の曖昧さ　49

目次——iii

  2 言語はどこにあるか？ 53
  3 「コトバ」の多義性の理由 57
  4 外来語 59
  5 固有語 61
  6 まとめ 63

第3章　人間の言語能力と言語多様性 …………………上野善道　65
   　言語に向き合う視点

 はじめに 65
  1 きっかけ 65
  2 記述の視点 69
  3 歴史・比較研究の視点から 81
  4 言語の保存復興に関連して 84

第Ⅱ部　日本語の歴史を考える視点
日本語にもある，さまざまな出会いの経験。そこにある「言語接触」とは

第4章　日本語と漢語・漢文 ……………………………遊佐　昇　99

 はじめに 99
  1 漢語って中国語 99
  2 日本語の漢語との接触 100
  3 中国の言語の統一 102
  4 日本への漢字の伝来 103
  5 漢字の学問 110
  6 ことばとしての漢語──江戸期の接触・唐話 111
  7 中国における中世口語の発見とその展開 115

第5章　近代日本の国語政策 ……………………………安田敏朗　123

  1 はじめに──国語政策・国語・言語接触 123
  2 言語接触と言語不通──青田節『方言改良論』から 125

3　国語政策概観——漢字制限・かなづかい・標準語　128
　　4　対外普及と国語政策　132
　　5　未完の国語政策——村上広之を例に　136
　　6　おわりに　140

第6章　日本語の現代的諸相　　　　　　　　　　　　　　真田信治　145

　　1　はじめに——日本語のドメイン　145
　　2　英語の特権化　146
　　3　「言語」と「方言」　151
　　4　方言の格上げ　153
　　5　地域語における中間的スタイルの形成　157
　　6　おわりに——「手話言語」に触れて　164

第Ⅲ部　文化の生態系を考える視点
言語は人々の生活においてどのような機能を担っているのか

第7章　言語接触から見た琉球語　　　　　　　　　　狩俣繁久　169
琉球語の多様性の喪失

　　1　琉球列島における言語接触　169
　　2　琉球語の多様性　169
　　3　琉球語における言語接触　172
　　4　近代以降の言語接触　173
　　5　しまくとぅばの継承　180
　　6　新たな言語衝突——多様性の危機　181
　　7　多様性の維持　182
　　8　言語研究者の仕事　185

第8章　文化（生態系）を映し出す言語の〈かたち〉
　　　　　　　　　　　　　　　　　　　　　　　　　　　　　宮岡伯人　189

　　1　言語の〈かたち〉への注目　189

2　言語と「環境」のあいだ　193
  3　環境適応としての文化，そして言語　195
  4　ことばの「カタチ性」　200
  5　言語の「かたち」からみた言語接触（危機と消滅）　205

第9章　英語詩の中のアイルランド　……………………栩木伸明　221
　　　　シェイマス・ヒーニーの場合

  1　植民地支配に起因する二重性　221
  2　地名は風景と歴史を内包する　223
  3　『冬を生き抜く』の背景をなす時代と場所　229
  4　シェイクスピアの問いにジョイスが答えるのはなぜか　232
  5　ハイブリッドな詩，母語としての英語　234
  6　「英語はわたしたちのものなのだよ」と亡霊が語る　236
  7　ローカルなるものに信を置く詩人──結論に代えて　239

第Ⅳ部　日本語の未来を考える視点
英語は日本語の将来にダメージを与えるのか

第10章　英語化する日本語とその未来　………………………斎藤兆史　245

  1　言語の乱れか変化か　245
  2　言語の運用効率　246
  3　言語の生態系は守れる／守るべきものなのか　247
  4　言語の急速な変化は「死者たち」との対話を困難にする　248
  5　日本語の英語化　251
  6　最近の英語化の傾向　252
  7　内容語から文へ，そして言語交替へ　254
  8　日本語の「かいぼり」と保全活動　256

第11章　外来種論争から考える日本語と英語 ……………岡ノ谷一夫　259

1. 科学者としての私と英語をめぐる状況　260
2. 生物多様性　262
3. 外来種と生物多様性　263
4. 生物多様性と環境頑健性　264
5. 生物多様性と文化多様性　266
6. 文明の頑健性・脆弱性　267
7. 地球文明の画一化と英語の寡占化　268
8. 科学における上位下達な課題設定　270
9. 言語多様性の積極的維持——多言語主義　270

第12章　英語侵略に抗うための，ことばの教育 ………大津由紀雄　275

1. 英語狂想曲　275
2. 学校英語教育の変遷と現状　276
3. 英語狂想曲状況の行きつくところ　280
4. ことばを操る力　282
5. 素朴言語学　285
6. 今後への期待　292

エピローグ——この本をまとめるなかで考えたことなど …………嶋田珠巳　299

1. 世界は英語を選択するのか　299
2. 言語接触の環境を見るということ　301
3. さらに，言語の未来を考えるために　303
4. 「生態系」のアナロジーと言語多様性　305
5. 「多様性を守る」ことの難しさ　306
6. 今後の英語教育をおもう　308
7. 言語に対する，おもに2つの価値基準「応世」と「伝世」　310
8. 人にとって言語とはなにか　312
9. 中国語との接触，英語との接触——日本語の歴史的な流れのなかで　315
10. 本書のおわりに　317

読書案内 …………………………………………………………………321

  1　まずはここから（321）／2　言語学（322）／3　社会言語学（323）／4　言語と方言，ことばと暮らし（324）／5　変わりゆく言語――危機言語，多言語使用，ことばの現在・未来（325）／6　歴史・文化交流・植民地（327）／7　ことばと人の営み――文学，教育（328）／8　心・脳・進化（330）／9　ことばの教養（331）

編者・執筆者紹介　　333
索　引　　335

プロローグ

嶋田珠巳

　いつも日本語のことが気になっていた。自分をあらわすのにいちばん楽で，いちばん心地よいことばがわたしにとっては日本語で。こうして文章を書いてまだ知らぬ人とさえつながりうる「世界」を与えてくれる。ことばは日々の生活やものごとの理解の中核にあるようだ。わたしがとくにみてきた言語はアイルランドで話される，見た目が英語の「アイルランド英語」で，それはわたしにことばの出会いあるいは衝突はなにをもたらすかを考えさせた。本書で「言語接触」を中心的に扱うことになったのも，こうした，まだ霞がかったもやもやの「わたしたちの関心事」から，日本語の，とくにその未来を考えたときにあらわれてくるような諸問題を「言語接触」というところから考察したいと考えるようになったからである。本書はそのひとつの形である。

1　言語交替が起こる

　「選択シンポジウム」（はじめに　参照）で話題になったことのひとつは，アイルランドの言語交替の事例をふまえて，日本でもそんなことが起こりうるのだろうかという議論である。むろん，それはおもに英語との関係で，国際化を叫ぶあまり，日常のことばでも，学術や創作のことばでも，近い将来それが英語に置き換わるような危険はないか，ということだ。言語交替は，言語接触の帰結のひとつのかたちとしてとらえられ，それ自体はけっしてめずらしいものではない。ちいさな村くらいのコミュニティであれば，言語交替はよくあることであり，3世代，つまり百年ほどあれば言語は取り替わってしまうことが可能である。

　村の規模ならともかくも，1つの国の言語が別の言語に取って替わられるこ

とはそう簡単に起こりそうにない。でもアイルランドではそれがじっさいに起こってしまったのである。その過程を知ること，さらにはどのような状況でそれが起こり，どのような状況では起こらないかを知ることは，今後どこかで起こるかもしれない言語交替を未然に防ぐ手だてになるのかもしれない。土着のことばがなくなってしまう言語交替を「あってはならないこと」とする価値判断をいったんおいても，人と言語，人間にとって言語とはなにかについて，理解をたすけることにもなるだろう。

　アイルランドの話をすこししておこう。現在，アイルランドでは土着のことばであるアイルランド語（「ゲール語」に同じ）を日常的に話す人は人口の2％にも満たない。その人たちとて，今日ではほぼ全員が英語を理解し，話すことができるバイリンガルの話者である。その2％の人たちの多くが住む地域は，アイルランド語使用地域（以下，「ゲールタハト」Gaeltacht）として指定されている。ゲールタハトであっても，家庭の言語がアイルランド語であるところはもはや減りつつある。ゲールタハトの学校ではアイルランド語保護のためにアイルランド語を媒介としてすべての教科指導がおこなわれているが，英語を話す家庭が半数以上になってくれば，教員の努力も，さらにいえば学習する子どもたちの努力も，たいへんなものになる。その数が3分の2以上になると，小学校などでの困難は声になるまえに溜め息に変わってしまう。教員やコミュニティの言語保持に携わる人たちが親にはたらきかけて家庭のことばまでをコントロールすることはできない。「自分たちの言語」を保護しようという国の政策のひずみは，たとえばその保護地域の小さな村の小学校にあらわれる。

　そとから見れば，なにもそこまで無理をして言語を保持しなくても，と思うかもしれない。だが，土着の言語として，またそれ以上に国家と結びつく言語として，アイルランド語がなくなってしまうことは避けなければならないという事情がおおきくある。それは国家的な取り組みというだけではなく，アイルランドの人たちに，アイルランド語が自分たちの言語であるという意識が深く根づいていることと関係している。ゲールタハトはあたかも国の期待，アイルランドの人々の期待を一手にひきうけているようにさえ見える。言語はいったん替わってしまうと，それも英語のように「力のある」言語に替わってしまうと，時間を巻き戻すことはできない。それでも，もとある言語を保持しようと

願えば，政策として，またコミュニティを含めて，言語保持に取り組むことが必要になる。

　アイルランドでの観察にあわせて，世界各地の話（たとえばインド，ネパール）をきいていると，台所で話すことばが替わることがどうも言語交替の鍵を握っているのではないかという気がする。台所で子どもが母親に話す学校での話にいつしか英語が混ざるようになり，土地のことばがそのぶん減る。言語交替はそれぞれの個人における「交替」の集積であると同時に，その個人はコミュニティの影響を相互に受ける。家庭の「台所のことば」は世間の影響を受けつつ，おのずと変化する。それは家族の成長とともにおこる，言葉の変化でもあり，ときにその変化が言語をまたぐのであれば（すなわちある言葉が何語の言葉であるのかというところがかわる），その変化の集積は，コミュニティにおける言語が交替する1世代前の前触れになるのかもしれない。

　小学校英語の教科化が現実のものとなり，巷にはなにかと英語フレーズが溢れる。2020年の東京オリンピックを前に，日本の「英語傾斜」はますます勢いを増してきているように見える。テレビのCMひとつをとりあげても，さまざまに英語が取り入れられている。日本語は文字の種類が豊かな言語であるので，視覚的なところからも変化が起こる。たとえば，以前はカタカナで表記されていたものがこんどは英語のアルファベット表記で，日本語文に混ぜられていたりする。テレビではまた，小学生にして英検2級を取得した子どもの家庭での英語使用環境が紹介される。このようなことが話題になるのも，子どもには英語を喋らせたいと願う親の多いことのあらわれであろうし，小学校で本格的に英語の授業が始まるのを前にして，遅れをとらずに学習させたいと考える親の気持ちを知ってのことであろう。しかし，日本はこのまま，英語への憧れを胸に抱いて突き進んでもいいのか。その先にはどんな言語風景が見えるのだろうか。

2　英語は日本語を脅かすのか

　「英語が日本語を脅かす」というとき，それはいったいどのような状況なのであろうか。ひとつには，いまある日本語が英語の影響を大きく受けて，その

体系が変わるということが考えられる。たとえば，人々が急速に英語を取り入れるようになり，英語の知識をもつバイリンガルの話者が多くなる。そうすると，日本語のなかに「自然に」英語が浸透してくる。すなわち，日本語が英語に触れて，その語彙や表現形態をみずからの言語体系に取り入れることが起こる。あるいは，なにか大きな出来事をきっかけとして（たとえば強制的な英語使用の押しつけなど）英語が短期間のうちに急速に勢いを増し，コミュニティの主要な言語として用いられ，ついにはいまある日本語の地位を奪ってしまうことが考えられる。

「英語化」が深刻な場合には，現在知る日本語とはかけはなれたものになるかもしれない。語の置き換えや表記の変化は，はじめのうちは些細なことであってもやがて文法に関わるおおきな変化になる。さらに言えば，いまある日本語の言語体系のなかに英語が入ってくるときには，おそらくはそれよりも前の段階で英語の使用領域が拡大している。「英語化」はコミュニティにおける使用の拡大，日本語の体系への侵入と進んでいき，それも過ぎれば，母語がもはや日本語でないという話者を生む。世代ごとに英語化が進むのである。日本語の体系の崩壊は言語交替の素地をつくることを忘れてはならない。

そのようなシミュレーションが可能であるとき，ではそんなことがほんとうに将来的に起こるんですか，と人は問う。言語の接触は一日でわかりやすい結果を生むようなものでもないので単純化してものをいうのも難しい。はたして，日本語は英語に取って替わるのか。あるいは，そんなことは日本が心配するに値しない問題なのか。

当然のことながら，言語交替が起こるには，環境的条件があり，すべての言語接触が言語交替を導くわけでも，言語交替という帰結でもって完結するわけでもない。アイルランドで言語交替が起こったときの状況と，今の日本の蓋然的な延長の上に想像される未来の状況とを比べて，それを一緒くたにして論じることはできない。ただ，なにがおなじでなにが違っているのかをみていくことはできる。植民地支配に端を発する言語交替を経験した国と，植民地支配なく英語公用語の議論が起こる国。親が子どもの将来を考えるでもなく考えて英語をゆるした国と，子どもの将来を考えて親がいい英語塾をさがす国。

かりに，日本において言語交替のシナリオが現実味を帯びることがあるとす

れば，日本語話者の大幅かつ急激な減少と非日本語母語話者の移住があったうえで，英語至上主義ないし英語崇拝が浸透していて，さらに政府や文部科学省など上からの政策に基づく，幼児期ないし児童期からの英語教育を急速に推進するための戦略的な言語計画があることが条件になるかもしれない。じっさい，これから先には人口減少も予想されていて，さらに日本語話者の多くは英語に「あこがれ」を抱いている。このような空気は日々の生活のことばが日本語から英語にシフトしようというとき，順風としてはたらく。

　ことばは人がかえる。そしてこの「かえる」は，「変える」であり，さらにその集積としての「替える」にもなりうるのである。日本語もまたとてもだいじな言語であることに，そこに先祖が生きてきた文化なり歴史が織り込まれていることに気づいておくことは，公平に見積もっても重要である。

3　英語が混ざる日本語

　選択シンポジウムのなかで2人の登壇者からそれぞれの講演において示された例はわたしたちがこれから考察すべき問題の論点をすこし明確にしてくれるかもしれない。

(1) ランゲージ・シフト in Japan のワースト・ケース・シナリオは，first of all, Japanese のナウン・フレーズが all Anglicized で，then, シンタックスも partly Anglicized で，finally, Japanese will be taken over by Pidgin English，だよね。

(2) me なんか，もう，本なんか読むと，cover-to-cover 読まなかったら，if I stop どっかで，I forget the story. One week later 読むでしょ，I've got to go back.

これらの例はどのような印象を喚起するだろうか。おかしな日本語と思うだろうか，それとも英語かぶれの日本語だと思うだろうか。それとも，これら，あるいは (1) か (2) のどちらかは，もはや日本語ではなくて英語と日本語が混ざった文の連なりないし発話としてとらえられるであろうか。(1) は斎藤兆史の「日本における言語交替の最悪の筋書き」，(2) は林徹の「『選択』する話者という難問」において，引かれた例である。

(1) は日本語の英語化がこのまますすんだ場合にひょっとしたらこんな文もあらわれるのではないか，という文脈での斎藤の作例であるが，これはとてもよくできていて，カタカナもあれば，英語の語句も登場し，しかも述べている文の内容と文の表れが呼応している。カタカナは日本語発音，英語の部分は英語発音で混ざる感じも，おもしろい。そしてまた first of all, then, finally といった英語的な発想までが導入された，それでも日本語の助詞と句読点でまとめられた，基本のフレームが日本語の文である。

　(2) は日英コード・スイッチングの例としてあげた西村美和の論文（Nishimura, 1997: 70 f.）から引かれた日系カナダ人二世の発話で，ここでは日本語部分を原文の英字から日本語にかえて表記した。コード・スイッチングは言語の動的な営みであるが（詳しくは第1章3節），この例では英語と日本語の2つの記号の体系，すなわち「コード code」の間を行ったり来たりしながら文を構成している。

　(1) や (2) のような文があるとき，それを書く人，話す人がいつもそのような言語を用いているのか，そのときの状況や話す相手に応じてそのような文の表れが実現するのかによって，それらをどのようにとらえるかは異なってくる。あるいはそれらとは大きく違って，日本人のほとんどが集団的にそのような話し方をするとなれば，これはまったくべつの話である。

　たとえば (2) のように，同じ日系という属性をもつ者どうしが会話をするときに，日英2つの言語を巧みに交えた会話ないしコードを切り替えるという行為は自然なものであり，会話の参与者にとって快適である。ときにそれは仲間意識やアイデンティティという観点からも重要な意味をもつ。

　接触による言語変化という観点から，斎藤の作例 (1) を見てみるのもおもしろい。日本語が英語と接触するというときにも，その環境的条件によってさまざまな言語的表れが可能であるが，日本語があるところに，それを無理矢理に英語化していくとなったら，このような形になりやすい。(2) がもしも一般的な「日本語」の発話になったなら，これは英語の影響をかなり強く受け，日本語が語彙から大きく変わることを示唆していよう。

　ただし，ここで注意しておきたいのは，(1) も (2) も，ともに英語と日本語の2つのコードの少なくともどちらか一方をきちんともつことによって生ま

れる発話だということである。あるいは（1）も（2）ともに，少なくとも日本語をしっかりもったうえでの，部分的な英語の語への置き換えであると見ることもできる。ゆるやかにでも日本語の体系が崩れていくところにあって，英語やほかの諸言語と密度の濃い接触が起こることがあれば，語彙は借用にとどまらず体系全体に影響を及ぼし，音韻面，形態統語面でも形を変えていくことさえ想像される（言語の性質や環境的条件があり，単純に比定はできないが，第1章5節のケチュア語からスペイン語への交替の例は参考になろう）。つまり，日本語が内部から「壊れて」，そうなれば，恐らく事は（1）や（2）の例などと違って，日本語の文の構造，談話の構造をとどめないことになるのかもしれない。第1章では，言語接触のさまざまなありようや，言語の交替が起こるときに実際になにが起きているのかを見ていくが，日本語の未来について具体的に考えるヒントになるだろうと思う。

　先日，こんな話を聞いた。将来を見越して，子どもを英語で育てようと決めた親が2歳のわが子に英語で話かけるのだが，英語だとどうしても簡単な言葉で済ませてしまうという。そもそもなぜそんなことを始めたのかというと，幼少期から英語をやっていたら楽に英語が話せるようになるから。ただ，親にとっては外国語である英語。自分の英語では子どもに詳細を伝えられないために，ふたことめを言わないようになるとのことだった。必要な時期に十分なインプット（すなわち，親や周囲による話しかけ）が与えられなければ子どもの言語発達はたいへんに危ういものになる。そういうことが多くの家庭で起こったなら，深刻な事態を招きかねない。

　小学校での教科としての英語導入を前に，子どもに英語環境にあたえておきたいと思う親は多い。小学校に入ったら水泳が始まると思えば，子どもが水に怖がらないようにさきにスイミングスクールに入れたくなるのと同じである。ただ，英語はことばである。思考と自己表現の手段になるものだから，幼少期の言語環境は思考の形成の基礎を築くに足るものでなければならない。

　先日オフィス街を歩いていたら，きれいにスーツを着こなした若いビジネスマンの会話の断片がすれ違い様に耳に留る，「ランドスケープがヒューマンで」。まだあまり市民権を得ているとは思えないlandscapeが日本語にのってカタカナになって「ランドスケープ」。そこに続く「ヒューマンで」。日本語の英語化

はけっこう進んでいるのだろうか。ただこの表現，雰囲気は伝わる。「景観が人間的で」ともちょっと違っている。そこはあくまでも，「ランドスケープがヒューマンで」なのかもしれない。お洒落な高級住宅地かなにかのイメージだったら，わりあい容認可能である。「ランドスケープがヒューマンで」はたしかに首もとがさわさわするけれど，わたしだって「尊敬」という言葉はなんだか気恥ずかしくて「リスペクト」を使ったりするではないか。

　現在の日本語において，従来からある漢語，あらたに英語から入ってきたカタカナ語。意味の中心が重なる2語が存在するとき，しだいに意味の棲み分けが起こって両方の語が残る場合もあれば，古い形式が使われなくなって新しい形式が定着する場合もある。カタカナ語が増えることは日本語をだめにするのか，豊かにしているのか。本書の第4章は漢語が日本語に与えた影響に読者をいざなう。さらに第10章では，英語化が浸透しつつある日本語をどのようにとらえるのかについて視点を与えてくれるだろう。

　ことばが変わってゆくとき，多くの人は「昔はよかった，自分たちの時代にはもっとちゃんとしていた」と嘆く。これはわりに万国共通で，社会言語学者ウィリアム・ラボフはそれに「黄金期原則」(Golden Age Principle) という名前をつけた (Labov, 2001)。年をとっても新しいものが好きな人というのは一定数いて，新しい車，新型のパソコンやテレビ，ときには若者の音楽や新しい食べ物でさえも愛でるのだけれども，言語に関しては「いまの若者のことばはいいね」などと言う人はいないというのだ。話者自身が文法や音に関する変化に気づいているとき，その変化に拒否反応を示すことも知られている。ことばの変化は人々が気づくときにはときに抑制する力もはたらいて，ちょうどいいバランスをみつけて落ち着くものなのかもしれない。

4　どこまでの「変化」ならゆるされるのか

　変化にもいろいろあるが，最近は日本でもずいぶんとアルファベットが目につくようになった。カタカナ語が英語にとってかわられるようなことが進んでいけば，日本語はずいぶん変わっていくだろう。じっさいに，これは視覚としての日本語ではすでに起こっている。たとえば2017年春号のあるショッピン

グモールの広報誌。従来なら，「ファッション　この春おすすめのトレンドスタイルで出かけよう」と書いたかもしれないところは，「FASHION この春オススメの TREND STYLE で出かけよう」と表記されている。器としての日本語が，かつて漢語を取り入れて独自のものを育んでいったように，こんどは英語を取り入れて独自のものを育むといったことがあるのか。カタカナとして，音をきちんと日本の体系に合わせて上手に取り入れてきたこれまでのやりかたから，さらに「発展」させて，こんどはアルファベットごとあるいは英語の音のまま，日本語に織り混ぜていくなどということが起こるのであろうか。

　選択シンポジウムのフロアからの質問に，英語が混ざる度合いのバランスを尋ねるものがあった。すなわち，「日本の環境を考えたときに英語と日本語がいいあんばいで共存しているのはどういう状況なのか」というものである。質問者の感覚でもたしかに英語に傾倒しているように思えるが，だからといって英語をゼロにするのも多様性に欠く，ではいったいどういうふうにすればいいのかという質問であった。登壇者は，「いまでもいいあんばいだと思う」「良い状況を仮定したところでそうなるものでもない」「英語の習得はたいへんなものでピジン化することはあっても急に喋れるようになることはないから心配するようなことでもない」「そもそも言語に民族だとかアイデンティティだとか重いものを課すことはない」とそれぞれに答えた。

　この最後のコメントは，選択シンポジウムで話題の中心になったアイルランドの状況を受けてのものであるが，アイルランドにいると，ほんとうに，言語を民族や国家あるいは自分たちと切り離して考えられたらどんなにか救われるだろうと思う。《言語＝国家＝民族》とか《言語＝自分たちのアイデンティティ》といった観念から解放されて，アイルランド語を話さないことにいちいち後ろめたさや恥ずかしさを感じずにいてほしい。でも言語はどうも，ただの「言語そのもの」では済まされないようである。言語があまりにもそれ自体で文化であるような，そのような世界観を含みうるものだから，自分の民族から，それを直接的に結ぶ言語が外れてしまうということの苦しさが生じるものなのかもしれない。言語を言語としてみるというのは分析の対象としてはそれができるけれども，じっさいに人が話すとなったとき，そこには割り切れないものが確実に介在する。その割り切れなさは，思考の手段でもあり，形でもあると

いう，言語の本性に依拠するのであるから，逃れられない。

　ことばが「自然に」変わっていくとき，ふつう人はその変化を気に留めない。けれども，「ちょっとこれってやばくない！？」と話者自身が気づくときには，なかなか猛烈なスピードでことばの変化が起こっているのかもしれない。翻って考えれば，それを裏づける，ことばを取り巻く環境の変化，社会状況の変化，生活形態の変化もある。インターネットで瞬時に世界につながり，SNSを用いたコミュニケーションは広がりを見せる。これはたんに伝達のツールを増やしただけではなく，伝達の質をも変える。さらにいえば，ひろくSNSメディアでのやりとりや絵文字や略語の普及は，それ以外の言語コミュニケーションにおいても，ことばのやりとりのテンポや文字の意味に変化を与えていくのかもしれない。人工知能，自動翻訳の進展なども，言語使用と無関係ではない。日々のことばの質的な変化は，その蓄積の幅をとれば，未来へ向けておおきな言語変化を引き起こすことにもつながる。そしてまた，人々の言語への意識は日々の言語使用に影響を与える。本書の意味は，読者であり言語使用者であるあなたの，ことばへの意識に働きかけるといったところにも見出せるのかもしれない。

5　本書へのいざない

　本書はことばのことを深く，自分のこととして，考えたい人のための本である。中心的なテーマは言語接触。ことばとことばが出会ったり，ぶつかり合ったりしたらどうなるか。人間にとって言語とはなにかを，真剣に考えさせるさまざまな論考が用意されている。

　「言語接触」をつかむように描くためには「言語」も「接触」もその掛け合わせも，それぞれが包含するさまざまな事項も現象も，登場させないことには始まらないのだし，それぞれの執筆者の論考には「味」も「深み」もある。そしてなにより，このような本の使命は読者に新たな思考や知見をもたらすこと，うまくいけば知的感動をも生み出すことにあるだろう。初めて言語学に触れるという読者，あるいは初めてことばのことを正面から考えるという読者にとってはけっしてやさしくはないところも含む本書だが，各章を通して「言語とは

なにか」に関する理解の手がかりが得られるものと思う。

本書は，言語学，文化学，文学，認知科学，行動学，教育学など，さまざまな学問領域から，「将来の日本の言語選択」を考えるための視点を提供する。たとえば，「日本語は日常言語としてあり続けることができるのか」「日本でも言語交替はおこりうるのか」といった問い，あるいは「日本における英語の使用が増えること」への賛否を，私たちはどのように論じていけばいいのだろうか。このような言語の問題を考えるときに基礎となる見方や考え方を各章においてそれぞれに示し，さらに読者の考えを深めるためのヒントを与えるのが本書のねらいである。

章ごとにまとまる楽しみ，章を越えて交錯する思考。それがこんどは読者のあなたに出会うのだから，その発展性は全体として果てしない。どんなかたちであれ，本書を楽しんでいただけることを願っている。

参考文献

嶋田珠巳（2016）『英語という選択――アイルランドの今』岩波書店

Labov, W.（2001）*Principles of Linguistic Change: Social Factors.* Malden and Oxford: Blackwell.

Nishimura, M.（1997）*Japanese/English Code Switching: Syntax and Pragmatics.* New York: Peter Lang.

第Ⅰ部　言語接触を考える基礎
言語接触とはどのようなもので，そもそも言語とはなにか

第1章　言語接触とはなにか（嶋田珠巳）————言語接触とはいったいどのような現象で，なにが含まれ，どのような帰結を導くのか。言語接触のなかで，人はどのように話し，言語になにが生まれ，コミュニティになにが起こるのか。具体的な事例を紹介しながら，言語接触の見方，切り方を導入する。言語接触の諸問題，さらには言語接触研究のおもしろさまでを垣間見る。

第2章　言語における固有と外来（林　徹）————たとえば「日本語」はなにを指すのだろうか。はたまた，日本語に固有なものとは？　第2章では「コトバ」の多義性から言語に切り込む。読者はこの章から，ふだん何気なく使っている「コトバ」の意味，日本語の意味を，考えることになるだろう。私たちはいったい「言語」についてなにを知っていると言えるのかという，言語の実態を見続けてきた著者の一貫した視点が痛快な一章。

第3章　人間の言語能力と言語多様性——言語に向き合う視点（上野善道）————アクセント研究の第一人者である著者が語る，「私にとっての言語・言語学」。提案される「個別性＝多様性＝普遍性」とはどのような意味か。著者のアクセント論から，言語調査の方法，フィールドワークの基本姿勢，研究の基本としての一般化，さらには，比較研究，言語・方言の保存復興にいたるまで，言語を見る基本と重要な論点がぎっしりと詰まっている。

第1章　言語接触とはなにか

嶋田珠巳

1　接触はことばをかえる

　カフェで友人と話す。話しているうちにちょっと新しいアイデアが自分のなかに生まれたりする。海外の友人に悩みを話してみる。日本的な文脈や文化的な凝りのようなものはいったん相対化されて，本質的なところに意識が向くようになっている。「自分」という閉じた体系は他者とのコミュニケーションによって開き，それによって日々新たな自分が更新されていく。他者との接触は自分に変化をもたらす。

　人の出会いと言語の出会いをピタリと重ねて論じることはできない。けれども，「接触」というのは，言語においてもなにかしらの作用を生み出すものである。過去から未来へ向かう時間軸に「接触」という事象を置くとき，その言語になにが起こるのか。ある言語がほかの言語（たち）と出会うときになにが起こるのだろうか。言語学の想定は，かりに試験管内に言語を閉じ込めたときにそのなかで時間の経過にともなって言語が変化することをみとめる。その試験管に別の言語を入れたときに，それがないのとは異なる変化があるにちがいない。ではいったいそれはどのような変化なのだろうか。

　言語が出会うということはすなわち人が出会っているということである。対面での出会いでなくても，接触している言語のむこうには，それを話す人が，コミュニティが見える。たとえば，英語の小説を読むとき，漢詩を学ぶとき，どこか異国の文字に触れるとき，そのテクストを介して，そのことばを話す人やその文字を使う人に思いを馳せるかもしれない。そのことばのコミュニティにおいて，人は独自の言語文化をもち，それぞれに言語の根づく環境がある。出会いによって，もとある言語に新たに加わるものがあれば淘汰されるものも

あり，その積み重ねが結果的に言語の消滅を導くということもある。言語は人が話すものだから，距離を置き切って，中立的に（すなわち，たとえばある言語の死を悲しむということをせずに）議論を展開することはむずかしいのかもしれない。じっさい目の前のコミュニティとの関わりにおいて物事を考えるときにはそれは切実に迫る。本章においては，言語が接触したときに，なにが起こるのか，どのような帰結を導くのかを，とくに言語接触がもたらす現象に焦点をあてて考察する。

　この導入章はちょっと長い。以降，2節では言語接触を考えていくための基本的な視点を導入する。3節では身近な言語接触として，コード・スイッチングと借用を取りあげ，言語接触の具体的な現象を検討する。4節ではある程度長い時間異なる言語が接触した場合にどのようなことが起こるのか，言語接触の帰結を考える。帰結として，コミュニティにおいて言語が保持される場合（言語保持），新しく入ってきた言語に取って替わられてしまう場合（言語交替），まったくべつに新しい言語が形成される場合（新言語形成）に分け，それぞれ概説する。5節はとりわけ言語交替にスポットをあてる。言語交替のなかに入りこむイメージで，言語が替わるときに実際にその言語にどのようなことが起こるのかを考察する。6節では接触による言語変化に関して，言語の継承の意味に触れ，言語接触によって形成される文法をすこし見てみたい。7節では言語接触が問題になるとき，さらに8節では言語接触研究のおもしろさについて思うところを述べ，読者への言語接触へのいざないとしたい。

2　言語接触のとらえかた

　言語接触（language contact）をいま，もっともシンプルに，異なる言語が出会うことであると定義しよう。異なる言語とはなにか。それは〇〇語というところで区別できるような言語から，〇〇方言というところで区別されるようなものや，あるいは「国語」（ないし標準語）と「おくにことば」（ないし方言）として対比されるような，いわゆる変種（variety）において区別できるものを含む。ひろくは異なる言語体系としてのコード（code）だと考えてよい[1]。出会う言語は2つ以上。出会いかたはさまざまあり，接触の時間はどのくらいか，

接触の度合いはどのくらいかといった,「接触」に含まれる内容もさまざまである。まずはそんなふうにとらえてみたい。

2.1 使用される言語

問題を単純にするため,いま言語Aと言語Bの2つの言語の接触を考えてみよう。すなわち言語Aを第一言語とする話者と言語Bを第一言語とする話者が出会ったときにどのような言語が使用されるか。その可能性はつぎのようになる。

(可能性1) 言語Aまたは言語Bのどちらかが使われる。
(可能性2) 言語Aと言語Bの両方が使われる。
(可能性3) 言語Aと言語Bとはべつの言語Xが使われる。
(可能性4) 言語Aと言語Bを使った新たなコードYが生まれる。

このような可能性のあるときに,第1のパターンになるのはどのような場合であろうか。言語Aが使用言語として選ばれるとき,すくなくとも言語Bの話者にも言語Aの運用能力がなくてはならない。ではどちらもがともに言語Aと言語Bのバイリンガルであったならばどうであろうか。そのときに言語Aまたは言語Bのいずれかが選ばれるとしたら,言語の社会的な力が関係しているかもしれない。言語の社会的な力とは,経済的ないし政治的観点からみた言語の力,威信や相対的な価値を意味する。そしてまた,話者どうしの社会的関係も言語の選択を決定づけるかもしれない。双方の話者がバイリンガルである場合には第2のパターンになることも考えられる。

では,第3のパターンはどのようなときに起こるだろうか。どちらもがともに相手の言語を知らないとしても,言語Xの知識がある場合には,言語Xが媒介語としての機能を果たし,コミュニケーションが可能になる。あるいは,双方の話者が言語Aと言語Xを話す場合,またすべての言語を話す場合にも,汎用性のたかい言語Xが選択されることも考えられる。

双方の話者に共通の言語がない場合はどのようになるだろうか。身振り手振りなどに始まり,言語的には1つの可能性として,それぞれのもちあわせの言

語Aと言語Bを使った，片言でのやり取りを生み出すだろう。それが第4の
パターンであり，新たにコードを作る可能性を秘めている。

2.2 言語選択の要因

　これらのパターンは言語接触の始まりに起こることの基本形を示したものであるが，現実に起こる言語接触は多様な様相を見せる。1人の日本語話者が1人の英語話者と東京の学生寮で話す場合，ロンドンの学生寮で話す場合。イギリスからの観光客が東京駅で駅員と話す場合，ネパールからの留学生が同じ状況に置かれた場合。町のパン屋さんだったらどうか，また英語話者3人，ベトナム語話者1人，日本語話者2人が日本で会話をする場合，あるいはイギリス，ベトナムで会話をする場合など，それぞれの場面における言語使用の違いを想像してみてほしい。異なる言語を話す話者のコミュニケーションの事例は枚挙にいとまがないが，いろんな事例を考えて，なにが使用言語を決める条件になっているか検討してみることで言語選択の要因が見えてくる。

　なにが使用言語を決めているかの基本的条件として，言語コミュニケーションを可能にする言語能力は言わずもがなである。話者に共通して話せる言語が2つ以上ある場合には，政治経済的な言語の力，話者の社会的関係，言語使用の文脈などが関係して，言語が選択される。共通の言語がない場合，さらには新たな言語が誕生する場合にどの言語が語彙を供給するかといったところでも，このような要因が関わっている。言語接触のありかたを決める要因を整理するとつぎのようになる。

　①言語能力：話者が話せる言語，理解できる言語が接触場面の参加者に共通してあるかどうか。
　②言語の社会的な力：関係する言語の相対的な力関係。言語の市場規模や話者数，経済面，政治面などにおける優位性。どちらの言語がより威信があるかに関わる。
　③話者（話者集団）の力関係：個人的文脈においては目上目下などの社会的関係，集団的文脈によっては交渉や取引における関係性，支配／被支配関係など。
　④言語使用の文脈：言語使用が起こる場所や場面，周囲の状況，話題，話しことばか書きことばかといった使用の様態に関することがら。

実際に筆者が遭遇した状況に説明を加えてみよう。あるときの飛行機内，隣席のフィンランドの方との会話はお互いにゆっくりとした英語。ともに言語能力のある言語が英語であったから，おのずとその言語が選ばれる。英語はすぐれてリンガフランカ（lingua franca，広域共通語）として機能を果たす。リンガフランカとは，異なる言語集団の実用的なコミュニケーション手段として使用される共通語のことである。べつの飛行機の客室内，免税品を買いたい様子の中国語を話す女性2人が隣席。客室乗務員は英語で「いまは食事の時間だから後でうかがいます」と言っているのだけれど，その2人は英語がわからず中国語の詰問口調を強める。乗務員は困ってその場を離れ，彼女たちは怪訝な顔。わたしは中国語が話せない，困ったと思ったとき，漢字をためしてみようと思いついた。もっとも通じそうな「五分後」と紙に書き，TaxFreeのパンフレットを指差した。共通の話しことばがないときには共通に理解しうる文字が役立つことがある。

2.3 言語接触をどのように見るか

これまでのところで，言語接触をひとまずは個人ないしは場面を単位として考えてきたのだが，集団どうしの言語接触でも，前に述べた諸要因が関わって，言語が選択される。接触する話者の人数，接触するのは個人か集団か，当該の接触は一時的か持続的か，接触の度合いはどうか（強い接触から弱い接触），その接触がどこで起こるのかといったところから，言語接触を類型的に考えていくことができる。

つぎに重要なのは，接触現象のどの部分を軸に考えているのかをわかっておくことである。なにを見ているのか，あるいは観察するときの目線がどこにあるのかということを意識せずに言語接触を語り始めると，とりとめがない。本章4節では接触が起こるコミュニティを中心に見ることになるし，5節ではコミュニティの言語に焦点が置かれ，6節ではコミュニティを外して歴史ないし時系列における言語が問われる。

言語接触において，二言語使用者（バイリンガル bilingual）の担う役割は大きい。話者が2つ以上の言語を獲得しているとき，それぞれの言語の使用能力やそこにおける接触時間などにもよるが，その個人において互いの言語は相互

に影響を与え合う。これを干渉（interference）という。干渉は，接触しあう言語の体系の再編成を意味するが，狭義には，それぞれの言語の規範からの逸脱であると定義される（Weinreich, 1963）。言語習得に関して干渉という言葉が用いられるときには，それは習得をめざす言語の目標言語（target language）からの逸脱を表す。そのためか，ときに「干渉」はネガティブなニュアンスをもってとらえられるが，本来的には中立的な言葉である。干渉はいわば個人のなかに起こる言語接触の一現象とみることができるが，とくに二言語使用ないし複数言語使用のコミュニティにおいてその言語の使用が慣例化されるときには，干渉をうけた言語要素は集団の言語において目立った特徴としてあらわれる。接触の度合いが強いときには，その特徴が化石化（すなわち，目標言語の習得に向かう方向性を考えたときに，その途上であらわれる，いわば不完全な言語の形態がコミュティの話者にとってもっとも受け入れやすいために普及し，固定化）して，新たな規範が確立し，それが文法体系に組み込まれることもある。

3　身近な言語接触

　日本にいる私たちにとって身近な言語接触として，コード・スイッチングと借用を取りあげ，接触現象の具体的なところを見ておきたい。前者は二言語話者の個人を中心とした動的な言語使用に目を向け，後者は一つの言語体系のなかに外来の要素を取り込むという，いわば閉じた体系としての言語に目を向ける（借用は第2章でも詳説される）。世界を眺めると，日本は比較的，多言語環境にない国であるが，そのようななかにも言語接触は起こっている。言い換えれば，多くの人の母語として日本語を話す安定した言語コミュニティを保っている日本にあっても，さらに，たとえば日本語と英語との接触にしぼっても，言語接触は案外身近にある。

3.1　コード・スイッチング
　二言語使用者どうしの会話では話者が2つの言語体系の間を行ったり来たりする，コード・スイッチング（code switching）がしばしば起こる。その切り

替えには第3のコードと呼べるようななんらかの規則性が認められることがあり，どのようなときに切り替えが起こるのか，あるいはコード・スイッチングにどのような制約があるのかについては充実した研究がなされてきた（Myers-Scotton, 1993など）。コード・スイッチングは一般的に，場面，状況，話題の変遷によって，またメンバーシップの確立などの機能を担って起こると考えられる（Auer, 1998; Coulmas, 2005など）。

下の（1）の例は，日本に住んでいる日英バイリンガルのアメリカ人話者と友人の日本人大学生との会話の録音の一部である[2]。会話は日本人学生が尋ねるインタビュー形式であり，大学生はつねに英語で話しかけているが，アメリカ人の友人は英語のなかに日本語をまじえて答えている。

(1) I think that's one of the reasons why I like participating in these different 市民活動, for example the volunteer and stuff. I get to meet people who are もっと積極的な人に会う，会えるから。And I really admire and respect those people who go out into the community and just try to do something by themselves.

(1) ではどのようなところで日本語が用いられているだろうか。日本語部分の表記を変えているのですぐに目につくが，「these different 市民活動」というところでは名詞句のなかの一語が日本語に置き換えられている。このような名詞句は，日本語と英語で構造が同一であり（すなわちどちらも形容詞が名詞の前に来る），置換に負荷がかからない。ほかにも，この話者の録音には「異文化交流・国際化」といった，仕事で関わる日本語の語句が英語の語りのなかに登場する。類例として，たとえば（2）の文例のように，日本の生活環境のなかで生み出されてきた語が入っているものもみられる。これはコード・スイッチングというよりむしろ後出の借用の例である。

(2) a. I'm also like a 先輩 to other CIRs.
    b. I'm also the 自治会長 of my apartment building.

ここでは「a 先輩」「the 自治会長」というように，a や the といった冠詞や限

定詞の後に日本語名詞（句）がくるのが興味深い。あくまでも，英語のなかに，日本語の語を埋め込んでいくようにして，日本の文化や背景に深く根ざした語を借用している。そのような語は英語に1対1対応するものがないのでもっとも自然な方法だといえる。

　(1)の例には，もう1つの日本語部分を含む文がある。そこに注目して，文の構成を見てみよう。

　(3) I get to meet people who are もっと積極的な人に会う，会えるから．

これは1つの文のなかで言語が切り替わる，文内コード・スイッチング（intra-sentential codeswitching）の例である。VO 語順の英語から OV 語順の日本語への移行が起こり，英語で始めてその O（Object 目的語）を軸として対称に文が SV[O]V 展開されている。主節の目的語の関係詞節内の補語が日本語に置き換えられ（以下の a → b），そこからは c のように日本語で文が構成される。b と c が合わさって文の形をとったのが（3）である。

　(3)' a. I get to meet people [who are (more active)].
　　　b. I get to meet people [who are もっと積極的な].
　　　c. 　　　　　　　　　　　もっと積極的な人に会う，会えるから。

　このような，たいへんに器用とも言える，カバン文的な要素が見られるのは，日英コード・スイッチングの特徴である。カバン文（portmanteau sentence）とは，カバン語の文バージョン，すなわち真ん中からひらく旅行カバンのごとく，2つの文から意味を構成するもので，ここでは，共有の構成素をもって結びついて SVOV 語順であらわれている。カバン文は西村美和の研究した，トロントに住む日系二世移民の発話においても現れることが報告されていて，たとえば「We bought about two pounds ぐらい買ったの」（Nishimura, 1997）という例は同種の構造である。

　同様の文構成は（1）から（3）と同一の話者の発話におけるつぎの例にも見られる。

(4) a. So in February I have to decide 契約更新するかどうか決めなければならないです。
    b. I'm still まだ迷い中。

話者の言語運用能力の巧みさがあらわれる素晴らしい例である。このように話者は瞬時に語句を選び，文をつむいでいく。(4)のa，bを含む全体を見ておこう。

(5) K: Will you live in Japan in the future?
    A: I don't know. It depends on how... this year to exam because next February I have to decide whether I'm going to stay in <place name> or not. So in February I have to decide 契約更新するかどうか決めなければならないです。I'm still まだ迷い中。いろいろな友達と相談した上で決めようかと思っていますけど，難しいです。

(6)はこれに続く発話である。どんなときにコードの切り替えが起こっているだろうか。

(6) A: And I also want, I really want to encourage more young Japanese, これはちょっとえらそうに聞こえるんですけど，
    K: Don't care.
    A: I really want to encourage younger Japanese people to, not just, not only, ah, you know, joining all these events and things also try to lead themselves. Just, ah, 自分自身から，あの，まあ，この，国際化の事業をいろいろな場面でしてほしいと思ってます。

後半部分では，自分の語りのなかで，日本人の若者である聞き手に配慮して，あるいは自らの考えを俯瞰的にみるような観点から，「これはちょっとえらそうに聞こえるんですけど」と，文修飾句の部分を日本語の追加挿入句で表している。続いて，自身の気持ちが英語でも語られる。全体を通して，会話の相手の大学生が日本語母語話者であること，日本についての話題であることなどが，日本語を用いた二言語使用のベースを保証し，そのうえで話者は自在に言語の

切り替えを行っている。

　ここで取りあげたのは二言語を自在に話す話者の発話であるが，同じ日英コード・スイッチングと言っても，それぞれの話者のそれぞれのコードに関する言語能力ないし発話場面などによって，言語的なあらわれは異なってくる。さらに言えば，二言語併用のコミュニティにおいて，集団的規模でつねにコード・スイッチングが起こっていることもあり，頻繁に起こるスイッチングによって新たな語（句）ができて，コードをこえて定着することがある。のちに見るように集団的に二言語が接触するときには，文法のさまざまな側面でそれぞれの言語に干渉が起きる。世界の多様な言語接触に目を配ったときに，このような「きれいなコード・スイッチング」のパターンを示すばかりでないことは留意しておきたいが，バイリンガルの言語の切り替えを人間の言語能力の解明に役立てることも期待される。

3.2　借　用

　コードをこえてある語が定着するとき，受け入れ先の言語にとってそれは借用語となる。コード・スイッチングでの「その場かぎりの借用」にたいして，借用語として定着するときには，単一言語使用者（モノリンガル）による使用が増え，形態音韻的に言語の体系に組み込まれている（すなわち，受け入れ先の言語の音と語形態になって借り入れた言葉が入る）ということがある。借用（borrowing）とは，「外来の要素が話者によって集団のもとの言語に含みこまれること」である（Thomason & Kaufman, 1988: 37）。

　借用にはさまざまな程度があり，語彙の借用から，ひろくは構造的な借用までを含む。語彙の借用がもっとも一般的であるが，接触の程度が大きくなれば，音韻，形態，統語面や意味のうえでの借用も起こる。語彙の借用も，受け入れる先の言語に無い名詞や形容詞を取り入れる場合から，副詞，感嘆詞，接続詞，さらには小詞，接続詞，機能語をともなう場合まで，接触の度合いに関わって起こる。

　語彙の借用は日本語や英語にも多くみられる。現在のふつうの英語話者はその語がかつて外国語であったことを意識することがない。日本語の場合には，ひろく漢語があり，さらにカタカナという文字によって外来出自は示され続け

るけれども,たとえば「シャンプー」や「パジャマ」や「カステラ」や「コンシュルジュ」が何語に由来するのかを知らないことも多い。あるいは,英語の語を借りていそうなものであっても,日本の文化のなかで独自の意味を担ったものであるかもしれない。たとえば「ソフトドリンク」や「ノーマイカーデー」は英語圏でも soft drink や no my car day と英語音で発音すれば意味が通じるのか,プロ野球の「ナイター」は nighter で通じるのか,「スーパーグローバル大学」を super global university と言えるのか,はたまた「ドタキャン」はどういった語なのだろうか。

　日本語には,英語をそのまま,すなわち意味をほぼ変えることなく形式を借りている場合と,英語の形式を借りてきて日本語において独自の概念を表す,いわゆる和製英語,さらには「エアコン」など短縮化された複合語までがある（第6章2節および第10章6節に詳細）。日本語を母語とする英語学習者泣かせだからなのか,しばしば問題のように取りあげられるが,逆に言えば,和製英語であれカタカナ語であれ,日本語の語彙体系のなかにそれだけ溶け込んでいるということである。すなわち,そこに器としての日本語の柔軟さを見ることもできるのである。

4　言語接触とその帰結

　いまここで,ある程度の長い時間,異なる言語が接触している場合にどのようなことが起こるのか,掘り下げていこう。長期間にわたって2つ以上の言語が接触しているコミュニティを考えていく。コミュニティということばは,さまざまな意味で用いることが可能であるが,本章においては,ことわらないかぎりスピーチ・コミュニティ／言語コミュニティ（speech community）と同義に用いる。スピーチ・コミュニティとは,言語使用および言語の文法についての規範を共有する集団である。たとえば町や村といった地域自治体,言語政策の想定および適用範囲とも重なるところから,あるサークルや仲間うちといった比較的ちいさなものまでを含む。

　コミュニティにある言語が接触の結果どのようになるのかという点から,別の言語に替わる言語交替（language shift）と,交替が起こらない場合すなわち

言語保持（language maintenance）とに分けて考えてみよう。さらに言えば，言語接触は，既存のコミュニティとは別の新しい言語コミュニティを生み出すこともある。つまりは，接触によって新たな言語が生み出されるのであるが，それを新言語形成として，本節の「新言語形成——ピジン，クレオール，混成言語」の項で検討したい。

4.1 言語交替

これまで言語 A を話していたコミュニティにおいて，新たに入った言語 B が勢いを増すときにはなにが起こっているのだろうか。言語 A に対する言語 B の位置づけ（たとえば，話者数によるコミュニティへの影響力，どちらが上位変種すなわち力のある言語であると考えられるかといったこと）によって，言語接触の際に互いの言語と言語使用にどのような変化が起こるのかは違ってくる。たとえば，言語 B を話す移民のグループがコミュニティに入った場合には，言語 B のほうが話者数が少なく，コミュニティの言語である言語 A のほうが上位に位置づけられる。このような場合はそのコミュニティにおいて，言語 A が言語 B に取って替わられるというようなことはない。言語交替が起こるときには，後からコミュニティに入った言語 B のほうが威信の高い上位変種であるという状況が認められる。これまでにあった，自分たちの話している言語 A よりも，新しくコミュニティに入った言語 B のほうに将来的な価値を見出すという状況が生まれるのである。

言語交替とはコミュニティの言語が別の言語に替わる現象をいう。言語交替は集団的な現象であり，一人の個人が別の言語を話す国へ移住して子どもの頃に話していた言語を話さなくなり，それによってかつては母語であった言語を忘れてしまう言語喪失（language attrition）とは区別される[3]。コミュニティに新たに入ってきた言語がもとの言語を追いやるというのが，言語交替の基本的意味である。

言語交替は，小さなコミュニティを単位としては，さほどめずらしいことではない。国のなかに複数の言語がある場合に小さな言語を大言語が飲み込むというのは想像にかたくなく，都市部ではたとえば英語やスペイン語，フランス語やアラビア語といった，国を超えた共通語となる大言語へのさらなる言語の

移行が起きるなど，二重，三重に交替が起こるということもある。小さな村で話されている言語，文字のない多くの言語にまで思いをめぐらせば，小さな部族語あるいは局所的な分布をもつマイノリティの言語が大きな言語に取って替わられることも現在，世界のいたるところで起こっている。本章5節で触れるように，少数民族の言語の最後の話者がなくなるとき，それは言語の死を意味するわけであるが，そのようなコミュニティにおいても言語交替は起こる。

　比較的大規模な言語交替として，歴史的には，古代ローマ時代のガリア地方（現在のフランス，ベルギーからオランダのあたり）におけるケルト語からラテン語への交替が知られている。ほかにも，エジプトで用いられていたキリスト教徒の言語であったコプト語は，7世紀のアラブによる征服から1670年代に最後のコプト語話者が報告されるまで長い時間をかけて言語交替への道を歩んでいった。いまではコプト語は礼拝のときにのみ用いられる言語となっている（Brenzinger, 1997）。そして，比較的最近，国を単位として言語交替が起こったのが，アイルランドである。国を単位として起こったということは，国家や民族性と衰退した言語との結びつきのために，のちのちさまざまな葛藤をうちに抱え込むということである（嶋田，2016）。

　言語交替は言語接触の結果とりうる帰結のうちのひとつであり，その帰結はさまざまな条件によって導かれる。言語接触がいつどこでどのような規模で起こったのかに加えて，その言語接触にはいくつの言語が関わっているのか，それぞれの言語の社会的な力関係はどうなのかといったことも接触の帰結を導く条件を与える。さらに言えば，語彙，音韻，形態・統語法などがどれほど似ているか，違っているかといった，接触する言語の言語的性質も，言語接触が引き起こす現象に関係していると考えられる。

4.2　言語保持

　言語交替という帰結に対して，ほかの言語との接触が起きてもコミュニティ内で世代にわたって言語が保持されている状態を言語保持という。すなわち，言語接触によって，コミュニティの既存の主要な言語がなくならないことである。2つ以上の異なる言語が共存してコミュニティ内でうまくバランスがとれていることもあれば，コミュニティの大部分の人が同一の言語を話し，他言語

の影響が全体としては比較的小さく，その言語を脅かしていないこともある。

　二言語使用（bilingualism）ないし多言語使用（multilingualism）の状態がバランスよく保たれていることはさまざまな社会で散見される[4]。たとえば，カナダのケベック州の英語とフランス語，プエルトリコにおける英語とスペイン語，カタルーニャ地方におけるカタルーニャ語とスペイン語などのように，ある程度の安定を保っている二言語ないし多言語社会においては，家族，教会，学校といった使用領域（ドメイン）ごとに言語の使い分けが一定の傾向を示す。二言語または二変種併用のコミュニティにおいて，2つの言語または変種に明らかに機能分化がみられ，またそれが価値の「高低」（H・Lと略される）と連動している場合を，とくにダイグロシア（diglossia 二言語併用）とよぶ。古典アラビア語と口語アラビア語，スイスにおける標準ドイツ語とスイスドイツ語などはダイグロシアのよく知られた例である。ダイグロシアという概念はファーガソン（Ferguson, 1959）が提案して以降，現実の多様な言語状況を包括するモデルをもとめて拡大的定義がなされるなど，議論があった。ただし，多様な言語現象をつねに価値の高低の原理だけで説明するのには当然ながら限界がある。

　またひとくちに「多言語社会」と言っても，その内実はさまざまである点にも留意しておきたい。ひとつの国のさまざまな地域にさまざまな民族がいてそれゆえ多言語であるのか，ある村や町を単位とした地域コミュニティのなかに日常的に二言語以上が併用されているのかでは，言語どうしの影響関係やそこに起こる言語接触も違ってくる。国のレベルでの考察に加え，コミュニティレベル，さらにそのコミュニティにいる個人や家族の言語使用をみることによって，言語について踏み込んだ考察が可能になる。さらに言えば，言語の状況は取り巻く環境の変化によってうつろうものである。いま現在ある均衡が今後も続くということはむろん保証されない。

　大部分の人が同一の言語を使用しているコミュニティにおいては，他言語との接触現象はおもに語の借用に見ることができる。本章3節でみたように，借用語は日本語の語彙の重要な役割を果たしているし，ゲルマン語派に属する英語の語彙の7割はフランス語ないしラテン語起源である。ただし，5節の事例にみるように，文法体系にも借用が及んでくる場合には，長期的な観点におい

ては言語が保持されるとはかぎらない。長期にわたって二言語以上が密度濃く接触するときには，構造上の収束（structural convergence）を示すことがわかっている。その例として，バルカン半島の諸言語の構造的類似をすこし詳しく見ておこう。

4.3 バルカン言語連合の例

　複数の言語が隣接して話されているバルカン半島では，異なる語派に属するアルバニア語，ブルガリア語，ギリシア語，マケドニア語，ルーマニア語などが言語連合（Sprachbund）を構成しており，統語面における大きな類似，形態構造の基本原理における類似を見せる。この地域は歴史的にオスマン帝国が長く治めており，言語接触が密であったと考えられる。言語が同じ系統であれば言語的特徴に共通点が見られるものであるが，この場合には系統や語派の異なる言語であっても地理的に近い言語の間に共通して見られる言語的特徴があり，言語接触の観点からとても興味深い[5]。

　バルカン言語連合においては，異なる言語が共通の語彙をもつだけでなく，つぎのような共通の形態・統語法的特徴があるとされる（Comrie, 1989: 206 参照）。となると知りたくなるのが，どのような特徴かということである。すこし見ておこう。

　①属格と与格の混合（すなわち，動詞の間接目的語と所有者を語の形で区別しない）ルーマニア語では，*fatā*「少女」は与格・属格ともに *fete*。アルバニア語では，*lum*「川」は与格・属格ともに *lumi*。ブルガリア語とマケドニア語は，スラブ系の言語としては特異で，格を形態的に表示せず，前置詞で表示するが，前置詞 *na*（スラブ語では「上，上に」の意味）に与格と属格と両方の意味をもたせている（*na belgarija*「ブルガリアに／ブルガリアの」）。現代ギリシア語では，*tu anθrópu*「男に／男の」（ただし間接目的語の場合には前置詞を使った別の言いかたもある）。

　②後置定冠詞は現代ギリシア語以外でみられる特徴で，ブルガリア語では，*məž-ət* 'man-the' アルバニア語では *lum-i* 'river-the' ルーマニア語では *om-ul* 'man-the' となる。

　③ほかの印欧語とくらべて，不定詞の消失はおおきな特徴である。「私に（な

にか）飲みものをください give me（something）to drink」は，ルーマニア語では *dă-mi să deau*，ブルガリア語では *daj mi da pija*，アルバニア語（南のトスク方言 Tosk）では *a-më të pi*，現代ギリシア語では *dós mu na pjó* となるが，これらは直訳すれば「くれ　私に　ということ　私が今飲む give (to-)me that I-drink」のようになり，ふつう不定詞のところに接続詞に導かれた時制付きの従属節がくる。

4.4　新言語形成——ピジン，クレオール，混成言語

　共通の言語をもたない話者どうしがその場のコミュニケーションを可能にするためにその場で作りだした簡易な言語コードが慣例化したものをピジン（pidgin）という。植民地時代のプランテーションや貿易のほか，観光客との市場でのやりとり，旅行者など外から入ってきた人と地元の人々との交流商売的なやりとりなどにおいても新たなコードが生まれることがある。ふつうこのようなものは使用する場面，用途，相手が限定されており，それゆえに比較的短期間において使用されるものであるので，多くのピジンは生まれては消えていくわけであるが，ピジンのなかには日常のことばとして定着して一人前の言語に成長するものもある。

　トクピシン（Tok Pisin）はそのようなもののひとつである。トクピシンは現在ではパプアニューギニアの公用語のひとつであり，異なった地域言語を話す人たちが結婚したことで，家族の言語として発達した言語である。語彙はおもに英語に依拠するが[6]，代名詞といった基礎的なところにもオーストロネシア諸語の代名詞の体系にある範疇化が反映されていることは興味深い。紙幅の都合上，最小限にならざるを得ないのだが，文例を見てみよう（Sebba, 1997）。例文内，1行目にはトクピシン，2行目には英語に由来する語には対応する英語を現地語に由来する語には日本語を付し，3行目には和訳を施す。

　　(7) Ol meri gat　bikpela　　wari　yet.
　　　 all 女性 got　big-fellow worry yet
　　　 女性たちはまだ大きな心配がある

(7)の文において,英語の all に由来する ol は複数を表し,ol meri によって meri で表される女性が複数であることを表示している。-pela は英語 fellow を語源とする複数の接尾辞で,形容詞に付いて後続する名詞の複数性を表示している。

さらにスラナン語（Sranan）の文例も見ておこう。スラナン語は南アメリカ北岸にあるスリナムの住民50万人の3分の1が母語として話す言語である[7]。スラナン語は,トクピシンと同様,ピジンの段階が明確ではないか,あるいは短期間のうちにピジンからクレオール（説明は後出）への移行が起こったと考えられる言語である。分析的かつ組み合わせによる語や文法は,ピジン,クレオールに特徴的であるが,スラナン語の時の様態を表す標識はそのわかりやすい例である。

(8) Mi e waka. 'I am walking' 私は歩いている
　　Mi ben waka. 'I walked' 私は歩いた
　　Mi ben e waka. 'I was walking' 私は歩いていた
　　Mi ben o waka. 'I was about to walk' 私は歩こうとしていた

「進行」の意味をもつ e,「将然」の意味をもつ o,「過去」の意味をもつ ben を組み合わせて,時を表す表現が構成されている。

クレオール（creole）は,一般的には,ピジンが母語化した言語のことをいうので,トクピシンやスラナン語は,母語として土地に根づく前に使用が広がったという意味において典型的なクレオールとはいえないかもしれない[8]。ここで「典型的な」ということばをつかうのには事情があって,「クレオール」というとなにか決まった言語的類型があるように感じられるがじつはそうではなく,社会歴史的背景における共通性によって特徴づけられるものとして考えたほうがよいということがある。

「典型的なクレオール」をできるだけ簡潔に説明するとすれば,奴隷貿易のあった時代に,西欧列強の国の船に乗ってアフリカ各地から連れてこられた奴隷たちがたとえばカリブ海諸国に居住し,西欧からの白人の雇用者のもとにプランテーションを始めた。そこで用いられた簡単なコードがしだいに定着し,

さらに母語化したもの，これがクレオールである。言語的には，主人の言語が上層（superstratum）の言語となって語彙を供給し（注6参照），さまざまな地域，村落からの奴隷の複数の言語が基層（substratum）となって形成された新たな言語である[9]。

すなわち，クレオールは複数の言語におよぶ接触の結果で，話者の祖先は多くの場合奴隷制によって自分たちの言語から地理的に離され，社会文化的アイデンティティは部分的に壊れている（Holm, 2000: 6）。クレオールは一般的には，上層の言語の文法よりも縮減された，あるいは単純化された文法をもつとされるが，この言語特徴があればクレオールであってそれがなければクレオールでないというような決定打は存在しない。クレオールをそうでない言語との対立において言語的に規定することはじつは困難であり（DeGraff, 2005; Mufwene, 2000; 2009），「クレオール」という語は，奴隷制といった歴史社会的背景をもつこと，言語的暴力の結果うみだされたものであること（Muysken & Smith, 1994）など，まずもって言語形成の社会的背景に着目した範疇化である[10]。

ある言語がだれかの母語となることは重要な意味をもつ。それはすべての認識，経験，思考をその言語で語る話者の誕生を意味するからだ。そのような話者の集合体としてコミュニティが形成されていくことになれば，言語形式の機能が確立されていき，文法が体系化される。一人前の言語としての自律的な成長を始めるわけである。

本節最後に，ピジンやクレオールとは違った形で新たな言語が形成されることがあることにも触れておきたい。複数言語の接触で生まれるピジンやクレオールに対して，二言語環境のもとにうまれ，独自の言語に発展したものを混成言語（mixed language）という[11]。ピジンやクレオールの形成に比して，混成言語の場合には不完全学習ないし不十分なインプットが形成において重要な役割を果たすということがない。混成言語のよく知られた例として，メディアレンガ（Media Lengua）とミチフ語（Michif）がある。メディアレンガはエクアドルの中央部で数百名が第一言語として話す言語で，スペイン語の語彙とケチュア語の文法から成る。スペイン志向の都市文化をとりいれた新たな民族的アイデンティティがこの言語と結びついている。ミチフ語は，フランス語の名詞句構造とアメリカンインディアン諸語のひとつ，アルゴンキン語族のクリー語

(Cree) の動詞句構造から成る。18世紀のなかば頃に，多くはフランス語を話す父親とクリー語を話す母親の混血の新たな民族集団ができ，メティス (metis, フランス系カナダ人とアメリカインディアンの混血）としての集団的，民族的アイデンティティの象徴として，バイリンガルの話者によってうみだされてきたとされる（Thomason, 2001: 11)。

5 言語が替わるときに実際に言語に起きていること

4節のはじめにみた言語交替。ここではその内部でじっさいになにが起きているのか，覗き込んでみよう。「言語の死」と題された，ルイ＝ジャン・カルヴェの論考（『言語戦争と言語政策』）は，言語接触による帰結のひとつとしての言語交替がどのようにして起こうるのか，またひとつの言語が普及していくときにその裏側でなにが起こっているのかを考えさせてくれる。

カルヴェは，言語の消滅には，ラテン語のように，長い時間，おそらくはほかの言語との接触を重ねて世代から世代へと変化した結果もとのものとは別の（諸）言語になっている「変化による消滅」，最後の話者が子孫を残さずに亡くなる「絶滅による消滅」，被支配言語が支配言語のもとで消滅する「取り替えによる消滅」の3つの場合があることを述べている。ある言語が地域的な広がりをみせて勢力を拡大していく状況にあって，その裏側では「取り替えによる消滅」が起こっていることに気づかせる。言語の消滅は一朝一夕に起こるのではないわけだが，ある言語が消滅に向かうとき実際にはなにが起こっているのだろうか。たとえば，古典ラテン語からフランス語に至る真ん中あたりの一時点をとったとき，そこにおける家族の言語使用には，土地のことばと教典とともに入ってくるラテン語との接触が表れはじめていたのかもしれない。昔のことはいまに残る数少ない文献と史実でもって推測することしかできず，当時の話しことばの様子を知ることはできないが，ラテン語からフランス語の系統樹の背後に言語接触があることは想像に難くない（本章8節に関連）。

カルヴェは，エリザベト・ミシュノによるボリビア第3の都市コチャバンバのケチュア語と公用語であるスペイン語の接触がもたらした影響についての詳細な研究を参照して，長い過程を経て非支配言語が支配言語に融合していくと

きには言語の取り替えというよりもむしろ吸収と言うべきことが起こっていると論じた。コチャバンバには，「純粋なケチュア語」とされる変種（「ケチュア語1」とする。おもに単一言語使用者が話す言葉）と，スペイン語の影響を受けた変種（「ケチュア語2」とする。街の言語であり行政やラジオでも使用される形態）がある。これら2つの形態は，固定化され，互いにはっきり区別されるものではなく，ケチュア語のゆらぎの両極として位置づけられる。「ケチュア語2」のほうが社会的地位のある人たちの話す形態なのでこちらのほうが上位で格好良いものだとみなされている[12]。

　興味深いのは，ケチュア語には通常「ケチュア語1」では3母音体系 /i/ /a/ /u/ であるものが，「ケチュア語2」では /i/ /e/ /a/ /o/ /u/ の5母音体系になっているということである。すなわち，「ケチュア語2」では，ケチュア語の体系にスペイン語の母音体系が侵入し，再編成されている。バイリンガルとなった話者の話すケチュア語にはスペイン語の影響が本質的なところに現れるのである。考えてみればこれは理由に説明のいることがらである。ケチュア語が母語であり，スペイン語が第2言語であるときには，言語上はスペイン語を話すときに母語であるケチュア語からの干渉のほうが強く起こるというのが自然の理である。そして，ケチュア語の方がスペイン語の音対立よりも構造的には単純であるので，複雑化した体系に移行することのほうが負担はかかるはずである。ところが，スペイン語に高い威信が置かれ，その使用領域が拡大していること，さらにはそのコミュニティにおいてスペイン語の使用が普及し，二言語使用者が増えている状態にあり，おそらくはかなり緊密な二言語使用が日常的になっている状況においては，バイリンガルの話者の話す土地の言語はスペイン語の影響を強く受けたものになるということであろう。「ケチュア語2」では，語彙面でスペイン語が借用されるだけではなく，音韻面や統語構造においてもその言語体系が入り込んでいる。ケチュア語を話しているつもりの人が「ケチュア語1」の話者にもはや理解されなくなり，アンデス・スペイン語（ケチュア語に影響されたスペイン語）の話者に理解されるようになったときには吸収が成立していると言えるとカルヴェは考察している。

　「言語の死」と題されたこのカルヴェの論考が教えてくれることはたくさんある。借用語は言語の個性を脅かすことがないかぎりにおいて，その言語を豊

かにするが、ある言語の音声体系が別の言語の音韻体系のなかに溶け込んだり、別の言語の文の構成を模倣したりするとき、言語は吸収の危機にある。「ケチュア語2」が吸収の途上にあるのは、スペイン語から語彙を借用しているからではなく、スペイン語からの借用語を自らの言語の音韻に適合させることが少なくなってさらにはみずからの統語構造を支配言語スペイン語の統語構造に似せようとする傾向があるからだとカルヴェは考えた。言語接触によって、これまであった言語体系の内部で破壊が起きるとき、言語は消滅の方向に傾く。このような言語体系に影響を与えうるのは、本章で「言語の社会的な力」とよんでいるところの非言語的要因である。言語のもつ社会的な力関係は、言語接触の際の、貸し借りの関係、すなわちどちらがどちらに転移する（transfer）のかの方向を決める[13]。語、音韻、形態・統語構造のいずれにも、このような社会的な力が関係している。

6　接触による言語変化

2節において触れたように、言語接触は、コミュニティをもとに語ることができる一方で、言語をもとにして語ることができる。いまひとつの言語があったときに、ほかの言語との接触によって、歴史的に（すなわち、比較的長い目でみた時系列において）どのような変化があるのかという観点から言語接触を考えてみよう。このような観点にたったとき、たとえば英語はどのように考えられるであろうか。英語はいまやWorld Englishesという複数形になった表現にみるように、世界的な広がりを見せる。第一言語として話されるだけでなく、むしろそれよりも大きい第二言語話者人口がいて、外国語として英語を話す人口はさらにそれ以上である。英語が第二言語あるいは公用語である地域では英語が日常的に用いられ、土着の言語との接触によって土地に固有の表現が生まれている[14]。さらに言えば、4節で見たように英語をもとにしたクレオールも存在する。

系統樹モデルを基本としたトマソンとカフマン（Thomason & Kaufman, 1988）に拠って、英語が継承されているかどうかという観点から地域のさまざまな変種を考えるならば、第一言語として英語を話す地域においては英語が継承され

ているが，英語系であってもクレオールにおいては，継承されていないということになる[15]。クレオールの場合には，言語形成時に英語のインプットが不十分であったために継承されなかったというのである。英語への言語交替が起こったアイルランドや英語に独自の特徴をもつインドなどのグループは，目標言語である英語全体の話者数に比べれば限られたものであるが，ひろがりを含めてひとつの言語に束ねられるところの英語を全体として見るならば，そこにおいて英語は継承されているという見方をしている（Thomason & Kaufman, 1988: 129）。

6.1　アイルランド英語にみる言語接触

植民地支配を直接の要因として土地のことばが英語に替わった，アイルランドのことをすこしここで考えてみたい。言語交替の場合には，目標言語が問題なく習得され，交替する言語はもともとコミュニティにあった言語の影響をほとんど受けないという前提のもとに語られることがあるが（Thomason & Kaufman, 1988; Winford, 2007: 15），接触の結果形成された言語をよく見れば，長期にわたる言語接触により言語の深層にまで影響を及ぼしていることがわかる。言語交替を経て形成された現在のアイルランド英語（Hiberno-English）に考えをめぐらせれば，そこには言語接触がなにであるかを考えるヒントがつまっている。

アイルランド英語は，イギリス英語の一地域方言とだけ考えていては，文法的あらわれおよびその言語的性質は理解しえない（アイルランド英語の言語的性質については，嶋田（2016：第5章と第6章）に詳しい）。いまかりにアイルランド英語の形成をクレオールのようにして考えるなら，基層の言語はアイルランド語であり，上層の言語が英語であり語彙供給言語であるわけだが，その基層の言語を知ることによってアイルランド英語においてなぜその文がその形式をとり，その意味をあらわすのかが理解できることがある。

たとえば，英語の分裂文と見た目の似た 'tis... 文（例：'Tis about the wedding I came.「結婚式のことで来たの」，'Tis brave she is.「彼女勇気があるよね」，'Tis boozing on brandy you are with McFillen.「マックフィレンとブランデーを呑んでるんだろ」など）にはアイルランド語の情報構造表現に関する文法的

対立が引き継がれている[16]。また，アイルランド英語の特徴としてよく知られる be after 完了（例：We are after missing the bus.「バスが行ってしまった」）は，それと並行的なアイルランド語からの借用翻訳を基礎として，アイルランド英語としていわば成長していくなかでその言語において「ホットニュース完了」として文法的機能を確立した例である（嶋田, 2008, 2016: 157-164）。アイルランド英語にも have 完了はあるが，be after 完了は感情表出的で，たんに完了の事実を伝えるのではなく聞き手に働きかけを及ぼす表現である。アイルランドで Would you like tea? と聞かれて I'm after my tea. といえば，お茶（軽食）を済ませたという事実にくわえて，「だからもう出さないでね」といった含意がつよく表れる。

アイルランドにおいては言語交替のあとにも二言語使用の素地があり，アイルランド語の知識がアイルランド的な英語の使用を下支えしているということがあるのかもしれない。時代および地域によって，母語話者の話すアイルランド語なのか，学校教育で学ぶアイルランド語なのかという違いはあるものの，英語を話す環境のなかにアイルランド語との関わりがつねにある。接触によって形成された言語の現在の姿は，言語接触とそれがもたらす現象を，その言語の置かれた環境までをも含めて，語ってくれるものなのかもしれない。

7　言語接触が問題になるとき

さまざまな人々がさまざまに行き交い，さまざまな形でのコミュニケーションが可能になっている昨今，言語接触はけっしてめずらしいことではない。そもそも，「言語接触」などとわざわざ構えなくとも，方言と標準語といった変種レベルのことばの接触はだれもがなんらかの形で経験しているものである（日本の標準語と方言の接触については第6章5節参照）。市役所・区役所，交通機関での複数言語表示も，だれもが目にするところだ。

国や地方自治体といった単位で言語接触が起こったとき，それを行政や政策のレベルで取り組むべき課題ととらえて「人為的な介入」が起こるのはよくあることである。ひとつはコミュニケーション上の観点から，もうひとつは文化としての言語ないし言語とアイデンティティという観点から，言語をめぐって

なんらかの施策や方針がうち出される。たとえば，国内の離れた地域において方言でのコミュニケーションが困難であるとき，またある国が国としてまとまるというときに統一した言語が必要だということであれば，国語の成立に向かうわけだが，それには，なにかを「標準」として立てていくという，言語内部にふみこんだ手入れを要する。あるいは，多民族多言語の国家であれば，国語や公用語の規定が必要になってくる。諸言語がどのようなバランスであるのがよいか，どの言語がどのような相対的位置づけにあるべきかといったことは，言語政策の理念と関わる。

言語接触のより実際的な側面においては，それが大規模である場合はとくに，コミュニケーションおよび文化の観点から行政が言語に介入していくといったことも少なくない。海外にルーツをもつ子どもの教育をどのように行うかは近年日本においても重要な課題になっている。また少数民族の言語の保持，プロローグで触れた，言語交替後のアイルランドにおける「自分たちのことば」としてのアイルランド語の保持と教育なども，行政との関わりの密接な問題である[17]。そしてそれらは，直接的に人々の生活と関わる問題なのである。

人が言語に手を加えるというのはどこかふさわしくないことのように思われるかもしれないが，そのようにして人とともにあるのが言語だともいえる。私たちがふだん用いていることば，書いていることばとて，太古の昔から自然に野放しのままで現在の姿になったわけではなく，ひろく政策や指針という形で，あるいはなんらかの審議を経て，手入れされてきたものである。現在の日本語は，それをどのように書くか，漢字をどの程度用いるのが日本語にとって適切かといった整備を重ねたものである。第5章では日本の国語政策について，第4章では日本語における漢語についての詳細が述べられるが，日本語について史的なところからも理解を深めたい。

7.1 文字の問題

さらに，人が手を加えるということころで，欠かせないのは文字の問題である。文字は言語に社会的，文化的あるいは民族的地位を与えるうえで重要な役割を果たす。

トルコにおける文字改革はこのことを表す良い例であろう（以下は柴田，1978；

カルヴェ，2000；林，2013参照；本書の第2章5節に詳細）。15世紀から続くオスマン朝が滅亡し，1923年にトルコ共和国が成立すると，初代大統ムスタファ・ケマル・アタチュルクはトルコ語ラテン文字（ローマ字）で表記する文字改革に着手する。改革の前には，アラビア文字を用いていたのだが，とくに大部分の民衆の使用するトルコ語の口語を表記するのにアラビア文字は適しているとは言えず，表記法改革の問題が以前から持ち上がっていた。だが，神政政治下にあるイスラム国家でコーランの転写に使用されている表記法に手を入れることは不可能であった。当時のトルコ語（オスマン語とよばれる書き言葉）は，語彙の多くをアラビア語やペルシア語起源の語が占め，表現や構文にもこれらの言語の強い影響が見られたという（林，2013: 16）。表記法改革は反イスラム的だと受け取られる状況にあって難航したが，1928年11月には新しい文字体系が国民議会で採択された。以降アラビア文字の使用が排除され，2年もたたないうちに，新しい文字体系がポスターや政府資料，書籍，新聞，教育の場での使用が義務になり，学校でのアラビア語やペルシア語教育が廃止されたという。これにより，新しい文字は今日に続く定着をみた。新しい国家の成立が文字改革の格好の契機になったのである。ラテン文字を採用した新しい文字体系は，トルコ語を非宗教化しようとする政治的，イデオロギー的選択の結果であった（カルヴェ，2000: 97）[18]。

　同様に，ウズベク語を「なに文字」で書くか。授業で出会った，ウズベキスタン，サマルカンド市からの留学生のディルショダさんの例は興味深い。同地域ではソ連時代にはキリル文字を用いていたが，1991年の独立以降，状況が変わる。彼女は小学校3年生まではアラビア文字の訓練を受け，それが終わればこんどはラテン文字で自分のことばを書き，2005年まではキリル文字を使わなかったという。現在，もっとも「使いやすい」と彼女が感じるのはキリル文字で，市役所ではラテン文字とキリル文字が併用されているそうである。高齢者はラテン文字が読めない。このような例が如実に語るように，文字は目にみえて記号としての機能を果たすので，いやがおうにもイデオロギーを担う。文字はそれゆえ矢面に立って，政治に翻弄されるのだ。

8　言語接触研究のおもしろさ

　本章では，言語が接触したときに，言語に，コミュニティにあるいは人々になにが起こるのかというところから，できるかぎり具体的に考察することを中心とした。本章のおわりに，言語接触研究の可能性について触れておきたい。

　言語接触は，古今東西，古くからある事象にちがいない。ただ，おしなべていえば，言語学はその学問的な育ちのために，言語接触に真っ向から向き合うことよりも，形の整った伝統ある諸言語を系統的に位置づけることに関心があった。また，理想的な言語の姿を描いて，言語を話す人，コミュニティ，社会歴史的背景といったものからできるだけ距離を置くことによって，科学としての言語学を立ててきたのも事実である。このことは言語の内部を観察し，記述する方法を確立したばかりでなく，人間の言語知識とはどのようなものであるのかについて，膨大な観察事実と理論的考察をうみだすことにつながった。

　人間に関わる学問はつねに時代の変化を背後にうけて成長する。今日にあっては，一言語一国家という考え，ないしそういった想定は現実味をもたない。複数の言語あるいは変種の存在をコミュニティのなかに認め，それらの接触も含めて言語を理解しようという態度が育まれていくのは必然といえるのかもしれない。千野栄一はピジン・クレオールの研究に触れて，「……そして現在，これまでインドヨーロッパ語からの知識で支えられていた言語学が，非インドヨーロッパ語からのデータにより再検討されつつあるのが言語学の現状といえなくもない」（千野，2002: 167）と述べているが，「接触」という事象に目を向けて，そこから探ることによって，これまで日の目を見ることのなかった，場合によっては研究する価値のないものとして切り捨てられていたものに，埋もれていた真実を見出すことがあるかもしれない[19]。単一言語主義的に，「純粋な言語」とそこからの逸脱のもとに言語をとらえるという見方から，動的な現象のなかに言語の本質をみるという方向に動き出すことが，ここからは重要であるのかもしれない。

　接触が言語になにをもたらすのか，ある言語がどのようにして生まれたのかを考えさせてくれる例を最後に紹介したい。アイルランド英語とカリブ英語（ここではそのひとつアンギラ英語の例）には共通の，習慣を表す do be 形式

がある。これをどのように考えればよいのだろうか。

(9) 習慣を表す do be
　　・アイルランド英語
　　We do be praying for you in our prayers.
　　She does be lovely.
　　'Tis a wonder you took your backside from the table where people does be eating.
　　・カリブ英語［東カリブのアンギラ英語（Williams, 2003）］
　　From noon 'til three o'clock, it [də bi] hot.
　　They [dʌzbi] big and big.
　　February, March corn do be comin'.

　アイルランド英語は英語の方言として紹介されることが多い一方で，カリブ地域の英語変種はクレオールとされることが多い。サリココ・ミュフェネの言葉を借りれば，英語はアイルランドには「フランチャイズされた」（所有権が認められた）が，カリブ海地域にはフランチャイズされなかったということになる。4節で述べたようにクレオールと呼ばれるときには形成の歴史的背景やときに人種までもが関わるのであるが，それらの言語外要素をいったん横において，言語現象にのみ着目すれば，アイルランド英語とカリブのクレオールにはどのような共通点があり，どのような相違点があるのだろうか。共通点に着目すれば，アイルランド英語，アフリカ系アメリカ英語，さらにカリブの英語系クレオールは，ひとつの連続体としてとらえられるかもしれない（Winford, 2001; Mufwene, 2009）。
　(9) の例にあるような，両方の言語に共通する文法形式と意味の連関があるときにそれがどのようにして類似性を持つようになったのかは興味深い問いである。この点に関して，カリブに渡った白人のなかにアイルランド人の労働者がいたことから，カリブの英語がアイルランド英語をもとにして形成されたと考えた研究者がいたが（Bailey, 1982），それぞれの言語が形成された時期とそのときに人々が話していた言語を考えれば，そのような説明は成り立たない。説明の詳細と考察は他稿にゆずるとして（Shimada, 2013），結論を言えば，カリブ

の英語にみる習慣を表す表現は，アイルランド英語からの拡散ではなく，カリブ地域において独立して形成された可能性があり，アイルランド英語とカリブの英語には接触現象における共通性があったと考えられる。17〜18世紀のカリブ諸島のコミュニティの状況（人口構成，エスニシティの割合，相互接触の度合いなど）が明らかにならないかぎりこの仮説の検証は難しいが，アイルランド英語とカリブ英語の形成の初期においては，コミュニティの話者の構成に違いはあっても，アイルランド語話者の英語との接触，集団的かつ自然な第二言語習得といった共通性があり，同じ材料と同様の環境が揃えば，違った場所でも同種の文法的性質が形成されることがあると考えられる。

　言語がどのような環境的条件のもとにあるときにどのような帰結をもたらすのかについては言語接触研究の中心的な課題であり，言語が接触したときに働く社会的な力関係，言語的な諸条件，さらには話者の合理的創造性などとともに考えていくことが可能であろう。言語接触研究は，言語をみて，つぎに接触現象をみると，やがて人が見えてくるというところに，魅力がある。そしてそれとは逆の方向で，人を見て，コミュニティを見て，言語をみることの重要性にも気づかせてくれる。

　言語接触もそれ自体の対象としてのおもしろさに魅了されているだけでは研究は進まない。接触が言語になにをもたらすのか，その人がいま話しているその言葉はなぜそのような形になったのか，その表現はどのようにして生まれたのか，そこにどのような文法があるのか，そういった考察を通して言語とは何かについての理解を得ることが言語接触研究のおもしろさである。

1) コードの違いとは，「文章語と口語」のようなものですか，「性別とか階級による言葉の違い」も入りますかという，とてもいい質問がやってきた。こうなってくると社会言語学の世界にそのまま引き込みたくなるが，そのようなものは「スタイル」(style) というべつの概念で表すのが一般的。たとえば，「僕もそれが欲しいよぉ」と言えば，だだっ子が思い浮かび，「それくださる？」と言えば，お上品なマダムがおのずと想像される。もちろんどちらも言いたいことがわかる。これは日本で日本語環境に過ごす者であればもつ言語知識であり，日本語というコードの共有を意味する。話者の属性によるこのような言葉の違い，さらには同一話者によるカジュアル／フォーマルな場面での言葉の違いなどは，異なる「スタイル」にあるものとし

てとらえられる。世界には多様な言語状況があり，スタイルもコードのうちと考えることもあるが（Wardhagh, 2010），スタイルはひとつの言語ないし方言の下位概念としてコードとは区別しておくのがよいように思う。ここで加えて補足すれば，コードは簡素な記号の体系も含む。17頁の（可能性4）で新たなコードYが生まれるとしたのは，まだ言語というほどにまで形が整っていないけれども，コードと言えるものができるという意味である。

2) 資料提供は村井和輝さんによる。村井さんはバイリンガルの発話についての研究を卒業論文 *The Facilitating Role of Code-switching in Japanese/English Conversation: A Study in the Language Use of a Native English Speaker*（山形大学人文学部2013年）にまとめた。

3) ただし言語交替の過程においては，親の世代の言語を子どもの世代が使わなくなる（理解するけれど自分は使わないという段階から，理解できないという段階まで）言語喪失が含まれることはある。

4) 英語の -ism は「主義」をも意味するので，たとえば言語政策や思想に言及する場合には bilingualism は二言語主義，multilingualism は多言語主義という意味で用いられる。

5) バルカン半島の言語連合において，ブルガリア語とマケドニア語はスラブ系の言語であり互いに似通っており，ルーマニア語はラテン語と系統関係のあるロマンス語である。ギリシア語とアルバニア語はそれぞれが印欧語族のなかで独立した語派にあるため，どの特徴が系統的ないしもともとの「個性」でどの特徴が接触の結果であるのかといったことを，同系統の言語との比較によって明らかにできないために明確なことは言えないが，アルバニア語は北と南でおおきく方言が分かれ，接触による地理的近似の論拠がある。北の方言 Geg は南の方言 Tosk よりもバルカン的でないという。さらに言えば，バルカン的特徴はここにあげた5言語を超えてセルビア語の東の方言にもおよぶ（Comrie, 1989）。

6) 語彙をあたえる言語を語彙供給言語（lexifier）というが，力の大きい言語が語彙あたえる。プランテーションにおいては主人の言語がそれにあたる。多くのピジン，クレオールでは主要な語彙供給言語が1つあるが，主要な語彙供給言語が2つある場合として，スリナムの内陸部で話されるサラマッカ語（Saramaccan）がある。サラマッカ語では50％が英語，35％がポルトガル語から成る。トクピシンの語彙については，その11％から20％をニューブリテン島のトライ語（Tolai）土着の諸言語から受け継いでいるという推定がある（ロメイン，1997：230）。

7) スリナムは1651年にイングランド人の植民者が住み着き，1665年頃にはイングランド人入植者と3000人のアフリカ生まれの奴隷が小規模なプランテーションにい

たことがわかっている（Holm, 2000: 434）。ところが 1667 年にはオランダ人がスリナムを占領。以降 1975 年までオランダの統治下となった。スラナン語の主要な語彙供給言語は英語であり，イングランド人の入植者が 1690 年までに全員が去っていることから，わずか 40 年足らずの間に急激に発達して言語の主要な特徴が決まるところまで達していたということになる（Sebba, 1997: 147）。

8）とくにトクピシンは拡大化されたピジン（expanded pidgin）としてクレオールと区別する研究者もいる。

9）同一の社会集団のなかで，支配者の言語と被支配者の民衆の言語というように上下の階層関係を作って共存する場合に，下層ないし基層をなす言語，上層をなす言語として区別される。伝統的な歴史言語学では，基層という概念は，言語交替が起こった場合に，取り替えられた古い言語層をさして用いられる。たとえば，ガリア地方に進出したラテン語と土着のガリア人の話すケルト語が上層・下層の関係をつくり，ケルト語はラテン語に取り替わった（亀井・河野・千野，1996: 268-269）。

10）このような範疇化の背景にはなにがあるだろうか。西洋中心主義だろうか，帝国主義だろうか。そしてまた学問としての言語学も，そのような時代背景のなかで育ってきた部分があることも忘れてはならない。「クレオール」ということばを使うときそこには「光と影」があるように思う。クレオールには社会歴史的背景として，奴隷貿易や帝国による植民地支配という負の遺産という側面がある。言語学においてもクレオールは主人のことばをまともに話せない者の劣ったことばという認識，さらには研究に値しない言語であるという認識が長い間あった——ブルームフィールドの「クレオール化された言語は主人のことばの劣った方言という地位をもつ」（Bloomfield, 1933: 474）といったことばにはその一端を見ることができよう。その一方で，8 節で触れるように，クレオールにはまた可能性を感じさせる一面がある。言語接触に目を向けることがそうであるように，クレオールは人間の言語がどのようなものであるのかについて，多くを語ってくれる。

11）「混成言語」は，それが一般的な語として用いられるときには，ひろくピジン，クレオールまでをも含むものとしてとらえられるが（亀井・河野・千野，1996: 437），術語としては，ピジンやクレオールなどとは区別しておくのがよいだろう。

12）「ケチュア語」という単独の言語を認めることは困難で，「ケチュア諸語」というべきであるというのが現在の通説のようである（Adelaar, 2004）。ここでカルヴェが用いている「ケチュア語1」「ケチュア語2」は便宜的なもので，「ケチュア諸語」の大分類として用いられる Quechua I, Quechua II とは別のものである。

13）ただし，社会的な力が決定打にならないことがある。たとえば，モンタナ・セイリッシュ語では，英語から借用するよりも，むしろ既存の言葉の要素を合成して新

語をつくるという（Thomasan, 2001: 11, 80）。話者の態度は多くの場合，相対的な「言語の社会的な力」と連動するのであまり意識されないが，話者の態度も，言語接触の帰結を決めるかなり重要な要因であることはおさえておきたい。

14) Kirkpatrick（2007），Mesthrie & Bhatt（2008）など。かんたんに読めるものとしては大津・嶋田（2016）の第4章「世界の英語に目を向けると英語はもっとおもしろい！」を参照。

15) この考えには反論や批判がある（代表的なものとしてはDeGraff, 2005）。言語接触が生み出すさまざまな現象のなかで，クレオールは系統樹における位置づけが議論されてきた。歴史的な長い時間にある諸言語の系統の話に，比較的最近取りあげられたクレオールの位置づけを議論する試みは，扱っているタイムスパンがまったく違っているように思われる（現在のクレオールがそこに位置を得るのは数百年後の話であるような）。帝国主義の時代にあって植民地において形成された言語の「所属／帰属」の問題にはいやがおうにもイデオロギーがこびりつく。人の移動距離が大きくなり，インターネットで瞬時に世界とつながる時代の言語のありようは，われわれの言語観をどのように変えるだろうか。「言語接触」はまちがいなくその理解の鍵を握っているだろう。

16) アイルランド語と英語とでは，どのような意味的対立を形式に表出するかが異なっており，アイルランド英語の 'tis... 文は情報構造に関してアイルランド語の意味的対立を引き継いでいると考えられる。アイルランド英語とアイルランド英語の 'tis... 文，たとえば（A-i）'tis milk I'm buying. や（A-ii）'tis brave she is. を，英語の分裂文に見立てて，（B-i）it is milk that I am buying. や（B-ii）*it is brave that she is.（*印は文法的でないことを表す）とした場合に，（A-i）と（B-i），（A-ii）と（B-ii）の表す意味は異なる。（試訳すれば，（A-i）ミルクを買うんだ。（B-i）買っているのは（他のものではなく）ミルクだ。（A-ii）彼女勇気があるよね。（B-ii）彼女の性質はといえば勇敢だ，といった感じになろうか）。英語の分裂文においては，狭義の焦点（focus）が it is X that Y という形で統語的に表現されるのに対して，アイルランド語およびアイルランド英語では，統語的に表現されるのは，文のなかの重要な構成素である（シンタグマティックな関係に言及する）。さらに言えば，アイルランド語と英語の当該文の構成に違いはあれど近似性があるということが，アイルランド英語の 'tis... 文としての定着を促したと見ることができる。詳しい議論と考察は，嶋田（2016: 164-180），Shimada（2018）を参照。

17) アイルランド語の保持をめぐる言語政策と今日的葛藤については嶋田（2018）を参照。

18) 第2章5節の「言語改革」はこの「文字改革」ののちに巧みに成し遂げられたも

のである。アラビア文字の廃止から，アラビア語やペルシア語由来の「外来語」への廃止へ。文字の置き換えは，言語の中身である言葉の置き換えへと進む。改革当初は違和感が感じられても，新たに作られた語は対応する外来語の構造や使い方を維持しているから通用する（本書第 2 章 62 頁）。そうして新たに作られた固有語が定着すれば次の世代にはアラビア語の知識（とともに，それが象徴するイスラムの伝統）の継承は断絶されるだろうという目論見だった（林徹先生のご教示による）。
19)「言語接触の研究は系統樹モデルへの挑戦である」(Sebba, 1997: 10) という指摘をひくまでもなく，言語接触研究の充実は言語学の新たな展開を予見させる。

参考文献

大津由紀雄・嶋田珠巳（編）(2016)『英語の学び方』ひつじ書房
亀井孝・河野六郎・千野栄一（編）(1996)『言語学大辞典　第 6 巻術語編』三省堂
柴田　武 (1978)『社会言語学の課題』三省堂
嶋田珠巳 (2008)「アイルランド英語 be after V-ing の表現効果——have 完了との対立を中心に」,『東京大学言語学論集』27, 187-206.
嶋田珠巳 (2016)『英語という選択——アイルランドの今』岩波書店
嶋田珠巳 (2018)「ゲールタハト（アイルランド語使用地域）の小学校にみる今日的葛藤——アイルランドの言語政策とコミュニティ」,『東京大学言語学論集《別冊 2》学校を通して見る移民コミュニティ』, pp. 101-108.
ジャン・カルヴェ, L., 西山教行（訳）(2000)『言語政策とは何か』白水社（原著は 1996 年刊行）
ジャン・カルヴェ, L., 砂野幸稔ほか（訳）(2010)「言語の死」『言語戦争と言語政策』三元社
千野栄一 (2002)『言語学 私のラブストーリー』三省堂
林　徹 (2013)『トルコ語文法ハンドブック』白水社
Adelaar, W. F. H. (2004) *The Languages of the Andes*. Cambridge: Cambridge University Press.
Auer, P. (1998) *Code-Switching in Conversation: Language, Interaction and Identity*. London: Routledge.
Bailey, Ch.-J. N. (1982) Irish English and Caribbean Black English: Another joinder. *American Speech*, 57, 237-239.
Bloomfield, L. (1933 [1984]) *Language*. Chicago and London: The University of Chicago Press.
Brenzinger, M. (1997) Language contact and language displacement, in F. Coulmas

(Ed.), *The Handbook of Sociolinguistics*, pp. 273-284, Oxford: Blackwell Publishing.

Comrie, B. (1989) *Language Universals and Linguistic Typology*. 2nd ed. Oxford: Basil Blackwell.

Coulmas, F. (2005) *Sociolinguistics: The Study of Speakers' Choices*. Cambridge: Cambridge University Press.

DeGraff, M. (2005) Linguists' most dangerous myth: The fallacy of creole exceptionalism. *Language in Society*, 34, 533-591.

Ferguson, Ch. A. (1959) Diglossia. *Word*, 15, 325-340.

Holm, John (2000) *An Introduction to Pidgin and Creole*. Cambridge: Cambridge University Press.

Kirkpatrick, A. (2007) *World Englishes: Implications for International Communication and English Language Teaching*. Cambridge: Cambridge University Press.

McWhorter, J. H. (2005) *Defining Creole*. Oxford: Oxford University Press.

Mesthrie, R. and Bhatt, R. M. (2008) *World Englishes: The Study of New Linguistic Varieties*. Cambridge: Cambridge University Press.

Mufwene, S. S. (2000) Creolization is a social, not a structural, process, in I. Neumann-Holzschuh and E. W. Schneider (Eds.), *Degrees of Restructuring in Creole Languages*, pp. 65-84. Amsterdam: Benjamins.

Mufwene, S. S. (2008) *Language Evolution: Contact, Competition and Change*. London: Continuum.

Mufwene, S. S. (2009) Some offspring of colonial English are Creole, in M. Filppula, J. Klemola and H. Paulasto (Eds.), *Vernacular Universals and Language Contacts: Evidence from Varieties of English and Beyond*, pp. 280-303. London: Routledge.

Muysken, P. and Norval S. (1994) The study of pidgin and creole languages, in J. P. Arends, et al. (Eds.), *Pidgins and Creoles: An Introduction*. Amsterdam: John Benjamins.

Myers-Scotton, C. (1993) *Social Motivations for Code-switching: Evidence from Africa*. Oxford: Clarendon Press.

Nishimura, M. (1997) *Japanese/English Code Switching: Syntax and Pragmatics*. New York: Peter Lang.

Rickford, J. R. (1986) Social contact and linguistic diffusion: Hiberno-English and New World Black English. *Language*, 62, 245-289.

Romaine, S. (1994) *Language in Society: An Introduction to Sociolinguistics*. Oxford: Oxford University Press.(スーザン・ロメイン，土田滋・高橋留美（訳）（1997）

『社会の中の言語——現代社会言語学入門』三省堂)

Sebba, M. (1997) *Contact Languages: Pidgins and Creoles.* Hampshire and London: Macmillan Press.

Shimada, T. (2013) The *do be* form in Southwest Hiberno-English and its linguistic enquiries. *Festschrift for Professor Hiroshi Kumamoto. Tokyo University Linguistic Papers (TULIP)*, 33, 255-271.

Shimada, T. (2018) *'Tis....* pattern in Hiberno-English as a grammatical innovation. 『東京大学言語学論集 林徹先生記念論文集』. *Tokyo University Linguistic Papers (TULIP)*, 39, 243-263.

Thomason, S. G. (2001) *Language Contact: An Introduction.* Washington DC: Georgetown University Press.

Thomason, S. G. and Kaufman, T. (1988) *Language Contact, Creolization, and Genetic Linguistics.* Berkeley: University of California Press.

Wardhaugh, R. (2010) *An Introduction to Sociolinguistics*, 6th ed. Oxford: Blackwell.

Weinreich, U. (1963) *Languages in Contact: Findings and Problems.* The Hague: Mouton Publishers.

Williams, J. P. (2003) The establishment and perpetuation of Anglophone white enclave communities in the Eastern Caribbean: The case of Island Harbour, Anguilla, in M. Aceto and J. Williams (Eds.), *Contact Englishes of the Eastern Caribbean.* pp. 95-119. Amsterdam: John Benjamins.

Winford, D. (2001) "Intermediate" creoles and degrees of change in creole formation: The case of Bajan, in I. Neumann-Holzschuh and E. W. Schneider (Eds.), *Degrees of Restructuring in Creole Languages*, pp. 215-246. Amsterdam: John Benjamins.

Winford, D. (2007) *An Introduction to Contact Linguistics.* Oxford: Blackwell Publishing.

第2章　言語における固有と外来

林　徹

1　「コトバ」という言葉の曖昧さ

　以下は，2020年4月から施行される小学校の学習指導要領のなかで「コトバ」という単語が使われた例である（冒頭の通し番号と引用の中の下線は執筆者が付けたもの。例文の後ろの括弧内は引用したセクションを表す）。まず，小学校1年生の算数で，図形について指導すべき事柄の説明で使われている「コトバ」（実際の表記はすべて「言葉」なので，以下では「言葉」とする）の例を見てみよう。

(1) 前後，左右，上下など方向や位置についての言葉を用いて，ものの位置を表すこと。（文部科学省，2017，第2章：各教科＞第3節：算数＞第2：各学年の目標及び内容＞［第1学年］＞2：内容＞B：図形＞(1)＞ア＞(ウ)）

この引用で「言葉」は，「マエ」「ウシロ」「ヒダリ」「ミギ」「ウエ」「シタ」などのような単位，つまり単語を表していると思われる。あるいは，もし「コクバン・ノ・マエ」とか「ツクエ・ノ・ウエ」のような表現も，ここで言う「方向や位置についての言葉」に含めるとすれば，複数の単語が結びついたまとまり（つまり，句）も表すと考えるほうがいいだろう。実は，この節の見出し「『コトバ』という言葉の曖昧さ」の2番目の「言葉」も単語のことである。しかし，以下の引用では「言葉」を単語あるいは句と解釈することができない。

(2) 身近なことを表す語句の量を増し，話や文章の中で使うとともに，言葉には意味による語句のまとまりがあることに気付き，語彙を豊かにすること。（文部科学省，

2017，第2章：各教科＞第1節：国語＞第2：各学年の目標及び内容＞［第1学年及び第2学年］＞2：内容＞［知識及び技能］＞(1)＞オ）

この引用部分は小学1年生と2年生が国語で学ぶ内容を示したものである。全体の意味はもうひとつはっきりしないのだが，とりあえず「言葉」が現れる真ん中の部分，つまり「言葉には意味による語句のまとまりがあることに気付き」の部分だけについて考えてみる。表現に忠実に解釈すれば，「意味による語句のまとまり」が「言葉」のなかにあると言うのだから，「言葉」は「意味による語句のまとまり」より大きな単位と考えられる。「意味による語句のまとまり」は，上で触れた句にほぼ相当すると考えられるから，ここでの「言葉」は句より大きな単位ということになる。句より大きな単位は文と考えられるから，(2)の「言葉」は，文（複数の文の場合も含まれるかもしれない）のことだろう。しかし，以下の説明における「言葉」が何を表しているのかを理解するのは，ちょっと難しい。

(3) 相手を見て話したり聞いたりするとともに，言葉の抑揚や強弱，間の取り方などに注意して話すこと。（文部科学省，2017，第2章：各教科＞第1節：国語＞第2：各学年の目標及び内容＞［第3学年及び第4学年］＞2：内容＞[知識及び技能]＞(1)＞イ）

これは，小学校3年生と4年生で身につけるべき知識や技能のひとつ（あるいは，ふたつ？）である。新学習指導要領では，上で見た(2)からもわかるように，「〜するとともに」という表現が多用されていて，この表現によって結びつけられている2つの事柄の関係がつかみにくい。

ちなみに，新学習指導要領の5年生と6年生の国語の項目には，「書くこと」に関して身につけるべき事項のひとつとして「筋道の通った文章となるように，文章全体の構成や展開を考えること」と書かれている。「筋道の通った文章」を書くことを指導する新学習指導要領自体は「筋道の通った文章」で書かれているはずである。にもかかわらず，なかなか筋道が見えないのはどうしてだろう，とつい考え込んでしまう。

脱線はこのくらいにして本題に戻る。(3)が教師に指示しているのは，だいたい以下のような内容だと想像する。「相手を見ながら話したり聞いたりすることを生徒たちに身につけさせなさい。また，相手を見ながら話すと，相手が自分の話をすぐに理解できない場合があることに生徒たちが気づくかもしれない。その際に，言葉の抑揚や強弱，間の取り方などに注意することによって，相手が理解しやすくなることを教え，そのような話し方を身につけさせなさい。」

　さて，これでようやく「言葉の抑揚や強弱，間の取り方」という部分について考える準備が整った。短いが前の文脈があるので，相手がいるような場面での話だということがわかる。「抑揚」や「強弱」は単語にも句にも文にも当てはまりそうだ。「間（ま）」も，さすがに単語の内部に置かれることはあまりなさそうだが，単語と単語のあいだ，句と句のあいだ，あるいは文と文のあいだに置かれるだろう。とすると，(3)の「言葉」は，(1)と(2)で見たような，単語か（「ウエ」など），句か（「ツクエ・ノ・ウエ」など），あるいは文か（「センセイ・ガ・ツクエ・ノ・ウエ・ニ・スワッ・タ」など），といった区別とは無関係で，むしろ，単語にしろ句にしろ文にしろ，それらがある個人によって，あるとき，具体的なある場面において，実際に使われる際の発音の仕方に関係していると思われる。これは，すでに触れたように，(3)が相手のいる場面を前提とした説明であることとも噛み合う。このような，具体的な発声（手話の場合は動作）を伴って実現する対象を言語学では「発話」と呼び，これまで触れてきた単語や句や文のレベル（記号のレベル）とは別のレベルの概念として捉える。単語や句や文について考える場合，それを誰がどこでいつ使うかを問題にすることはないが，発話について考える場合はそれらが問題になる。つまり，Aさんが2018年6月4日14時27分32秒に自宅でテレビを見ながら言った「ツクエ・ノ・ウエ」と，Bさん（Aさんでも同じことだが）が2018年6月5日8時54分19秒に自宅近くの図書館で言った「ツクエ・ノ・ウエ」とは，同じ句（記号）だが違う発話ということになる。なお，発話は発言に似ているが，発話は必ずしもまとまった考えや意見を含む必要はなく，「アッ！」とか「サア！」のような間投詞も，「センセイガツクエノ……」のような言いかけの文も立派な発話となる。

ここまで，「言葉」が単語，句，文のような意味で使われたり，発話の意味で使われている例を見た。では，以下の「言葉」はどんな使われ方をしているのだろうか。

(4) 丁寧な言葉と普通の言葉との違いに気を付けて使うとともに，敬体で書かれた文章に慣れること。(文部科学省，2017，第2章：各教科＞第1節：国語＞第2：各学年の目標及び内容＞[第1学年及び第2学年]＞2：内容＞[知識及び技能]＞(1)＞キ)

　これまでに見た (2) と (3) 同様，これもまた「～するとともに」で結びつけられた2つの事柄を含む説明である。まず，「～するとともに」の前後の事柄の関係を考えながら，教師への指示として書き換えると，だいたい以下のようになるだろう。「生徒たちは，普段使っている普通の言葉以外に，丁寧な言葉もある程度は知っているだろうが，その違いに改めて注意させ，普通の言葉と丁寧な言葉を意識して使い分けられるように指導しなさい。また，デスマス体で書かれた文章をたくさん読ませることによって，普段丁寧な言葉を使うことが少ない生徒たちが丁寧な言葉に慣れるように指導しなさい。」
　5年生・6年生で指導する事柄のなかには，「話し言葉と書き言葉との違いに気付くこと」があり，ここでの「言葉」の意味も，(4) における「言葉」の意味と，ほぼ同じだと思われる。それは，これまで見てきたどの使い方とも違う。まず，単語か句か文かの区別に関係しない。なぜならば，例えば「ツクエ」と「オ・ツクエ」はいずれも単語だが，前者は (4) で言及されている「普通の言葉」であるのに対し，後者は「丁寧な言葉」である。また，同じ「ツクエ・ノ・ウエ」という句であっても，「アノ・マンガ・ドコ？」の答えとして発話された場合は「普通の言葉」だが，「アノ・マンガ・ワ・ドコ・デショウ・カ？」の答えとして，自信なさそうにゆっくり発話された「ツクエ・ノ・ウエ……」は「丁寧な言葉」と見なせるだろう。このような違いを言語学ではスタイル (文体) の違いと言う。スタイルの違いは，「ツクエ」と「オ・ツクエ」の違いのように記号のレベルでも，また，抑揚や速度の違いのように発話のレベルでも見られる。(4) で言われている「言葉の違い」は，いずれのレベルであるにしろスタイルの違いであり，ここでの「言葉」はスタイルに相当すると

考えられる。

　最後にもう1箇所,「新学習指導要領」で「言葉」が使われている例を見よう。

(5)　英語の音声やリズムなどに慣れ親しむとともに,日本語との違いを知り,<u>言葉</u>の面白さや豊かさに気付くこと。(文部科学省, 2017, 第4章：外国語活動＞第2：各言語の目標及び内容等＞英語＞2：内容＞［第3学年及び第4学年］＞［知識及び技能］＞(1)＞イ＞(ア))

　なんと,ここでも「〜するとともに」によって2つの事柄が結びつけられている。前回と同様に教師への指示を汲み取ってみると,ほぼ以下のようになるだろう。「生徒たちに簡単な英語の表現を話したり聞いたりさせることによって,英語の表現が持つ音声的特徴やリズムに慣れさせなさい。そうすると,英語と日本語の違いがわかってくるだろうから,世界にはいろいろな言葉があって面白い,ということに気づかせなさい。」ここで英語と日本語の相違点として示されているのは「音声やリズムなど」だが,その点の違いだけに気づかせようとしているのではない。なぜならば,この項目のすぐ上位の項目の見出しは「日本と外国の言語や文化について理解すること」となっているからだ。したがって,(5)の「言葉」は,英語や日本語など「○○語」と呼ばれる単位のこと,つまり個々の言語のことと考えられる。

　ここまで「言葉」という単語が,新学習指導要領の中でさまざまな意味で使われている様子を見てきた。たしかに,発話やスタイルのように,なかなか気づきにくい意味もある。しかし,単語や文,それに個々の言語のように,区別することがそれほど難しくない場合でも,同じ「言葉」という単語が用いられているのはどうしてだろうか。その理由については以下で考えるが,その前に,「言葉」が表す意味のひとつ,個々の言語について少し考えてみたい。

2　言語はどこにあるか？

　日本語や英語など「○○語」と呼ばれる言語とはどのような存在か,と問わ

れれば，そんなわかりきったことを尋ねてどうするのか，というのが普通の反応だろう。しかし，はたしてそれほどわかりきったことだろうか。例えば，とりあえず日本語が存在することは認めるとして，それが一体どこにあるのかを考えてみよう。

　まずは手近にある，日本語で書かれた文書とか書物を指差して「そこにある」と答えたくなるかもしれない。だが，「では，仮に日本語で書かれた文書がすべて消滅してしまったら，日本語が消滅したことになるのか？」という質問を受ければ，返答に窮する。そこで，書記言語より音声言語のほうが基本的だということを思い出して，「日本語で発せられた発言（第1節で用いた用語を使えば，発話）があるところに日本語はある」と主張してみよう。短時間だが，日本語の発言が発せられれば，そこに日本語が存在する，というわけだ。それはどこかにずっとあるわけではないが，風や波や台風などと同じように，それが生じたときには，どこにあるかを示すことができる。日本語での発言がすべて消滅してしまう，つまり，日本語で発言する人がいなくなれば，日本語が消滅したことになると見なせる点からも，この説明はうまくいくように思われる。だがここで，上で述べた「日本語で書かれた文書」とか「日本語で発せられた発言（発話）」という表現を読み返してみると，「文書」や「発言」が生まれる以前に「日本語」がどこかに存在していなければならないことに気づく。つまり，「文書」や「発言」は日本語を使った結果であって，日本語そのものではない，ということになる。では，日本語はどこにあるのか。発言したり書いたりする人の頭の中に知識として存在する，という答えが思い浮かぶ。では，もしあなたが日本語で話したり書いたりする人だとして，あなたの頭を指差しながら，「日本語はここにある」と言ってみてほしい。あなたの気持ちは，依然として少しもやもやしているのではないだろうか。なぜなら，あなたとおしゃべりする家族や友人たちの頭の中にも，あるいは初対面の人の頭の中にも，あなたと同様に日本語があるにちがいないからだ。

　ここであなたは，誰の頭の中に日本語があるかを明らかにしないと，日本語はどこにあるかという質問に答えられないことに気づくだろう。では，誰が頭の中に日本語を持っている人（日本語話者）なのだろうか。日本国民か，それとも日本に住む人か。しかし，日本国民でも日本に住んでいても，日本語をま

ったく使わない人はいる。反対に，日本国民でない人や日本に住んでいない人の中にも日本語を使う人はいる。

　国籍や居住地などの，言語とは関係のない属性に頼るのではなく，個人と個人の関係に基づいて最初から考えてみることにしよう。仮にある人（Aさんとする）の頭の中に日本語があるとして，Aさんが話したり書いたりした結果を理解することができる人がいれば，その人（Bさんとする）の頭の中にも日本語があると見なすのは合理的であるように思われる。同様にして，AさんとCさん，AさんとDさん……と続けていけば，Aさんを基準とした集団が形成される。この集団に属する人たちのすべての頭の中に日本語がある，と言えることになる。

　ところで，Aさんの代わりにBさんを基準にしたら，同じ結果が得られるだろうか。というのも，気になるデータがあるからである。社会言語学者ハウゲンは，ノルウェー語，スウェーデン語，デンマーク語の間で，異なる言語をどのくらい理解できるか（理解度）を調査した。これらは互いによく似ていることで有名な言語である。そこで，これら3言語の話者（より正確には，自分がそれぞれの言語の話者と思っている人）を対象に，自分の言語以外の2言語を理解できるかどうかを質問し，理解できると回答した人の割合を計算した。その結果，ノルウェー語とスウェーデン語，ノルウェー語とデンマーク語の間の理解度が相対的に高く，スウェーデン語とデンマーク語の間の理解度が相対的に低いことがわかったのだが，ここで注目したいのはその点ではない。スウェーデン語話者のうちの87.0%がノルウェー語を理解できると回答している点である（Haugen, 1972: 222）。これは，スウェーデン語話者の中に，ノルウェー語を理解できる人と，理解できない人（割合としては少ないが）がいることを示している。例えば，XさんもYさんも，ともにスウェーデン語話者でお互いを理解することができるが，Xさんはノルウェー語話者であるZさんの話すことも理解できるのに対し，YさんはZさんの話すことが理解できない，という状況である。したがって，互いの話すこと（書くこと）が理解できるのは，頭の中に同じ言語があるからだ，という前提に立つならば，Xさんを基準にするか，Yさんを基準にするかで，「同じ言語」の範囲が変わってしまうことになる。Xさんを基準とするとYさんもZさんも同じ言語を話す仲間だが，Yさんを基

準にするとXさんだけが同じ言語を話す仲間で，Zさんは仲間に入らない．
　もちろん，こんな回りくどい説明の代わりに，ノルウェーとは陸路で繋っているストックホルムのスウェーデン語話者は，バルト海の対岸のヘルシンキのスウェーデン語話者（遅くとも12世紀ごろからフィンランドにはスウェーデン語を話す人々がいた）に較べて，ノルウェー語を理解する人の割合が高い，というような巨視的な説明のほうがわかりやすいかもしれない．2003年にスウェーデン語話者の中学生と高校生（ノルウェー語とのバイリンガルである生徒はあらかじめ除かれている）を対象としておこなわれたホースケンシュの理解度調査によれば，ストックホルムの生徒のノルウェー語理解度（ハウゲンの調査方法とは異なり，ノルウェー語の新聞記事を読み上げた録音を聞かせた後の正解率の平均）が83.4%であるのに対し，ヘルシンキの生徒の理解度は57.1%に留まる（Gooskens, 2006: 103）．
　このようなデータを見ると，「スウェーデン語」とか「ノルウェー語」という慣習的な言語区分を用いているから問題が起こるので，言語間の相互理解度に基づいて分類しなおせば，このような厄介なことは起こらない，と考える人がいるかもしれない．確かに，言語学者の中にも，ディクソンのように，通じるか通じないかで，同じ言語かどうかは簡単に見分けられる，と言い切る人もいる（ディクソン 2001: 10f.）．しかし，上であげた例をディクソンに質問してみよう，「Xさんの話す言語とYさんの話す言語は通じ，Xさんの言語とZさんの言語も通じるのに，Yさんの言語とZさんの言語が通じないとき，いったい誰と誰が同じ言語を話していると考えればいいのか」と．ディクソンがどう答えるかはわからないが，少なくとも筆者はこの質問に答えられそうにない．あるいは，ホースケンシュの紹介している調査に参加したスウェーデンの生徒たち（その中にはノルウェー語をかなり理解できる者から，あまり理解できない者までいるはず）にも質問してみよう，スウェーデン語とノルウェー語は同じ言語かと．彼女ら・彼らの回答がひとつにまとまるとはとても思えない．
　スカンジナビア諸国の状況は特殊なものだろうか．スウェーデン語やノルウェー語を日本国内の諸方言に置き換えて考えてみれば，それが私たちと無縁の問題ではないことに気づかされる．相互理解度が80%の2つの言語を同じ言語とするべきかどうかを決められないのであれば，相互理解度が80%の2つ

の方言を同じ言語とするべきかどうかも決められないはずだからである。いやいや，日本では，各地に固有の方言のほかに，全国共通の「共通語」という別の言語があるので，方言間の相互理解度が高かろうと低かろうと，「共通語」によって常に相互理解が可能である，と考える人がいるかもしれない。この説明は直感とも一致する。例えば，東京・新橋の居酒屋で同郷の友人と久しぶりに盃を傾けながら，出身地域の方言で楽しくおしゃべりをしている人がいるとする。お酒のお代わりを注文しようとして，この人は店員に，郷里の方言ではなく共通語で呼びかけるに違いない。つまり，この人の頭の中には，自分の出身地域の方言と「共通語」という，少なくとも2つの方言が共存していて，場面によって切り替えて使っている，ということになる。しかし，これで問題が解決したかというと，残念ながらまったくそうではない。日本各地の方言が同じ言語かどうかという問題が依然として未解決のままであるということに加えて，「共通語」と日本各地の方言が同じ言語かどうかという新たな問題を抱えてしまっているからである。

3 「コトバ」の多義性の理由

　「言語はどこにあるか？」という問いへの答えを求めて，第2節では4ページにわたり考え続けてきたが，答えに近づくどころか，ますますわけがわからなくなってきてしまった。筆者は，「言語はどこにあるか？」という問いに答えられないだけでなく，そもそも自分が，言語という存在について十分な知識を持ちあわせていないことを認めざるを得ない状況に追い詰められてしまった。筆者は日頃，「世界には約6000の言語がある」とか，「トルコ語はアルファベットで書かれる」とか，気軽に言語（「○○語」と言う場合の言語）を話題にしてきたが，実は言語というものがどういう存在なのか，まったくわかっていなかったということになる。

　ここで，第1節で紹介した，「コトバ」という単語の多義性について考えてみたい。新学習指導要領のような公文書の中でさえ，「コトバ」が単語，句，文，発話，スタイル，個別言語など，互いに異なる意味で使われていることを確認した。これらの意味の中で，単語はもっとも安定した意味を持っている。

なぜならば単語は，すべての場合にそうではないものの，具体的に指差すことのできる対象（指示対象）と結びつけられるからである。例えば，「ツクエ」がどこにあるかと問われて，あなたは目の前にある机を指差すことができる。一方，「センセイ・ガ・ツクエ・ノ・ウエ・ニ・スワッ・タ」のような文になると，その指示対象を指差すことはできない。ましてや，日本語やスウェーデン語などの個別言語の場合，指示対象を想定することすらできないことはすでに見た。
　「クルマ」は「車輪」も「荷車」も「自動車」も意味することがある。つまり，「車輪」という比較的単純な部品によって，より複雑な道具や機械を表すことができる。「コトバ」の場合もこれに似ているのではないだろうか。つまり，単語という単純な部品によって，言語という，複雑かつ抽象的な全体を表している。このように考えると，「コトバ」の持つ多義性は，単なる曖昧さではなく，言語という身近だが複雑で捉えどころのない存在を，なんとかして捉えようとする方策のひとつであるように思える。言い換えれば，単語の持つ特徴を言語に投影することにより，単純化された言語の姿を思い描くことができるわけである。すでに第2節で見たように，実際に言語について何がわかっているか確認してみると，実に心もとない状況なのだが，言語を単語にすり替えれば，そんなことに思い悩むことなく，気軽に言語について議論ができる，ことになる。
　以上のように考えれば，言語を巡る議論の多くで，言語の本質については目をつぶり，誰にもわかりやすい単語の話にすり替えて，さまざまな主張がなされていることにも合点がいく。そこで，次節以降では，本章のテーマである「言語における固有と外来」について，本来考えるべき個別言語レベルでの問題から読者の目をそらし，単純な単語レベルの問題にすり替えて，述べることにする。所詮コトバなど，ほとんどの人にとってどうでもいいことだろう。とすれば……，筆者のこのようないい加減な態度も，許されていいんじゃないだろうか。

4　外来語

「外来語」とは何か（また始まったか，と思わないで，もう少しだけつきあってください）。「外国語に由来する単語」でいいではないか，と思うかもしれない。そのとおりなのだが，その定義の中の「外国語」に筆者は引っかかってしまうのである。いま話をわかりやすくするために，「外国語」でない言語を「固有言語」，その固有言語に属する単語を「固有語」と呼ぶことにする（何に固有なのか，いまひとつしっくりしないが，お許しください）。第2節で紹介したノルウェー語とスウェーデン語の場合，それぞれの言語を固有言語として話す集団の範囲を明確に示すことができなかった。当然，外国語を話す集団の範囲も明確にすることができない。外国語を話す集団が使う単語を，固有言語を話す集団も使うようになったのが外来語であるから，2つの集団の境界がはっきりしなければ，何が固有語で何か外来語かもまた，決められない。

そうは言っても，個々人について見れば，生まれたときに周囲で話されていた言語を習得した場合，その言語は，たいてい母語（つまり固有言語）である。一方，母語を習得した後に習得した（あるいは，習得しようとした）言語は「外国語」である。この区別は非常に明白なように思われる。

しかし，さきほど予告したように，話を単語のレベルに限定してみよう。単語の習得は2歳から4歳，あるいは10歳から13歳など，成長の特定の時期で終了するわけではない。成人した後ですら，膨大な量の新たな単語を習得し続けなければならない。そして，そうした単語の中には，外国語に由来するもの（外来語）も，由来しないもの（固有語）もある。例えば，「イシヅキ」は固有語で「ファイバー」は外来語と言われるが，筆者にとっては，いずれも「外」から入ってきた単語という点で同じである。そもそも単語は人から人へと伝播するもので，ある人に固有の単語などあるはずがない。この意味で，すべての単語は外からやってくる。では，単語レベルで，どうやって固有語と外来語が区別されるのだろうか。

「イシヅキ」には「イシ」と「ヅキ（ツキ）」という2つの要素が見つかる。「イシヅキ」全体としての意味がこれらの要素から推測できるとは限らないが，内部に見慣れた要素を見つけることができる。一方「ファイバー」には，その

ような見慣れた要素が見つからない。全体としてひとまとまりである。このような違いが外来語を区別する手がかりになると言うことはできそうだ。「ファ」のような音節や、「バー」のような長音によっても外来語を区別することができるかもしれない。しかし、こうした特徴だけで外来語を区別しているわけではない。「サラダ」のような、固有語にも起こり得る音の組み合わせを持った単語が外来語として認識されているからである。

　この節の冒頭で、「外国語に由来する単語」という外来語の定義を紹介し、「外国語」という概念の曖昧さを指摘した。しかし、例えば日本語の中での外来語の使われた方を観察すると、外来語は、単に「外国語」に由来するという歴史的事実に基づくだけではなく、特定の外国語に由来する単語として認識され続けていることに気づかされる。「サーロイン」「カルビ」「ケバブ」はいずれも肉の部位、あるいは料理の名称に使われる外来語である。しかし、外来語であるというよりはむしろ、それぞれ何語に由来するか（「ケバブ」のように、特定の言語ではなく、中東のどこかの「エキゾチックな」言語に由来する、という場合も含めて）が、これらの単語の使い方に影響しているように思われるからである。

　国立国語研究所が2004年に日本全国から無作為に選んだ4500人を対象（回答者は3090人）として実施した外来語に関する調査（国立国語研究所, 2005）では、英語由来の「サポート」、漢語の「シエン」、固有語の「テダスケ」について、「新しく農業を始めるには、地域の○○が必要です」という文脈でどの単語を使うかを尋ね、さらに、それぞれを使うと答えた人に、使う理由を尋ねている。「新しい感じだから」と回答した人の割合が「サポート」で26.6％、「シエン」で3.4％、「テダスケ」で1.7％であったのに対し、「やわらかい感じだから」と答えた人の割合は、「サポート」で30.0％、「シエン」で39.9％、「テダスケ」で70.1％であった。つまり、「サポート」の場合、単語の意味とは関係なしに、それが英語由来の外来語であるという認識から、話者の進歩的な態度が表される効果が生み出されている。

　ブロムマルト（Blommaert, 2010）は、単語や表現自体の機能や意味の他に、多言語化した社会の中では、単語や表現が何語のものであるかということも社会的な意味を持つことを、豊富な実例とともに示している。そこでは、言語は

記号としての本来の機能から離れて,「〇〇語」に由来することがシンボルとして働いている。この場合の言語は,本章でくどくどと考え続けてきた実態としての言語では,もはやない。それは,ある特定の社会的な価値と結びついた,いわばステレオタイプとしての言語である。

　もちろん,歴史言語学的に外来語と認められるすべての単語が,上で説明したような「〇〇語」というラベルを担っているわけではない。「コップ」や「ピント」のように,特定の社会的な意味を失ってしまった単語も多いだろう。しかし,「外来語が氾濫している」などと批判されるのは,こうした単語ではなく,特定の言語ラベルの付いた,何らかの社会的意味を持つ外来語であることは,ほぼ間違いないように思われる。では,固有語のほうはどうなのだろうか。

5　固有語

　前節では,言語自体の特徴や使用実態に即して外来語を定義することが難しいということを見た。固有語を「外国語に由来しない単語」と見なして,外来語と同様に使用実態に即して定義しようとすれば,やはり同じ困難に直面することになる。さらに固有語の場合,「ウマ」「ウメ」「カワラ」や「テンプラ」など,外国語から日本語に入った事実が知られているにもかかわらず,多くの日本語話者に固有語として認識されている単語も少なくない。また,外来語を供給した言語がすでに消滅している場合,あるいは,外来語を供給した言語やそれを受け入れた日本語において発音や意味の大きな変化が生じた場合にも,外国語に由来するにもかかわらず,外来語ではなく固有語と見なされることになる。では,固有語を,外来語のような言語ラベルを持たない,社会的シンボルの点で中立の単語と見なしていいのだろうか。この問題を考えるために,トルコ語について見てみたい。

　トルコでは,関東大震災の約2ヶ月後の1923年10月29日に,オスマン帝国崩壊後の混乱の中からトルコ共和国が誕生する。その5年後の1928年には,それまで使われていたアラビア文字による表記法をラテン文字(ローマ字)に基づく新正書法に置き換える法律が発布され,その翌年施行された。1932年か

表1 トルコ語における外来語と固有語のペア

意味	アラビア語由来の外来語	新たに作られた固有語	固有語の構造
飛行機	tayyare	uçak	uç「飛ぶ」-ak 動詞から名詞を作る接尾辞
地域	mıntıka	bölge	böl「分ける」-ge 動詞から名詞を作る接尾辞
問題	mesele	sorun	sor「問う」-un 動詞から名詞を作る接尾辞
祝福された	mübarek	kutlu	kut「幸福（古語）」-lu 名詞から形容詞を作る接尾辞

らは，当時トルコ語の中で大量に使われていたアラビア語やペルシア語由来の外来語を廃して，固有語で置き換える「言語改革」が始まる。新たに大量の固有語が作られたが，その多くは，すでにある固有語を組み合わせた複合語であったり，トルコ語の接尾辞（その中には新語を作り出す力を失っていたものも少なくなかった）を固有語に無理やり付加して作った派生語であった。表1は，アラビア語由来の外来語と，それと置き換えるために作られた固有語である。

ルイスが紹介するように，こうして作られた固有語は「壊滅的な」成功を収め（Lewis, 1999），当初違和感を口にしていた人々の間にも次第に広まっていく。そのひとつの理由は，新たに作られた固有語が，対応する外来語の構造を維持していたり，文中での使われ方の点で外来語とまったく同じだったりすることにより，初めて聞いた人でも，対応する外来語が何であるかさえわかれば，トルコ語の文に適合させることができたからである。

では，言語改革によって外来語がなくなったかといえば，上にあげた tayyare や mıntıka のように，ほとんど使われなくなったものもある一方で，mesele や mübarek のように，依然として使われ続けているものも少なくない。その結果，たくさんの同義語のペアが生まれ，言語改革を主導した初代大統領ムスタファ・ケマル（アタチュルク）の世俗化政策に共感する人々は新たに作られた固有語を，イスラム教の保守的な価値観に共感する人々は外来語を使って，自分の立場を表明しようとした。筆者は1980年に初めてトルコに留学したが，2つのグループの両方とバランスを取りながらつき合うために，多くの時間をトルコ語の習得のために費やさなければならなかった。普通なら1つの単語を覚えればいいところで，2つの単語（固有語と外来語）を覚えなければ

ならなかったからである。

　もちろん，ここで紹介したトルコの状況はかなり極端な例かもしれない。しかし，固有語もまた，外国語のラベルを持たないということにより，特定の社会的意味を持ち得るということは，トルコ語に限らず認められるのではないだろうか。特に，外来語に対峙するかたちで固有語の使用が推奨される場合は，言語の実態とはかけ離れた，社会的あるいは政治的な文脈を，固有語もまた担っていることに考慮する必要がある。

6　まとめ

　言語における外来要素を，本来必要ではないものと見なす議論にときどき遭遇する。特に同義の固有語が見つかる場合，外来語は批判の対象になりがちである。しかし，それが特定の言語に由来することにより，単語自体の意味を離れて，ある社会的意味を持ち，ひいては，固有語の社会的な意味を生み出すことにもつながっている可能性を，本章では示そうとした。ただし，本来ならば，具体的な根拠をあげて示す必要のある事柄について，憶測で議論を進めてしまった場合も少なくない。したがって，4節と5節で述べたことは，全体がひとつの仮説と見なされるべきであることは言うまでもない。今後次第に多言語化が進む中で，言語における固有と外来について，言語の使用実態に即した研究が必要とされている。

参考文献

国立国語研究所（2005）「外来語に関する意識調査Ⅱ」https://www.ninjal.ac.jp/archives/genzai/16index/（2018年6月閲覧）

ディクソン，R. M. W., 大隅翠（訳）（2001）『言語の興亡』岩波書店（岩波新書）

文部科学省（2017）「小学校：学習指導要領（平成29年告示）」http://www.mext.go.jp/component/a_menu/education/micro_detail/__icsFiles/afieldfile/2018/05/07/1384661_4_3_2.pdf（2018年6月閲覧）

Blommaert, J. (2010) *The Sociolinguistics of Globalization*. Cambridge, UK: Cambridge University Press.

Gooskens, Ch. (2006) Linguistic and extra-linguistic predictors of inter-Scandinavian intelligibility. *Linguistics in the Netherlands*, 23(1), 101-113.

Haugen, E. (1972) *The Ecology of Language*. Stanford, CA: Stanford University Press.

Lewis, G. (1999) *The Turkish Language Reform: A Catastrophic Success*. Oxford: Oxford University Press.

第3章 人間の言語能力と言語多様性
言語に向き合う視点
上野善道

はじめに

　言語をめぐる50年にわたる模索を踏まえて「私にとっての言語・言語学」を語ってみたい。研究対象になるとは思ってもみなかった自分の方言への取り組みから始め，言語記述の視点を中心に論じたあと，歴史・比較言語学の視点を取り上げ，最後に言語の保存復興に関して私見を述べる。随所で「接触」に関連する現象に言及する。本章を貫く研究の視点を一言で述べるならば，「言語の個別性＝多様性＝普遍性」となる。

1　きっかけ

　私は主体的に言語学の道を歩んできたわけではなく，単に高校時代は英語と古文の文法が好きで，担任の先生の勧めに従って言語学科に進んだだけであった。それが，専門課程進学時の最初の面接（服部四郎）で，一番よく分かる母語の日本語の勉強も大事だと指摘されたのをきっかけに国語学の概説書を読んでみたが，その中でまったく歯が立たなかったのが日本語のアクセントの章であった。戦後間もなく岩手県雫石町に生まれ，両親・祖父母とも同じ町内出身の家庭で方言の中で育ち，中学1年のときにテレビが入って高校3年で東京オリンピックを見たものの，18歳で上京するまで東京アクセントを意識したこともなかった私である。それと苦闘しているうちに，気が付いたら日本語アクセントが専門になっていて，その専門分野でさえ日暮れて道遠しの心境であるが，振り返ってみると，その体験が自分の言語観，研究観に大きく影響していることが意識される。

標準語アクセントを勉強する傍ら，自分の方言ではどうなっているのだろうかと調べてみた。まずは分節音を標準語と比べて，(1)の対応関係があることを自分で"発見"した。下線が異なるところで，要するに，語頭は同じ，語中では清音には濁音が，濁音には鼻濁音が出るのである（ここに言う鼻濁音とは，ﾝバ，ﾝダの前鼻音と，カ゜の鼻音を含む）。

(1) 分節音対応規則

位置環境	標準語	雫石方言	標準語	雫石方言	対応規則
語頭	タ（田）	タ	カ（蚊）	カ	清音‖清音
語頭	ダルマ（達磨）	ダルマ	ガラス	ガラス	濁音‖濁音
非語頭	カタナ（刀）	カダナ	サカナ（魚）	サガナ	清音‖濁音
非語頭	ハダ（肌）	ハﾝダ	タガ（箍）[1]	タカ゜	濁音‖鼻濁音

　そのあとで考えてみたら，実は，小学生の時からこの関係は頭に入っていて，教室で教科書を読むときや先生と話すときと，休み時間や家に帰ったときとで使い分けたことに気付いて，むしろ驚いた。すでに教室では標準語音を使うものであって，方言音ではおかしかった。したがって，分節音の場合は，無意識のうちに(1)の対応規則を適用して話しており，そのことに気付かずにいたことに気付いたものであった。その言語状況を今の言葉で表現すれば，2つの異なる体系が頭の中で共存し，「接触」していたことになる。

　その接触が私の中の"標準語"に影響を与えていた例がある。頭に巻く「鉢巻き」である。方言ではこれをハﾝズマギと言う。大学4年のときにラジオで「ハチマキ」と言うのを耳にして吹き出しそうになった。「ハジマキ」の直し過ぎによる間違いだと思ったからである。何度か繰り返されたので気になり，辞書を引いて愕然とした経験がある。方言形ハﾝズマギから規則的に導き出される形はハジマキなので，それが標準語形だと信じていたのであった。小学校の運動会でもみんなハジマキと言っていたに違いない。ハチマキが正しいのなら，方言では鼻にかからないハズマギと言うはずだからである。実はこの例は極めて稀な対応の例外[2]で，言い換えれば，他はいかに規則的になっているかも物語る。

　続いてアクセントを調べたところ，文字も持たない東北の一方言が，具体的

な音調は異なるにもかかわらず，1拍語には2種類，2拍語には3種類，3拍語には4種類と，標準語と同じ「拍数＋1」の区別という整然とした体系を持っていることが分かった。想像もしなかった事実であった。

さらに，標準語で頭高型の2拍名詞を調べると，両方言の間には（2）の関係のあることが分かった。ここでは●＝高，○＝低，◐＝降で示す。「広」（a, e, o）と「狭」（i, u）との母音配列により，（2b）の「狭広」の環境かそれ以外かで整然と分かれていたのである。

(2) アクセント対応規則

	語例	母音環境	標準語	雫石方言
a	傘，肩，空；帯，箸，松；息，海，箸，…	広広；広狭；狭狭	●○	●○
b	板，糸，稲，舟，蜘蛛，鮒，鞐，…	狭広	●○	○◐

アクセントについては，教室で教科書を読むときも方言と同じものを使っていた。周りも同様であった。文字に書かれる分節音と，書かれないアクセントの違いを反映したものであるが，一度も習ったことのない標準語アクセントとの間に整然とした対応関係があることを知ったのは衝撃的であった。印欧語比較言語学で「音対応規則（＝音法則）」を習ってはいたが，それはギリシア語やラテン語という"立派な文明国の言語"だからに違いないと思い込んでいたのであった。

この体系と対応の存在を知ったことが，その後の方向を決めたと言っても過言ではない。「方言」も人間の言語のひとつであることの確かな認識ができ，体系記述と比較研究の対象となることへの確信を持った。これが私の言語観の根幹をなすことになり，さらに詳しく知るために他者の調査に向かうことになった。

まずは家族から始めたが，明治21（1888）年の生まれながら，女は学校に行く必要はないと言われて一度も教育を受けず，平仮名さえ読めなかった祖母の頭の中には，大学で勉強した私と同じ体系（のやや古いもの）が入っているのみならず，学校や本で覚えた知識だけの単語とは異なり，実際の生活の中でしっかり身に付けた単語が豊富にあって汲めども尽きぬ泉であり，言語に学歴や文字は関係ないことを知ったのも大きかった[3]。

家族と自分の言葉を較べる中で気付いた，接触による変化の一例を示そう。雫石方言の複合語・派生語のアクセントには（3）の規則がある（ここも伝統的な表現を用い，いわゆるアクセントのあるところを太字で示す）。

(3) 前部要素が平板型か起伏型か，それが複合語・派生語の型に反映される（後部要素は無関係）
平板：夏（ナズ），冬（フユ）＋休み（ヤスミ）→ナズヤス**ミ**，フユヤス**ミ**
起伏：春（**ハ**ル），秋（**ア**ギ）＋休み（ヤスミ）→ハル**ヤ**スミ，アギ**ヤ**スミ
平板：酒（サゲ），人（ヒト[4]）＋っこ（指小辞）→サゲッ**コ**，ヒトッ**コ**
起伏：花（**ハ**ナ），角（**カ**ド）＋っこ（指小辞）→ハ**ナ**ッコ，カ**ド**ッコ

しかし，私の場合，指小辞の「っこ」に（4）の例外がある。

(4) 歌（ウ**ダ**）＋っこ→ウ**ダ**ッコ，力（ツカ**ラ**）＋っこ→ツカ**ラ**ッコ

ところが，親の発音では「歌，力」は平板型で，(3)の例外ではないことが分かった。つまり，これらの単語は小さいときに地元で身に付けたはずであるが，それでも私は知らず知らずのうちに標準語の影響を受けていたことになる。しかし，標準語にはない「～っこ」は方言のまま習得し，その結果，不規則な例外になったものであることが分かる。

その一方で，ずっと地元で暮らしてきた大正末期生まれの両親の言葉のほうに新しい影響が及んでいた例もある。だいぶ経ってからのことであるが，帰省したときに親が「電話」を平板型で言っているのに気が付いた。私は**デ**ンワとしか言わないので指摘したところ，「**デ**ンワだよ，そうとしか言わない」との返事であった。意識は元のままで，自分たちの中の変化に気付いていないのである。3度目の帰省のときからは"注意"も諦めてしまい，2人ともデンワのまま他界してしまった。郷里に暮らしていてもテレビなどを通して新しいアクセントに接触する時代になっていたのである。離れて暮らしていても，方言と標準語の使い分けを意識している私の方が郷里のアクセントを保存していたことになる[5]。

2 記述の視点

2.1 フィールドワークの基本姿勢

　アクセント研究を，私はほとんどフィールドワークをとおして進めてきた。声点資料などの文献を扱う際も，現地調査での体験に基づく視点で見てきた。

　このフィールド重視の立場は，文献のない地域のアクセントも広く知りたかったのと，音声，とりわけアクセントは実際に聞いてみないと分からず，一方で，話者の協力が得られれば無尽の宝庫だからでもあった。また，実際に調べてみると，先行報告とはずいぶん違った結果が得られることが多く，自分で調べる必要を一層痛感するようになった。

　さて，現地調査における自らの心掛けとしては，できるだけ詳しく調べ，できるだけ正確に記録し，得た資料をできるだけ多く，解釈とともに公にすることを目指してきた。一言で言えば，「質と量」を両方満たすことであり，なかでも「質」により重点を置き，できるだけ間違いのないようにと心掛けてきた。

　調査は「白紙」の状態でせよ，と言われることがあるが，これは偏見を持って臨んで事実をゆがめてはいけない，という警告の意味にすぎず，頭の中が文字通り白紙の状態でただ淡々と記録をする調査はありえない。それでは録音機と変わりないことになる。いな，録音機の方が客観的であるだけ役に立つ。そうではなくて，人間が行なう（記述）調査は常に「頭」を使うものであり，「調査と解釈の一体化」が必須である。

　特に緊密な体系をなすアクセントの場合は，常に調査と解釈が一体となり，一定の調査が終わったときはその解釈もおのずと成立しているべきで，調査の途中からは「揺れが聞こえなくなる境地」になることを理想とする。一問一答ごとに解釈をして体系の仮説を作り，途中からは答えを予測しながら聞き，それに反する答えが出てきたら必ず確認し，必要に応じて体系を組み替える。その作業を最後まで繰り返す。これが調査であると考える。

　現実の発話は，同じ話者が"同じ"発音をしている場合であっても必ずどこかに違い（「揺れ」）があるが，その部分は捨象すべき（あるいは，切り分けて別扱いすべき）ものである。しかし，調査者側に聞くべきポイントの把握ができていないと，その揺れの部分に過剰に反応してしまって何度も聞き直し，さ

らにはその都度違う記録をしてしまうことになる。これでは表面的な現象に左右された誤った記述になってしまう。挙げ句に，自らの不備を棚に上げて，あまり良い話者ではないと判断してしまいかねない。

しかし，聞くべき視点が定まると，話者の発音は揺れなくなってあたかも機械のようになり，一度で迷わず聞こえ，答えが返って来るたびに霧が晴れていってきれいな体系が姿を現わす。この喜びこそが調査の醍醐味で，一度経験したらやめられなくなるほどである。

揺れの中には，ここまで述べてきた，同じ型の中での揺れの他に，ワ̄カ̄メと言ったかと思うと次はワカ̄メ̄と言うなどの，別の型との間の揺れもあるが，それはそれとして分かるので，両形をありのままに記述して考察をする。この境地になると，どちらの揺れもそれとして位置付けることができ，アクセントが把握できたという実感が湧く。

もっとも，現実には調査がつねにそのように順調に進むとは限らない。揺れの収まらない期間が長く続くこともある。さらにそれ以外の新たな課題も出てきて，調査の途中で「頭」（すなわち，解釈）が追い付かなくなってしまうこともある。それでも時間の許すかぎり記録を取り続けるが，不確かな視点での記録は後で見ると疑問が出てきて，結局再調査をしなければならなくなってしまう。なかには，音調は一見単純で，聞き取りはできていると思えるのに，解釈に悩む例もないではない。また，解釈ができたと思って書きはじめた論文の途中で，調査に抜け落ちのあったことに気付いて再調査することもある。それらを解決する秘策はおそらくなく，地道に観察と解釈の繰り返しを続けるしかない。その意味で，調査とはこれで完了ということがないものであろう。

2.2　ピッチアクセントの捉え方——私の考え方の代表例として

アクセントが専門だと言うと，「音感が良いんでしょうね」とよく言われる。が，実は私には「音階」を捉える能力がない。いまだにドレミがまったく知覚できず，楽譜も読めないのである。ところが，第1節で触れた概説書には，「魚」のアクセントはサ̄カ̄ナ（ガ）型，低高高（高）型であるとして，音階を整理限定した簡略版である高低2段の「段階表記」で書かれていた。今にして思うと，それが主な理由で，当初自分で発音することも，そのように聞き取るこ

ともできなかったと考えられる。

　試行錯誤を経た結果として現在の私の結論を述べると，ピッチアクセントを捉えるには「音階」の概念や能力は無用である。言語としてのアクセントと（西洋）音楽とはその点で異なるので，"音楽的アクセント"は誤解を招く名称である[6]。アクセントを捉えるには，隣り合う「拍」（モーラ，音節等）の間の音調の動き（上昇か，下降か，平進＝変化なしか）を捉え（「動的把握」），その変動（不変動も含む）が作り出すパターンを比べて分析して一貫した特徴を抽出することがポイントである。隣り合う拍間の動きの相対的な比較であれば，音調の把握は誰でもできるはずである（方言によっては拍内での音調の動きも問題になるが，上昇・下降の位置が違うだけなので，同じ枠で扱える）。

　東京アクセントの例で言えば，「紫」はムからラに上がり，ラからサに下がり，サからキには目立つ変動はない（語末・文末のエネルギー減衰に伴い徐々に下がっては行くが，顕著な動きはない）。これをム[ラ]サキと表わす。ここで重要なのは，離れているムとサを比べたり，それぞれの音階を指定したりする必要がないことである。こうして得られる以下の例（いずれもどこにも強調なしに一息で，つまり，{ }で示す1句で発音したもの）

(5) {ム[ラ]サキ。}
(6) {ウ[スイ<u>ムラ</u>]サキ。}（薄い紫）
(7) {ア[ワ]イ<u>ムラ</u>]サキ。}（淡い紫）
(8) {キ[ノーミ]タコ]イ<u>ムラ</u>]サキガヨ]カッタ。}（昨日見た濃い紫がよかった）

などを合わせて分析し，下線部の中の一貫した特徴としての/ムラ]サキ/（と，後述の句音調 {○[○-} としての上昇）を抽出する。単語の固定した位置にある/]/（「下げ核」と呼ぶ）は，「高低」の段階とは無縁の「下降」という動きのみを表わすことに注意されたい。下線部の高さはさまざまであるが，その中でラの後で下がることだけが一貫していることから，単語「紫」のアクセントは/○○]○○/型と解釈されることになる。

　しかし，世界の大勢は，音韻論の名のもとに「高（H）」と「低（L）」の2つに整理した「段階」を設けることから出発し，「紫」は低高低低（LHLL）

型と静的に規定する。分析結果として /ムラ]サキ/ と解釈する立場でも，最初の提唱者服部四郎に見るように，「次に低を伴う高」（H(L)）と規定され，「高」や「低」の段階を含む。その変種の H*L 説でも同じで，段階の概念を含まない「下降」そのものとは異なる（上野，2003; 2009 など）。

両者は事実上同じことと思われるかもしれないが，そうではない。まず，事実把握の問題がある。たとえば，(8) に対する「今朝見た濃い紫の方が好きだ。」は，

(9) ｛[ケ]サミ]タコ]イムラ]サキノホ]―ガスキ]ダ。｝

となる[7]。その「紫」は，その前に3回も下がった後に出るのでラは随分低くなっているが（その音階は分かる必要もない），それでもその後でサはさらに下がるのである。その前でかなり低くなっていても，サへの下降がなかったら，東京人はアクセントが変だと判断する。ラサの高さは一定した「高低」などと決まってはおらず，決まっているのは，ラがどんな高さであれ，その後でそれよりも下げることなのである。それが抽象化した「下降」の意味である[8]。(9) は文として計6回下降するが，その回数に上限はない。8回下がる (10) もある。音調の動きに着目すれば，それも簡単に捉えることができる。

(10) ｛[ケ]サミ]タモ]ットコ]イムラ]サキノホ]―ガスキ]ナヨ]―ダ。｝（今朝見たもっと濃い紫の方が好きなようだ）

しかしながら，段階観に立つほとんどの人は，2回程度の下降までは「低」と「超低」などで表記したとしても，それ以上になると聞こえない（聞き取れない），ないしは無意味であると恣意的に切り捨て，音調事実を捉え損ねてしまっている。あるいは，それに迫ったとしても，LHLL 型から出発して，同化 (LH- の L のムは (6) では直前の H に同化して H となるなど) やダウンステップ ((7) 以下で HL の後の HL は一段低くなる) を導入し，それを何度も駆使した複雑な説明をしなければならなくなってしまう。

加えて，動的に捉えて表記すれば，そのまま単語（アクセント単位）に固有

の「下降」/]/ が抽出され，同時に，「上昇」は意味を示す一種のイントネーション機能をもつ音調句 {○[○-} の属性（句頭音調）として分離される。すなわち，動的表記は，実態を捉えやすいのみならず，そのまま上昇と下降の「機能」の違いを示す点で「分析的」でもある。対して静的な段階表記は，上昇と下降の動きの結果を単一のものとして合体固定化させたものゆえ，上昇と下降を分離させておらず，機能の点からも非分析的である。そもそも人間は，まずは音調の動きを聞いているに違いないのに，それを，わざわざ2次的な把握である段階表示に固定化してから分析をするのは回り道である（上野，2003: 62-69 など）[9]。

　私見では，IPA（国際音声字母）の音調表示方式もまた「高」と「低」の「段階」を前提とするもので，やはり静的である。´が「高平調」，`は「低平調」で，これを基本に組み合わせて曲調を表記する。ˆ =´+` = 高+低 =「降」，ˇ = `+´ = 低+高 =「昇」である。○˧，○˦，○˨ などの基準棒（tone-letter）方式も，より詳しい5段になっているものの，段階を前提としたものである。それゆえに，IPA の方式は，入力が煩雑であることもあるが，それ以上にその原理に同意できず，私は意図的に使わないことにしている。

　IPA の静的性格は実は音調だけに限らない。分節音もそうである。その静的表記の問題点は，日本語の促音と撥音の音声が示すところである。それを IPA 表記した（11）を参照。

　(11) [kappa]（河童），[kotto:]（骨董），[kokko]（国庫）
　　　 [samma]（さんま），[danna]（旦那），[saŋŋai]（3階）

　それぞれの連続する2音は同じ表記となっている。しかしながら，日本語は，母音の開いた状態から閉じて行く子音 [-p, -t, -k; -m, -n, -ŋ]（内破音）と，閉じた状態から母音に開いて行く子音 [p-, t-, k-; m-, n-, ŋ-]（外破音）とを動的に峻別しており，前者は単独で促音・撥音とし，後者は続く母音とともにパ行音，タ行音，マ行音等を形成する。前者はそれだけで1モーラなのに対して，後者は続く母音と一緒になって1モーラとなる。このように，動的な動きの違いを音の対立に利用しているのである。しかるに，IPA はその動きの違いに

はこだわらず（むしろ，無視し），静的部分の調音の同一性からそれぞれ同じ [p, t, k; m, n, ŋ] で表わしている。両者を区別しない西欧の言語の音の仕組みに基づいて作られた IPA が万能でないことは，これらの日本語の実例が証明している。

分節音でさえこうである以上，音調ではいっそう動的な性質を持つ。その例をさらにアクセントの「中和」で見てみよう。東京方言の「鼻」と「花」は，助詞付きでは（実は，助詞なしで別の文節が続いても）/ハナ=/（=は下がらずに続く印）と /ハナ]/ ではっきりと対立するが，単独発話のハナでは両音調が同じ（すなわち，中和している）かどうかの議論が古くから繰り返されてきた。主観的な聴覚印象だけでは不明だとして音響分析をした多くの研究がありながら，同一の研究者でさえ結果の不一致があり，決着を見ていない。

しかしながら，私見では，そもそも動的に捉えるべき音調において「次への動き」を無視した単独形で中和を論ずること自体が無意味となる。話者が思い浮かべる条件（最小対の存在の有無，後続語を思い浮かべるか否かなど）によって異なりうる以上，実験結果の不一致は当然のことと考える。静的な分節音（先述のように，これにさえ動的な要素が含まれる）での中和観を動的な音調に拡張するのは不適当と考える（Uwano, 2018)[10]。

2.3 頭の中で処理できる規則を

次に，規則のあり方に移る。少し聞き取りと発音ができるようになってからは，アクセント辞典の丸暗記に努めるとともに，その付録にあったアクセント規則も覚えてそれを口に出す直前に頭の中で適用しながら話す練習をした。瞬時の作業ゆえ，適用規則を間違えたり，適用遅れを起こしたりの連続であったが，時とともに何とかできるようになった。これを通して，言語には丸ごと覚える部分と規則で捉えられる部分とがあることを学ぶとともに，規則は瞬時に適用しないと役立たないという経験が以下の考え方をもたらした。

すなわち，私にとっての言語の規則とは，自分の「頭の中」だけで十分に扱えるものでなければならず，「紙と鉛筆」がないと処理できないものは設定しないという立場である。母語として習得した規則と，後から学習で身に付けた規則とは異なるにせよ，記述者の私にとっては同じに扱うしかない。もう一点

は，現実に存在する要素は，それがあると例外になってしまって困る場合でも，これを無視しないという立場である。

この立場に照らすと，抽象的な基底形を設けてそれに規則を順次適用して表層形を導き出す生成音韻論，ランク付けされた制約群と選択候補群との組み合わせ一覧表を作成し，それを評価してその中の最適形（不適の度合いの最も少ない形）を選び出す最適性理論，存在していても韻律規則の側からは「見えない，存在しない」ものとして扱う韻律外性（不可視性）という概念を取り入れた韻律理論などは，学ぶ点もあったが，結局，私の採るところとはならなかった。

それぞれを具体例で詳述することは割愛するが，「生成音韻論」については2.2項の段階観に関わる点を取り上げると，その「強勢（stress）」付与を基底形の1（「強」）の段階から規則により順次下げていき，最後は6や7まで指定する例があった。しかし，「高さ（pitch）」でさえ段階は意味がないと考える以上，高さを含む複合体である強勢において6や7が有意かつ正確に指定できるとは考えにくく，観念的操作にしか見えなかった。また，規則のあり方としては，AとBが瞬時に入れ替わるフリップ・フロップ規則（flip-flop rule）のような，現実の言語変化ではありえないようなもの（AとBは合流するはず）までが，その実態の説明なしに史的変化に提唱されたのも納得が行かなかった。

次に，「最適性理論」であるが，この枠組みの背後にはコンピューターによる明示的・網羅的な計算システムの考えがある。これにより複雑な表の評価も問題なくできるという発想であろう。まず，この発想が私にはない。

その理論内部では，制約は普遍的か，また網羅的か，そして候補は網羅的かが問われてきたが，私の観点からの一番の問題は，どれが最適形かは最初から分かっており，その既知の答えに合わせるように並べ替えた制約序列だという点である。それこそが「説明」だと言うのであろうが，私としては，むしろ最初から最適形のみを取り上げて，それを「最適」の形（最も合理的で簡潔の意）で記述したいと考える。選ばれないことが自明のものまで掲げて評価するという煩雑な手続きは省き，選ばれる対象をずばり記述したいのである。

私がこの枠組みによる分析をするとしたら，それは，ある事柄に関してA，B2つの語形があるときで，単一最適形ではなく「両形併存」の理由の説明と

してなら，Aはある制約ランキングで，Bは別の制約ランキングで，という形で使えると考えている。

最後に，分節音のレベルと音調等のレベルを分離して対応線で結びつけて説明する「自律分節理論」は，バントゥー諸語の分析などに用いられた枠組みであるが，日本のアクセント研究ではその最初期から両レベルを分離して扱っていたので，新しさは感じなかった（上野，2009: 220）。かつ，この理論でも静的な HL による表記が用いられていた。また，分節音レベルと音調レベルの対応線が交差しないなどの制約は，そのとおりではあるが，単語の上に被さる音調としての性質から当然のことと思った。

2.4 内的一般化と外的一般化を区別する

現象の個別の列挙ではなく，その中に通底している規則性を把握し，より簡潔な形でより広い範囲を統一的に扱う「一般化」が研究の基本であることは言うまでもない。ただ，その一般化を，その対象言語自体の「内的」なものと，他の言語からの「外的」なものに分け，まずは「内的一般化」を優先させるという立場に私は立っている（上野，2003: 80-81）。それは，どの言語もそれぞれ独自の緊密な体系をなしていると想定しているからである。

もとより外的な一般化も否定するものではない。そもそも，普通は大なり小なり他の言語の情報も持っている以上，最初から自ずと考慮に入るもので，それらを排除することは不可能であり，無意味である。そのことは承知の上でそれを分け，できるかぎりその対象言語内部の一般化を優先させる立場を取る。そして，内的一般化だけでは１つに絞れない場合に初めて意識的に外にも目を向け，より広い一般化ができる方を採用する。

従来，この２つは峻別されてこなかった。それどころか，むしろ一般化は，ここに言う外的で広いほど優れているとされてきた。ある現象の記述の正当化のために，他の言語にある類似の現象に言及するのがその典型的な例である。

私としては，外的一般化を排除はしないが，最初から外的一般化を目指すあまり，結果として内的一般化を犠牲にすることは避けたいと考える。ここに言う「犠牲」とは，その言語の記述に不必要なものまで持ち込んで複雑にしてしまうことを指す。私の立場を言い換えるならば，「対象言語そのものの必要に

して十分な記述を目指す」となる。内的視点でより簡潔に捉えられる現象を，外的視点によって複雑にすることは避けたいのである。2.2項で触れた東京方言におけるダウンステップなどは，私の立場からはその一例となる。その内的一般化を，それぞれの言語・方言で積み重ねていくというのが私の基本姿勢である。

2.5 普遍性＝個別性＝多様性という視点

　一般化は普遍性とも密接な関連を持つ。その普遍性は，個別性あるいは多様性と対の形で決まり文句のように言語学の論文に頻出する。そして，外的一般化と同様，普遍性を唱えた記述ほど射程の広い論文として高い評価を受ける傾向が顕著である。

　しかし，そこで多用される「普遍性」「個別性」「多様性」の意味と位置づけに，私はいつも違和感を抱いてきた。普遍性と謳っても，むしろ前述のように，ある現象の説明に1～2の他言語の例を出した外的一般化をもって普遍的としている例が普通だからである。それと対比される個別性と多様性がまた，相互にどういう関係にあるのかも問題になる。

　この問題の結論から言うと，私は「普遍性＝個別性＝多様性」とする立場を取っている。その私見を，生成文法（チョムスキーなど），言語類型論（グリーンバーグ（J. Greenberg），コムリー（B. Comrie），松本克己など），それに服部四郎の普遍性に関する立場を比較しながら述べてみたい。

　「生成文法」の考え方を大きくまとめて述べると次のようになろう。人間のみが，そして人間なら誰しも言語を習得（獲得）することから，人間は生得的な言語能力を持っていると考える。その意味で，その発想は普遍性が根本にある。その分析手法は，特に初期の段階では演繹的で抽象的であり，対象としている言語は英語を中心としていた。現実の分析では帰納的・実証的手法も当然用い，日本語などの分析も大きな貢献をしているが，究極的には1つの言語を完全に分析できれば普遍性が分かると考えていたものと解される。

　人間が個別言語に接すると言語獲得装置（普遍文法）が働いてできあがるとされる「個別文法」の相違やそれらがもつ多様性はその中でいったいどう位置づけられるのか，それがその段階では不明であったが，その後の進展で，その

違いは少数の「パラメーター」の組み合わせの違いで決まるとされ、多様性も統一的に説明しようとする流れになっている[11]。ただし、その対象は事実上構文面で、それ以外の面については分明でなく、単語など、表面的とされる部分になるほど、普遍性は問題にされないように見える。

これと対立するように見えるものに「言語類型論」がある。系統や地域も考慮しつつ、できるだけ多くの言語を対象としてその類型的特徴を捉えようとする立場で、帰納的で具体的である。語順の類型論に代表されるグリーンバーグに始まる一連の研究により、音韻面・形態面でも興味深い成果が多数得られている。特に注目されるのはその類型的特徴の相関的な関係で、なかでも、AがあればBもあるという「含意法則」の指摘が目を引く。

しかしながら、この分野でも（言語の二重分節性など、本当に骨格的な部分を除けば）100％の普遍性は見つかっておらず、統計的に多数派という記述に留まらざるをえないという問題がある。究極的に「記述であって、説明ではない」との批判が付いて回る。勢力の強い大言語や地理的接触による影響もあって、時には多数派タイプがそのまま言語としてより自然なのかという疑問も残る。

普遍性をめぐる世界の動向は、大きくこのどちらかに分かれると言ってよさそうであるが、ここに第3の考え方が実はある。それは、服部四郎の (12) の考え方である（服部, 1972: 3）。

(12) 私は、「一つの言語において認められるものはすべて普遍性であり、他の言語（もちろん、同系であることの証明できないものも）においても見出される可能性がある」という想定の上に立つ。その理由は、言語（ソスュールの言う「ラング」であって「ランガージュ」ではない）的能力は、黒人が言語的にはパリっ子になれる事実その他から見ても、すべての種族・民族を通じて等同であると想定されるので、一民族の言語において顕在するラング的特徴は、他の民族の言語（ラング）には顕在しなくても、その話し手の先天的[ママ]人間能力としては潜在するものであり、未知の言語において顕在することが発見される可能性があると考えられるからである。従って、「一つの言語に顕在するラング的特徴は人間の可能なことなのだから、すべて普遍性である」ということになる。もちろん、それがすべての言語において必ず見出される（すなわち顕在する）という意味ではない[12]。

これに私は強い感銘を受け，その後の考え方の根底をなすものとなっている。すなわち，私なりにとらえ直して表現すれば，人間なら誰しもが持ち，かつ人間のみにある生得的（先天的，本来の意味での普遍的）な言語能力に基づきながら，それぞれが後天的に習得（獲得）したのが個別言語である。そして，すべての言語はその言語能力のそれぞれ異なるかたちでの反映であり，そのすべてを実現している言語は存在しない。実際，すべての言語は必ずどこか違っている。そこから出てくる結論は，すべての言語は個別的であり多様であるが，同時にすべてが普遍性（普遍的言語能力）を反映したものである，となる。取り組む具体言語の方から先に並べれば，「個別性＝多様性＝普遍性」とする理由である。

　出発点の普遍性はチョムスキーに同じであるが，その後の方向は異なる。1つの言語の分析を徹底すれば普遍性が捉えられる，とは考えない。その言語（たとえば英語）では用いられていない言語能力も当然あるはずだからである。それらは，すべての言語を深く研究しなければ明らかにならない。もっとも，この点に関しては，その後，多様性をパラメーターで説明するようになっており，類型論の成果も取り入れられている。言語の骨格部分と見ている構文面に関しては，その意味で，手法は措くとして，視点としては大きな差がなくなっているとも言えよう。ただし，構文面に限らず，言語のすべての面をこの視点で研究する必要があると私は考えている。

　もとより，すべての面など現実には不可能である。言語能力はもとより，その発現としての具体言語もおそろしいほどの"巨人"で，英語ひとつを取っても，世界中の英才が研究し続けていても，ごく一部しか解明されていないことからも明らかである。ましてや凡夫が一人でできることは高が知れている。それは百も承知で，自分でできることを半歩でも進めていくしかない。

　なお，服部は，ある言語に見られる特徴は他言語にも見つかる可能性があるとし，アイヌ語の nupe《泣いて出る涙》と sikpe《あくびしたりなどして出る涙》の区別が台湾語にも見つかったことをその根拠に挙げる（服部，1973;Hattori, 1979）。確かに，類例が見つかればその考えがさらに正当化されはするが，私は他の言語に見つかることが必須であるとも，それを探すことが中心課題であるとも考えてはいない。1言語にしかない可能性もあり，1言語でも確

実にあると言える内的根拠があればそれで十分だと考える。

　その視点で類型論を改めて位置づけると，個別言語ごとに内的に必要十分な記述を行なった上で世界の諸言語を見て，どれが人間の言語としてより「一般的」かを扱うものと捉える。その意味で，類型論はここに言う「普遍性」を扱ったものではなくなるが，しかし，その類型論的知見は，比較再建の際に有用となる。祖語のような実証的に確認できない理論的推定物においては，人間の言語としてより一般的なものを立てることになるからである。また，類型論からの情報は，フィールドにおける解釈への良い手引きともなる。

　ここで述べた「個別性＝多様性＝普遍性」とする見方は，本章全体を貫くものである。

2.6　言語能力とは何かを知るための日本語方言研究

　日本語の方言，とりわけ危機に瀕している方言のアクセントを中心に調査研究をしてきたことを改めてこの文脈に位置づけると，人間の言語能力を解明するためにはすべての言語のすべての面を研究しなければならず，私の場合は，その対象がたまたま日本語諸方言のアクセントであった，ということになる。

　日本語諸方言のアクセントひとつを取り上げても，実に多種多様なものが存在する。極めて複雑な仕組みから無アクセントに至るまで，どれも人間は子どもの時期に容易に習得でき，何の苦労もなく使いこなせるものである。変化の過渡期における一時的な体系，接触によって生じた，類型的にはいびつと見られる体系であっても構わない。それでも人間がその社会の中で使いこなしている限り，やはり言語能力の反映と捉える。それらも含めた総体として，人間にとって可能なアクセントの仕組みはどういうものなのか，その根本にある言語能力とはいかなるものなのか，それをほんの一部でも明らかにしたいと思う。

　その際，「言語能力」を抽象的な特定のものに限定して，その他の「認知能力」と峻別することなどはしない。私にはそれらの区別ができないからである。その振り分けの必要性の有無（必要な場合はその分け方）は，他の専門家，あるいは将来の研究に譲り，ともかく言語として使われているものは何でも取り入れて，少しでも多くの記述をしておきたいと思っている。分析手法やその成果には種々の意見・批判があろうが，ここで言いたいのはあくまでもその「視

点」である。

　人間の言語であれば何でも対象となるので，日本語が中心であったことや，その中の方言に重点を置いたのは，現地調査が一番しやすかったからという現実的な理由に過ぎないが，「危機方言」の場合は少し意味合いが異なる。

　言語は人間が使いながら世代ごとに伝承していくものである。ところが，若い世代が別の言語を習得するようになって世代の伝承が途絶えると，それを母語としていた古老の死とともにその言語も消えてしまう。使う人間がいなくなると，言語もなくなってしまう。その言語が滅びることは，それに反映されている言語能力，そして，何よりも他の言語にはまったくないかもしれない言語能力の側面が解明されないままに消え去ってしまうことを意味する。それゆえ，どの言語も文字通り「掛け替えのない存在」なのである。その認識の上に立ち，危機に瀕している方を可能な範囲で優先的に選ぶようにしてきた（4.3参照）。

3　歴史・比較研究の視点から

　言語の歴史・比較研究では，本土諸方言アクセントの祖体系（実は琉球方言を含む日本祖語まで遡ると考えているが）に下降式音調を立てたり，孤立方言である山梨県奈良田方言のアクセント史を描いたりしてきた。ただ，比較方法は（近年発達して来た「分岐学」の考えをひとまず別にして）伝統的手法を受け継いできたつもりであることと，アクセント変化も上昇・下降の動的観点から捉えるべきと考えていることを述べるに留め，ここでは比較研究の目的と，比較研究において地理的分布を考慮する説のみを取り上げる。

3.1　比較研究の目的

　比較研究（比較言語学）の目的というと，多くの人は問題の言語（たとえば日本語）の「系統」を明らかにすることとし，それが分かればその言語の話し手（日本民族）の起源・出自まで明らかになると期待するようである。しかし，系統までは言語学の範囲内であるが，言語交替（話し手が言語を取り替えることで，言語側から見れば話し手交替）が起こり得る以上，系統からただちに話し手の出自の解明に繋がることにはならない。

むしろ，比較研究の目的は，同系諸言語を対象に，それぞれの言語単独ではそれ以上遡れない過去の状態を祖語・祖体系の再建によって明らかにし，それから逆に各言語への言語史を解明することにある，と私は考えている。それによってそれぞれの言語の歴史がより古いところまで明らかになり，私たちの言語変化に関する知識もそれだけ豊かになるからである。系統不明言語の系統の解明も，究極の目的はこの点にあるものと考える。

　この観点に立つと，日本語は他言語との系統関係が明らかになる見通しが暗くても，内部には少なくとも本土方言，琉球方言，東国方言があって，それらの比較研究により，歴史の解明が進む道が見えてくる。実際，その研究が進み始めており，進展が期待される。比較研究の可能な領域はまだまだ多く残っているのである。

3.2　系譜・系統の考察に地理的分布の観点を取り入れる

　ここで「接触」との関連で，徳川宗賢（1981）の「アクセントの系統図」の考えを見てみよう[13]。2拍名詞の5つのアクセント類（1. 庭，鳥，2. 石，川，3. 山，犬，4. 松，笠，5. 秋，雨など）に限定してその類の統合の仕方から系譜・系統を考える徳川説の要点は，(13) のようにまとめられる（結論は同書を参照）。

(13) a.　具体的な音調型は，いずれ含めるべきであるが，一先ず考慮外に置く。まず考えるべきは類の統合であり，それを差し置いて音調型を考えるのは誤りである。

　　 b.　類の統合（合流）は起こるが，合流後に元の区別が復活することはないと考える。

　　 c.　5類すべてが区別される第1次アクセント（1/2/3/4/5）から，どれか1つが他と合流した第2次アクセント（12/3/4/5, 1/23/4/5など），以下，すべてが合流した第5次アクセント（12345）まで，それぞれ，その前の段階から統合が進んだものと見る。

　　 d.　それらの系譜図・系統図を考える場合に，どれに遡るかはbとcによって決まるが，時に2つ（以上）の選択肢が残ることがある。その時に決め手に使うのが「地理的分布」（の連続性と隣接性）で，分布が繋がる選択肢の方を

採用する。

　(13a) の音調型を意識的に後回しにした点[14]を除けば，2拍名詞に限定したことはモデルとしての措置と見るので，(13c) までは従来の比較方法と同じである。新しいのは，系譜・系統の決定に (13d) の「地理的分布」を考慮に入れた点で，従うべき見解だと考える。

　ちなみに，この地理的分布に関して服部は (14) の指摘をしている（服部，2018: 598 [1985]）。

(14) しかし，理論的に言うと，過去において隣接していなかった地方に行なわれていた2つのアクセント体系が，いろいろの原因によって現在は隣接して行なわれるようになった場合には，この理論は適用できない場合があり得る。

これはその通りで，注意すべき点である。ただ，過去にそういう変化が生じたかどうかは明らかでないことが多く，現実には所与の分布から判断するしかないのが普通である。

　その章を締めるに当たり，徳川は「他地域のアクセントが当該アクセントに影響して変化するという考えをほとんど無視して論を進めてきた」とした上で，(15) の重要な指摘もしている。言語は常に接触と無関係ではありえないという視点に立ちながら今後解明を進めるべき大きな課題である。

(15) そのことが他地域のアクセントからの影響が現実になかったことを意味しているわけではない。類似・共通するアクセントが地理的に連続して分布している事実こそが，アクセント変化に他地域のアクセントが関与していることを示しているとさえいえると思う。各地のアクセントが，周囲と無関係に，いわば気儘に変化するものならば，日本各地のアクセントはもっと乱雑になり，いわばアバタ状になっていていいはずである。アクセントが変化していく場合に，他地域のアクセントの影響がどのような部分に及ぶのか，そのメカニズムの解明に，アクセントの一元性を解くもうひとつの鍵がひそんでいるように思われる。(徳川，1981: 284)

　ただし，(13b) に関して (16) のように書いてある点には異論がある。

(16) もっとも，他方言アクセントの強力な影響のもとに，みかけ上はもとの区別を復元したのと同様の結果に変化することも，ありえないことではなかろう。(徳川,1981: 234)

　このような変化は起こり得るが，その場合は，すでにその強力な方言の系譜・系統に属することになったものと考えるべきである[15]。
　ちなみに，徳川 (1962) は「系譜（図）」，徳川 (1981) は「系統（図）」としている。内容に変わりはないと見られるので「系譜・系統」として引用した。私自身は，「日本語の系統」が，その性質上，どの言語と同系であるかという側面に限定されるきらいがあることから，同系であることは明らかな日本語諸方言間のアクセントのように，その内部の史的関係を論ずるときにはあえて「系譜」を使うことにしている。中断中の拙論（上野，1985; 1987）に「〜アクセントの系譜と分布」と題したのはその意図であった[16]。

4　言語の保存復興に関連して

4.1　「言語」と「方言」の区別は言語学的にはできない

　言語名は，その実体に基づいて付けられているわけではない。そもそも，話し手にとって自分自身の言語はあまりにも自明で名前のない存在である。名前は，通常，他の言語との関係で必要になる。名付けに際しては，一般に国や地域の名称を，時には民族名を被せて言語名にしており，単にどの国や地域で話されている，あるいはどの民族が使っている言葉かを示す大まかな目印に過ぎない。そのため，実際は連続していても，政治・行政の区画名に基づく名付けにより，別の言語として扱われることもある。
　さらに，その言語が「言語」か「方言」かの区別，あるいはその言語名の後に付ける呼び方が「○○語」か「○○方言」かも言語学的には線を引けないものである。いや，一部は引ける。同系でない言語の場合は「言語」とする。その点は決まっていて，それを方言と呼ぶことはない。アイヌ語は日本語との同系関係が証明されていない以上，日本の中にあっても，「アイヌ語」という別

の「言語」である。

　しかし，同系関係にある場合は，「同系関係とは元は一つの言語（祖語）から分かれた方言関係であった」ということなので，その意味でこれを「方言」と呼ぶこともできる。その一方で，独立国家をなしているなどの政治社会的な観点から，またそれぞれの国で「標準語」が確立して正書法も併せ持っていることから，ロマンス諸語の「フランス語，イタリア語，スペイン語，ポルトガル語」などは「言語」と呼ばれる。しかし，いずれかに決めがたい例，両方が併用されている例もあり，どちらを取るかが政治的立場を反映する（と受け取られてしまう）こともある。結局，同系語においては純粋に言語学的観点だけで「言語」なのか「方言」なのかを一義的に決めることはできない。

　通じるか否かで「方言」と「言語」を分ける「相互理解度」が言語学的基準だとも言われるが，これもそう単純ではない。いきなり自然発話を聞かせて判定するのか，丁寧で明瞭な発音を聞かせるのか，最初は分からなくても分かるようになるまでの期間で判断するのか，離れた両端の言葉は通じなくても隣とは通じる関係にあり，結局全体が連続的に繋がる場合はどう見るのか，鹿児島の言葉と大阪の言葉など，一方の人は他方が分かるが，逆は成り立たないという非対称性の関係はどうするのかなど，多くの問題があり，決め手は得られない。政治社会的に固定した「言語」間の相互理解度をあらためて計ってその認定を見直すこともない。したがって，世界の「言語」の数は，最初から大まかなものでしかありえない。

　加えて，「言語」と「方言」がいつも対立するわけでもないことが，事をさらに複雑にしている。「人間の言語」というときは，そもそも方言であるかどうかを問題にしていない。

　「方言」の方に目を移すと，その国の「標準語」「国語（国家語）」に対するものとしての用法がある。これが一般人の最も普通の用法で，かつての「標準語化，共通語化」の裏返しとしての「方言禁止運動」と結びついて，方言は劣ったもの，矯正すべきものという否定的な意味を帯びるようになっている。特に琉球においては，「方言札」に代表される方言撲滅運動が激しかった。その一方で，敗戦，そして戦後のアメリカ統治から日本への復帰運動の流れもあり，これらが次項の問題の複雑な背景ともなっている。

次に，祖語から分裂した言語という，比較言語学的観点での「方言」であるが，(17)のように，全体の祖語Zが中間祖語のXとYに分かれ，問題のAがXの下位語と位置付けられている場合，「AはXの方言である」，あるいは「AはZの方言である」とは言えるが，「AはYの方言である」とは言えない。AがYの下位にないからである。

(17) 比較言語学の視点と国家の視点

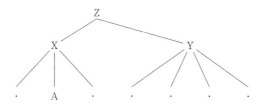

ところが，国家という観点から，Xの下位語，Yの下位語をすべて覆う形で標準語が行きわたり，それにYの名称が付いている場合は，「AはYの方言である」と言えることになる。つまり，観点により，「AはYの方言である」と言える場合と言えない場合とがある。どちらの用法かをはっきりさせないと，話が混乱する。これは次項の「琉球語か琉球方言か」にも深く関係する。具体例では，Aが琉球の言語，Yが（どちらの場合も）「日本語」――場合によっては「本土方言」（この名称には，「内地方言」とともに違和感を抱く人もいる）――，時にはZまでも「日本語」と呼ばれることがある。

方言には，もう一つ，価値観を加えずに，単に「その地域の言語の総体」の意味で用いる方法もあり，主に学術関係で使われる。「東京方言」もその例で，「東京方言のアクセント」というときは，東京出身者の使うアクセントという客観的な意味で用いている。「鹿児島方言のアクセント」と全く同じ文脈である。

4.2 「琉球語」か「琉球方言」か

具体名としての「琉球語」も「琉球方言」も，その頻度は時代の潮流により，あるいは研究者により異なりつつも，どちらも従来から使われ続けてきた。その中にあって，ユネスコが2009年に出した報告により，日本国内では，

(「アイヌ語」は別として)「八丈語」の他に，鹿児島県奄美群島の「奄美語」，沖縄県の「国頭語(くにがみ)(奄美南部を含む)，沖縄語，宮古語，八重山語，与那国語」が「言語 (language)」の名称で消滅の危機にあると認定された。それをきっかけに，「琉球語」の使用が急速に増えている。それにあわせて，特に「琉球諸語」の保存復興運動が盛んになり，研究も大きく進んでいる。特に顕著なのは，記述文法書，辞書(語彙集)，テキスト(例文集)の「3点セット」からなる総合的言語研究の進展で，これは本土方言(琉球語に対比させれば日本語)には，一部を除き欠けていたと言っていい面である。

　研究と保存復興運動の進展は喜ばしいことであるが，同時に気になることもある。「琉球語」は「言語」であることが「言語学的に証明された」と謳い，「方言」と呼ぶのは誤りであると断定して，そう呼ぶ人を糾弾する風潮が出てきた点である。しかし，ユネスコが「言語」という名称を用いたことと，その言語学的な証明がなされたこととは別の話である。どちらの名称でも同じ実体を指すので，必要であれば各自がそれぞれの観点からどちらの名称を使うかを断ればすむことで，たとえば「ユネスコの名称に従って琉球語と呼ぶ」というのであれば何の問題もない。しかし，「言語学的に証明された」以上「方言」と呼ぶのは間違いだ，と主張するとなると問題となる。私の知るかぎり，ユネスコも明示的な論拠を示しておらず[17]，そもそもその証明は不可能だと考えられるからである。

　そして，何よりも恐れるのは，「言語」であれば「方言」とは違う立派なもので，保存復興や研究の価値があるのだと考えるとしたら，むしろ，そういう無意識の思考が底流にあるとしたら，それは，「方言」ならば消えても構わない，劣ったものだから研究にも値しない，というような不当な扱いに繋がりかねないことである。私としては，事実の問題として「言語学的に証明された」という部分は削ってほしいと思うものの，ことさらそれを主張して保存復興活動に水を差すつもりはないが，「言語」であることを声高に力説し過ぎた結果，逆差別となって，結局マイナスに働くことになることを恐れている。

　今，「琉球(諸)語」は公に認知されたものとするにしても，「八丈語」以外の本土方言は依然「方言」のままで，これらは消えてもしかたがないという流れになりかねない。むしろ琉球語よりも危機の度合いが進んでいる本土方言も

少なくなく，その研究の重要性は何ら劣るものではないことが忘れ去られる危険が大きい。これは大きな問題である。

また，たとえば「沖縄語」と呼んだとしても，その下位言語を呼ぶときには，従来の慣用であれば，「首里方言，那覇方言，糸満方言」など「〇〇方言」と呼ばざるを得ず，具体的に個人が使うレベルになると結局「方言」が顔を出してしまうという問題もある。

いっそのこと，手垢の付いた「方言」をすべてやめ，「首里語，那覇語」「徳之島浅間語」などと呼ぶ方がすっきりするとさえ思うほどである。すべてを「言語」「〇〇語」と呼んで何の問題もないのである。しかし，それはそれでまた馴れと時間が必要で，むしろ，人々の認識が変わることの方が根本であろう。

少し考えてみれば分かるように，言語能力ほどすべての人間に平等に与えられているものはない。人間の能力は決して平等ではない。走るにしても絵を描くにしても，早い遅い，上手下手の差は歴然としてある。しかし，こと言語に関しては，知能や記憶力や根気などとは無関係に，誰もが短期間のうちに等しく身に付けてしまう。しかもその仕組みたるや，どれも言語学者が束になって挑んでも敵わない巨象のような存在なのである。一度でも本格的な記述を試みた人なら，誰しもそう感ずるはずである。それを楽々と身に付ける子どもは，正に「言葉の天才」としか言いようがない。その天才が身に付けたのが個々の言語なのである。そのことを知ってもらえば，そしてどの言語も他の言語にはない特徴を持ち，それも他ならぬ人間の言語能力の現われであることを分かってもらえば，「方言」であるか否かは問題にならなくなり，劣った言語，なくなっても構わない言語などという発想も出てこなくなることが期待される。そう期待したい。

とはいえ，それを心底理解してもらうのは容易なことではない。また，頭では分かってもらえたとしても，話し手にとってはそれよりも厳しい「現実」がある。現実社会では話し手にとって言語は対等ではなく（4.4, 4.5項を参照），その選択には自分や子・孫までも含めた「生活」がかかっているからである[18]。ここにこの問題の難しさがある。

4.3 言語の多様性を保持する必要性の論拠

危機言語の維持保存や復興に関連して，まずその多様性保持の立場を補強する，あるいはそれに関連する説を検討し，その後で私の立場を述べる。

多様性保持の根拠として，ジャガ芋やバナナ，トウモロコシなどが品種改良で生産性の高い単一品種になってしまった結果，一定期間は良くても，いったん病気が流行ると全滅して重大な被害が出たという例がよく挙げられる。だからこそ，常に他／多品種を残しておく必要があり，それは言語においても同様であるという主張である。

単一品種の危険性は分かるが，しかし，これを言語の多様性がなくなる危険性の例とすることには疑問がある。これが言語消滅のどの段階を指しているのか不明であるが，いずれにしても，「最終的に人間が言語を失うことは決してない」ということは忘れてならない。将来，仮に世界中が単一言語になったとしても，その後にそれが消滅して人間が言語そのものを失うことは考えられないし，単一言語に至る前の段階であっても，ある言語が滅ぼうと，人間は代わりの言語を必ず使い続けていく。確かに多様性は減少するが，その当人は，通用範囲がより広く，経済的価値も社会的地位もより高い言語を，多くの場合は（言語学者の価値判断とは独立に）それを良しとして使い続けていく。人間と言語との関係は内在的なもので，人間と外在物との関係とは根本的に異質ではないかと私は考える。

関連して，言語の多様な地帯と生物の多様な地帯とが一致するという指摘もある。具体的には赤道付近がそれであるという。しかし，現象としてそうであっても，両者の間に果たして因果関係があるのであろうか。自然保護に異論はないが，生物の多様性を守れば言語の多様性も守られであろうか。逆もまた然りであろうか。近代化の大きな力が働かなかったなど，第3の理由が両者に影響した可能性も考えるべきであろう。

私も言語の多様性の保持は必要とする立場に立つが，その理由はこれらの説とは全く別で，すでに述べてきたように，他ならぬ人間の言語能力解明の可能性の保持のためである。人間の言語の神秘の解明のためである。ただ，同時に付け加えておかなければならないのは，現実にその選択権を持つのは当該言語の話し手一人一人である，ということである。

4.4 規範性の問題

　言語復興に関連する事柄として，規範性の問題も無視できない。その記録保存だけでも膨大な時間を要する大仕事であるが，そこの住民がふたたびその言葉を日常生活の中で使うようになることを目指す復興運動は，その上に「規範問題」も克服する必要が出てくる。

　いま，ある離島に10の集落があり，それぞれ違う方言が使われていて，どれもが対等の評価を受けていたとしよう（こういう例は現実にあり，不自然ではない）。ところが，いざ復興をとなると，そのすべてをというのは至難の業で，現実的でないことから，どれか1つを選ばざるを得なくなる。地元の方言研究者がいて記述の蓄積がある等々の理由からある集落の言葉が選ばれると，それがその島の代表的な言語という地位に昇ることになるが，それまでは対等であっただけに，その中の1つだけが代表となることが他の住民には耐えがたく，結果として足の引っ張り合いで共倒れになりかねない，という問題である。

　また，代表的な言語となると，その内部の規範性の問題も避けて通れなくなる。記述レベルであれば個人差はそのまま事実として記録するだけで済むが，規範となると，そのままで良いのか，絞るとしたらどれにするのかという問題が出てくる。さらに，定まった表記法の確立も不可欠になる。一般の人が使える分かりやすい表記法がうまく決まらないと，地元の人が（同時に広く研究者も）使えるような辞書作りができないことになる。これらが復興運動の鍵を握ることになる[19]。

　規範性の問題は，実は言語復興だけに限られるわけではない。標準語にも関係する。客観的な「記述」を旨とする言語学では表に出てこないように見えるものの，実は「正しさ」は人間の価値判断に常に付いて回るものであり，言語学者であっても，言語使用者としてはこれから自由になることができない。辞書批判のために辞書を引く研究者が，別の機会には「正しさ」を求めて辞書を引くのである。実際，教科書や辞書，放送，新聞などは常に規範との戦いをしており，標準語は規範から自由になりえない存在である。

4.5 言語は果たして対等か

　最後に，標準語と方言を例に，一般人が抱く「言語の価値の差（上下関係）」について考えてみたい。言語学の教科書にはどの言語も対等であると書かれていて，それが研究の大前提になっている。これは言語の「内部構造」に限ったことで，話し手の数や，その話し手が属している国家・地域などの勢力関係のことではないが，一般人はそれを区別せず，主に勢力関係に基づく経済価値の点から，言語自体にも上下関係があると思っているものと見られる。しかし，そのすべてが素人の誤解・偏見にすぎない，と断言できるのであろうか。本当に言語は対等なのであろうか。

　繰り返しになるが，人間の言語能力は平等で，各言語はその発現の結果である。そして実際，音韻・形態・構文などにおいては，具体的な実現形の違いはあっても機能レベルの差はない。そこまでは私も異論はない。しかしながら，語彙の質と量，および書き言葉の有無においては，言語間に「機能差」が実はある，と私は考えている。

　以下，日本語の場合に限定して話を進めると，標準語は文字を持ち，それによって客観的で中立的な文体を含む多様な書き言葉を発達させている。現代生活に欠かせない各分野を表現する語彙も持っている。政治・経済・社会・文学・科学・教育・医学・マスコミ・芸能・商・工・農・漁業等々のあらゆる分野に対応する必要があるからである。

　それに対して方言は，一般に文字を持たず，客観的で中立的な情報伝達をする書き言葉の文体はもとより，それに相当する話し言葉も持たない。「地球は丸い」というような客観的真理，あるいは「明日は雨の見込みです」のように個人の推測ではないそれなりに根拠のある予報を，主観を交えずにそのまま提示伝達するのが難しいのである。「地球は丸いそうだ」「あしたはきっと雨だよ」と一度自分を介した情報としては言えるのであるが，ニュースのアナウンサーのように自分の意見とは独立にその事実のみを口にするのは，会話を旨とする方言では不自然なのである。

　方言の語彙も，それぞれの社会で言語生活を営んでいく上で必要にして十分な質と量を持っているのは言語として当然であり，その語彙の記述だけでも膨大な時間を要する奥深いものであるが，比較的均一な社会構造からなる方言で

は，たとえばそこが農業地域だとすると，工業や漁業など，その生活に縁遠い分野の語彙は欠けがちになる。他の分野を含む広範囲に及ぶ事柄を表現しようとすると，それを表わす本来の語彙がなく，方言で発音はできたとしても，その素材は標準語からの借用語でまかなうしかなくなってしまう。標準語でさえ日々新しい外来語が増えていることを考えると，この差は，情報化社会ではますます大きくなると予想される。そもそもいまは，方言生活においてさえ，商品名などの新語が数多く入り込んでいて，伝統語彙だけではやっていけない時代なのである。

　この事実は，方言の保存復興活動においても忘れてはいけないことだと考える。元の状態が復興できたとしても，それだけでは現代生活を営むのに不十分で，どうしても多くの語彙を借りるしかなくなってしまう。そうなると，苦労して復興させた方言であっても，それより最初から標準語を使う方が早い，ということになりかねない。このことは直視しておく必要がある。それなしに，ただ言語は対等だと教科書的に繰り返したところで，説得力はないであろう。

　同時に是非とも強調しておきたいことは，方言がこれらを持っていないとしても，言語としてこれらを持つ仕組み・能力が欠けていたからでは決してなく，これまでの現実の言語生活においてその必要がなかったために持つに至らなかったのだという点である。「必要」があれば対応できるのが言語の仕組みである。同時にそれは「十分」であればよく，それ以上あっても使い道のない無駄になってしまう。要するに，欠けているものは，作り出せなかったのではなく，作り出す必要がなかっただけである。言語能力の発現としての言語は対等であるが，そこには「機能差」があると表現した理由である。

付　記

　本章は，2017年6月10日の語彙・辞書研究会第51回研究発表会における講演に基づく。70歳になった自分の研究を振り返ってみたものである。内容的に上野（2018）も関連する。それを聞いた嶋田珠巳氏のお誘いで本書に加えることになった。表題は，与えられた「人間の言語能力と言語多様性」に，副題として元の演題を添えた。本書の「接触」というテーマに合わせてその事例を追加するとともに3.2, 4.4, 4.5の各項を付け加え，他の音韻理論への言及は簡略化した。編者の方々の助言に感謝する。

1) 標準語の「鷹」は通常のカナ表記で記した。その音声は鼻濁音の人も非鼻濁音の人もいる。私の方言では必ず鼻濁音カ゚で, 非鼻濁音のタガでは「鷹」になる。両者は厳然と区別する。
2) もうひとつ,「さつまいも」に対してサズマイモがあるが, これはサズマイモとも言う(ただし, あとから芋と無関係に覚えた「薩摩」はサズマのみ)。下北方言や津軽方言の例から見て, 後続する -m- の同化によるもので, その分布領域の末端の例である蓋然性が高い。なお, ジョータン(冗談)も頻用される"気付かざる方言"であるが, 中四国九州にゾータンがある由なので, その語史はなお考えたい。
3) なお, 祖父については, 毎晩一緒の布団に寝て昔話を聞いて育ったので, 私の方言の根幹は祖父の言葉にあるように思う。しかし, その方言を調べる前に亡くなり, 記録は残せなかった。
4) ヒトの発音は, 次の(4)のツカラとともにこれでよい。「無声子音+狭母音(i/u)+無声子音+広母音(a/e/o)」の場合, 狭母音は無声化し, 続く無声子音はそのまま現れるという下位規則がある。
5) 東京でも「電話, 電車」などは当初は頭高型であった。現在でもデンシャはまだ耳にする。
6) ドレミの「音階」は「段階」の典型例で, 静的把握である。これに基づくのが西洋音楽で, アクセントの把握には無関係である。音階がまったく分からなくても, アクセントの把握は可能であり, 逆に, 音楽家ならアクセントが分かるとも限らない。音階の分かる人の方がアクセントも分かる傾向はあるにしても, 別物と見る。

　アクセント(を含む言語)は社会的なもので, その社会で育てば, 個人の音感の良し悪しとは独立に誰もが同じアクセント(言語)の仕組みを習得する。「無アクセント」言語も,「アクセントで区別をしないという社会習慣」を後天的に習得したものに過ぎない。日本の有アクセント地域にも"音痴"はいるし, 逆に, 無アクセント地域でも音感の良い人はたくさんおり, 合唱コンクールの全国トップレベルにはよく無アクセント地域の学校が顔を出す。

　これらのことから, アクセント(言語)と音階(音楽)は脳の処理が別のはずと考えられる。本田学によると,「西洋的音楽」は離散定常性に基づいているのに対し, 民族音楽など世界に広く存在する「生物学的音楽」は連続的・非定常的に変容する性質を持っていて, 人間は「定常音」は下位の処理中枢で処理するのに対して, 聴覚系の中枢に行くほど「非定常音」(変化)の情報処理に関与するという(本田, 2013)。そして,「絶対音感」は幼児期に後天的学習によって身に付けるしかなく, それは人類の普遍的音律感受性と対立するもので, 本来は連続的で非定常的な音楽を, 言語と同じく左脳で離散的定常的な情報として処理する関係で, 右脳が持つ連

続的・非定常的情報処理機能の衰退を引き起こす可能性さえあるという。ただし，重野純（2010: 90-91）は，絶対音感の獲得には学習説の他に生得説もあり，決着を見ていないとしている。

7) これに対して，濃淡を対比した「今朝見た薄い紫の方が好きだ」なら ｛[ケ]サミタ｝｛ウ[スイムラ]サキノホ]ーガスキ]ダ。｝ の２句となる。上昇に反映される句の切り方は，伝えるべき文の意味による。

8) 実は，この考えには先駆者がいる。川上蓁である（その論文等も含め，上野（2011）を参照）。本章の音調記述は，その影響を受けた後の私の考えによる。なお，注６との関係で言えば，川上は邦楽家の家系で，その方面にも詳しかった（私は洋楽・邦楽とも縁のない環境で育った）。

9) 第１節では動的表記に慣れない人を考え（また，私自身の一番最初の分析も反映して）雫石方言を●，○，あるいは太字の段階表記で示したが，動的に捉えて分析すると，この方言は，東京方言と反対に，「上昇（[）」が単語のアクセントで，「下降（]）」が句末を表示していることが分かる。音調句に文節が関与するという違いもある。東京方言では文節は関わらない。

10) なお，共通テーマの論文集の一部であるこの拙論では中和を広く取り，「狭義の中和」と「広義の中和」に分けて論じたが，「狭義の中和」こそが私の考える本来の「中和」である。

11) 分かりやすく説いたものとしてベーカー（2003）を参照。

12) この後には「（この私の考えはかなり古いものだが，1970 年 8 月のオーストリアの Burg Wartenstein における Towards the Description of the Languages of the World と題するシンポジウムでも強調しておいた。）」という言葉が続く。また，服部（1973），Hattori（1979）にもこの考えが述べられている（服部（1973）は，その重要性と後述の理由で知る人が少ない可能性を考えて服部・上野（2018）に再録）。しかし，その後は言及が見当たらない。学史情報として記すと，私は 1967 年から服部の講義を 10 年聞き続けたが，その中でこの内容を聞いた記憶は一度もない。繰り返し強調されてもおかしくないのに不思議な気もするが，上記 3 論考で読んだだけである。関連論文としては服部（1970 [1992]）がある。

13) 以下は，服部・上野（2018）の第 19 章（元は服部 1985; 1987）の見解に対する私からの補注を兼ねる。

14) このことが徳川説および Uwano（1983）に対する服部（2018: 601[1985]）の誤解の元となった。

15) 他に，その系統図にも修正の必要な点がある。私の調査結果が徳川の拠った先行報告と違っている方言が少なくない。「東日本系アクセント」で言えば，山形県大鳥，

新潟県奥三面，福島県桧枝岐村，山梨県奈良田方言などであるが，それを論ずる場所ではない。金沢市，島根県（現出雲市）大社町などの調査情報とともに，出版直後の著者に伝えたことがある。

16) この拙論の題に関し，最後は「〜分布と系譜」ではないかとのコメントを正にこの著者から受けた。徳川説に基づき，対象を1拍（一部は3拍）名詞まで広げ，その音調型まで問題にしながら系譜を論じたものだが，判定材料として分布も考慮しながら決めた「系譜」について，今度は確定した形でその「分布」を改めて示すという意図で「系譜と分布」にしたと答えた。

17) 『朝日新聞』（2009年2月20日夕刊）はユネスコ担当者の話として「国際的な基準だと独立の言語と扱うのが妥当と考えた」とするが，その危機言語のリスト「簡易データセット」を見る限り，dialects とあるのは2つしかない。事実上すべてを languages としていると読むことも可能である。

18) 実は，これは「方言」だけの問題ではない。今の日本は，すでに日本（標準）語よりも英語の方が良い言語だという価値観になりつつあることも参照。言語の消滅・滅亡は，征服・外圧よりも，むしろ内部の人間の捉え方・価値観が大きく左右することも忘れてはならない。

19) 標準語にない音の表記が中心となる琉球方言よりも，むしろ東北方言の方が表記上の問題が大きい。その「広いエ（ε）」は新しい文字（の組み合わせ）を要する点で琉球方言と共通するが，本文(1)の非語頭の例，「カダナ（刀），パダ（肌）；サガナ（魚），タカ゜（簓）」をどう書くかは別の困難な課題にぶつかる。なまじ標準語が透けて見えるだけに「カタナ，ハダ；サカナ，タガ」と標準語式に書く人も多く，さらには「カダナ，ハダ；サガナ，タガ」としてそれぞれの書き分けをしない人，また，前鼻音の「肌」を「ハンダ」として撥音の「(6時)半だ」や「ハンダ（付け）」と同一表記にする人もいて，統一の取れていない状況である。これでは，母語話者であればその意味に基づいて音の復元が可能であっても，外部からの利用や方言復興に当たっては使えないものとなってしまう。加えて，イ段音・ウ段音の中舌母音も，東北方言内でも差があり，標準語音との違いを気にする人ほど妙に音声学的にこだわり，"仮名では書けない"と投げ出してしまう。語彙集・辞書には仮名（カタカナ／ひらがな）とローマ字を併記させるか否かも検討しなければならない。文レベルになると，分かち書きの仕方も考える必要が出てくる。

参考文献

上野善道（1985）「日本本土諸方言アクセントの系譜と分布（1）」『日本学士院紀要』40(3), 215-250.

上野善道（1987）「日本本土諸方言アクセントの系譜と分布（2）」『日本学士院紀要』42(1), 15-70.

上野善道（2003［新装版2018年］）「アクセントの体系と仕組み」, 上野善道（編）『朝倉日本語講座3 音声・音韻』, pp. 61-84, 朝倉書店

上野善道（2009）「服部音韻論の再評価」『東京大学言語学論集』28, 219-246.

上野善道（2011）「追悼：川上蓁先生」『音声研究』15(3), 1-4.

上野善道（2018）「言語」「日本語」『日本語学大辞典』東京堂出版

重野純（2010）『音の世界の心理学』ナカニシヤ出版

徳川宗賢（1962）「日本語諸方言アクセントの系譜試論――「類の統合」と「地理的分布」から見る」『学習院大学国語国文学会誌』6, 1-19.［徳川（1981）に改稿収録］

徳川宗賢（1981）『日本語の世界8 言葉・西と東』中央公論社

服部四郎（1970）「言語・文化における人間性・個性・社会性」『思想』552, 871-874［服部（1992）『一言語学者の随想』汲古書院, pp. 361-368に再録］

服部四郎（1972）「言語と言語学と普遍性」『月刊言語』創刊号, 2-3.

服部四郎（1973）「急を要する琉球諸方言の記述的研究」『月刊言語』2(8), 31-36.

服部四郎（上野善道補注）（2018）『日本祖語の再建』岩波書店［服部（1973）を第18章に, 個別掲載を略した服部（1985; 1987）を第19章に含む。本章での引用頁は本書による］

ベーカー, M., 郡司隆男（訳）（2003）『言語のレシピ』岩波書店

本田学（2013）「音楽を感じる脳は変化を感じる脳」, 仁科エミ・河合徳枝（編）『音楽・情報・脳』放送大学教育振興会

Hattori, S. (1979) Language universals, in G. Bedell, E. Kobayashi, and M. Muraki (Eds.), *Explorations in Linguistics: Papers in Honor of Kazuko Inoue*, Tokyo: Kenkyusha, pp. 147-150.

Uwano, Z. (1983) Map 27: Japanese dialects, in S. A. Wurm and Sh. Hattori (Eds.), *Language Atlas of the Pacific Area*, Part II. Canberra: Australian Academy of the Humanities in collaboration with the Japan Academy.

Uwano, Z. (2018) Accentual neutralization in Japanese dialects, in H. Kubozono and M. Giriko (Eds.), *Tonal Change and Neutralization*, pp. 129-155, Berlin: De Gruyter Mouton.

第II部　日本語の歴史を考える視点

日本語にもある，さまざまな出会いの経験。
そこにある「言語接触」とは

第4章　日本語と漢語・漢文（遊佐　昇）————日本語は，漢語という，力のある言語との長期にわたる接触のなかで，漢語から多くを借用し，自らの体系に取り入れることで言語・文化を発展させてきた。日本における漢字および漢文の受容，文語文に取り入れられる口語。古い時代の記録に残る言語接触の痕跡を，敦煌研究にたずさわってきた著者が，日中双方を舞台として読み解く。

第5章　近代日本の国語政策（安田敏朗）————国語政策がもたらす言語接触を考える一章。青田節，大槻文彦，村上広之。3人の言説をみながら，近代日本において国語政策を巡る言語接触がどのようなものであったのかを描く。近代という時代背景や思潮があったところで接触はどのようにとらえられ，人はどう動いたのか。現代の英語化一辺倒の傾向と今後の動向を考えさせる。

第6章　日本語の現代的諸相（真田信治）————外から日本語を眺めたとき，日本語は今どのような状態にあるのだろう。そして，日本語の「方言」に今なにが起こっているのか。英語系外来語の急激な増大に見る英語の勢力，方言と標準語との言語接触，方言撲滅を目指した国語教育・標準語運動の影響，地域主義の流れ，さらには日本手話まで，広い視野のもとに語られる。

第4章　日本語と漢語・漢文

遊佐　昇

はじめに

　日本語に他の言語との言語交替が起きるのだろうか。「英語が日本語を脅かす」との議論が，まったくの空論としてではなく，その具体的な兆候を示しての議論として話されるようになっている。それは心配無用の杞憂であるのか，それとも真実味を帯びた近未来の現実になりうることとしてなのだろうか。

　日本語にはこれまでも現在の英語にも勝るとも劣らないであろう大きな力のある言語と接触していた長い歴史があった。

　それは漢語との接触で，しかも長い時間にわたるもので，日本語は多くの言葉を歴史の経過の中で何度にもわたって漢語から借用し，自らに取り入れることで文化を育み進歩させてきた。その事実はあるものの，現在の時点でも言語交代には至ってはいないし，これからもそれはないだろうと思われる。この漢語との接触を具体的に振り返り見ることから，これからの日本語を考えるいくつかの糸口が得られるのではないだろうか。

1　漢語って中国語

　「漢語って中国語のこと？」。その通りで，現在でいう「中国語」のことだ。私たちが日本で，学校やその他の学習機関で学習している「中国語」のことである。ところが日本でいう「中国語」のことを中国語では「汉语（hànyǔ）」といい，日本の当用漢字で書くと「漢語」となる。中国では「中国語」とよばないのだ。

　中国は，多民族国家であると自らで憲法に規定していて，人口の9割以上を

占める民族である「漢族」の言語を「漢語」と呼んでいる。中華人民共和国の成立以後にその「漢語」の一方言であった「北京語」を標準語に定めて，「普通话（普通話）」と定めた。中国は多くの民族で構成される国家であるから，多くの民族の言葉がある。そのうちの一つの民族の言語を標準語の意味を持って「中国語」と呼ぶわけにはいかない。標準語には「漢語」を採用しているということなのだ。

　だが，実は漢語とよばれた言語は，古くからあって紀元前3世紀に殷王朝により漢字が産み出されてより，漢字をその標記の文字として使った言語を指して用いられてきた。その漢語が用いられる地域を広げながら途絶えることなく現在にまで続いている。ややこしくなるのだが，現在の「漢語」に直接繋がるのである。だがその漢語であるが，長い歴史を経る間に，大きくは3度の北方の異民族の侵入，そしてそれら民族の統治下におかれることもあったのだが，その逆はあっても統治した他民族の言語への言語交替は起こっていない。漢語自体は東アジアにおいては強い言語であったのだ。そうではあっても，漢語自体にそのような時期を経るときにあわせて大きな変化が起こっている。このことに対する研究はとても重要なのだが，その資料となるものに乏しいこともあり，必ずしも研究成果の多い領域ではない。それでも漢字の音の変化をはじめとして，以下に触れる中世口語語彙の研究等着実に進められている領域もある。

　そのような経過をたどりつつも，基本的に漢字を表記に用いる言語として現在へと至っている。本章でいう漢語はそれを指して使っている。

2　日本語の漢語との接触

　日本語がこれまでの歴史の中で，中国から文字（漢字）を取り入れ，漢字を通して多くの言葉を取り入れてきていることは改めて取り上げるまでもないことであろう。だが，近現代を含めて日本語と中国語の接触を考えると，必ずしも一方通行の歴史とまではいえないようだ。時代における両国の関係の変化の中で，相互の都合が入り混じって影響を及ぼしつつ今日まできているといったほうがよいだろう。

　現代中国語において，明治以降に日本で欧米からの新しい知識を導入するた

めに漢字を利用して政策・美術・哲学などの新たに生み出された翻訳語がそのまま広く使われている。これは和製漢語，あるいは新漢語などと呼ばれる語で，明治期の日本の社会が西洋の新しい知識を取り入れるために，西洋語を新たに作り出した漢語（多くは漢字を2字組み合わせて作った語）に置き換えて翻訳したものだ。その後，日本に留学した中国人学生によって母国に西洋の知識を取り入れるために，手っ取り早い方法として日本の書物の翻訳が盛んに行われるようになり，そこで使われたことから広がり定着したといわれている。この和製漢語は，日本語でも，中国語でもほぼ同じ意味で使われている。書かれた中国語を見ると，中国語を学んだことのないものでも漢字を見て少しは分かるように感じるというのも，意味を同じくするこのような言葉が多く見えていることによるようだ。

今日に至っては，現代の身近な生活レベルの言葉として寿司，天婦羅，漫画など，これも日本語から入っていった語が受け入れられている。ただこれは中国だけではなく，世界的な広がりを見せている現象との見方もあるが，中国では日本語から入った語はそのまま漢字（簡体字）で表され，中国語の発音で音声化されている違いはある。それも近頃では，そのまま日本語の読み方で表現されることも少なくないようである。

だが，日本と中国との言葉の接触の歴史を遡ると，日本での漢字の受容に始まる中国から日本への流れが圧倒的で，近代にいたるまでは一方的な流れであったともいえる。このような強い言葉の影響下にあって，どうして日常に話される言葉としての日本語に漢語に接近していく大きな変化が起こらなかったのだろうか。

これは近代にいたるまでの中国での共通語が話し言葉（漢語）ではなく，書き言葉（漢文）が用いられていたことにその理由が求められるようだ。実際には中国での共通語としての役割を果たしていた書き言葉としての漢語（漢文）は，以下に見ていくように，日本の社会にそのまま取り入れられて，漢文を読み，書くという教養が近代まで継続してきていた。そのままでの全受容であったといってもよいだろう。それまで書き言葉を持たなかった日本では，中国語の書き言葉をほぼ全面的に受け入れることで，中国の文化を広く取り入れることができるようになり，併せて当時の国際社会（東アジア）に参加していった

のだ。漢文は日本が当時の国際社会（東アジア）と接するに当然必要な国際語であり，広く国際社会から自国の中におけるまで，自らの存在を誇示し，自らの教養を示す言語でもあったのだ。

　日本と同様に漢字を自国の言葉の表記法に導入して用いた朝鮮半島の社会でも，ベトナムの社会でも口語での中国語への言語交替は起こっていない。お互いに陸つづきで，人々の接触が少なからずあったであろうにもかかわらずだ。その反面，書き言葉としての漢字と漢文はそれぞれに知的な訓練を積み習得され，学問として位置づけることで吸収され，近代に至るまで日本を含めた東アジアにおける公用語の役割を果たしてきた。

　その中にあって日本は中国と海を隔てている地理的な条件もあって，社会全体が相互に日常的に接触することもなく，話し言葉における交流は限られていた。そこには言語交替は起こりようもなかったといえる。

　振り返って中国でも，漢語と漢文は，同様の扱いをされるものではなかった。話し言葉としての漢語はあくまで方言として扱われ，全国に通用するものではなく，読書人と呼ばれる知識階級の人々からは一段低い扱いをされてきていた。何故なら支配階級に属すると同義の存在となる読書人になるには，漢文の読み書きができるという日常生活を離れた学習成果が条件づけられていたからだ。

3　中国の言語の統一

　中国は秦の始皇帝が統一するまでは，殷，周，そして春秋の時代を経て，戦国の七雄と称される斉，韓，魏，趙，燕，楚，秦の7ヶ国によって統治されてきた。

　秦の統一は紀元前246年のことであるが，始皇帝は丞相（執政の大臣）と御史（長官）にこれまでの「王」との称号では，統一の成功を後世に伝えられない，新たな帝号を定めよと命令をだした。丞相，御史からいにしえには天皇がおり，地皇，泰皇がいて，泰皇が最も尊かった。いま，王を「泰皇」と改め，その命を「制」とし，その令を「詔」として，天子の自称を「朕」としたいとの言上を受けて，始皇帝は泰皇の泰を取り「皇」とし，上古の「帝」位の号を取り，「皇帝」とすると言い，天下を36郡に分け，それぞれの郡ごとに行政・

軍事・監察を行う役人として守,尉,監を置く制度上の大改革を行った。また,これまで各国において度量衡,文字(漢字)が異なっていたのを統一(小篆)して,各郡の役人が始皇帝の出す「制」,「詔」が有効に伝達されるようにする[1] 書き言葉での統一を断行したが,話し言葉での統一は行われなかった。この時の処置がその後の中国の歴史の中でずっと継続され,今に至る中国の全体像を示していくことになるのだが,この大改革も言葉に関しては中途半端であった。そうではあるが,それはあくまで今日の視点であって,一般市民にまで行き渡る教育機関の無い実態の中では話し言葉での統一は無理なことであった。それでも漢字の統一および役人に課せられた公文書の様式の統一が,その後に周辺国にも及んでいくことになる。

始皇帝の治世は37年に及んだが,紀元前209年に二世皇帝が即位すると間もなく紀元前207年には秦が滅ぶようになる。

この漢字および公文書の統一は,これまでになかった広い領土を有するようになった統一国家の秦が果たした重要な改革であった。始皇帝の行ったこれらの統一は,その後の王朝に引き継がれることになるのだが,漢字の字形に関しては,漢代になって小篆がまだ複雑な字形であったことから,隷書,楷書と現在に継続される文字の形に改良されていき,日本を含む周辺の国家にも及んでいった。

4 日本への漢字の伝来

4.1 漢字との最初の出会い

日本の社会がいつ漢字と最初に出会い,文字を持たないでいた日本の社会がいつどのように漢字を取り入れていったのかについては確かなことはわからない。

古いものに遡るようにしていくなら,日本国内で漢字が刻み込まれたり,墨書されたりした土器の発掘が報告されている。三重県安濃町大城遺跡の「奉(年)」字が刻まれた土器,三重県嬉野町片部遺跡の「田」が墨書された土器等,これら2世紀初,4世紀初頭と見られており,漢字が伝わっていたことと,渡来系の氏族の存在が浮かび上がってきている(水野,2000)[2]。

これらの漢字は金石文（古陶器文）と呼ばれるもので，日本に入ってきた漢字はこの形態のものに始まったことと思われる。この時期での中国文化の導入は，朝鮮半島を経由してのことが多く，大陸との直接の交流があったのか，あったにしても直接に相互に言葉を理解したうえでの接触が持たれていたのかについては分からないのだが，漢字を含む中国の文化との接触は，必ずしも日本における有力な権力とのみ行われていたのではなく，日本側でいうならば九州もしくは西日本の海に接する地域のみにとどまらずに，太平洋岸の地域の人々と朝鮮半島，あるいは直接に中国との接触が始まっており，それに伴って渡来する人々の存在もあったことが分かる。

　日本の地理的特徴のひとつは島国であることであり，原初から人々の暮らしも海と密接に関わることによって生活してきた。そこには九州，西日本海の民の存在があり，かなり早い時代から朝鮮半島，大陸と結びついていたと考えた方がいいだろう。度重なったであろう人々の接触から「ことば」による意思疎通は生じていただろう。

4.2　中国で記録されていた日本

　日本ではそれまで記録に残される文字を持たなかったことから，日本（倭）の存在の記録は中国での記録になる。最初の記録は記録に残されたことからたどるならば，後漢の班固（紀元後32-92）の撰述となる『漢書』巻28下　地理志第8下に見られる以下の記録が最も早いものだろう。

> 夫れ楽浪海中に倭人有り，分れて百余国と為る，歳を以て来献して見ゆ云々，（楽浪郡の海の先に倭人がいて，その国が百余国に分かれており，歳時に使いを送ってきている。）

　また，ほぼ同時期となるが，後漢王充（27-101?）の『論衡』に記載される周の時代に和人が暢草を献上したとする次の記載も目に入る。

> 周の時天下太平，越裳白雉を献じ，倭人鬯草［ハーブ］を貢ぐ，白雉を食し，鬯草を服す，（巻8　儒増篇）

次いで,『後漢書』光武帝紀第一下に次の記録が見られる。

　中元二年［57］春正月辛未,…東夷倭の奴国王,使を遣わし奉献す。

　この交流を物語る遺物が江戸時代に九州志賀島で発見された金印とされている。この金印に「漢委奴国王（漢の倭の奴の国王）」と刻まれており,漢字が意味を持つものとして存在しており,そのことは,それを受け入れた側に漢字のみならずに,皇帝の命令である「制」,「詔」を理解する者がいたことを物語っている。
　続いて,晋の陳寿（233-297）の撰になる『三国志』魏書巻三十烏丸鮮卑東夷伝第三十（以下「東夷伝」と略称）に見られる邪馬台国卑弥呼に関する記事がある。これは日本では邪馬台国に関する高い興味があり,その根本的資料として多くの論稿に引用されているので改めて取り上げる必要はないほどだが,言語の交渉の面から見ると興味ある記述がその中に出てくる。

　倭人帯方東南大海の中に在り,山島に依りて国邑を為す,旧くは百余国あり,漢の時に朝見する者有り,今使訳の通ずる所は三十国,（倭人の国は帯方郡の東南,大海の中にあって,山なす島に国々が形成されている。旧くは百ヶ国以上あって,漢の時代には朝見に訪れていた。現在では使者と通訳により通行している国は30ヶ国である。）

　「東夷伝」は,邪馬台国卑弥呼の記述のある部分で,日本で盛んな邪馬台国への関心から多くの引用がなされ,意味内容的にも十分すぎる検討がなされている文献であるが,ここに「使者と通訳（原文・使訳）」の語があることに注意が向けられる。この語は『三国志』の本文中ではここの1例だけであるのだが,「烏丸（東胡・ツングース）」「鮮卑（東胡の一部族）」「東夷（夫余,高句麗,東沃沮,挹婁,濊,韓,倭人）」と並ぶ中で,「倭人」の項にのみ用いられていることでさらに興味が増す。またそれと併せて「倭人伝」に先に掲げた国々の記述の中で最も多い字数が用いられていることはただの偶然であるのだろうか。
　さらにもうひとつ,「東夷伝」自体が,帯方郡を基点とした記述になってい

ることにも留意したい。帯方郡は地点としては現在の平壌の南の地域に当たるのだが，後漢から晋にかけての約100年間中国の支配下にあり，中国の制度下での郡が置かれている。あくまで中国からの視点となっていることである。

「使訳」の語については，『魏書』「東夷伝」の末尾につけた陳寿の「評」に，もう1回次のように用いられている。

> 評して曰く，『史記』，『漢書』は朝鮮，両越［東越，南越・中国の南方地域］を著述し，『後漢書』は西羌を撰録［著述］している。魏の世には匈奴遂に衰えて，更に烏丸，鮮卑，その上東夷に及んでいる。［外交にしても］使者と通訳が時に通じているだけであり，［交流の］記述も随時のものであり，どうしてこれが常態を表しているということができよう。

これを見ると，外交では使者と通訳とはどちらも重要な存在として考えられていたように思われ，通訳はこれらの国々に対してそれぞれに存在していたとみるべきであろう。通訳は重要な役割を果たす存在であったのだ。

「使訳」の語は，『三国志』に先立ち後漢の班固が西暦80年頃に編纂した『漢書』に2例見出すことができる。ともに列伝で，1つは巻七十傅常鄭甘陳段伝第四十であり，もう一つは巻九十四下匈奴伝六十四下に見られている。前者は，漢の昭帝が（元鳳年間，前80-74）に楼蘭に遣わした傅介子に対応した楼蘭側の通訳を指し，後者は王莽が匈奴の支配の攪乱を狙って送り出した使者と通訳。ここでの記述を見ると，通訳は記録を残した大国である漢の側にも，また周辺の国と目されていた楼蘭国にも存在していたことが見て取れる。「東夷伝」中に記載される通訳は，この記述上では魏の側での通訳と読み取れるが，楼蘭の例を見ても周辺側の国においても通訳が置かれていたとみてよいだろう。

ここで改めて考えたいのは，自らを世界の中心と考える中国王朝である魏が，東夷（東の野蛮国）である倭に対して自国側で通訳を用意していたかである。その前に，倭の側について先に考えておきたい。

それは日本でなぜ漢字，さらには漢文を受容したのだろうか，この問題と直接に繋がる問題としてあると思われるからである。単純に文字を持たなかったからという乾いたスポンジが水と接触したらどうなるのかの問題であるのだろうか。ここにはある判断が存在していたとみるべきだろう。中国史の研究者で

ある西嶋定生が次のように述べている。

> 日本における漢字の受容，つまり中国の文字である漢字が日本に伝来するという場合に，その伝来は，ただ文字という高度の文化が，文字のない低い文化地域に自然に伝わっていったというようなものでなくて，日本の方にそれなりの必要があって取り入れたのであるに違いありません。その必要のあり方というのは，まず文字を取り入れて日本語を表現するということを目的としたものではありません。［中略］最初に漢字を修得した目的は，それによって漢文を解読し，漢文を作文することにあったと思われます。（井上ほか，1979）

　日本の方に取り入れる目的，取り入れる必要があって取り入れたに違いない。その必要とは，政治的経済的利益のために中国王朝との関係を継続しようとする外交に関わる政治的行為であったと考えられるのである。
　では，大国であり世界の中心と自負する中国にとって，文化的に未発達であり，朝貢国家の東夷（東方の野蛮国）である倭に対して，わざわざ自国側の通訳を用意してまでの対応をしていたのであろうか。
　このことは，魏側の事情が大きく作用していた可能性がある。『三国志』の夷狄伝である巻三十烏桓・鮮卑・東夷伝の中で最多の文字数が用いられる倭の記載について，渡邉義浩は「倭国と曹魏が密接な関係を結んでいたためである」と指摘している（渡邉，2017）。
　曹魏の異民族への懐柔策を代表するものが，西側の大月氏に与えられた「親魏大月氏王」と東側の倭の卑弥呼に与えられた「親魏倭王」との2ヶ国に限定される特別な「親魏〇〇王」の表記である。中国側の記録に残されていたのは，単なる偶然でも，記録を網羅的に残そうとした結果でもなく，西の大月氏と並んで東の端に位置する倭国は当時の国際関係の中でも，重要な国家と考えられていたのである。当時の中国を中心としたアジア世界の外交と深く関わりのある事柄であったのである。
　さらに「東夷伝」を読み進めて交渉の記録を見ていくとそこには相手国の実情に通じる外交官の役割を果たす人物が育っていく様子も見えてくる。
　景初2（238）年に卑弥呼は大夫難升米等を帯方郡に遣して，魏の天子への朝見を求めた。帯方郡の太守（長官）は，役人を派遣して難升米等に帯同させ

て魏の都まで送らせたというのだ。難升米は中国の地を旅して魏の都（洛陽）に至っている。当時の中国国内のありさまを具体的に見聞しているのだ。その上で，魏王よりの詔で卑弥呼に親魏倭王の金印と紫綬が授けられ，難升米には卒善中郎将の官位が与えられている。この難升米であるが，正始6（245）年には，魏王の詔で黄幢（黄色の儀仗用の旗）が，帯方郡の太守を通じて与えられている。魏の側からも外交における評価を受けた人物であったようだ。ここには第1回目の朝貢の時に，帯方郡の役人の帯同を得て魏の都洛陽までを往復した経験がその背景となっていたことだろう。この期間の中国の役人との接触，中国社会における直接経験を通じて，話し言葉としての漢語を含めて中国文化への理解を深めたことと思われる。このような人物が帰国していたことの意味することは大きい。実物大の中国への理解と認識が倭国に蓄積されていったのだ。

4.3 書物の伝来

日本に中国の書物が渡来したのは，『古事記』，『日本書紀』に記される応神天皇の16（285）年に百済から和邇（王仁）が来朝し，『論語』と『千字文』を朝廷に献上したとされるのが最初だといわれ，そして王子の菟道稚郎子（うじのわきいらつこ）が王仁を師として典籍を習ったともいわれている。最初に日本にもたらされた書物が『論語』『千字文』であったのは，『論語』は中国では幼学書として学ばれたもので，『千字文』は梁の周興嗣の撰になる一千個の異なる漢字を用いて四言の韻文につづりあげて構成された手の込んだものであるが，初学者向けの文字を学ぶ教科書として用いられたものであり，どちらもが入門書としての選択であったと思われる。日本に派遣された賢人の和邇によってもたらされた書物から当時の日本の文化形成の状況が垣間見られるようだ。

では，日本に書物が伝来した当初にはどのような書物が入ってきていたのだろう。正倉院文書や平城宮出土の木簡をもとに次のような書籍が確実に存在していたことが確かめられる（東野，2006）。

論語，同何晏集解　古文孝経　爾雅　千字文　葛氏方　文選李善注　王勃集　魏徴時務策　杜家立成雑書要略　楽毅論

これらの漢籍のうち,『論語』と『孝経』は中国でも幼学書として広く用いられていたものである。『爾雅』は儒教の学問的発達の中で経書として取り上げられ十三経のひとつに数えられるようになるのだが,中国で最古の字書であり,『千字文』は,先にも述べたように漢字の習得を目指す初学書として広く用いられるようになるもので,中国古典で「小学」とされる範疇に属する書籍である。『文選』は奈良時代の貴族の教養として必読の価値を持たれ,その後の貴族社会に受け継がれていった書である。また,『王勃集』は正倉院蔵になるもので初唐を代表する詩人の一人王勃（647-675）の詩集である。

　『葛氏方』は医学書で,葛氏とは西晋の神仙道教の思想家で『抱朴子』の著者である葛洪（283-343頃）のことであろう。葛洪は『玉簡方』『肘後救卒方』等の医書も残しており,『肘後救卒方』3巻は,『肘後方』とも呼ばれ,一般庶民の救急医療用に,ありふれた薬物による簡便処方による治療法が記載されている。『魏徴時務策』は唐の高宗の時の役人としての評価の高い魏徴（580-643）の名を冠した施政の方策,政治上の考案を論ずるものであり,『杜家立成雑書要略』は簡便な書簡文例集（書儀）であって,ともに役人となるのに必要不可欠な技能を学ぶ目的で用いられていたであろう。『楽毅論』は魏の夏侯玄の作になるもので,楽毅は戦国時代の燕の将軍。この書は晋の王羲之が書いたと伝えられるものが有名で,書の小楷の法帖として役割を持っていた。

　これらの漢籍を全体としてみると,『文選』と『王勃集』は当時の貴族たちの教養に資する書であったであろうが,その他の書籍は,漢字を学んで漢籍を読むためのスタートとしての入門書の類,また,生活に密着する医術の導入,また,役人を養成するための書と,実用書がその大半を占めていることに特徴がある。この日本での学習の成果が,中国で記録されている。

　第8回遣唐使が粟田真人を執節使として大宝1（701,中国では長安1）年に派遣されたが,目的を果たせず翌年に再度出帆して,中国に到着して長安に至っている。この時のことを,『旧唐書』が記録している。派遣されてきた粟田真人の職位を中国での吏部尚書に相当するといって,その衣冠を詳細に記述したうえで,「経史の書を読みこなし,よく文をつづることができる」（列伝一百四十九上,東夷,日本）と記載している。

5 漢字の学問

　漢字について，その形態，発音，意味を研究する伝統的学問を全体として小学と呼んでいる。そのうち形態についての学問を文字学といい，発音についての学問を音韻学といい，意味についての研究を訓詁学とよんでいる。小学が学問として取り上げられるのは『漢書』芸文志においてであり，六芸略の最後に「凡そ小学十家，四十五篇」として『史籀十五篇』（周代の漢字学習の教科書）を最初にして書籍を並べているのに始まる。その後，伝統的中国社会を一貫してその価値観のもとに置いた儒教の学問である経学の発展とともに，経学の中でもその思想に対する研究の基礎として文字の習得は必須のものであることから，漢字に関する学問に特殊な意義づけを行ったものが小学であり，その思想全般に対するものを大学と考えたのに対している。小学は先に述べたように漢字全般に関する学問でもあり，現在の言語学の領域と重なるものであるといえよう。

　日本に漢字が伝わる。するとその漢字をどうよんだのかが，次に生じる疑問となる。

　日本では漢字のよみに「音」と「訓」のあることは改めて持ち出す問題でもないのだが，「音」は中国語での漢字の発音に基づくよみをあらわし，「訓」はその漢字のもつ意味に当たる日本語をよみとしてあらわしたものだ。だから「音」とは当時の中国での発音になるのだが，日本語の音に合わせられて表記されるようになるその音声は，原音に忠実であることにはならない。いわゆるなまった音になっているのである。それでも，その音の到来した時代と，どの地方からの伝来かによって，いくつかの異なった読み方が漢字に生じた。分かりやすく，以下のように呉音・漢音・唐音に分けて説明されることが多い。

　〇呉音　六朝期（4～6世紀）の建康（今の南京），長江下流域地方での字音。仏教の伝来とともに，主として仏典の読誦音として江南地方より朝鮮を経て伝えられたもの。

　〇漢音　唐代の長安・洛陽を中心とした当時の都ことば。入唐の留学生，求法僧，中国より来朝した人たちによって伝えられたもの。

　〇唐音（宋音・唐宋音）　江戸時代に，黄檗僧や長崎の通事，商人などによ

って伝えられた明から清初の南京官話および杭州官話系の字音。また，平安中期から江戸時代までに日本に伝来した音全体をいうこともある。

　注意したいのは，これらはあくまで日本語中に取り入れた漢字の読音であって，中国語が取り入れられたのではないことである。

6　ことばとしての漢語——江戸期の接触・唐話

　漢文を受容しその学習を学問としてきた日本の社会で，漢語と接触することはなかったのだろうか。あるいは漢語に興味を示すことはなかったのだろうか。

　日本の近世社会において，中国の歴史的な口語にとても強い興味が示されたことがあった。江戸時代における唐語との接触に始まった中国語の学習とその研究である。このような中に，唐語に含まれる口語語彙の研究が始まるのだが，これが実は中国の中世語彙の研究に繋がる仕事であった。漢語の言語研究として重要な入口が開けられたのである。

　江戸時代は海外の諸国に対して厳しい鎖国政策が用いられたとされ，外国からの影響についてはさほど注意を向けられないのだが，その中にあって，幕府から長崎の出島での滞在を認められていたオランダと清国（中国）との間の接触は続けられていた。また，定期的な朝鮮通信使の江戸訪問もあって日朝交流も続けられており，決して完全な鎖国状態ではなかった。

　長崎の出島に滞在する清国人との接触には，それぞれの通訳に当たる唐通事と呼ばれる人々の存在があり，その唐通事から清国の言葉（漢語）を学ぶこともできた。このようにして長崎を通して日本国内に入ってきた漢語が唐話と呼ばれるようになる。唐話については後で触れることにするが，この時代にも物の相互間の流通だけではなく，文化の交流も行われていて，多くの書物が中国から輸入されている。その中に日本の社会で多くの読者を得た書物があった。明代の長編小説『水滸伝』である。それはこれまで接触し学んできた文言によって書き表される儒教を中心とした士大夫の表向きの装いの姿による表現，描写とは異なって，内面もしくは実態ともいえる実存在としての中国社会の各階層の人間たちの姿であり，その感情が反映されていた。

　『水滸伝』，さらにはこの時期に日本で読まれ始めた「三言二拍」等の小説は，

唐末五代ころから中国の社会の人々に受け入れられた市井に伝わる語り物文芸をルーツに持ったものであった。それはこれまでの中国の書物にはない娯楽性を豊富に有するものであり，当然のことながら日本でも面白いものとしての評判を呼んで人々の間に多く読まれるようになったようだ。

　その『水滸伝』には，これまでの伝統的な中国の文語文である漢文の読み書きに格段の力量を蓄えてきた人々の間に，漢字自体は分かるものの，漢字本来の意味からでは理解できない語彙が文中に多くあることの気づきが生まれた。それらの語の中には文語文の中に交じって用いられる漢語での口語が多く含まれていたのだ。日本の知識人における漢語の口語との意識された出会いである。そこから多くの唐話の語彙を集めた辞書が新たに日本人の手により作成されるようになるのだが，これを日本語と漢語の口語との接触との観点から見ていくことにしたい。

　時間にはずれがあるが，中国においても近代社会に入った時点で，共通語として伝統的な文言文である漢文を継承してきた知識人に，日本で行われたと同様に古典漢文に散見される俗語（口語）を取り出して解釈し，辞書にまとめる動きが出てくるようになった。これは1900年に発見された敦煌文献中の大量の中世時期の手書き文書，とりわけ俗文学作品としての変文，小説および詩や曲子詞などの文献を読み解く中で，その中に唐・五代期の中世社会以来長い時間を経て失われていった中世口語語彙が多く存在していることに気づくようになったことに起因している。中国近代における中世口語語彙との邂逅である。このことを嚆矢として中国でも新たに口語語彙を摘出した辞書が作られていくことになる。この古い口語との出会いは，日本と中国でその原因としてのきっかけ，またその時間こそ同時ではなかったものの，中国で生み出された漢文を共通の教養とする地域で起きた共通の現象であったと見ることができる。これを近現代の日本と中国とにおける古典社会の口語との接触との観点からみていくことにする。

6.1　唐話とは

　江戸時代に，幕府によってキリスト教禁制，日本人の海外への往来禁止を中心とした対外政策がとられた。これを鎖国と呼んでいるのだが，長崎の出島に

限定して，オランダと中国（清）との貿易は認められていた。鎖国との表現については，問題も出されているようだが，この点についてはここでは取り上げない。中国（清）との交易が続いていたことに自体に目を向けたい。

　清国との交易は，唐人貿易とも称され，長崎には清から渡来してきた唐人が奉行所公認の通訳として，唐通事の職を請け負うことになった。また，唐人の家系を持たない内通事という日本人唐通事も多くいたとされている。

　このような背景下に，日本の知識人において唐音，および唐話への知識欲が起こり，学習がされるようになった。

　それでは，ここでいう唐話とは，具体的にいったい何を指しているのだろうか。「唐話」研究者の示した定義を見てみることにする。

「「唐話」とは唐通事の話した中国語の呼称である。」（奥村，2010）
「唐話は唐通事にとっては実用の言葉であったが，日本の知識人にとっては学問の対象であった。」（奥村，2007）
「唐話は一般に近世日本で受容した明・清の口語語彙を言う。」（岡田，2006）

　唐話とは，現に出島という限られた空間における唐人との間に通用する漢語であることが第一義である。それはこれまで学習の必要を感じることのなかった話し言葉であったのだが，江戸期の日本の漢学者において唐話に対しての認識範囲は広くあったようで，明清の小説も含めて考えられていたようだ，それにしても「一般に近世日本で受容した明・清の口語語彙を言う」というのはまことに興味深い指摘だ。

　江戸時代に唐話学習の副産物として広く明清の小説を読むことに人々の関心が向いていったのだが，その小説の中には歴史的な口語の語彙が含まれていたことで，日本の知識人にとっては学問・研究の対象になるものと意識されたことがその背景にある。もうひとつには古典の研究に繋がる学問上においても必要な学習であることにも気づいていったようだ。江戸時代の知識人である儒学者たちの目は長崎に向けられるようになった。

　長崎出島での内通事であった岡島冠山（1674-1728）は，荻生徂徠ら儒学者グループの要求に元唐通事としての知識で応え，荻生徂徠の結成した「訳社」

に招かれて「訳士」に任命され，徂徠の開いた「蘐園」の学者たちに唐話を講じている。その編著として『唐音雅俗語類』，「唐話纂要」等を残しており，また本邦初の和刻本『忠義水滸伝』の訓点を施している。

『唐音雅俗語類』は全5巻からなり，巻一，二は雅語類とされ，巻三，四，五は俗語類に分類される語句や文が収められている。すべての語句や文に漢字の右側にカタカナで発音が表され，割注の形式で日本語訳が記されている。

また，唐話との言葉についても，岡島冠山の編著になる「唐話纂要」が，日本の一般社会にも広まるきっかけとなったといわれている。

6.2 近世小説の日本への伝来

『唐音雅俗語類』巻四は，全体が対話形式となっている。巻四の始まりは叩頭（頭を地面にたたきつけて挨拶する）の挨拶表現がいくつか並べられ，引き続き交わされるのは，古代の聖人を讃えるやりとり，歴史をめぐる対話である。その中に「先生」との対話形式をとる部分があり，先生が中国の古の聖王である堯舜の物語を講ずる一節が含まれている。

堯舜の故事そのものは中国において古くから語られる有名な故事であり，少なからぬ異なるお話しが伝えられていて，「このエピソードが一体どの書物にもとづくものであるか，現時点では突き止めることはできていない」（奥村，2007）とされるのだが，そのプロットを検討してみるとこの故事の伝承系統に関して興味ある継承関係が見えてくる。

舜の説話が，敦煌文献中に語り物の台本として残されている。『敦煌変文集』（王ほか，1957）に「舜子変」として収録されているのがそれである。この「舜子変」であるが，実は異なる2つの写本を併せたものとして構成されている（S. 4654, P. 2721）。この2つの写本は，必ずしも同一の写本であったわけではないようだが，S. 4654 は「舜子變」との首題を持ち，P. 2721 は「舜子至孝變文一卷」との尾題を持っていて，その前後関係は間違いがなく，両者を結ぶ一部分が欠となっていると考えて無理がないようだ。この「舜子変」に対して金岡照光は，次のように述べている。

舜の説話は『史記』五帝本紀に見られる。この説話のもとは，「書経」虞書の舜典に

その源があったといわれているが,この舜典は欠文であり,「古文尚書」に見える舜典は,「今文尚書」の堯典の末尾を,分割独立したものであるから,完全にもとの姿を伝えているとはいい難いようだ。また「孟子」萬章章のおいても,舜と父母の説話が収められていて,これも舜典の逸文という説がある。こうした舜説話を伝える古典を一応整理集大成したとみられるのが,『史記』五帝本紀に見られる舜の説話であるようだ。[中略]敦煌本の特色としては,それが庶民としての舜の物語であり,母(後妻)が継子の舜をいじめる「継子いじめ」の説話の構成をとっていることが挙げられる。ところが五帝本紀を中心とする史書においては,舜を迫害するのは,むしろ父の瞽叟と弟の象となっている。その上で,説話の構成上の大きな違いとして,五帝本紀にも舜が両親にいじめられ,殺されそうになる場面もあるが,それは舜が摂政の位についてからである。敦煌本では,庶民としての舜が迫害されつつも孝道を尽し,それによって堯に見出され,摂政にとりたれられたという孝子の立身出世談となっている。(金岡,1972)

また,「敦煌本における展開の仕方は,一種の孝子の立身出世談になっており,民間伝承としては,このプロットの方が自然である」ともいっている。

『唐音雅俗語類』巻四の舜の説話のプロットは敦煌本「舜子変」に見られるそれを継承しており,民間に語り物文芸として伝わっていたものが「先生が講じる」として収録されていたのである。

7　中国における中世口語の発見とその展開

7.1　中世口語の発見

中国においても,そのきっかけは日本でのそれと異なるのだが,ある出来事がひとつの大きな覚醒を促して中世口語語彙の研究が盛んになっていく現象が見られるようになる。

それは,敦煌文献の発見であった。敦煌文献とは,先に触れたように1900年頃に中国甘粛省敦煌市の郊外にある石窟寺院である莫高窟のひとつの窟,第16窟の甬道(入口から仏像の置かれる主室への通路)の壁画の書かれた壁から突如発見された耳洞(第17窟)の中に詰め込まれていた,宋初(11世紀前半)までに書写された手書きの古文書のことである。敦煌文献はその発見された当時,中国の抱えていた事情からイギリス,フランス,ロシア等の国に分散

して保管されることとなったのだが，時間を追ってその整理，分類，読解の作業も進んでいった。このような中で，文学作品の整理の進捗に合わせて，これまで確認されていなかった新しい分野の文芸として「変文」等の聴衆を前にして語られる文芸作品の存在が明らかとなった。「変文」は唐末五代期に盛んとなる語り物文芸のひとつの形式であったのだが，文字化を前提としない語り物の宿命でもあるだろう，記録されて伝承されることはなかった。そのような敦煌文献中の語り物文芸の作品を集めた『敦煌変文集』が 1957 年に中国で刊行されている。

そのような動向にあった中国で，突然の発刊と称されることのある張相編著『詩詞曲語辞匯釈』が 1953 年に中国で刊行された。唐・五代期以降の文献を読むのに必需の工具とされるようになる同書であるが，その出版された当時にあって，中国においては政治上の混乱が引き続いていく時期と重なっていたため，しばらく後に出版された陸澹安編著になる『小説詩語匯釈』(1964 年) とともに，広く流通されることのない時期が続いた。それに伴い日本で原書が手に入れにくい本となるなどの現象が起こり，香港，台湾でのコピー本，いわゆる海賊版でのみ流通していた時期があった。現在では考えられないようなことである。

これらの書に示された新たに取り出された中世から近世にかけての語彙に対する対処の方法は，その後の中世から近世への口語語彙研究に対して大きな影響を与えることになる。

元来，『詩詞曲語辞匯釈』の刊行は 1953 年 11 月で，中国の中華書局から出版されている。この書物の刊行から 1 年も経たない 1954 年 8 月に入谷義高が書評を出している。この書評にこの書の意義が的確に表現されている。

> 本書は詩（主として唐詩）と詞（主として宋詞）と曲（主として元曲）について，それらに見られる「語辞」の意義や用法を分析解明したものである。[中略]「語辞」とは一般的にはつまり虚字・助字のことであるが，必ずしも厳格な範囲で規定されてはいなく，いわゆる実字とみられる語彙もかなりある。[中略] 旧来の注釈書や辞書はそれについて全く無関心であり，今日の我々の学習に役立つものは無きに等しかった。まして韻文語辞に極めて多い<u>口語の語彙</u>については，殆どこれに留意するものがなかったと云ってもよい。(入谷，1954a／下線は遊佐)

入谷は，前掲の書評を発表後引き続き同書について1954年10月に発行される『中国文学報』第1冊においても書評を発表している。

　　いま突如として我々の前に現れたこの書物は，この分野においてまさしく劉氏［劉淇「助字辨略」／遊佐注］の緒を嗣ぐものであり，更に劉氏が企てて竟に成し得なかった戯曲の助字の研究をもこれに併せて，その遺業を大成したものと言うべく，この意味で文字通り劃期的な成果である。［中略］曲［元曲／遊佐注］は言うまでもなく詩詞を学ぶ者にとって，その十全な理解を妨げる障壁の大きなものに，いはゆる「語辞」がある，それらには，散文におけると共通のものもあれば，韻文だけに固有のものもあり，また同じく韻文語辞であっても，詩・詞・曲によってそれぞれ意義用法の異なる場合もある。また字面は散文語辞と共通であっても，それが韻文に用いられる時は異なった意義や文気を生む立場もある。そして<u>韻文語辞には，当時の生の口語か，或はそれから出る語彙が非常に多い。</u>／［付言］わが江戸時代の唐話学・漢学の諸先輩にも，詩の助字に関する貴重な業績があり，そこに取り上げられた語彙で本書と共通のものも少なくない。（入谷，1954b／下線は遊佐）

　ほぼ同時に出された2つの書評に共通しているのは，この書物（『詩詞曲語辞匯釈』）が旧来の注釈書や辞書では全く関心が向けられていなかった「語辞」の意義や用法を分析して研究し，画期的成果を出していること。それと当時の生の口語，あるいはそれから出る口語が取り扱われていることに対する絶大な評価である。さらに加えるならば，意表を突かれたがごとく突如として出版されたことに対しての驚きがみられることである。

　その上で，本章で特に注目しておきたいことは，入谷が「付言」でこの業績が江戸時代の唐話学の業績と重なると指摘していることである。最初に少し触れてきたのだが，日本でも中国でも，中世以降の「漢語」について，異なった時期に異なったきっかけと切り口であったのだが，同一方向を向いた研究を期せずして始めていたということである。

　先に引いた入谷の発言の裏には，日本や中国を問わず広く世界の中国研究者において当時成果が求められていた新しい学問への期待が感じられる。この点については後に触れることにして，『詩詞曲語辞匯釈』がどのような意義を求めての成果であったのかを，著者である張相が書に付した叙言から見てみることにする。

詩詞曲語辞とは，おおよそ唐宋金元明の間において，詩，詞，曲の中に流行した特殊な語辞のことで，漢字の一文字のものからフレーズに至るまでさまざまであるが，その性質について大部分は通俗的で，正当な字義解釈や古くからの意味では対処することができず，また，唐宋八大家の古文にも見慣れないものである。従来それを解釈した専門書はなかった。［中略］（解釈の経過を通じて）およそ一般的な意味に属するものは，連帯する関係にあるものを除いて取り入れなかった。文字面が引っかかり意味が不明であったり，文字面は普通であるのに意味が別であったりしたものは，どれも検討の列に加え，意味は多くの義を網羅した。取材は従って寛大にして，詩詞はその題序に，戯曲はそのセリフにまで及んだ。（張，1953）

敍言中に著者が，ここで扱った語辞の大部分は通俗的で，これまでの正当な字義解釈や古意，並びに新たな文を提唱した唐宋八家の古文にも見られないものであったと言っていることに注目する必要がある。それが何であるのかということである。

7.2 歴代口語の研究へ向けて

1959 年 3 月に蔣礼鴻著になる『敦煌変文字義通釈』が中華書局から刊行される。この書に対しても前掲した入谷義高が出版後すぐに書評を出している。

いま評者が取り上げる蔣氏の本書は，右の「変文集」［『敦煌変文集』王重民，向達，周一良等撰，上下二冊，人民文學出版社，1957 年／引用者注］を素材とした研究書として最初のものである。そして，その書名の示すように，もっぱら「変文」に見える唐・五代口語の語義と用法を研究の対象としている。分量からいえば僅か八十八ページの小冊子ではあるが，ほとんど未開拓といってよい中世語の語彙学的ないしは言語史的研究に，いま氏が新たな鍬を入れたことの意義は，決して低く評価されてはならないであろう。（入谷，1959）

評者である入谷は，この書が刊行されたことに大きな賛辞を与えている。これは『敦煌変文集』を素材とした最初の研究書であること，別の言い方をすると唐・五代期の俗文学に対する研究としての嚆矢となったことと，さらに唐・五代口語の語義と用法の研究として，中世語の語彙学史，言語学史に新たな鍬

を入れたことに対しての評価である。この後に入谷は，蒋の口語の語彙の選択について，ならびにその語義の求め方についても若干の疑問を投じているが，ここは明らかに評者の入谷においても同様の研究が進められていたことが暗示されていたように見える（同様の指摘は金岡（1960; 1978）にもある）それは後に譲り，蒋の唐・五代の口語に対する研究の方法について見ておきたい。

蒋は『敦煌変文字義通釈』の序目に以下のように述べている。

古代の口にされたことばのそのままの姿は，「正統」な文言文の中に反映されていることはとても少ない。民間での創作，並びに文人が民間での口語を吸収した作品中に，わずかにその一部分をうかがい見ることができるだけだ。民謡，詩，詞，歌，小説，随筆，語録等の中に，あるいは多くあるいは少なく口語の材料が保存されている。［中略］／古代のことばを研究するには，私は縦と横の二つの方向からなされるべきと考えている。いわゆる横の方面とは，ある時代のことばを研究することである。例えば元代であれば，その中は元劇として一種類の文学作品に含めてしまうこともできる。元劇というように，この時代の各種の資料をまとめてしまうこともできるのだが，また，元劇のほかに，その時代の小説，随筆，勅令などを付け加えていくこともできる。当然，後者のやり方の方がさらによく一つの時代のことばの全貌を見いだすことができる。［中略］／縦の方面とは，それぞれの時代のことばを結び付けて，その継承，発展と異同を見ることで，『詩詞曲語辞匯釈』はこのようにしてなされたものである。［中略］／変文は唐・五代期の民間文学であり，その中には多くの当時の口語の材料が保存されている。いくつかの材料は，同時代の敦煌文書，例えば曲子詞，さらには詩，詞および随筆などと裏付けあっているし，いくつかのものは漢魏六朝から宋元に至る材料とお互いに関連している（蒋，1959）。

この序目の中に『詩詞曲語辞匯釈』の名が見えており，自身の研究に継承していることに言及している。

研究の方法として，蒋は縦と横の2つの方向から行う必要があるという。①縦とは『詩詞曲語辞匯釈』が用いた「それぞれの時代のことばを結び付けて，その継承，発展と異同を見ることで」，②横とはある時代の言葉を研究することで，蒋にとっては「変文」であり，さらに具体的な材料としての『敦煌変文集』からの口語語彙の摘出であるということになる。これは今日では①を「通時的研究」，②を「共時的研究」と言い換えることができるようだが（金岡，

1960），この研究方法を具体的に示したことは重要な意義があった。

　この蔣礼鴻著の『敦煌変文字義通釈』の示した画期的な意味合いは，張相氏が『詩詞曲語辞匯釈』で示した，これまでの方法による字義解釈でも，経験的に学んできた意味からも読み解けない語彙が口語語彙であることを明確に示したことにある。ここから口語語彙の研究が，敦煌文学文献の研究をその最初の対象として進められていくようになる。ここには何を，どのような語彙を口語とするのかという大変かつ重要な問題が含まれている。このことに関しては，蔣に対して様々な意見が寄せられていた。『敦煌変文字義通釈』は，その後何度も版を重ねて，最初の「序目」に始まって，「重版後記」「三版贅記」，「五版後記」と文を寄せて，その考えが示されていくことで，漢語における中世，近世の口語語彙の研究が広く進められるようになったといっていいだろう。

1）『史記』巻六，秦始皇帝本紀
2）最近でも，日本に伝わった漢字の最も古いものではないかとして，長崎県壱岐市カラカミ遺跡から出土した弥生時代後期（1〜3世紀ごろ）土器片に「周」の文字の左半分が刻まれていたと長崎県壱岐市教育委員会が発表（2018年1月9日）したとの報道があった。この土器は，中国からの交易を通じて持ち込まれたと推測されているが，詳細についてはまだ検討が必要であろう。

参考文献

乾　善彦（2010）「日本語と中国語の接触をもたらしたもの」『日本語学』372
井上光貞ほか（1979）『シンポジウム鉄剣の謎と古代日本』新潮社
入谷義高（1954a）「書評　張相氏「詩詞曲語辞滙釈」」『中国語学研究会会報』29
入谷義高（1954b）「書評　張相「詩詞曲語辞滙釈」」『中国文学報』1
入谷義高（1959）「書評　蔣礼鴻「敦煌変文字義適釈」」『中国文学報』11
牛島徳治（1977）『中国古典の学び方』大修館
奥村佳代子（2000）「近世唐話学における多様性」『或問』1
奥村佳代子（2007）『江戸時代の唐話に関する基礎研究』関西大学出版部
王勇（1998）『唐から見た遣唐使』講談社
岡田袈裟男（2006）『江戸異言語接触』笠間書院
金岡照光（1960）「敦煌資料研究の語学的検討――近年中国の研究成果を中心に」『中国語学』94

金岡照光（1972）『敦煌の民衆——その生活と思想』評論社
金岡照光（1978）「敦煌文学文献常用語彙の性格」『東洋学研究』12
小曾戸　洋（2014）『新版漢方の歴史』大修館
中国語学研究会（編）（1974）『中国語学新辞典　第3版』光生館
寺田隆信（2017）『物語　中国の歴史』中央公論新社（中公新書）
豊田　譲（1948）『唐詩の研究』養徳社
野口鐵郎ほか（編）（1994）『道教事典』平川出版社
東野治之（2006）「古代人が読んだ漢籍」（第1章），池田温（編）『日本古代史を学ぶための漢文入門』吉川弘文館
藤堂明保ほか（訳注）（2017）『倭国伝』講談社（講談社学術文庫）
水野正好「日本に文字が来たころ」，平川南（編）『古代日本の文字世界』大修館書店
山口　修（1996）『日中交渉史』東方書店
山田勝美（1976）『新釋漢文大系　論衡』明治書院（2013年第10版）
六角恒廣（編・解説）（1998）『中国語教本類集成——江戸時代唐話篇』（復刻版第4巻『唐音雅俗語類』）
渡邉義浩（2017）『魏志倭人伝の謎を解く』中央公論新社（中公新書）（第3版）
渡邉義浩（2017）『三国志』中央公論新社（中公新書）（第4版）
王充（撰），黃暉（撰注）（1996）『論衡校釋』中華書局（第3次印刷）
王重民ほか（編）（1957）『敦煌変文集』人民出版社
司馬遷（撰）（1972）『史記』中華書局（第5次印刷）
蔣礼鴻（1959）『敦煌変文字義通釈』中華書局
陳寿（撰），裴松之（注），盧弼（集解）『三国志集解』上海古籍出版社
張相（撰）（1953）『詩詞曲語辞匯釈』中華書局
范曄（撰）（1973）『後漢書』中華書局
劉昫等（撰）（1975）『旧唐書』中華書局
『古籍全文検索叢書・二十五史』彫龍

第5章　近代日本の国語政策

安田敏朗

1　はじめに──国語政策・国語・言語接触

1.1　国語政策ということば

　国語政策ということばは，存外耳慣れないものかもしれない。

　かなり昔の話になるが，「国語政策」を勉強しています，とある人にいったとき，「セイサクって，つくること？」と問われたことがある。耳慣れない「コクゴセイサク」という音が「国語製作」という意味にとられたのであるが，後述するようにこれは事の本質をついているかもしれない。

　たとえば，義務教育で学習する漢字がだれによってどのように選ばれたのかを考えたことはあるだろうか。ほぼ使うことのない「朕」とか「璽」をどうして覚えねばならないのか，と気になったことはあるだろうか。

　送りがなにしても，どう送ればよいのか，「おこなった」と読ませたいのに「行った」と書くように教わる。あるいは「少しづつ」なのか「少しずつ」なのか，いまやワープロソフトなどで勝手に変換をしてくれるので頭をなやませる必要はないかもしれないが，一応の「正解」は用意されている。それではその「正解」を決めたのはだれなのか。

　「標準語」とされることばがある。NHKのアナウンサーが「正しい」アクセントで話すもの（NHK自身は共通語といっているが），といってよいかもしれないが，いつだれがどういう根拠で決めたのか，気にはならないだろうか。敗戦後，おそらくはテレビの影響で日本国中どこでも「標準語」が通じるようになったと思われている。でもそれまではどうだったのだろうか。

　それに，いまでも土地のことばで話されるとわからないことが多い。そうした「郷土色」があたたかなものとして消費され，ときには笑いのネタにされて

しまうこともある。さらには，「方言女子」などといってあからさまなハラスメントの道具にまでされてしまうこともある。なぜなのだろうか。

あまり気のきいた問いではないと自分でも思うが，こうした問いに答えるときに関わってくるのが，国語政策という行為である。

本章は近代日本の国語政策をめぐる雑駁な話である。

1.2 国語ということば

まず，国語ということばを以下のようにもちいる。

国語とは，近代国民国家において国民の創出および統合のために用いられる制度のひとつであり，国家の統合原理が反映されるものである。近代国民国家を支えるさまざまな制度（たとえば教育・行政・司法・軍隊・メディアなど）は，できればひとつの統一された言語で運営できた方が効率がよい。それだけではなく，国歌や国旗と同様に国民統合の象徴としての役割が国語にも求められる。国語は制度であるので，その制度をになう具体的な言語は，どういう言語でもかまわない。近代日本の場合は，国語という制度のなかに，手をくわえた——「製作」された——日本語という言語をはめこんだということになる。

このように国語はきわめて人工的であるにもかかわらず，場合によっては過度の精神性が付与され，国民の始源がふくまれている「自然な」言語であるというよそおいが施され，民族性や歴史・伝統などが意図的にもりこまれていく。こうした近代国民国家の領域内のより広い範囲で話してそして書いて通じることばをつくり（先に述べた「手をくわえる」と同じ），それを国民すべてに使用させることで「言語不通」の状態を解消しようとするさまざまな政策を国語政策とする。国民すべてに使用させる，という点には国民国家構成員ひとりひとりを確実に把握するという近代の特徴があらわれている。

なお，国語をつくって普及させることを国語政策だとすれば，あることばを使わせない，あるいは国語の地位にはつけさせないけれども，地域共通語のような育成をはかる（いいかえれば制限的にしか使わせない）こともふくめて言語政策ということもできる。よって，言語政策は国語政策を内包する。

1.3　言語接触のあり方

　むろん，国語というある種の思惑のこめられた言語を，ひとは生まれながら話すわけではない。国語政策とは，生まれて獲得してきた言語とは程度の差はあれ異なった言語である国語を国民すべてに使用させることであるから，そこに当然，言語接触が生じる。

　ところで，国語を普及させることによって言語接触が生じるのだとすれば，言語接触を政策的に統制することは可能なのだろうか。異なることばをもった人びとが自由に往来するなかで，おのずとことばがふれあい変化をもたらす。それを防ぐには，強制的な一言語使用という政策をとるほかはないだろう。国語の普及を第一に考えれば，言語接触があったとしても，それは普及の前段階にすぎず，国語と接触した言語の話者を国語の話者へとつくりかえ，バイリンガルな状態にし，そしてその言語を消滅させることが最終目標となる。言語接触の場を，国語一色に塗りつぶすといえようか。

　しかし，そう簡単にいくものではないし，異なることばをもった人びとの接触を容易に制限・統制はできない。となると，人びとの自由な交流のなかで「ひとつ」のことばにまとまっていくのを待つということが考えられるが，現実的に完成するものかといえば答えは否定的にならざるをえず，この場合でもなんらかの政策的方向性を示すことは不可欠といえよう。

　などとぐずぐず考えていてもしかたがないので，まずは近代日本において言語接触によって自覚された「言語不通」の状態がどのようにとらえられ，それが政策とどのように関わっていったのか，ひとつの事例をみることからはじめたい。

2　言語接触と言語不通──青田節『方言改良論』から

2.1　鉄道の言語不通と言語接触の非対称

　1887年10月に福島県信夫郡瀬上町（現・福島市）の旅館で記したとする「緒言」をもつ『方言改良論』（1888年2月刊）という書物がある。兵庫県は播磨神崎郡出身の青田節（1861-1930）の手になるものだが，そこにはこんな記述がある。

余嘗テ東京ヨリ福島ニ到ルヤ汽車ニ同乗セシモノ傍ラニ英人一人ト仙台ノ婦人一人トアリ而シテ仙台婦人ノ談話ヲ聞クニ言語甚ダ解シ難ク一回モ甘ク談話スルコトヲ得ザリキ又英人ノ言語ヲ聞クニ余少シク英語ヲ解スルヲ以テ談話稍為スコトヲ得タリ互ニ同邦ノ人ニシテ斯ク迄言語ノ相通セザルハ又歎ズ可キノ至リナラズヤ是レ邦語ノ不完全ナルニ非ズ方言僻語ノアルヲ以テナリ。(青田, 1888: 5　ルビは引用者。以下同)

　汽車に同乗したイギリス人とは英語で少し話ができたのだが、仙台の女性とは話が通じなかった。同じ日本人なのにこんなにことばが通じないのは嘆かわしい、これは方言やいなかことばがあるせいだ、という内容である。「緒言」が書かれた時点では日本鉄道（私鉄）は上野から福島県郡山までの開業で、青田のこの経験は郡山までの汽車の車内でのことと思われる（1906年国有化。現在のJR東北本線の一部）。

　青田は郷里で1884年まで小学教育に従事し、1885年から1889年まで東京に遊学、その間自由民権運動に関わり遊説で各地をまわり、帰郷後は1921年まで32年間私塾の青田塾を開いていたという（太田, 1933）[1]。

　播州ことば（遊説をしていたとすれば演説調のことばを話せたであろう）と、仙台の女性のことばとの接触が、鉄道という人と物の移動を飛躍的に増大させた近代交通網のなかでなされたことは興味ぶかい。英語をはじめとする外国語との接触をふくめ、近代になればこうした場面が量的に増加したことは容易に想像できる。しかし、接触した結果「言語不通」の状況にたちいたったとき、かりに青田が英語をまったく解せなかったとしたら、どう書いただろうか。

　外国人の日本国内の自由な往来、居住、経済活動が認められるいわゆる内地雑居は1899年からのことであり、1887年に汽車のなかで外国人に会うのは珍しいことであったと思われるが、青田は、英人よ、日本を旅するなら邦語を学べ、と述べただろうか。

　そうではあるまい。反対に、英語を学ばねばと痛感したにちがいない（いまでもよくあることではある）。しかし一方で、「仙台婦人」と話ができなかったとき、これから遊説に向かう東北地方なのだから、少しは仙台のことばを学ばねば、ということにはならない。言語接触の場における非対称性がよくあらわれている。

2.2 同邦という恫喝

ことばとその地位はさまざまな社会状況によって左右されるものだが,「仙台婦人」との言語接触と言語不通は, 相手のことばへの興味よりも「邦語をまなべ」という恫喝を生むことになった。

そして, その恫喝の根拠が「同邦ノ人」という点におかれていることもきわめて重要である。汽車のなかではじめて出会っただけなのに, 同じ日本人なのだからことばが通じていなければならない, という思いこみは, ベネディクト・アンダーソンの『想像の共同体』をもちだすまでもなく, 近代国民国家をささえるイデオロギーそのものである。

青田は,「言語ハ普及区域ノ広キヲ最上トス」(青田, 1888: 6)としていた。しかし「我日本国語ノ如キハ普及区域ノ尤モ狭小ナルモノナリ加 之(しかのみならず) 純然正当ノ邦語ハ邦内ニダモ未ダ全ク普及シ居ラザルナリ」という認識をもっており, だからこそ「日本全国到ル処ニ是ノ如キ方言僻語ノ跡ヲ絶タンコト希望ニ堪ヘザル也」(青田, 1888: 7)と方言の撲滅を主張するのであった。より広く通じる方が優れたものであり, そうでないものはなくなってもかまわない, という思考は社会進化論的色彩をおびている。現にすでに青田は『内地雑居之準備』(青田, 1886)のなかで社会進化論的立場から日本社会の旧弊打破を唱えていた。ただし, 内地雑居が近づくと, 一転「西洋の物質的開化」によって日本の「精神的の文化」が廃れていくことを嘆くようになる(青田, 1898)。だが, この時点での,「純然正当ノ邦語」が日本国内にあまねく流通することが社会の進化にとって不可欠だという主張は, ある意味で必然的である。しかしそこでたとえば英語へといたるのではなく,「純然正当ノ邦語」にとどまっている点が, くりかえしになるが, 近代国民国家にとっての国語の重要性を示しているといえるだろう。

青田が「同邦ノ人ニシテ斯ク迄言語ノ相通セザル」ことを嘆く心性は, 国民国家の一体性を下支えする。そして狭い範囲でしか通用しないことば(=「方言」)を, より低い位置にとどめておき, あわよくば「跡ヲ絶タン」ことを望むわけである(しかしながらその一方で「古語は方言に残る」といわれるように日本語の歴史を保証するものとして, 方言は都合よく消費される。詳細は,

安田(1999)を参照)。青田の主張は,近代日本の国語政策の指向をみごとに内面化している。

無数の青田たちによって国語政策が受け入れられていく素地が形成されていったとみてよいかもしれない。

3 国語政策概観──漢字制限・かなづかい・標準語

3.1 国語国字問題とは

少し話題をかえる。

国語政策よりも,国語国字問題という用語の方が,とりわけ1900年ごろから頻繁に用いられていたことが示唆するように,ことばに関する政策的問題の中心は,日本語の表記文字の種類や表記法と,標準語の制定にあった。

1888年に,青田は方言を改良せよと主張した。先の引用のなかに「純然正当ナル邦語」が存在しているかのような部分があった。具体性はないものの,そうしたものがあると意識されていたことは見のがせない。ところが,どのように改良するのか,すなわち改良した先にある標準語が具体的にどのようなものであるべきか,といった議論は煮詰まったものになっていなかった。こうしたところに,政策の必要性をみることができる。ちなみに,標準語ということば自体,翻訳語として1895年ごろから登場してきたものである。

また,ことばそのものというよりも,前島密(1835-1919,郵便制度創設者)が1866年に「漢字御廃止之議」を時の将軍徳川慶喜に建白したことが近代日本の国語政策の端緒とされることが多いように,漢字をどのように制限していくのか,という問題が国語政策の重要な位置を占めていた。近代において国民皆学の理念のもとで実施された教育にとって,あるいは国民大多数に流通させようとするメディアにとって,あるいは法律制度やその他もろもろの国民化のための諸制度の効果的な運用にとって,表記文字の種類や表記法を定め,それを確実に実行することは必要不可欠であった。

ここにいう表記文字の種類とは,漢字・ローマ字・ひらがな・カタカナなどの優劣をめぐる問題,表記法とは,かなづかいの原則に関わる問題である。漢字をめぐっては制限の可否や字体の問題,ローマ字をめぐってはヘボン式か訓

令式，あるいはその折衷といった問題，かなづかいについては，国語かなづかい（和語や訓読みの表記），字音かなづかい（漢字音読みの表記）を表音式にするかどうかといった問題など複雑多岐にわたる。

3.2 国民国家日本の完成と国語国字問題

青田が『方言改良論』を出版したころ，1890年前後は，大日本帝国憲法の発布や帝国議会開会などといった形で近代国民国家が制度的に整いだし，1894年から翌年にかけての日清戦争という近代日本初の大規模な対外戦争によって国民国家日本はほぼ完成したとされる。そのなかで近代国家にふさわしい国語のあり方が唱えられだした。

具体的には，国語学者・上田万年(かずとし)（1867-1937）が欧州留学（1890-1894）をおえて帰国し，帝国大学の教授となり，日清戦争のさなかの1894年末におこなった講演「国語と国家と」のなかで，国民の一体感を保証する「国民の精神的血液」としての国語，「皇祖皇宗」以来，連綿とつづく国語，母や故郷を選べないように選択肢のない国語への「愛」を皇室への愛と同様に語っている。そのうえで国語の研究が不足していることを嘆き，その必要性を唱えるのであった（上田，1895）。

上田はまた別に「標準語に就きて」という講演などで標準語の役割とその制定の必要性も述べている（上田，1895）。こうした国語研究の必要性は，東京帝国大学に国語研究室を開設（1897年）するという形であらわれる。さらに1900年1月に帝国教育会会長・辻新次（1842-1915）の名で「国字国語国文ノ改良ニ関スル請願書」が内閣や文部省などの各大臣，貴族院議長，衆議院議長宛に提出された。両院はこの請願を採択し，衆議院，貴族院それぞれで建議を提出，同年2月に修正可決している。これにもとづいて国語調査会が設置されるが予算がつかずに継続できないなどの紆余曲折を経つつも1902年3月に成立したのが官制による国語調査委員会であった。その主事に上田万年が任命される。

ちなみに，貴族院議員の加藤弘之（1863-1916）ほか2名が提出した「国字国語国文ノ改良ニ関スル建議」をみると，「我ガ邦文字言語文章ノ錯雑難渋ナル世界其ノ比ヲ見ザル所ナリ」からはじまり，それが「世界ノ競争場裡ニ馳騁(ちへい)［参入］」しようというときに「国力ノ発達人文ノ進歩ヲ阻滞スル」，学生生徒

は漢字学習に時間をついやし，ほかの知識を獲得する時間を失っている，などと主張している。したがって「国字国語国文ノ改良」が必要不可欠で「国家ノ事業」として調査と実行を期する，と述べている（井之口，1982: 27 より再引用）。方言も改良しなければならないし，改良目標の国語国字国文でさえ改良されねばならないのであった。文明国間の競争に勝ちぬいていかなければならないという社会進化論が流行した時代の雰囲気の一端がわかるであろう。

3.3 国語調査委員会とその後

こうして設置された国語調査委員会は 1902 年 4 月に委員が任命され（加藤弘之が委員長となった），その調査方針を同年 7 月に

一　文字ハ音韻文字（「フオノグラム」）ヲ採用スルコト、シ仮名羅馬字等ノ得失ヲ調査スルコト
二　文章ハ言文一致体ヲ採用スルコト、シ是ニ関スル調査ヲ為スコト
三　国語ノ音韻組織ヲ調査スルコト
四　方言ヲ調査シテ標準語ヲ選定スルコト

という形で発表する。なぜ「音韻文字」や「言文一致体」を採用するのかといった説明も，方言からどうやって標準語を選定するのかといった議論も紹介されていないのだが，こうしたものが求められていたということはいえるだろう。国語調査委員会の補助委員であった国語学者・保科孝一（1872-1955）はとくに第一項について，これが「社会の輿論」であると説明している（保科，1902: 28）。第一項は漢字廃止が前提になっている議論ではあるが，それが実現されたわけではない。しかし，漢字を制限していく方向は現にとられていた。たとえば文部省は 1900 年の小学校令改正に際して教育漢字数の制限（1200 字）をおこなっていた。

なお，この小学校令改正において，かな字体の統一，口語文の字音かなづかいの表音化が断行された。表記の簡略化である。さらに，1905 年に初等教育ばかりでなく中等教育までふくめてすべての教科書のかなづかい表音化をはかった文部省は『国語仮名遣改定案』を国語調査委員会・高等教育会議に諮問する。しかし表記問題を民族の歴史と伝統の問題とする側は，簡易化は神聖なる国体

への手入れだとして反発，文部省は 1908 年に臨時仮名遣調査委員会を設置するも議論はまとまらず，同年，1900 年以前の表記へと戻された。

このように国語政策をおこなう側にも揺れがみられることがわかるのだが，標準語の制定に関しては，国語調査委員会が 1903 年に各府県，師範学校，教育会などにアンケート方式で口語法の調査を実施している。その後，この調査結果は『口語法調査報告書』（別冊として『口語法分布図』）としてまとめられた（1906 年刊行）。この報告書や文献をもとに，辞書『言海』の著者として知られる大槻文彦（1847-1928）が中心となり作成したものが，『口語法』（1916 年），『口語法別記』（1917 年）であった。

その『口語法別記』の「端書」にはこのようなことが書いてある。

> 東京わ，今わ，皇居もあり，政府もある所で，全国中の者が，追々，東京言葉を真似てつかうようになつて来て居るから，東京言葉を，日本国中の口語の目当とするがあたりまえのこと丶思う。［中略］東京の教育ある人の言葉を目当と立て，そうして，其外でも，全国中に広く行われて居るものをも酌み取つて，規則をきめた。（国語調査委員会編纂，1917: 端書 2-3）

東京は政治などの中心で，そのことばは「全国中の者」がまねをしだしている（ここにも無数の青田節がいたことであろう）。ただ東京のことばもさまざまだから「教育ある人」（これでもまだ曖昧ではあるが）のことばを「目当＝標準」（『言海』では「標準」の語釈を「メアテ」としている）としてその規則を定めた，ということである。

このほかにもいろいろな調査結果を残して，国語調査委員会は 1913 年に廃止（官制廃止は 1921 年）される。その後 1921 年に臨時国語調査会官制が公布，1934 年には国語審議会へ引きつがれた。国語審議会は敗戦後も存続，1949 年には文部省令による国語審議会となり 2001 年に廃止，現在は文化庁文化審議会国語分科会となっている。

漢字についてみてみれば，文部省はその後も漢字制限への努力をおこない，臨時国語調査会は 1923 年に常用漢字表（1962 字）を発表する。漢字制限の必要を感じていた新聞での実施が予定されていたが関東大震災によって 2 年延期（2108 字に増加），国語審議会はこれをふまえて 1942 年 6 月に標準漢字表を文

部大臣に答申した。標準漢字表とは常用漢字1134字,準常用漢字1320字,特別漢字74字の計2528字で構成され,実質的に常用漢字への制限をはかった。しかし準常用漢字や特別漢字のなかに皇室関連の漢字を入れたために保守派から,なぜ常用ではないのか,などと攻撃され,区分をなくした標準漢字表(2669字)が閣議決定された(安田,2016)。

　敗戦後,国語審議会は標準漢字表の再検討からはじめて当用漢字表(1850字)と現代かなづかいなどを答申,1946年に内閣訓令・告示として公布された。これは新字体(答申には「現在慣用されているものの中から採用」した「簡易字体」とある)を採用したため,漢字としてのシステムやその歴史を揺るがす改革となった。そして,漢語の一部が当用漢字表にないときにかなで書く「まぜがき」の登場や,当用漢字音訓表(1947年)での音訓の制限などが種々の論争の元となった。そうしたなか,1961年に国語審議会内部での漢字制限派と反対派との対立が,送りがな問題をきっかけに表面化した。これは世間の耳目を集めたが,制限派の勢力が弱くなり,1981年に「一般の社会生活における漢字使用の目安」となる常用漢字表(1945字)が作成された。「目安」とはいえ,教育現場やメディアを通じてひとつの規範となっていることは否めない(国語調査委員会以来の文部省系統の審議会の詳細は,文化庁(2006)を参照)。

　その後2010年には文化審議会答申の2136字の常用漢字表が内閣告示されている。

4　対外普及と国語政策

4.1　国語国字問題と社会変動

　かけ足で,なおかつ偏った形で国語政策の流れを追ったが,政策の背景にある国語国字問題に関する論争がさかんになる時期は,大きな社会変動と連動する傾向がある。要するに言語政策が社会のあり方に規定される部分があるという,当然のようなことである。

　たとえば,前島密が「漢字御廃止之議」を建白した幕末から明治初期には漢字廃止論や,かな・ローマ字専用論などが主張された。またすでにみたように,国語国字問題という用語が登場する19世紀末には教育体制の整備やメディア

の普及による統一表記への要求や，日清戦争後のナショナリズム高揚による「文明国」にふさわしい国語創出への動きが背景にあった。そして，先の青田が日本国内の「言語不通」を嘆いてから数年後，日清戦争によって台湾を植民地とした日本は，その地も国語一色で塗りつぶそうとした。さらに1910年には朝鮮も植民地とし，同様に国語一色に塗りつぶそうとした（具体的な植民地での国語政策については，安田（2006）などを参照）。それは「一等国」となった大日本帝国としてのふるまいであった。

さらに1930年代から，「満洲国」建国など日本が帝国的拡大をつづけるようになると，中国大陸や占領地での日本語普及と，国語表記のあり方が関連づけて論じられるようになり，台湾・朝鮮での「国語常用全解運動」が強力に展開された。

先にみた表記の簡易化は戦前期の日本国内では実行できなかったものの，植民地台湾や朝鮮での『国語読本』や中国大陸などでの日本語教科書では現実的な観点から表音表記を用いる傾向があったので，「外部」の要素が国語国字論争にあたえた影響も見のがせない。

そして，1945年の敗戦というこれまでにない大きな社会変動に際して国語簡易化が政策的に実現できたのは，ある種のどさくさにまぎれた側面がないともいえないのだが，「国語民主化」という方向が多くの人に受けいれられたためでもあるだろう。

そうしてみると，1980年以降の国際化や近年のグローバル化もひとつの社会変動としてとらえれば，ぶざまきわまりない英語一辺倒の議論も，こうした歴史の流れに位置づけて考えるべきことがらである。

4.2 口語と同化と

さて，少し筆が進んだが，先に引用した『口語法別記』には，以下のようなつづきがある。

> 台湾朝鮮が，御国の内に入つて，其土人を御国の人に化するようにするにわ，御国の口語を教え込むのが第一である。それに就いても，口語に，一定の法則が立つて居らねばならぬ。口語法わ，実に，今の世に，必用なものである。（国語調査委員会編纂，

1917: 端書3）

　台湾・朝鮮が植民地になったことをうけて（植民地領有という社会変動である）議論が展開されていることに注目したい。この端書を書いたのは大槻文彦である。大槻の『言海』によれば「土人」とは「其国土ニ生レツキタル民」のことで，現在の差別的ニュアンスはまだないのであるが，ここでは「東京の教育ある人」のことばを口語の基準として，それを教えこむことで植民地の人びとを「同化」できる，しかし，口語の法則がなければ教えることもできないから，それをつくった，というわけである。
　ちなみに大槻は，これより以前の1904年，日露戦争のさなか，国学院卒業式の「演説」で以下のようなことを述べていた。

> 先づ人の国を取れば，その国の人民を日本語に化せしめるが第一であります。日本は十年前に支那から台湾を取つたが，その人民に向つて日本のどの言葉を教へてよいやら分らないで，盗人を捕へてから縄で俄かに話言葉の規則を拵(こしら)へて教へて居りますが俄か仕事で十分ではありませぬ。これから日本の風化を朝鮮満洲に発展させるのには第一が言葉ですが，日本のどういふ一定の話言葉を行はしめようか方向が立たないで居ります。（大槻，1904: 8-9）

　台湾を「取つた」あとになって，泥縄式（この表現になんらかの意図を感じないでもないが，ここでは措いておく）で教えるべきはなしことばの規則を考えている，これはどうにかしなければならない，と口語法（はなしことばの規則）の必要性をすでに訴えていた。文語ではなく，口語を教えないと，それこそおはなしにならない，というわけである。それがのちに『口語法』という形でまとめられたことになる。
　このように，国語政策は国内ばかりでなく，植民地においても同じように必要とされた。
　先の青田が「同邦ノ人」なのだから全国に通用することばを使え，と「仙台婦人」に恫喝することは，近代国民国家形成（あるいは国民形成）にともなう暴力である。大槻は，「人の国を取れば」，その「人民」がどのようなことばを話しているかには一切おかまいなく，日本語を話させるべきだ，という主張を

している。これは帝国主義にともなう暴力である。大槻はそうした時代精神をまるごと受けいれていた。

　無数の青田がいた，という表現をしたが，あえてそれにならえば，無数の大槻がいた，といってもよいだろう（大槻文彦と『言海』については，安田（2018b）などを参照）。

4.3　虐殺とことば

　少し唐突になるが，本節の最後に，1923年9月1日の関東大震災時に生じた朝鮮人虐殺について考えてみたい。災害によって，社会の深層にある憎悪が，朝鮮人や中国人，社会主義者に向けられ，数千人規模での虐殺がおこなわれた（実数がわからないということは，被害実態を正確に把握しようとする意思が官憲側になかったことを意味するのであって，こうした行為がなかったことを意味するわけではさらさらない。念のため）。「われわれ」と「やつら」を区別し，「やつら」を殲滅する。とりわけ朝鮮人の識別の際に用いられたのが，ことばであった。大槻がいうように日本語の口語を話していたとしても，それだけで「同化」したことにはならない。わずかなちがいをみつけようとしたのである。「われわれ」の側にある本質的な部分での拒絶に大槻は無頓着であったのかもしれない。

　朝鮮人に関していえば，1920年以降おもに経済的な理由での日本内地への流入が急増する。日本人の多くが朝鮮人との言語接触の場をもったわけではないだろうが，そうした場をもったなかから，朝鮮人の日本語発音の特徴が抽出され，災害時の混乱のなかで効率的な識別のためにおそらく自然発生したのが，「15円50銭」であった。これを「チュウコエンコチュッセン」と発音するのが朝鮮人だ，ということにされ（日本人でもうまく発音できない者もいたわけだが），虐殺されていった。ほかにも「君が代」を歌わせる，教育勅語を唱えさせる，歴代天皇の名をいわせる，などがあったようだが，時間がかからず効率的なのは「15円50銭」である。資料的にはおおまかな流れを示すことしかできないが（安田，2018a：第3章），かぎられた言語接触が，虐殺の道具を生むことになったわけである。言語接触を考える際に忘れてはならない事例である（詳細な証言は，西崎（2016），西崎編（2018）などを参照）。

5 未完の国語政策——村上広之を例に

5.1 植民地での国語普及

大槻は，植民地は「取つた」ものなのだから，日本語，それもはなしことばをどしどし教えろ，それにはちゃんとした基準と規則が必要だ，と論じていた。一応，『口語法』という形でそれを示したのであるが，実際にそれがどのように当事者たちに受けとめられていたのか，はなしことばそのものの議論からずれるが，みてみたい[2]。

植民地朝鮮で国語教育にたずさわっていた村上広之（1904-1951）という人物がいた。宮城県出身の村上は仙台の第二高等学校を経て東京帝国大学文学部心理学科に進学，1931年の卒業後すぐに東北帝国大学法文学部に転学，1934年3月に卒業，大学院に進学するが，同年10月に朝鮮の平壌にある崇実専門学校教授となる。いくつかの学校を経て，敗戦時は京城鉱山専門学校教授。1946年11月に博多港に引揚げ，1948年に富山高等学校講師，教授を経て，1949年に設立された富山大学文理学部の助教授となる（1950年に専任）。

若くして亡くなってしまったが，村上は以下にみるように，植民地下にあって国語使用が強制された朝鮮人の言語使用のありように注目し，そこからなにがしかをすくいあげようとしていた。

まず村上は「植民地における土着民が国語使用圏に入る仕方」を3つの動機に分類する。

外在的：教育語，公用語等の命令主体に対する服従
中間的：功利的目的のための手段として，国語に帰趨せんとする
内在的：国語及びそれの背景とする本国的生活文化に対する渾然たる愛意識の下に，
　　自ら喜び進んで，純粋精神的自発的に国語に帰依（村上，1938: 34）

「国語使用圏」という用語は，現在の社会言語学でいうところのドメイン（領域）に近いものだろう。内在的動機だけですべての植民地の人々が国語使用圏に入ってくるのであれば政策主体（ここでは朝鮮総督府）にとって何の問

題もない。しかしそういうことは考えにくいので,「命令」が出される。命令の集積が政策だとすれば,外在的動機からは「服従」という対応が示される。しかしそれでは内在的動機の喚起にはいたらない。たんに命令に従っているだけなのであるから。その結果,高等教育で国語を習得すればするほど国語を積極的には使用しなくなる,といった指摘がなされる。自発的不使用である(村上,1938: 36-37)。するとこれまた政策主体にとっては意味がないので,内在的な動機で国語使用圏に参入するように仕向けていくのが国語普及政策の目標であると村上は考えたわけである。

5.2 植民地言語政策への疑義

こうした議論の前提として,村上は朝鮮総督府の国語普及政策の実効性に疑問をもっていた。たとえば1937年の文章で以下のように述べている。

> 今や少くも我が朝鮮に於ける国語政策の問題は,円熟せる国語教授の技巧と,厳粛なる命令を以つてしては如何とも解決し難い新なる問題に当面してゐることと反省すべき時ではないかと思ふのである。言霊の同化なき徒らなる国語話法の巧緻は,一見内地人と区別し難き厄介極まる身中の虫を培ふ結果にならぬとも限らない。現実の問題として左様な苦杯を嘗めた者も,この迂闊な私だけに限つたことではない筈である。現実を離れた命令には,意識的反発を経た上での裏腹なる服従があるのみである。日常言語の範疇に於いて内鮮両語の水膏の如き背離は以上の如き態度の一つの現はれではないのか。命令は常に(特に言語問題の如き文化過程にあつては)具体的現実に立脚した指導的命令でなければならぬ筈である。(村上,1937: 71-72)

教えれば自動的に同化する,といった大槻のような考えは「言霊の同化なき徒らなる国語話法の巧緻」を生んだ,といえるのかもしれない。この文章が発表された1937年とは,日中戦争がはじまり,植民地朝鮮は総力戦体制に組みこまれ,朝鮮人に対する国語常用全解運動が展開されていく,いわゆる皇民化運動のうねりのなかにある時期であった。そうしたなかで,国語政策をいかに整備したとしても,「具体的現実」をふまえなければ反発を招くだけだ,というのである。とはいえ,朝鮮人側に立った議論の展開でないことは,先の「内在的動機」云々からもわかるように,「言霊の同化なき徒らなる国語話法の巧

緻は，一見内地人と区別し難き厄介極まる身中の虫を培ふ結果にならぬとも限らない」としているあたりで明らかである。

こうしたなかで，「裏腹なる服従」となることを避け，「水膏の如き背離」（水と油のような乖離）にならないようにするにはどうすればよいのか。村上はつづける。

> 然らばこの場合，現実とは何を意味しなければならぬか。国語による民族同化の理想が，国語の長所を知らしめ国語に対する愛を醸成するにあるは論を俟たぬ所であるが，その方法が意識的理智に依存する限り，そこには徒らに意識的なる反発のみが結果されるに違ひない。こゝに於いては無意識的誘導が唯一の原則でなければならぬ。彼等が日常現実に於いて，無意識的に乃至は自発的に使用しつゝある，国語の検討により，国語摂取の底を流れる法則性の把握，その法則性に即しての国語使用強化，助成発展でなければならぬと思ふのである。（村上，1937: 72）

あからさまな命令では反発を買うのだから，まずは使用されている国語の実態をあきらかにして，そのうえで対策を講じるべきであり，「無意識的誘導」によって「国語の長所を知らしめ国語に対する愛を醸成する」べきだ，というわけである。そういうことが可能なのかはともかく，これ自体，国語一色に塗りつぶすという方向を否定するものではない。

5.3　漢字の読みの統制へ

村上が，「日常的現実に於いて，無意識的に乃至は自発的に使用しつゝある，国語の検討」のために注目したのが，漢字の読み方であった。

朝鮮総督府発行の国語読本においては，漢字の音訓は日本語のものであった。しかしながら，それが日常においてどのような文脈でどのように発音されているのかを把握することで，国語政策の効果と対策を考えようとしたのである。論考「朝鮮に於ける国語純化の姿」（村上，1936）において朝鮮人が漢字音を朝鮮語音で読むことを「異常にも強靱な」個性であると定義する（当然のように思うのだが）。村上はその「個性による漢字及び漢字による国語の朝鮮的変貌」に注目，このことが「朝鮮に於ける国語教育に幾多の重要な問題を提起する」のだという。

「国語の朝鮮的変貌」とは大層なことにきこえるが，つまりは，朝鮮人の話す日本語のなかの漢字語が，日本漢字音ではなく朝鮮漢字音で発音される，ということである。村上が朝鮮漢字音で読まれる例として挙げるのは「小使」「算盤」「案内」などであり，一方「下駄」「羽織」など「彼等の生活から明かに遮断区別される物の多くは国語読の傾向が強い」とする。しかし，外来のものをその音に近く読むのか，というと必ずしもそうではなく，「麻雀」や「基督教」は朝鮮漢字音で読まれる傾向が強いとしている（村上，1936: 2-3）。

　さらに村上は約1000名の中等学校の朝鮮人男女学生へのアンケート調査をおこなう。男女比率や年齢，出身地などの細かな情報はない。村上が平壌の崇実専門学校で教えていた時期のことであるが，ある程度の人数を対象にしたアンケートをどのようにしてあつめることができたのか，という点についても不明である。

　ともあれ，これは日本の地名，人名を朝鮮語で書き話すなかでどう発音するのか，という調査であった。その結果，東京・京都・富士山・門司・仙台・熊本・福岡・大阪・横浜・下関などはたいてい朝鮮漢字音で発音され，横須賀・箱根・熱海などは日本語で発音される。人名については，佐藤・斎藤・宇垣・高橋が朝鮮漢字音で（斎藤，宇垣は朝鮮総督の名でもある），鈴木は日本語読み，佐々木は半々という傾向があるという。どの程度実証的なのかはわからないが，結論は「周知の度合」が増すと，朝鮮漢字音になる傾向があるという漠然としたものだった（村上，1936: 4-7）。日本語の音として流入したとしても，漢字で書かれたものが浸透すると，朝鮮漢字音によって日本語音は追いやられるということのようである。

　翌年に公表した前出の「朝鮮に於ける国語問題」でも，「国語との共通的要素として，一見国語化（国語的漢字音読化）の漸易を思はせる漢字が事実は，国語同化中にても難中の難と見なければならぬ事情におかれてゐる」（村上，1937: 72）と，漢字を共有することがかえって日本語学習の障害になっていると指摘する。村上の描く構図は，日本語のなかの音読漢字は朝鮮漢字音読みになるが，日常会話では日本の固有名詞や数詞，特定の名詞などが，徐々に日本語読みへと移行しつつある，というものである。しかしながら，佐藤をサトウと発音し，補足として朝鮮語音を付すという傾向も生じており，ふたたび朝鮮漢

字音読みへ戻る傾向もあるともしているように、そう簡単な構図は描けないようである（村上，1937: 73）。

一方，日本語の文脈での訓読漢字については，音読漢字が朝鮮語音として読まれることと比べれば日本語音のまま読まれることが多いという。ここでの村上の調査は，高等普通学校男子生徒412名を対象として，朝鮮語会話のなかに登場する日本語の単語を自由想起させた約2000語のうち上位300語から，再度使用度数の高いものを選ばせるというものであった。自然談話からの採取ではないのでどの程度実態を反映しているのかわからないが，こうして選ばれた250語のうち，音読のものは68語，訓読のものは74語（残りは音訓混淆やカタカナ語など）であったという（村上，1937: 74-75）。

具体的な結果はともかく，村上は朝鮮人生徒へのアンケートなどを活用して，国語常用全解運動が展開されつつあった時期の国語使用の「現実」を，漢字語の読み方の傾向を中心としてうかびあがらせようとした。その手法は恣意的ではあるが，「現実」を把握したうえで言語政策を立案すべきだという主張であったことに注意しておきたい。しかしこれをふまえた具体的な政策提言にまではいたっていない。

大槻が，口語を教えれば同化ができる，とやや無邪気に論じていたのとは異なり，同化自体を目標とすることに変わりはないものの，それなりに国語政策のあり方への試行錯誤はなされていた，ということはできる。

しかし，一国語教員の議論が直接朝鮮総督府の政策に反映されることはないのであり，実態からのいわゆるフィードバックがきちんとなされないまま，つまりは政策として未完のまま，日本は敗戦をむかえ，村上広之は引揚げることとなる。

6　おわりに

以上，青田節，大槻文彦，村上広之という3人の言説と国語政策の一部を概観したが，政策をたてる側もそれを判断・批判する側も，その時代時代の状況や思潮に大きく左右されていることがわかる。したがって，なにか中立で効率的な国語政策が存在する，あるいはそうあろうとして政策を立案している，な

どと考えるべきではない。

　言語政策機関である国語審議会の歴史をふりかえってみても，国語簡易化をめぐるイデオロギー闘争の場となり，ためにする議論がくりかえされ，信頼に足るだけの議論が，たとえば言語使用の実態や，言語接触の状況をふまえてなされてきたのか，疑問なしとしない。私はそれを「迷走」と表現した（安田，2007）。

　いま現在の問題を考えると，日本は多言語社会化している（多言語化現象研究会編，2013）。そこでは，さまざまな形での言語接触があり，情報提供の多言語化や，継承言語教育など政策的な介入が必要な状況があるいは生じてきているのかもしれないが，たとえば政府の言語政策機関が先頭にたって積極的に動いている気配はない。それは，2019年4月に出入国管理及び難民認定法が改正施行されるに際しても同様である。

　そしてなによりも，現在の日本は人口が減少し，労働力不足があきらかななか，外国人を移民として受けいれるかどうかという問題を正面から論じなければならない時期に立ちいたっている（受けいれ積極論者として，毛受（2017）など。ただ現状の判断として適切なのかは，NHK取材班（2017），出井（2019）などから考えるべきであろう）。それにともなって日本語教育をどう位置づけるかも，重要な論点となっている（田尻，2017など）。

　重要な論点になっているとはいいながらも，以下のような意味のとりにくい言説が日本語教育界で展開されてもいる。

> 　日本社会では，長い間，限られた人しか外国人と接することがなかった。外国人労働者を受け入れるようになると，多くの人が外国人と接するようになる。そのときに使う共通言語は日本語しかないという場合が多いだろう。
> 　日本人のほとんどは，自分の母語である日本語で外国人とコミュニケーションを行った経験がない。そのため，外国人と日本語でうまくコミュニケーションを行う技術を持っていない。（野田，2017: 220）

　こういうあいまいな議論をしてはいけません，という例である。「長い間」とはどのくらいの期間をさすのだろう。戦前にどのくらい朝鮮人や台湾人が「日本社会」に住んでいたのか，知らないのであろうか。敗戦後にかれらがど

のような生活を送ってきたのかも。「接することがなかった」というのは客観的な記述なのだろうか。知らないふりをしてきただけではなかったか。「日本人のほとんど」というのはどの範囲なのだろうか。植民地で国語教育をいったいどのくらいの日本人がおこなっていたのか，考えがおよばないのだろうか。もちろん，そうした経験が敗戦後積極的に語られてこなかったという問題はあるが，引用したこの文章の副題は「外国人労働者受け入れのために」である。過去の経験，あるいは歴史をふまえた議論を展開しないと，対症療法的なお粗末な話しかうまれてこない。

親の借金も相続の対象となるように，「負の遺産」もきちんと受けつがなければならないのはいうまでもない。そういう「借金」に気がつかないのも論外だが，それを踏みたおそうとか，はてはそもそも「借金」をしていないと居直るのが歴史修正主義である。

お粗末ならまだしも，本章の「虐殺とことば」で指摘した言語接触の暴力性を見落とした議論になることは避けるべきである。

政府の言語政策機関のなすべきことは，歴史もふくめてそうした状況をつぶさにとらえ，適切な措置を講じることであろう，ととりあえずはいっておく。もちろん，政策である以上，さまざまな思惑が入りこむ。したがって，なにが「適切」なのかをみきわめていく必要があり，その「適切」さが，時代の主流言説からのどのような影響を受けているのかを，批判的にとらえていかねばならない。国語政策や言語政策を考えるときにもたなければならない視点である。

1) 方言学者・東条操（1884-1966）は青田を「兵庫県人で福島で小学教育に従事した人」（東条，1938: 154）と紹介している。これを根拠に私も論を展開したことがある（安田，1999; 安田，2006）。福島で教員をしていた確たる資料をみいだせなかったが，本章執筆に際して太田陸郎の記述（太田，1933）を発見，福島で教育に従事していなかったことがわかった。
2) 本節は，安田（2018a）の第5章の一部と重複する部分があることを断っておく。

参考文献
青田　節（1886）『内地雑居之準備』春陽堂
青田　節（1888）『方言改良論』福島進振堂

青田　節（1898）『対雑居策　御国の美風』法蔵館
出井康博（2019）『移民クライシス——偽装留学生，奴隷労働の最前線』角川新書
井之口有一（1982）『明治以後の漢字政策』日本学術振興会
上田万年（1895）『国語のため』冨山房（安田敏朗校注・解説　平凡社東洋文庫　2011）
NHK取材班（2017）『外国人労働者をどう受け入れるか——「安い労働力」から「戦力」へ』NHK出版新書
太田陸郎（1933）「方言改良論の著者」『書物展望』3(3), 66-67.
大槻文彦（1904）「国語の発展について」『国学院雑誌』10(8), 7-9.
国語調査委員会（編纂）（1917）『口語法別記』国定教科書共同販売所
多言語化現象研究会（編）（2013）『多言語社会日本——その現状と課題』三元社
田尻英三（編）（2017）『外国人労働者受け入れと日本語教育』ひつじ書房
東条　操（1938）『方言と方言学』春陽堂
西崎雅夫（2016）『関東大震災朝鮮人虐殺の記録——東京地区別1100の証言』現代書館
西崎雅夫（編）（2018）『証言集　関東大震災の直後　朝鮮人と日本人』ちくま文庫
野田尚史（2017）「特化型の日本語教育とユニバーサルな国語教育——外国人労働者受け入れのために」，田尻（編）『外国人労働者受け入れと日本語教育』，pp. 211-230.
文化庁（2006）『国語施策百年史』おうふう
保科孝一（1902）「国語調査委員会決議事項について」『言語学雑誌』3(2), 16-32.
村上広之（1936）「朝鮮に於ける国語純化の姿——主として漢字による固有名詞について」『言語問題』2(6), 2-7.
村上広之（1937）「朝鮮に於ける国語問題——主として日常鮮語に取入れられてゐる国語について」『国語教育』22(8), 71-78.
村上広之（1938）「植民地における国語教育政策——主として朝鮮語方言化，国語標準語化の問題について」『教育』6(6), 34-47.
毛受敏浩（2017）『限界国家——人口減少で日本が迫られる最終選択』朝日新聞出版
安田敏朗（1999）『〈国語〉と〈方言〉のあいだ——言語構築の政治学』人文書院
安田敏朗（2006）『「国語」の近代史——帝国日本と国語学者たち』中央公論新社
安田敏朗（2007）『国語審議会——迷走の60年』講談社
安田敏朗（2016）『漢字廃止の思想史』平凡社
安田敏朗（2018a）『近代日本言語史再考Ⅴ——ことばのとらえ方をめぐって』三元社
安田敏朗（2018b）『大槻文彦『言海』——辞書と日本の近代』慶應義塾大学出版会

第6章　日本語の現代的諸相

真田信治

1　はじめに──日本語のドメイン

　日本語，われわれが日常に使用しているこの日本語は，個人的なメモから大学での授業にいたるまで，公私のあらゆる面で使うことができるという点において，世界でも数すくない，広いドメイン（使用域）をもつ言語だといえる。日本人自身は自覚することが少ないのだが，自分の母語で学問的な論文や専門の著書を発表できる，ということは，実は大変なことなのである。
　それをささえる基盤として，ひとつには，日本が近代・明治期に，西洋から入ってきた新しい概念のほぼすべてを中国語の漢字を借りて翻訳した上で，標準日本語の中に取り込み，言語の近代化を果たしたということがある。
　たとえば，「市民」「個人」「権利」「恋愛」「自然」「存在」「哲学」などといった概念は，実はそのすべてが英語から取り込まれたもので，明治期における漢語仕立ての翻訳語なのである。近世までの日本語には存在しなかった概念なのである。そして，これらの翻訳語によって，われわれは西洋の概念を自分のものとして取り込むのに成功したわけである。
　「社会」ということばとともに，「社会主義」「共産主義」といったことばも日本で作られたものである。「科学」や「人民」「共和国」，そして「革命」などということばもそうである。それぞれ，science, people, republic, revolution の訳語である。これらの日本で作られた翻訳語を当時の中国からの留学生たちが本国に持ち帰った。その結果，西洋の概念が中国語の中に取り込まれ，中国語の近代化が果たされたのである。ただし，上の「社会」「革命」などは，中国の古典にある語を翻訳語として用いたわけで，中国側から見れば，それは新しい語の受容ではなく，日本において加えられた新しい意味の受容，とのみ

捉えられるであろう。

　なお、「〜的」「〜性」「〜化」といった漢字音接辞なども、近代になってから発達し、大正初期から急に用いられるようになったものである。「的」については英語の -tic に絡めての運用がなされるのであるが、これらの接辞が多用されるようになったのは、英語を翻訳する必要からであったと考えられる。英語の単語の、general – generality – generalize のような派生の体系に対応するのが「的」「性」「化」なのである。たとえば、訳語としての「合理」は、それだけでは品詞性のあいまいな不安定な単語であるが、これらの接辞を伴うことによって「合理的」「合理性」「合理化」のような形で文章のなかに用いることができるようになったわけである（宮島・野村, 1982: 114-115）。この3つの接辞によって、どのような外国語が来ても、その〈相〉（形容詞類）,〈体〉（名詞類）,〈用〉（動詞類）に対応できるフィルターが備わったのである。現在、これらの接辞を使わずに専門書を記述することは難しいであろう（「フィルター」については4.3項参照）。

　このような次第で、われわれは日本語の表現だけで、実質的に欧米の概念を表現しえているのである。

2　英語の特権化

　日本では専門書が日本語で書かれている、と言うと、たとえばインドの人などは驚嘆する。自分の母語で専門書が書けるなどということが信じられないというのである。何億もの話し手をもつインドの公用語はヒンディー語なのであるが、インドの大学では、ほとんどの授業が英語の教科書によって直接に英語でなされている。

　しかし、このようなインドの例や、マレーシアやフィリピンなどアセアン諸国の例は、日本にとって他人事ではない、ということもまた実感としてある。近年、留学生が増えるにつれて、大学での科学技術系の分野や経済学の分野、さらには人文学の分野においても、英語での講義が増えてきている。また、分野によっては学問的な論文はすべて英語でというのが常識になっているし、国際学会では英語がほとんど唯一の公用語である。日本で開かれる学会で、日本

語をテーマとした分科会においてすら，日本語での発言は許されない，といった非常に変なことが起こっているのである。

　貿易などでは事態がはるかに進んでいる。日本の会社がヨーロッパやアフリカ，さらにアジアの諸国と商談をするのには英語を使うはずである。この傾向は日本国内でも認められつつある。会社のなかの公用語を英語に，といった動きさえある。世界的にみても英語は圧倒的な力をもっており，それが日本の公用語になるかどうかにかかわらず，事実上，すでに第二公用語化しつつあるといっていいであろう。このような，英語の特権化が，日本語に限らず，世界中の言語にとって危機的状況をもたらしている。

　英語の勢力は，当然，言語要素の面にも反映する。すなわち，英語系外来語の急激な増大である。コンピュータ用語，医療・福祉用語のほとんどがそれである。ポピュラーソングの歌詞などには日本語と英語とが混在しているものも多い。このまま進むとどうなるか。

2.1　カタカナ語・アルファベット略語

　近年，外来語に関する論議が盛んである。カタカナ外来語が非常に多い，それをいかに削減すべきか，ということがそこでの論議の焦点になっている。

　この点に関して，筆者の立場から言いたいことは，カタカナに変換すること自体が日本語のフィルターによる濾過であるということである。日本人にとっては無意識なことなのかもしれないのだが，その濾過の結果が英語の直接的な侵入を阻止するひとつの防波堤になっているのである。誤った発音を誘発するカタカナ語よりも原語（英語の綴り字のまま）を導入すべきだと説く人がいるが，筆者はそれこそが日本語にとっては危険なことだと思っている。カタカナ外来語こそが英語ではない日本語なのである。

　ただ，情報化時代のいま，英語による情報の津波に対して，明治期のように漢語による翻訳語を当てて定着させるような時間的余裕もないままに，新しい概念を取り込まなくてはならないといった現実がある。そこで，カタカナ語・アルファベット略語が増えていくのである。しかし，その状況は，ある程度，日本語にとって必要なことと考える。

　一方で，たとえばファッション誌におけるような，新奇なニュアンスを競う

だけの不必要なカタカナ語は、いずれは淘汰されるであろう。そんなものは無視すればいいのである。

しかし、そうばかりも言っていられないのが現実である。それに対処する試みのひとつに、国立国語研究所が中心に検討した「外来語」言い換え提案がある（次頁表1参照）。

この提案のなかの、「現代社会にとって大切な概念の定着に役立つ工夫を」といった項には、次のような表現が見える。

> 特定の分野で使われ始めた外来語の中には、その語の表す概念がいまだ一般にはなじみの薄いものであっても、現代社会にとっての大切な概念として、普及・定着が望まれているものがあります。そのような外来語が、普及にとって不利な条件にある場合には、あえて言い換え語を新しく造語するなど、定着に役立つ工夫をする必要もあります。
> 　例えば、「インフォームドコンセント」は、外来語のままでは長くて覚えにくい上に、従来あった訳語「説明と同意」では、診療場面で用いられる言葉であることが示せないため、大切な概念を広く普及するには問題があったと思われます。患者が納得し、それに基づく「診察」であることを端的に示すことのできる「納得診察」という語が広まることによって、このような悩みが解消されるのではないかと考えました。
> 　また、障害のある人も一般社会で等しく普通に生活できるような社会を実現することを表す「ノーマライゼーション」も、語が長く、適切な訳語がないために、なかなか普及しにくかったと思われます。これに「等しく生きる社会の実現」という説明語句をあて、これを短く一語にした「等生化」という語を提案しました。
> 　外来語の意味を説明するだけではなく、概念をひろく普及・定着させるためには、的確な語による言い換えも必要になります。（国立国語研究所「外来語」委員会, 2006）

このような試行を多とするものである。しかし、表1のような言い換えで外来語の意味する内容の周知は図られても、これら言い換え語のすべてが現代において一般に普及していくとは思えない。それは「ノーマライゼーション」に対する「等生化」という漢語についても同様である。また、たとえば、「ホスピス」（痛みや苦しみを和らげ、人生の最後の大切なときを安らかに過ごせるように世話をする専用施設）を、「終末期医療施設」「末期医療施設」などと言

い換えると，逆にその露骨さを嫌がる関係者もいるのではなかろうか（国立国語研究所「病院の言葉」委員会，2009）。

なお，「インフォームドコンセント」は略称がICで，医療機関では治療などに際しての手続きを指すことばとして使われている。このICのようなものがアルファベット略語である。ちなみに，大文字のアルファベットを連ねた略語には，UNESCO, NATO, NASA, AIDS, NASDAQなどがある。これらを，われわれは「ユネスコ」「ナトー」「ナサ」「エイズ」「ナスダック」のように読んで，まるでひとつの語のような扱いをして，日本語の一部として定着させている。

表1 外来語言い換えの例

外来語	言い換え
アセスメント	影響評価
アメニティ	快適環境・快適さ
グローバル	地球規模
コンテンツ	情報内容
スキーム	計画
スキル	技能
タイムラグ	時間差
デリバリー	配達
バイオマス	生物由来資源
フリーランス	自由計画
ミッション	使節団・使命
モラルハザート	倫理崩壊
リターナブル	回収再利用
リリース	発表
ワークシェアリング	仕事の分かち合い

2.2 英語教育に関して

さて，日本人が英語も話せるバイリンガルになることはもちろん悪いことではない。海外に行って話すときには，日本語では通じないのだから英語が話せるようになることは絶対に必要である。ただ，英語を話せるようになることが日本語の危機にかかわってくるといえなくもないのである。たとえば，シンガポールは元々地域中国語が圧倒的だったのだが，国際性を目指して，英語を重視し，英語教育を推し進めた。その結果，子どもたちの英語は上達したが，地域中国語は衰えた。安定的なバイリンガリズムは非常に重要なのであるが，それぞれの言語が同等の力を持っている場合でなくては，それは難しいのである。

その意味で，小学校教育での英語導入ということについてであるが，筆者は，将来，日本人が英語モノリンガルになるかもしれないという可能性をも認識した上で当たるべきだ，と考える。畢竟，最終局面では母語教育の重要性に関する本格的な論議が必ずや登場してくると予想する。しかし，その段階ではすで

に「証文の出し後れ」の論議になるであろうこと必須である。

2.3 英語公用語論に触れて

2000年の1月に，当時の小渕首相による私的懇談会「二十一世紀日本の構想」がまとめた報告書の中で，「長期的には英語を第二公用語とすることも視野に入ってくる」とする提言があった。

その年の4月下旬に，筆者は韓国・忠清南道の天安市にある檀国大学校を訪れた。「韓国日本文化学会」での2000年春季国際学術発表会に参加するためであった。筆者は招請講演の依頼を受けて，日本標準語の時代史に関する話をしたのであるが，そこで出た質問のひとつに，この提言についてどう考えるか，というのがあった。

筆者は，そもそも第一公用語も定めていない国が第二公用語を言うこと自体おかしい，と述べた。しかし，それ以上に，「公用語」という概念をめぐる基本的な誤解がそこにあるとも述べた。公用語（official language）とは，一般に，国内に複数の民族や言語共同体（コミュニティ）が存在するとき，その住民の権利保護や行政の便宜向上のために官公庁においてその使用を法律で定めた言語のことである。したがって，日本政府がアイヌ語や韓国語を公用語と認定し，使用するというのなら話は分かる。このように公用語とは，あくまで国内のコミュニケーションにかかわる事項なのである。それを英語にしようというのでは，住民にとって不便不利益，まさにナンセンスというほかない。対米従属をさらに強化したいというなら話は別である，などと述べた。

講演終了後の懇親会の場で改めてこのことが話題となった。韓国では，この提言が発表された直後，マスメディアが大々的に報道した由で，教育界に大きなインパクトを与えたのだという。英語教育者は，英語が公用語になれば，日本語ができなくても日本で，英語で暮せる，便利なことだ，と喜び，日本語教育者はその勢いに押されて，さらに肩身が狭くなっているとのことであった。英語公用語論をあまりにも日本の側からしか見ていなかったことを反省させられた瞬間でもあった。

この英語公用語論は，もちろん日本国内でのコミュニケーションにかかわるものではなく，日本人と外国人との国際コミュニケーションにかかわるもので

ある。研究上の内容，方法論ではけっしてひけをとらない日本人が，国際学会などで英語力不足のために大いなる不利益を被っている，そのための手当てを真剣に考えるべき時期にきている，この論は，日本人の一人ひとりが国際舞台で英語を駆使できるような教育，ともかく現在の英語教育の改善が必要だとする主張であることを筆者は十分に理解している。しかし，そのことと公用語の問題とはまったく関係がないのである。公用語というのなら，日本人のために，日本語をこそ国際公用語にさせる努力が必要なのではないか，と考える。

なお，提言を受けて，小渕首相は後の施政方針演説において，「教育立国」を目指すとし，目標として「21世紀を担う人々はすべて，……国際共通語である英語で意思疎通ができ，インターネットを通じて国際社会の中に自在に入っていけるようにすること」と訴えたが，そこでは第二公用語という表現が微妙に回避されていたのが印象的であった。

3 「言語」と「方言」

たとえばフィリピンには言語の種類が100以上もあると言われている。英語，スペイン語，スペイン語系のクレオール語などを除けばそのすべてはオーストロネシア語族である。台湾も同様，多言語・多民族社会である。原住民族の人々の母語はオーストロネシア系の言語である。宜蘭県の原住民族の村の一部には日本語系のクレオール語が存在する (Chien & Sanada, 2010)。その上に国語の北京語が被さっている。一方，環北太平洋地域でもさまざまな少数民族・少数言語が存在している。それと比べて，その中間に位置する日本列島だけがなぜ単一民族・単一言語社会なのか，という問題である。

3.1 日本語はひとつの言語か

日本では方言は存在しても，日本語はあくまでひとつであると思っている人が多いのではなかろうか。しかし，言語か方言かの認定は，実は政治的，あるいは社会的なことに左右されるのである。筆者は「日本語は一言語」とする意識は，近代以降の国民統合的な精神支配によって生まれたものであると考える。われわれが日本列島でのことばの変種を「方言」と考えるのも，その結果であ

ることを認識すべきである。近代以前，たとえば江戸時代には，各藩はそれぞれ「御国」と呼ばれ，そこでのことばは「御国ことば」（すなわち「国語」）と称されていたのである。

　言語か方言かの認定は，その意味で，それを使っている人たちの認定によるわけである。台湾のオーストロネシア語族を，言語の系統から見て同じであるので，それはひとつの言語で，それぞれは方言にすぎない，と言い切る立場もあろうが，そこに住んでいる人々が，「われわれのコミュニティのことばは一つの言語である」と宣言していることに基づいて，研究者を含む当局が，それを「言語」と認定するのである。そのような過程を考える必要がある。たとえば，東北民国や北海道共和国などといった国家がもし成立していたならば，東北語，北海道語といった「言語」が確立していたはずなのである。そのことは，ヨーロッパにおける国家と言語をめぐる状況を対照してみれば明らかであろう。類縁関係が証明されているフランス語とイタリア語が「言語」とされるのは，それぞれに正書法を持った標準語がそれぞれの上に被さっているからでもある。ちなみに，日本の本土方言（本土語）と琉球方言（琉球語）との違いは英語とドイツ語以上であろうし，スペイン語とポルトガル語との違いは福岡方言と鹿児島方言との違いぐらいであろう。そういう意味では，日本でも東北弁や関西弁におけるそれぞれの標準語が，そして正書法が制定されたならば，日本での状況は大きく異なってくるであろうと思われる。

3.2　表記法のトピック

　現代の若者たちは，LINE などの SNS（ソーシャル・ネットワーク・サービス）を多用しているが，そこには書記言語としての側面はほとんど認められず，親しい友人に話すままの形で書いているのである。

　かつては，たとえば東北弁で「ゆっこさはいるべか」〈温泉に入ろうか？〉を一般モードで変換すると「ゆっこさは／いる／部／過」になってしまったものである。また，たとえば関西弁で「あしたいっしょにいかへん」〈明日一緒にいかない？〉を一般モードで変換すると「明日／一緒／二位か／変」になってしまったものである。

　その点を克服すべく，コンピューターソフト会社のジャストシステムが，日

本語入力システム(仮名から漢字に変換する日本語入力アプリケーションATOK)を考案,開発した。上の東北弁での「ゆっこさはいるべか」が方言に対応するモードで「湯っこさ／入るべか」と変換されるように,また,関西弁での「あしたいっしょにいかへん」が方言に対応するモードで「明日／一緒に／行かへん」と変換されるような試みに挑戦したのである。

　この試みは,かなり重いことではなかろうか。表記法を一民間会社が考案したわけである。今までのように,国家権力ではなく,民間の企業によってそれがなされていることに注目すべきであろう。ただし,それが若者語レベルの話で止まっているところが残念である。これを進めていけば,地域ごとの,いわば正書法の制定につなげられるかもしれない,と思うからである。

　文字や正書法は,今までは常に支配者によって上層から与えられる構造になっていた。しかし,現在の動きは,いわば下からのものである。民間からの動きである。

　今まで,「方言」といえば話しことばが対象であった。しかし,そこでの書きことば(・打ちことば)が対象となる時代が到来したのである。

4　方言の格上げ

　明治以降,日本語もまた一言語主義のもとで,ひたすら均質化される方向に進んできた。いわゆる方言撲滅を目指した国語教育,標準語運動がその典型である。この均質化は,実質的には,教育によってではなくマスメディアによってほぼ完成の域に達した。筆者は,それは1980年代であったと理解している。そして均質化の完成と同時に,方言の地位向上,格上げ現象が目立ってきた。もちろん,方言の格上げといっても,それは共通語をやめて方言に,ということではなく,あくまでサブカルチャーとして方言を活用しようということである。東京語を話さないようにではないのである。共通語としての東京語を話せるようになったからこそ方言を見直そうという運動が出てきたのである。

　方言の格上げで注目される点は,それが日本だけではなく,そのような運動の風が地球上の各地で吹いているということである。たとえば,標準英語の本場であるイギリスでも,1990年代以降,「バック・トゥ・ローカル」という動

きが急速に進展した。方言で話す方が誠実で，かつクールで格好がいいと評価されるようになってきたのである。今までのイギリスではちょっと考えられなかった現象が生起している。公共放送BBCでも，キャスターにわざとスコットランド訛のある人を起用して人気を集めているし，料理番組はコックさんたちに強烈な下町弁をしゃべらせて人気を博している。そして，若者たちはケータイで訛り丸出しのままで話している。

このような情況は日本でも同様で，1980年代あたりからの顕著な流れである。漫才などを契機として関西弁が全国的に流布したのもそうであるし，また，公的な場においても東北弁などをそのまましゃべることがけっして恥ずかしいことではない，それこそが誠実な自己主張につながるのだ，とする考え方が一般的になってきている。

4.1　ミクロ地域主義

東京語が全国に行きわたったから方言が復興してきたのと同じように，世界中でコミュニケーションツールとして英語が話せるようになってきたから各地の地域語が復興してきたのである。たとえばスペインでは，国内での地域語，それも何十という地域語が，独立する，言語としての自立を目指す，といった運動が生起しつつある。そして，その上に直接被さっているのが英語なのである。

ヨーロッパにおける今日のグローバル化は，民族国家を弱体化させるだけではなく，国境線の重要性をも低下させている。そしてまた，特定の国語の重要性とその地位は，グローバル化を促進する言語としての英語が拡張する中で次第に低下しつつある。次は，社会言語学者，ピーター・トラッドギルさんのコメントである（Trudgill, 2003，ここでは日本語訳の方を示す）。

> 近年，エスニックアイデンティティをめぐる政治的・宗教的復興運動が広まるのと同時に，超国家的人権水準を求める少数派やそれをもとにできたネットワークから生じた地方の要求を支持する人が増加した。その結果，グローバリゼーションは地域主義を補強し，ともに進むべきものであると見なされるようになったのである。言い換えれば，グローバリゼーションによる民族国家の弱化は地方の強化につながるのである。

確かに，地域主義はグローバルなものに対立するものとして見るべきではなく，むしろグローバル化によって与えられた機会を，小さな地域社会が利用していると捉えるべきだと思うのである。グローバルとローカルを併せ持つ「グローカル」などと称される特異性こそが現代社会で求められる価値なのかもしれない。現代における現象はその特異主義の普遍化であるのと同時に，特定のアイデンティティを地球規模に広める動きでもあるということになろうか。

わたしの夢は，故郷の気仙地方のケセン語で新しい文学を創造し，ケセン語訳聖書をつくることだ。

岩手県気仙地方の医師，山浦玄嗣さんのかつての表明である。山浦さんは，その壮大な夢を実現するために，まずケセン語の文法書『ケセン語入門』を書き，続いて辞書『ケセン語大辞典』を著した。その表記は，独自に編み出した正書法（ケセン式ローマ字）によっている。そしてついに『ケセン語訳新約聖書』を完成させたのである（山浦，2002）。

この活動などは，まさにミクロ地域主義のひとつのモデルであろう。ケセン語は日本国内では岩手・気仙地方の方言にすぎないと評価されるのだが，世界では違うのである。筆者は，かつて，ヘルシンキ大学での講義中に，「日本には日本語以外にアイヌ語とケセン語が存在しますね」と学生から言われたことがあった。それは，まさにインターネット社会における特異主義の普遍化という現実を身をもって感じた瞬間でもあった。

4.2 地域主義への反動

危機言語に関する世界会議などで，たとえばアラスカの先住民族の人たちが報告する。その報告はもちろん全部が英語である。自分たちの母語を犯した張本人である英語で自分たちの母語の危機を訴えざるをえない，その矛盾をどう考えるか，ということである。伝達言語を持ったことで自分たちのアイデンティティが主張できるようになったわけであるが，英語で英語の侵略を非難することの矛盾である。

ところで，英語の侵略が自分たちの母語を絶滅に追いやったという主張は，

やはり英語に対しての異議申し立てをすることになるわけで,そのような運動に対して,アメリカでは,英語以外の言語を排除することを目的とした,かつての英語公用語化運動が再燃することが危惧される。

そのような流れは,現在,世界各地で,グローバリズムとローカリズムの狭間における近代国家のジレンマと連動しつつ,偏狭なナショナリズムとして生起しはじめているようにも見えるのである。

4.3 伝統方言の消滅について

ところで,「日本語」自体がさしあたって危機状況にはないことは明らかである。おそらく将来において,(世界の言語の総数を 6000 として,いま仮にその 90％が消滅したとしても,)日本語は生き残るであろう。古代の中国語からの大量の侵入,また近代の欧米語からの大量の侵入にもかかわらず,日本語は生きのびたのであり,その基本的な言語構造は変わらなかったのである。いずれにしても,「日本語」そのものは,近い将来において存亡の危機にみまわれる事態には至らないだろうと考える。しかし,一方で,言語変種としての伝統的方言の記述は,掛け値なしに,ここ数年が勝負である,と筆者は見ている。

筆者の経験では,今までの教科書に載せられていたような伝統方言を確実に記述することができたのは,明治時代(1868-1912 年)生まれの話者が最後であったように思う。大正時代(1912-26 年)生まれの話者になるとかなり変容してしまっている。したがって,明治生まれの人がいなくなった現在,その変革前の状況はもう調査できないのである。

たとえば,富山県の平野部の一部地域の方言では,明治生まれまでの話者に限って,シとス,チとツ,ジとズが同じ発音になって区別ができなかった。このような音韻現象は,東北地方から北陸,そして出雲,さらには薩南諸島へと連続している。かつて丹後半島の先端部においてもこの現象が認められたが,もう聞くことができなくなってしまった。

なお,筆者は,この音声現象は,中央語が進出する以前の基層言語の残存なのではなかろうか,と考えている。シとス,チとツ,ジとズの音の区別のある中央語が古くて,周縁部ではそれが訛って区別を失った,とするのが従来の通説なのであるが,筆者はそれには従えない。

アクセントの場合も同様である。列島の周縁地域に存在する型の区別のない，いわゆる無型アクセントは，その地が辺境のゆえに規範が緩くて，アクセントの型が崩れた結果生まれたものであるとするのが通説なのであるが，はたして本当にそうなのかどうか。もし，わが列島の基層言語が，アイヌ語や環太平洋のオーストロネシア系の諸言語，さらには満州語や朝鮮語の一部のように無型アクセントであったと考えた場合，現象の説明は逆転するはずなのである。

筆者は，言語変換装置として「フィルター」いうものを想定している。それは，ある言語において，新しい言語要素をその言語に受け入れやすい形に組み換える仕組みで，受容前の形を維持する場合もあれば，変容させる場合もある。たとえば，東京語には，3拍の新語が入った場合に頭高のアクセント型で取り込むというフィルターが存在する。外来語のアクセントが最初●○○（●が高い拍）で取り込まれるのはそのためである。一方，大阪語には中高のアクセントで取り込まれるのが普通である。卑近な例で言うと，たとえば，マクドナルドの関西での略称「マクド」を，大阪人は，○●○という中高のアクセント型で採用したのであるが，東京人がこの語を発音するときには，●○○と頭高のアクセント型でアウトプットするわけである。

さて，たとえば沖縄の，離島などに行けば，方言はまだたくさん残っているだろうと思ったら大間違いである。沖縄の「方言」が聞きたければ那覇の中心部に行くべきなのである。本土の場合も同様である。鹿児島や青森よりも大阪の方がよっぽど「方言」を使っているのである（なお，ここでの「方言」はいずれも伝統方言そのものではなく，変容した方言ではあるが）。方言を意識する度合いが高いほど，また方言コンプレックスの度合いが強いほど方言は消滅する傾向にあるのである。そのような，地域ごとの心理面での落差を考慮にいれるべきことを指摘したいと思う。

5　地域語における中間的スタイルの形成

かつての日本の多くの地域社会では，方言のほかに標準語を話す，少なくとも聞くといったかたちでのバイリンガルが強いられていた。現在でも，列島周縁部の一部の老年層においてはそのような様相がまだ見られる。しかし，今日，

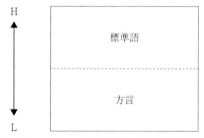

図1 スピーチ・スタイルとしての標準語と方言

大部分の地域では、いわば逆転して、標準語のほかに方言を使うというべき状況になっている。ただし、そこでの方言とされるものの内容の実質は、いわゆるバナキュラー（土着のことば）ではなく、標準語の干渉を受けた中間的言語変種である場合が多いのだが、いずれにしても、バイリンガルであることは確かである。

ただし、そこでの方言なるものの実体が、男らしさ、若者らしさ、フォーマル発話に対するカジュアル発話、あるいは書きことば（文字言語）に対する話しことば（音声言語）といったものと同じレベルのものになっているとすれば、その方言と標準語との違いは、もはや個別の言語体系の違いとしてではなく、スタイルの違いと認めるべきものになっているのである。なお、ここでのスタイルとは、場面の異なりに応じて生じる話者内部での発話のバリエーションのことである。

それぞれの地域社会で生活する個々人のことばのバリエーションとして、フォーマルなスタイル（H）とカジュアルなスタイル（L）とがあって、それが標準語と方言とにほぼ対応しているのだと筆者は認識している（図1）。方言は、そのような存在として正当に位置づけられるべきものだと考える。けっして単なるアクセサリーのようなものではないのである。

日本語の実際的な運用としては、方言と標準語の入りまじったスピーチがどの地域社会でもふつうである。そのようなスピーチのあり方から、聞き手は話し手のパーソナリティや教養とともに、親しさの度合や敬意を読みとっているのである。また、方言と標準語の両者は明確な線でもって区分されるものではなく、段階的なものである。

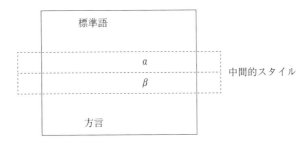

α：方言の干渉を受けたクァージ標準語（cf. ウチナーヤマトゥグチ）
β：標準語の干渉を受けたクァージ方言＝ネオ方言（cf. ヤマトゥウチナーグチ）

図2　中核都市における変種とスタイル

5.1　クァージ標準語とクァージ方言

　伝統方言の退潮は時代の大きな流れである。しかし，同時に，部分的にはそれに逆行するかに見える小さな渦が発生して，それらがからみあいながら推移しているのである。

　筆者が標準語と方言の間に中間的なスタイルが存在することを把握したのは，1987年のことであった。それは，関西方言の動態を追究するなかで発想したのである。「方言」と「標準語」相互の干渉過程において，現地の若者たちが，従来の「方言」から，また「標準語」からも逸脱しようとする結果として，そこに中間的な新しい方言スタイル（図2におけるβ）を形成しつつある状況を捕捉したのであった。

　それを筆者は，回帰する方言という意味合いで，「ネオ方言」と名付けた。
　その後，1997年になって，同じように標準語と方言の間の中間的なスタイルでありながらもネオ方言とはレベルを異にする「クァージ（quasi）標準語」の存在を提唱した（真田，1997）。ネオ方言はひとつのスピーチ・スタイルであるが，使用する本人はあくまでそれを方言として捉えている。だから，それをネオ"方言"と称するのである。関西でのネオ方言を使用する若者も東京に行けば標準語に切り換えることができるわけである。しかし，たとえば標準語を話そうとしても完全な標準語が出せなくて，方言と標準語が混ざってしまう，というのがある。たとえば，鹿児島市での"カライモ普通語"と称されているものなどである。それはネオ方言とは違う存在である。このような，使用する

本人の意識においては標準語なのであるが，厳密な意味ではやはり標準語とはいえないようなスタイルをどう名付けるかということがあった。そこで，筆者は，クァージ標準語という表現を採用したのである。クァージ標準語とは，中核都市における方言の干渉を受けて形成された"準"標準語スタイルである。
　以上の見解を，発話のバリエーションの構造として，図示したものが図2である。
　上に標準語，下に方言があるとして，その間に「中間的スタイル」がある。仮にそれらをα，βとすると，αは方言の干渉を受けたクァージ標準語，そしてβは標準語の干渉を受けたクァージ方言（＝ネオ方言）ということになる。それぞれの境界を点線にしたのは，それぞれを明確な線では区分できないと考えるからである。ただし，話者の意識を利用すれば，案外，明確な線が引けるのかもしれない。ただし，この枠組みを構成する変種の運用状況は地域によって，また個人によっても異なっていよう。たとえば，東北地方の北部などではβの層がまだ安定した変種とはなっていないように思われる。若者たちが自分たちの母方言スタイルをまだ持ちえていないのではないか，その実際の運用はαのみになっている場合も多いのではないか。そのあたりに地域差が存在しているようである。
　ところで，沖縄におけるウチナーヤマトゥグチは，本土語（ヤマトゥグチ）との接触，あるいは日本標準語の習得の過程で，琉球語の干渉を受けて形成された標準語スタイルである。これこそは，まさに筆者の言う「クァージ標準語」，すなわち図2でのαなのであるが，これがいまや琉球列島全域での，いわば普通のことばとなっている。
　そのような状況において，このウチナーヤマトゥグチを母語とする若い人々が伝統方言を母語とする年長者と意図的に伝統方言で会話をしようとする場合，そこに標準日本語が干渉するということがある。そこで形成されるスタイルを，現地ではウチナーヤマトゥグチならぬヤマトゥチナーグチと称している。これこそが筆者の言うネオ方言である。
　ヤマトゥチナーグチの具体例を示そう。
　例えば，「チューヤ　クサカイ　サーニ　イッペー　チカリタン」（今日は草刈をしてとても疲れた）といった表現である。「チューヤ　クサカイ　サーニ

イッペー」までは伝統方言の形そのものなのであるが，最後の「チカリタン」が問題である。「疲れる」という内容に対して，伝統方言では「チカリユン」と「ヲゥタユン」の2つの表現がある。これはいずれも終止形であるが，前者は精神的な疲れを，そして後者は肉体的な疲れをそれぞれ表す。しかし次第にその使い分けが薄れてきて，「ヲゥタユン」の方はほとんど消滅してきた（髙江洲，2011）。そこには標準日本語との対応置換があるのだと思われる。上の文脈は，肉体的な疲れであるから本来は「ヲゥタユン」を使うべきコンテクストなのである。このような具体例はたくさんある。沖縄の若い人々には，もう一度伝統方言に回帰したいという意識が強いのであるが，伝統方言そのものまでには戻りきれなくなっているのである。そのあたりが関西地域において筆者が見てきたものとまさに類似しているのである。

以上の沖縄での実相を，図2の中に当てはめると，ヤマトゥウチナーグチはまさにβに対応するスタイルとなるわけである。

5.2 ことばの帝国主義

久しぶりに，というか，実に四半世紀ぶりに奄美大島に言語調査に出かけた。フィールドは大島南部の瀬戸内町である。

かつて「シマクトゥバ」を教えてくれたひとり住まいのTばあさんの家は，すでに改築されてスナックになっており面影もなかったし，やはりひとり暮らしで，その後のたよりでは横浜の息子のところへ移った後に亡くなったと聞いていたKじいさんの家の跡には，大きなアパートが建っていた。かつて別れ際に見えなくなるまで手を振ってくれていた2人の姿が目に浮かんできた。

瀬戸内町は，行政区画上は鹿児島県大島郡であるが，文化的・言語的には琉球圏に属する。そのため，「奄美と鹿児島は全然違う」という認識が地域の人々に共有されており，瀬戸内町で「鹿児島」と言えば鹿児島県のうち本土（九州）側の地域だけを指す。

瀬戸内町のことばは琉球方言の下位類である奄美大島本島方言（北奄美方言）のうちの南部方言に属するが，かつては，海や山に囲まれた閉鎖的な空間のために集落ごとにことばが違うと言われるほどの多様性をもった方言群であった。しかし，明治時代から始まった，いわゆる標準語教育の徹底，交通の利

便性の拡張による行動圏の拡大，マスメディアの発達といった言語外的な要因によって，集落のことばは標準語へとシフトしつつある。とくに，戦前から戦後にかけての標準語奨励運動は，方言の存在を許さず，方言を棄てて標準語単一話者になることを地域の人々に求める苛烈なものであった。これが，伝統方言の急速な衰退を招いたのである。結果として，老年層は伝統方言と日本標準語を操るバイリンガル，中年層は伝統方言を聞いてわかるが話せない半話者（semi-speaker），青・若年層は伝統方言を聞くことも話すこともできない標準語モノリンガルという状況が存在する。ただし，そこでの標準語は必ずしも東京と同じものではなく，地域的な特性をもっている。当該地域の人々は，そのような言語状況をどのように把握し，また自らのことばをどのように認識しているのか，ことばとことばをめぐる状況に対する人々の意識を明らかにすることが今回のフィールドワークの主たる課題であった。伝統方言と日本標準語という体系の大きく異なる2つの言語変種の接触によって新たな中間的スタイルが生まれつつある言語的状況を踏まえ，地域の人々がその新たな変種をどのように捉えているのかという点に焦点を当てたのであった。

　なお，筆者がそこに注目したのは，近年の伝統方言の権威づけ運動のもとで，この中間言語変種（「トン普通語」）が新たな弾圧の対象になっているという現実を踏まえてのことである。

　トン普通語とは，鹿児島のカライモ普通語に対応させた，奄美大島北部，名瀬での一部教養層による名付けである。しかし，それは地元で発行された『トン普通語処方箋――シマの標準語をすっきりさせる法』（倉井，1987）という書名にも見られるように，マイナス評価の対象である。ちなみに，この用語は一般にはほとんど知られてはいない。

　トン普通語とは，例えば，次のような表現である。

・ワタシナンカガイクヨ（私たちが行くよ）
・アンタナンカガテツダワンカラ，オワランノヨー（お前たちが手伝わないから，終わらないのだよ）

　この場合，標準語の「たち」に対応する部分に「ナンカ」という形式が当て

られている。この「ナンカ」は，伝統方言の，

・ワーキャガイキュッドー
・ウラキャガカシェースランカラン，オワランドー

における複数を表す「キャ」に対応するものとして運用されているのである。したがって，奄美の「ナンカ」は標準語での「なんか」よりも意味が拡大しているわけである（水谷・齋藤，2006）。

　いずれにしても，老年層と中年層においては，このような伝統方言と日本標準語の混ざったことばに対する評価は低く，伝統方言をきちんとマスターするべきであると考えられている。なお，象徴としての伝統的方言が「シマグチ」と称されるが，「シマグチ」という用語は，伝統方言保存運動が盛んになってから一般化されたものである。かつての「方言撲滅運動」の時代には「シマグチ」という表現はほとんど聞かれなかった。

　中年層における言語使用意識に関しては，彼らの内省を調べた結果では，〈自分たちの生活語は標準語よりの「方言」である〉といったあたりに収斂するようである。ただし，この場合の「方言」は「シマグチ」ではなく，「訛った標準語」のレベルのものとされる。そこには，それを新しい地域復権の象徴としてのスタイルとする，といった意識はほとんど存在しないようである。結局，神格化された「シマグチ」と，「日本標準語」の二極に意識が分化し，その両極から中間的変種の存在が問題視される結果，その使用にコンプレックスを感じる，といった構造になっているわけである。

　しかしながら，若年層においては，「標準語」「方言」という視角からではなく，この中間言語変種を肯定的に評価して，それを「普通のことば」という言い方で捉えている。

　青・若年層において注目すべきは，地元に愛着を抱き，いまの自分のことばを「普通のことば」として自信を持って使用している人も少なからず現れてきているということである。特に若年層話者たちの地元と地元のことばに対する強い志向には瞠目するものがある。その将来に注目していきたいと思う（真田・高木，2006）。

フィールドワークの途次，瀬戸内町の西古見集落における西古見ことば独自の正書法を考案しているという富山萬壽喜さんに出会うことができた。集落ごとにことばが違うので西古見の正書法はしかし西古見の人にしか理解されない，といったジレンマ。一方で，奄美方言という場合，いつもそれが中心地の名瀬のことばで代表されることへの抵抗。富山さんの話をうかがいながら，「〜語」，「〜方言」と名付けられた瞬間に，そこから逸脱している個々のことばが排除されていく，といった，いわば「ことばの帝国主義」ということを改めて考えさせられたのであった。

6　おわりに——「手話言語」に触れて

　最後に，日本における「手話言語」（日本手話）について触れておきたい。
　日本手話は，日本語とは独立した文法を持つ，日本の「ろう者」が日常的に用いている言語である。手話は国ごとに違うだけでなく，日本のなかでも主として寄宿制ろう学校の違いを背景とした地域的な変異（方言）があり，音声言語の「音」に相当する最小構成単位である手話の音素（通常，「手型」「手の位置」「手の動き」の3つ）の範囲でも，ある地域で使われる手型が他の地域では存在しなかったり，同じ概念を表わすのに異なった語（手話語彙）が用いられたりしている（森，2005）。
　ちなみに，日本語の文法にのっとって，語を日本語の文脈のままに手で表わしたもの（いわゆる「日本語対応手話」）は，「日本手話」ではないことに留意したい。それは，日本語を単に手で表わしたものである。声で表わしても，手で表わしても，あるいは文字・点字で表わしても，それらは，あくまで「日本語」そのもので，媒体の違いに過ぎないのである。
　ところで，国連障害者権利条約（2006年12月13日採択）に「手話は言語である」という条項がある。日本政府は，2007年9月28日に，この条約に署名，2014年1月20日，ニューヨーク条約の批准書を国連事務総長に寄託した。そして，条約の規定に従い，寄託日から30日目の2014年2月19日に日本における効力が発生した。

この条約における「手話は言語である」という認知と，障害者の権利に関して，次のような見解がある。

　「日本手話言語」が言語として認知されるということは，「日本語と同等の言語として認知」されるということであって，日本国内における他の少数言語，たとえばアイヌ語や琉球諸語に対して「日本手話言語」が優先される必然性はない。言語としては，すべての言語は対等である。言語としての手話だけが特別なものであって，他の言語よりも多くの権利を主張できるわけではない。もし，それを求めるのであれば，それは手話が言語であるという事実から導き出されるものではなく，手話の話者たちの耳が聞こえないという事実から導かれるものであり，言語の話ではなく福祉の話である。手話が言語として認められず，手まね・猿まねとさげすまれていたものから，言語として認知されるようになったとしても，言語としての手話に他の言語にない価値がみとめられるわけではなく，他の言語と同様の価値が認められるようになるだけのことである。(赤堀・岡，2016)

　日本における手話言語は，アイヌ語などと同様に日本語とは独立したひとつの言語である，とされる点に思いを致したい。手話言語は，多言語政策や少数言語話者の言語権の問題として考えるべき対象なのである。現時点で日本手話の母語話者数は5万〜6万人と推定されている。ただし，母語話者の高齢化が進み，口話主義教育(音声日本語を教育媒介言語とするろう教育)によって，若年層の母語話者が育っていない日本手話は危機的状況にある。
　手話言語においてもグローバル化が進み，強力な「アメリカ手話」が席巻するなか，固有の手話は世界の各地で消滅の危機に瀕しているようである。

参考文献
赤堀仁美・岡典栄 (2016)「手話が言語だということは何を意味するか――手話言語学の立場から」，森壮也・佐々木倫子 (編)『手話を言語と言うのなら』，pp. 7-21, ひつじ書房
倉井則雄 (1987)『トン普通語処方箋――シマの標準語をすっきりさせる法』(自家版)
国立国語研究所「外来語」委員会 (編) (2006)『分かりやすく伝える　外来語言い換え手引き』ぎょうせい
国立国語研究所「病院の言葉」委員会 (編著) (2009)『病院の言葉を分かりやすく

――工夫の提案』勁草書房
真田信治（1997）「話しことばの社会的多様性」『日本語学』16(5)，104-109．
真田信治・高木千恵（責任編集）（2006）『奄美大島における言語意識調査報告』大阪大学大学院文学研究科真田研究室
髙江洲頼子（2011）「各地方言の実態――方言の現在　沖縄」，真田信治（編著）『方言学』，pp. 123-141，朝倉書店
水谷美保・齋藤美穂（2006）「奄美方言話者の使用する『ナンカ』の特徴」，真田信治（編）『薩南諸島におけるネオ方言（中間方言）の実態調査』（科研費成果報告書），大阪大学大学院文学研究科，pp. 24-35．
宮島達夫・野村雅昭ほか（編）（1982）『図説日本語』角川書店
森壮也（2005）「日本手話・日本手話話者」，真田信治・庄司博史（編）『日本の多言語社会』，pp. 158-161，岩波書店
山浦玄嗣（2002）『マタイによる福音書』イー・ピックス
Chien, Y. and Sanada, S. (2010) Yilan Creole in Taiwan. *Journal of Pidgin and Creole Languages*, 25(2), 350-357.
Trudgill, P. (2003) Globalisation and the sociolinguistics of European languages, 『ピーター・トラッドギル博士／真田信治博士　大阪講演発表資料集』大阪樟蔭女子大学，pp. 3-10．

第 III 部　文化の生態系を考える視点
言語は人々の生活においてどのような機能を担っているのか

第7章　言語接触からみた琉球語──琉球語の多様性の喪失（狩俣繁久）────琉球国の日本への編入，第二次世界大戦後の米軍による沖縄統治，さらに日本復帰と，歴史のなかで翻弄されてきた琉球語。自然や暮らしと結びついた方言語形，近代以降の日本語との言語接触により形成されたことばの特徴，琉球列島の諸方言の多様性の維持，方言教育。自らも話者として正面からこの問題に向き合ってきた著者の，言語の継承とはなにかを考えさせる一章。

第8章　文化（生態系）を映しだす言語の〈かたち〉（宮岡伯人）────言語は文化との関係においてどのようにとらえられるだろうか。環境適応に向かう文化，そして環境と多様に絡む言語。長くエスキモー語の文法記述に奮闘してきた著者の，言語の「かたち」へのこだわり。日本語文法の再考，言語接触がもたらす言語の危機，文字受容，滅びゆく言語の記録を含む，魂のこもった論考。

第9章　英語詩の中のアイルランド──シェイマス・ヒーニーの場合（栩木伸明）────ヒーニーにとってアイルランド語は出自の根拠ではあるものの母語ではない。その詩人は英語でどのように自らの表現を打ち立てたのか。北アイルランドという「二重性」のなかに生きた作家の詩作のなかにみるアイルランド語への憧憬。詩のことばに流れるアイルランドの特有の音，地名，土地に根ざした言葉の意味。アイルランド文学を専門とする著者による，丁寧な詩の解説を通して，言語とはなにかを考える。

第7章 言語接触からみた琉球語
琉球語の多様性の喪失
狩俣繁久

1 琉球列島における言語接触

　沖縄県の八重山諸島，宮古諸島，沖縄諸島に，鹿児島県の奄美諸島を加えた琉球列島で話されてきた琉球語は，基礎語彙を含む多くの単語を日本語と共有し，助詞や助動詞にも高い類似性が見られる。両者の間には規則的な音韻対応もある。琉球語は，日本語と系統関係が言語学的に証明された言語である。

　東北地方には先住のアイヌ系の人々と日本語を話す人々の接触のあったことを示す地名やマタギことばがある。いっぽう，琉球列島には1万3000年前の港川人などの先住者が知られるが，その言語の痕跡を示すものは見つかっていない。琉球語と日本語の近似性を考慮すると，先住者の言語と日琉祖語との混じり合いではなく，先住者の言語が日琉祖語に完全に置き換わったと考える。

　日琉祖語を保持した人々の琉球列島への最初の移動から琉球国成立後にも人の移動とそれに伴う言語接触はあったが，それは琉球語の言語体系に大きな改変を生じさせるようなものではなかった。琉球国が日本に併合された1879年の近代化以降には大規模かつ長期にわたる人の移動と言語接触があり，それによって琉球語の変容と日本語への置換という言語的大事件が起きている。

2 琉球語の多様性

　琉球列島の総面積は，日本全体の約1％しかない。しかし，琉球列島の北端の喜界島を仙台市あたりに位置させると，沖縄本島は長野県，宮古島が京都市と大阪市の中間くらいに位置し，最西端の与那国島は岡山市と広島市の県境に位置する。広い海域に島々が点在する琉球列島の地域ごとに様々な言語変化が

起きた結果，琉球語内の下位言語間の大きな言語差が生み出された。

　琉球列島の最西端の与那国島方言は，母音の長短を区別せず，しかも /a, i, u/ の3個しかない。最北端の奄美大島笠利町佐仁集落の方言は，7個の短母音と7個の長母音と4個の鼻母音があって，合計18個の母音がある。与那国島方言と佐仁方言の母音には6倍の数の差がある。

　宮古諸島の大神島の方言には濁音（ガ行，ダ行，バ行）が無く，子音の数が日本語の中で最も少ない10個しかない。一方，沖縄伊江島方言には喉頭音と非喉頭音の対立があって，合計38個の子音がある。清音のカ行，タ行，ナ行，マ行，ヤ行，ワ行と半濁音のパ行がそれぞれ2種類ずつある。大神島方言と伊江島方言の子音の間に4倍弱の差がある。

　列島の北の端と南の端とではことばがまったく通じないのはもちろん，与那国島と石垣島，宮古島と沖縄本島，奄美大島と沖縄本島の間でも方言では会話が成り立たない。沖縄本島のような大きな島の中の言語差も大きく，南部の那覇市の人々は，北部の今帰仁村（なきじんそん）の人たちの話す方言を理解できないことがある。

　地域の人々は，島々に定住して安定した生活を送り，適応戦略の地域ごとの違いを生みだし，日々の暮らしの中で自然を生かし絶え間ない創意，工夫を続け，様々な経験を知識として次世代に伝えてきた。そのなかで新しい言葉が生みだされ，長い間に言語にも文化にも地域的な変種が形成された。

　奄美大島の大和村ではモチノキ科の常緑小高木のモチノキの樹皮を剥いで叩き粘質液を抽出して固めて鳥もちを作り，棒の先につけて小鳥や昆虫を捕った。そのことからモチノキをムチグィ（餅木の意）と名づけている。西表島ではマームジ（真の餅の意）と名付けている。いっぽう，沖縄本島北部の名護市幸喜でもモチノキの樹皮で鳥もちも作ったが，簪の材料になるほど固くてきめ細かな材質からギッパギー（簪木の意）と名づけている。モチノキ科ツゲモチにムッチャンギー（餅の木の意）と名づけている。異なる地域で同じ樹木に違う名を付け，違う樹木に似た名を付けている。

　山田孝子によると，八重山諸島は植物方言が豊富だという（山田, 2012）。たくさんの植物を他の植物と区別し，用途や性質から名前を付けたり，似た形状の木にマー（真の），ウー（雄），ミー（雌）等の接頭辞や，アカ（赤），クルー（黒）等の形容詞を付けて区別したりして方言名に反映させた。そして，こ

表1　波照間と西表の野生植物と固有名

	波照間(はてるま)	西表(いりおもて)
採集した野生植物	224	284
個別名有り	195（87.1％）	257（90.5％）
個別名無し	29	27

（山田，2012）

れは食用，これは薬用，これは建材用，これは薪炭用，これは染料，等とその植物に対する知識を共有して次世代に継承していた。

　宮古島と石垣島の中間に位置する多良間島の北側にある水納島は，低平で小さな島で，植物に関する語彙が少ない。水資源に恵まれないため，トンボやカエル，オタマジャクシなど，どこにでもいそうな小動物に関する語彙がない。しかし逆に，魚名や海草等の海洋生物や漁法の語彙が豊富である。ナマコの方言形を9種類以上も区別し，どのナマコが美味しく，どう調理するか，どこにいつ採りにいくかなどが貴重な情報として伝承された。

　よく似た方言が話されている沖縄本島中南部地域でさえ「兄」をアイー，アイヤー，アイヨー，アイヒャー，アッピー，アフィー，アヒー，アビー，ヤカー，ヤクミーなど，集落ごとに多様な語形がある。琉球語全体に目を向けるとさらに多様だ。琉球語の多様性は一般の想像を超えている。

　沖縄風丸ドーナツを沖縄本島中部ではサーターティンプラ（砂糖天ぷら）という。国頭村奥集落ではタマグティンプラ（卵天ぷら）である。那覇市周辺ではサーターアンダアギー（砂糖油揚げ）である。しかし，いまやサーターアンダアギーの語形が沖縄全県に広がりつつある。これは単なる語形の交替ではない。材料の卵を重視して「天ぷら」に分類したのがタマグティンプラで，砂糖に着目して「揚げ物」に分類したのがサーターアンダアギーである。物とのかかわり方や認識の違いが語形の違いに現われる。

　こうした方言語形の一つ一つが地域の風景や自然や暮らしと結びついている。どんなに小さな島の言語も，それぞれの地域の自然や社会，生活を反映させ，それぞれの地域に独特な言語表現を生み出し，その言語を使って思想を表現してきた。琉球語は地域社会とそこでの生活，そして地域の歴史を反映した無形の文化財としての価値をもつ。

琉球列島各地の言語は，海や山などによって他から隔てられることによって古い言語的特徴を保持する一方，絶え間ない言語変化を起こし，他地域の言語とは異なる個性的な特徴を有するようになった。琉球語の島ごとの多様性はそのような結果として発生したのである。生活の創意工夫の中で新しい事物や概念の導入に伴う新語の創出も，話し手自身にも気づかれないほどゆっくりと進行する音韻変化も，当該言語の内的な要因によって引き起こされる自律的な変化である。

3　琉球語における言語接触

　言語接触によって持ち込まれる言語要素は，既存の言語に様々な変化を迫る。語彙は，開かれた緩やかな体系を成し，新しい概念や事物の導入に伴う借用語は，既存の語彙体系に変容を迫る。借用語が音韻体系の変化の引き金になることもある。

　閉じた体系をなす文法体系の構成要素である活用形などの文法形式は，活用のタイプを問わずすべての活用形が置換されなければならない。既存の活用形と文法的な意味や機能が同じで競合関係にあれば，言語接触によって持ち込まれた借用形式に置換されるには，一定以上の数の移住者があるとか，長い期間言語接触があるなどの理由が必要であろう。

　琉球語は，日琉祖語から袂を分かったのち，孤立して現在に至っているわけではない。絶え間ない人の移動があり，言語的にも影響を受けてきた。琉球語の言語接触のありようは，1867年の琉球国の日本への編入を境にしてそれ以前とそれ以降で大きく異なる。

　琉球国期には近接する九州方言から大きな影響を受けている。中国との交流もあり中国語の影響も受けている。琉球列島内の交流もある。琉球国期の言語接触は，役人，商人，僧侶，船乗り等の特定の個人を介したもので，接触した人の範囲も狭く，日常生活での接触時間も短い。したがって，琉球語への影響は，主として借用語という形で表れた。

　日本との長い交流のなかで漢語も借用された。ドゥー（胴），ドゥーテー（胴体）などの一部の身体語彙，ルクジュー（六十），クジュー（九十），ヒャーク

（百），シン（千）などの数詞，グニン（五人），ルクニン（六人）など5人以上の数を表す単語や，ハンブン（半分），イッピュー（一俵），イッス（一升），グンゴー（五合）などの数量をあらわす単語や，チャー（茶），チャワン（茶碗），ウチャトー（お茶湯），サーター（砂糖），トーフ（豆腐），ヤックァン（薬缶），ティンジョー（天井），ティンシー（天水）などの多くの日本漢語が借用されている。名詞だけでなく，シジーン（煎ずる），チジーン（禁ずる）などの漢語動詞も日本語からとりいれられている。チューカー（急須）やゴーヤー（苦瓜）などの単語も，チョカやゴイ等の鹿児島方言が借用されたものである。

　スンシー（筍子・ほしたけのこ），トゥンファン（豚飯・料理名），セーヤンプー（西洋布・紡績による綿布），ティンガーチュー（天鵞絨・びろうど），ヤンジン（洋銀・ニッケル）などは，中国語から直接取り入れられた借用語である。それらの多くは，首里や那覇の方言では使用されたが，それ以外の地方の方言にはほとんど見られない。日本漢語が基本語にまで入りこみ，地方の方言にも浸透しているのと大きく異なり，中国語からの借用語は基本語や基礎語彙には見られない。

4　近代以降の言語接触

　近代以降，琉球語の運命を左右する転機が3回あった。1回目は明治政府による琉球国の併合で，2回目は第二次世界大戦後の米軍による沖縄統治，3回目が日本への施政権返還，いわゆる日本復帰である。

　その中でも一番の転機は明治政府による琉球国併合である。中央集権的な日本への併合によって封建的な制度の中で制限されていた人々の移動が自由になり，日本から役人や兵士や商人が移り住み，沖縄からも労働者や兵士として本土に移り住んだ。琉球列島内の人の移動も自由になった。

　いろいろな地域の人々が混じり合って暮らすようになると，リンガフランカとしての言語が必要になる。言語差の大きな琉球語の中で琉球国の王都首里の方言はリンガフランカとしての役割を十分に果たすための能力を持っていなかった。話し言葉としてしか存在しなかった琉球語に対して，書きことばも発達させていた日本語は学校での教育言語としても使用された。リンガフランカと

して日本語を使用せざるをえなかった。はじめは役所や学校などの特定の場所での接触であったが，次第にあらゆる場所や時間に接触するようになった。

　県民4人に1人が亡くなったともいわれる沖縄戦は1945年6月23日に終結し，米軍による統治が始まった。米軍は小学校からの英語教育をもくろみ，英語教師養成のための沖縄外語学校を建設したが，英語教育は成功しなかった。次いで琉球語による教科書編纂を命じたが，当時の琉球政府の文教部は日本語による教科書を編纂しようとした。戦災で印刷機材は消失し，教科書編纂に必要となる資料や書籍も無かった。なによりも琉球語には書きことばが発達せず，科学や思想を表現する経験も無く，小学校から高等学校までのすべての教科の教科書が琉球語では作れなかった。米軍は軍国主義的な内容だけでなく，日本的な内容の教材もきびしく禁止した。日本と沖縄を分断する政策の一環だったのである。

　沖縄の住民は，米国統治からの解放と日本への復帰を切望した。「祖国復帰」運動のなかで日本語の使用が励行された。日本で使用されていた教科書が無償で提供され，それを使った教育が始まった。昭和22〔1947〕年学習指導要領の国語科学習指導は「なるべく，方言や，なまり，舌のもつれをなおして，標準語に近づける」ことを目標とした。方言を「舌のもつれ」と同一視する「方言観」を植え付けたのだが，沖縄でも同じ教育がなされた。

　1972年5月15日，悲願の「祖国復帰」をはたし，ふたたび日本にくみこまれることとなった。米軍統治期に制限されていた渡航が自由になり，人々は自由に行き来し，日本語による情報もあふれるように入ってきた。このとき琉球語の運命が決定的となる。

　近代以降の日本語との言語接触は，琉球国期の言語接触と量的にも質的にも大きく異なる。この言語接触によって（1）接触言語の発生，（2）琉球語の変容，（3）琉球語の消滅，が起きている

4.1　接触言語の発生

　琉球語の母語話者が日本語を獲得する過程で不完全な習得がおこなわれ，目標言語である日本語に第一言語の琉球語の言語的特徴が持ち込まれて琉球語とも日本語とも異なる，第三の言語変種が生まれた。その言語変種は，音韻体系，

動詞，形容詞の形態論的な特徴の点からみて，琉球語の変種ではなく，日本語の変種である。

　この言語変種は，多くのクレオールと異なり，系統を同じくする2つの言語が接触して生まれており，クレオールの条件を満たしていない。この接触言語をクレオールの変種の準クレオール（以下「クレオロイド」）として位置づけることができる。琉球語の下位言語である奄美語，沖縄語，宮古語，八重山語，与那国語のそれぞれの要素の持ち込まれた奄美クレオロイド，沖縄クレオロイド，宮古クレオロイド，八重山クレオロイド，与那国クレオロイドがあり，琉球クレオロイド日本語（以下「琉球クレオロイド」）はその総称である。

　言語差があるとはいえ琉球語と日本語は同系の言語であり，両者には規則的な対応関係がある。したがって，形式上の対応関係は容易に察しがつく。沖縄語のクルスン（殺す），ウクスン（起こす），ムドゥスン（戻す）の語末のスンを「す」に取り換えれば日本語の動詞になる。ウリユン（下りる），ウキユン（起きる）の語末のユンを「る」に取り換えると日本語の動詞になる。形容詞の「タカサン（高い）」「ヒクサン（低い）」のサンを「い」に取り換えると日本語の形容詞になる。過去形や否定形などの他の活用形も同様である。

　ところが，日本語には無い沖縄語の動詞「ヒンギーン」「チンチキーン」「ニリーン」「トゥルバイン」の語末のンを「る」に取り換えて「ヒンギル（逃げる）」「チンチキル（つねる）」「ニリル（飽きる）」「トゥルバル（ぼんやりする）」などの日本語には無い動詞を生み出した。「アンマサン」「マギサン」の語末のンを「イ」に取り替えて，アンマサイ（めんどうくさい），マギサイ（大きい）のような日本語には無い形容詞も作られた。「アワテル」「コボス」は，形のうえで標準語と同じにみえるが，意志動詞として使用される沖縄語の「アワティーン（慌てる・急ぐ）」「クブスン（溢す・捨てる）」の意味が引き継がれている。

　沖縄クレオロイドは，見かけ上はきわめて日本語に似るが，沖縄語の特徴が体系に入り込んだ，日本語とも沖縄語とも異なる言語である。沖縄クレオロイドの動詞完成相過去形には話者が直接知覚した過去の出来事を明示する第二過去形とそのことを問わない第一過去形の2つの過去形がある。沖縄クレオロイドでは前者を「ショッタ」と表現し，後者を「シタ」と表現する。「ショッタ」

は西日本方言の「ショッタ」に形は似るが，文法的な意味が異なり，沖縄語の第二過去形の「スータン」の形を変えたものである。

「壁に絵が描けてある」のような客体結果を表す「シテアル」形と同じ形式が沖縄クレオロイドにもあるが，沖縄クレオロイドの「シテアル」形は，客体結果以外にも痕跡を表し，痕跡を基にした過去の事象の推論も表す。

・良子ガ弁当置イテアル。（良子が弁当を置いている。）　　　　客体結果
・良子ハ大学ニ行ッテアッタ。（良子は大学に（すでに）行っていた。）過去の形跡
・良子ハ大学ニ行ッテアル。（良子は大学に行っているにちがいない。）形跡からの推論

沖縄クレオロイドのテンス・アスペクト体系を構成する語形は日本語と同じだが，その文法的意味は沖縄語を継承している。沖縄クレオロイド母語話者のほとんどは，そのことに気が付いていない。

琉球語母語話者にとって，中国語，英語などの外国語に比べて，日本語＝琉球クレオロイドの習得が容易であったことも，琉球クレオロイドの普及が短期間に進行した要因である。琉球語の話者も琉球クレオロイドとのバイリンガルであり，多くの住民は琉球クレオロイドのモノリンガルである。

日本語との接触の長期化によって年配の人の琉球クレオロイドに含まれる琉球語の要素が若い人の琉球クレオロイドから失われている。琉球クレオロイドの脱クレオール化が進行して日本語に近づいている。琉球クレオロイドは，琉球語の危機的な状況を一層深刻にしている可能性がある。

4.2　琉球語の変容

日本語との言語接触のなかで，琉球語自体が語彙，文法，音韻の3つの側面で大きな変容を被っている。

新しく入ってきた事物に対して「フィーグルマ」（火車の意・蒸気船），「アギフィーグルマー」（陸火車の意・汽車），などのような新語を作り出したこともあったが，それは一時期のことであり，大量の事物や概念が圧倒的なスピードで入ってきたために，造語が追い付かず，すぐに日本語の単語をそのまま借用するようになった。いまや，日本語からの借用語を抜きにした言語生活を送

ることは，不可能である．

　ハーパー　ダーチゲー？
　(おばあさん，どちらへ？)
　ゆーびんきょくチ　ねんきん　ウルシーガ．
　(郵便局へ　　　　年金を　　下ろしに。)
　ばすカラル　モーインナー？
　(バスで　　　いらっしゃるの？)
　アラン．クーヤ　たくしーカラ．
　(いや，今日は　タクシーで。)

　日本語の語彙をそのまま使用することが常態化することにともなって，新しい事物や概念だけでなく，既存の単語の日本語の単語への置換も進行している．琉球語のビンダレー（洗面器），サフン（石鹸），ガンチョー（めがね）などの単語が「センメンキ」「セッケン」「メガネ」に置換され，死語になりつつある．
　琉球語のモノリンガルの話者はいない．高齢の方も琉球語と琉球クレオロイドのバイリンガルである．琉球語と日本語の併用が長期間つづき，日本語と琉球語のバイリンガルな話者が増えることによって，琉球語固有の文法体系の変化も起きている．
　沖縄語には主格と属格を表す格助詞として「ガ」と「ヌ」がある．その助詞の付いたガ格の名詞とヌ格の名詞は主語になることもできるし，連体修飾語になることもできる．さらに助詞の付かないハダカ格の名詞も主語にも連体修飾語にもなれる．この三者には使い分けがあって，ガは人を表す名詞に付き，ヌは人以外の名詞に付く．人名詞でも「先生」が教師一般を指すときはヌを付け，「佐藤先生」のように特定の個人を指すときはガを付ける．ワン（私），ナー（あなた）などの人称代名詞やスー（父），アンマー（母）のような親族呼称を兼ねた親族名称はハダカ格が使われる．しかし，この使い分けは失われ，名詞の階層性に関わりなく，現代日本語と同じく主格の名詞にはガが後接し，連体格の名詞にはヌが後接する現象が進行している．
　沖縄語では，船やバスのような公共交通機関が主であった時代，移動手段を表すには格助詞カラを後接させ，「ばすカラ　イチュン（バスで行く）」のよう

に表現した。自転車や自動車のような自ら運転する移動手段が増えてきて，道具や手段を表す格助詞シを後接させ，「クルマ-シ　イチュン（車で行く）」等の表現が生まれている。さらに近年では移動手段を表す名詞にはすべてシを後接させるようになっている。

4.3　第4の接触言語

　琉球語の母語話者も琉球クレオロイドとのバイリンガルであり，日本語を琉球語らしい表現に容易に翻訳できる。いっぽう，琉球語には本来存在しない表現があるとき，形式的に直訳してしまうことも少なくない。伝統的な琉球語としては変なのだが，日本語が堪能な話者や琉球クレオロイドを第一言語にする話者はそのことに気づかない。

　沖縄語ではデークニ（大根）もイユ（魚）もメー（飯）も，ニーン（煮る）という。しかし，60代以下の話者の中に「メー　タチュン（飯を炊く）」という人がでてきた。この現象は，カチュン（書く），イチュン（行く）等，日本語のカ行動詞との間にある規則的な対応の知識を過剰に適応したものである。伝統的な琉球語には「迷惑の受け身」は無かったが，琉球クレオロイドのバイリンガルは，自動詞文の述語を受け身動詞にした迷惑の受け身文を作ってしまう。類似の例は枚挙にいとまがない。そして，今後ますます増えてくることが予想される。

　これらは，日本語モノリンガルの若い人が琉球語を獲得していく過程で目標言語である琉球語に第一言語の日本語から持ち込まれたもので，形式的には琉球語だが，中身は日本語である。若い人の使う琉球語は，日本語クレオロイド琉球語とでもいうべき第4の言語変種とみることができる。琉球語の日本語クレオロイド化は，単なる表現方法の交替ではなく，感情表現，行動様式，現実認識のしかた，思考方法の変容である。

　琉球語に「ありがとう」「ごめんなさい」「失礼します」「ごめんください」のような配慮を示す挨拶表現はあるが，いつでもどこでも誰にでも使える「おはよう」「こんにちは」のような挨拶表現は存在しない。出会った相手に配慮しながら場所や季節や時間帯によって言葉を選んで声をかけた。「おはよう」や「こんにちは」の要らない文化である。

ところが，方言教育の一環として児童・生徒に「おはよう」を「イーアサデービル」に言い換える指導をしている学校がある。「イーアサデービル」は英語の good morning の直訳で「いい朝でございます」の意である。「イーアサデービル」の外形は琉球語だが，いつでもどこでも誰に対しても使える「おはよう」を言い換えただけであり，出会った相手に配慮して相応しいことばを選んで声をかける沖縄文化の本質は失われる。

　日本語クレオロイド琉球語は，琉球語の変容に深刻な影響を及ぼす。言語は本来的に変化するものである。それを否定するものではないが，琉球語そのものが消滅する可能性のある状況で，圧倒的な勢いで進む琉球語の日本語化をただ眺めているわけにはいかない。

4.4　琉球語の消滅

　日本への併合，米軍統治，本土復帰の3つの転機を経て進行する言語接触は，琉球語の変容だけでなく，琉球語そのものの消滅という事態を招いている。近代以降の言語接触は，存亡をかけた言語衝突というべきものであり，その勝敗は初めから決まっていた。

　最初の言語衝突は，近代化とともに西洋化と日本化が同時に進められるなかで起きた。外からの社会的な圧力によって特定の価値観が持ち込まれ，沖縄的なもの，地域的なものは劣ったものとみなされ，豊かな自然と風土の変異の大きさに応じて発達した地域文化と，それを支えてきた琉球語も軽視された。当時の社会状況でバイリンガルやマルチリンガルという選択肢は無く，日本語モノリンガルの選択しかなかったのである。琉球語の使用に負の淘汰が働き，圧倒的な力によって日本語への置換が進められた。

　日本への併合によって始まった言語置換の流れは，変えることができないばかりか，加速しているようにさえ見える。琉球語は若い世代への継承がなされず，その存続が危ぶまれているのである。

　言語の置換は，単なるコミュニケーションツールの置換ではない。言語にはそれが話された土地の文化や歴史が反映されている。言語と同じく，暮らしぶりも地域ごとに違う。そうであるなら，祖先からうけつがれた地域の文化の変容と消失であり，子どもたちを育ててきた親たちの経験と知識の断絶であり，

地域の歴史の断絶である。

5 しまくとぅばの継承

沖縄県議会は，琉球語の危機的状況に対する沖縄県民の危機意識と継承の取り組みの高まりから，2009年の3月議会で「しまくとぅばの日」に関する条例第36号を制定した。その第1条で条例の趣旨を以下のように述べ，9月18日を「しまくとぅばの日」と定めた。その日を中心にした様々な取り組みがなされるようになっている。

> 県内各地域において世代を越えて受け継がれてきたしまくとぅばは，本県文化の基層であり，しまくとぅばを次世代へ継承していくことが重要であることにかんがみ，県民のしまくとぅばに対する関心と理解を深め，もってしまくとぅばの普及と促進を図るため，しまくとぅばの日を設ける。

地域住民にとってかけがえのない大切なしまくとぅばが若い世代に継承されず，消滅の危機に瀕していることが条例制定後，多くの県民に認識され，沖縄各地で言語継承に向けた取り組みがなされている。琉球語を学ぶ講座も開講されている。ラジオからも沖縄の民放テレビからも琉球語が流れている。

ところで，しまくとぅばとはどんなことばなのだろう。条例では沖縄県内の各地で話されてきた伝統的な方言であると規定している。沖縄県の北大東島と南大東島を最初に開拓したのは八丈島から移住してきた人々である。その子孫のしまくとぅばは，八丈島の方言である。したがって，しまくとぅばは，琉球語だけをさすわけではない。沖縄語やウチナーグチ（沖縄ことば）は，奄美語，宮古語，八重山語を排除するが，しまくとぅばなら，南北大東島で使われてきた八丈島方言を含めることができる。

しまくとぅばの「シマ」とは，島，集落，縄張りなどの意味のほかに故郷の意味を持つ多義語である。したがって，しまくとぅばとは故郷のことばを意味する。私のしまくとぅば，あなたのしまくとぅば，みんなのしまくとぅばに関心と理解を示し，大切に継承しようと，呼びかけていると理解できる。琉球語，

沖縄語のような特定の地域のことばを指すのではなく，故郷のことばの意味を有するしまくとぅばは，絶妙に外に開かれた重要なキーワードである。

6　新たな言語衝突──多様性の危機

　沖縄県の人口は145万人（2019年推計，沖縄県ウェブサイトによる）で，鹿児島県の奄美諸島は11万人である。琉球語は日本国内にあって，約1％の人口しかない地域で話されてきたマイノリティの言語である。沖縄県庁所在地の那覇市のある沖縄本島の中南部地域には約122万人の人が住んでいて，県人口の8割以上を占めている。沖縄本島北部地域の人口は約12万人で，宮古諸島と八重山諸島の人口はそれぞれ約5万5000人で，与那国島の人口は1700人である。

　琉球王国時代の首都の首里や経済の中心地の那覇の方言は，かつての支配者層の言語として大きな影響力を持っている。首里，那覇の方言を含む沖縄本島の沖縄語中南部方言は，それ以外の地域の言語に対してマジョリティの言語であり，沖縄語北部方言も宮古語も八重山語も与那国語もマイノリティの言語である。沖縄本島周辺の小さな島の個性的な方言もマイノリティの言語である。

　最近，首里方言を基礎にした沖縄語中南部方言を標準語に認定すべきだとか，公用語を指定すべきだとかいう意見が出てきた。声高な主張こそしないが，似たような声や動きは少なくない。特定の下位方言を標準語や公用語に認定することは，かつての日本語モノリンガル化と軌を一にする。

　　スマフツ　バスキチカー　スマウドゥ　バスキ。
　　（故郷のことばを　忘れたら　故郷を　忘れる。）
　　スマウ　バスキチカー　ウヤウドゥ　バスキ。
　　（故郷を　忘れたら　親を　忘れる。）

　故郷を離れた人たちは，日本本土だけでなく，沖縄（首里・那覇）でも差別された。地方出身者は故郷のことばの訛りを消し，自らの出自につながるものを隠そうとした。上の諺はその裏返しの表現であり，警鐘である。似た諺は各

地に伝わる。

　琉球語には，多様な下位方言が存在しているが，琉球語のなかでも大方言と小方言の言語衝突が起きている。日本語と琉球語はその使用場面を棲み分けできるが，琉球語どうしの棲み分けは難しい。琉球語内の言語衝突は，一部の大方言を残し，多くの小方言を消滅させ，琉球語の多様性を失わせる方向に進ませている。外なるマジョリティに対してはマイノリティの権利と独自性を主張しながら，内なるマイノリティに鈍感なマジョリティは弱小方言を無自覚に軽視し，多くの弱小方言を消滅に追いやる可能性がある。

7　多様性の維持

　小さな島や周辺地域では高齢化と過疎化が進行し，共同体の存続さえ危うい。弱小の方言ほど危機的な状況は深刻である。存在した証を残すことなく消えた方言がある。わずかな記録を残して消えていこうとする方言もある。琉球語の多様性と下位方言の多さ，とりまく現状を考えると，すべてのしまくとぅばの記録保存と継承は困難である。しかし，高い目標を掲げて努力を重ねていくしかない。しまくとぅばの継承には，故郷の言語や文化の特質を知り，その良さを理解して正当に評価し，故郷の言語や文化に対してゆるぎない誇りと自信を持つことが必要だろう。

　多言語社会，多文化社会をつくることがしまくとぅばの復興につながる。それは，グローバル化が進み，国際共通語としての英語の重要性が謳われるなかで，世界各地で話されている多様な英語を認める思想と通底するものである。一つでも多くのしまくとぅばを未来につなぐのは，琉球語の多様性を認め，多くのしまくとぅばの共存を図ることから始まる。

7.1　しまくとぅばの教育

　平成20［2008］年版学習指導要領から地域の個性を尊重した教育が可能になり，学校教育のなかで方言の教育ができるようになった。方言や地域文化を継承していくうえで学校教育の役割は大きく，沖縄県においても方言教育を要請する声は大きい。しかし，いろいろな地域の人たちが混じりあって暮らし，グ

ローバル化が叫ばれて小学校からの英語教育が導入される現代社会にあって,方言教育が何故必要なのか,その議論は不十分である。

グローバル化が進んだ今の時代に,しまくとぅばの教育を通して何を学ばせ,どんな人間になってもらいたいのか,一般に理解されている方言教育とは異なる,新たな視点からのしまくとぅばの教育を考える。

しまくとぅばの教育には,しまくとぅばのことを指導する教育と言語運用能力を高める語学教育とがある。2つは深く関連するが,目標が異なる。ここでは前者をしまくとぅば教育,後者を方言教育と名づけ,両者を区別する。

7.2 多様性を認める教育とは

世界には日本語や英語,中国語や韓国語など,国によって異なる言語が使用されている。国内にも北海道から沖縄県までの各地域で話されている方言と標準語がある。同じ県内にも複数の方言があり,その1つが自分たちの地域の方言である。児童・生徒がそれらのことを学ぶことは難しいことではない。標準語と方言の2つの言語の性質について学ぶこと,方言にも標準語や英語などの大言語と共通する普遍的な特徴を持つことを学ぶことも難しいことではない。しまくとぅば教育は,小学校の低学年からの実施が可能である。

しまくとぅば教育に地域の伝統音楽の教育,地域の自然観察などの理科教育,地元の食材を使った食育などを融合させ,児童・生徒の目を地域に向かわせ,しまくとぅばの継承への足掛かりをつくることができる。児童・生徒は,しまくとぅば教育を通して地域の伝統文化や自然など,地域に関する多くのことを学ぶことができる。小さな島や地域であればなおさら,それぞれの土地に固有のしまくとぅばや文化のあることを学ぶ。地域のことを知ることがしまくとぅばの継承への第一歩となる。

それらの学習を通して,児童・生徒はことばそのものに関心をもち,しまくとぅば＝故郷のことばという概念も理解できるようになる。そして,私にとってのしまくとぅばとは何かを考える機会を得,両親や祖父母の生まれ育った土地のしまくとぅばがあることを知る。さらに,クラスの友人のしまくとぅばにも目を向けるだろう。

様々な地域の人が混じりあって暮らす現代社会にあって,私のしまくとぅば,

あなたのしまくとぅばは，琉球語とは限らない。北海道から沖縄までの多様なしまくとぅばがある。クラスによっては外国籍の親を持つ児童・生徒もいる。しまくとぅばは，そのすべてを包含する概念である。私のしまくとぅばが大切なものであるのと同じく，あなたのしまくとぅばも大切なものなのである。

しまくとぅば教育は，地域を大切にする心を育てるだけでなく，グローバルな視点も養う。矛盾するようにみえる2つを融合させた教育は，多様性に満ちたしまくとぅばの継承を可能にする。さらに，相互の共通性と差異性を認め合い，その違いを大切にする教育は，マイノリティの個性を認める教育でもある。弱小方言の継承可能性を保証し，琉球語の多様性を維持させることのできるしまくとぅば教育は，画一的で統一した内容の教育を長年にわたって実施してきた文部科学省の学校教育の変革をうながす可能性も秘めている。

7.3　語学としての方言教育

言語差の小さな島や地域の学校では指導する方言の選定は難しくない。いっぽうで，多言語的な状況にある地域では指導する方言の選定は難しい。言語差の小さな地域と多言語的な地域の方言教育は，異なるものにしなければならない。安易な方言教育が弱小方言の衰退に拍車をかける可能性があるとすれば，慎重な態度が必要である。

琉球語を第一言語にする教師はほとんどおらず，地域のお年寄りを学校に招いて方言を教えてもらう取り組みもあるが，教師資格のない人に丸投げしているのが現状である。仮に教師が琉球語を所有するばあいでも，公立学校の教師には転勤があり，当該教師の第一言語の話されている地域で指導できる保証もない。そもそも方言教育専科の教師がいない。

方言教育を正課として学校教育に導入するには，小学校の低学年から高学年，中学校，高校までの年次進行に従った教科書の編集，教授法の開発，専科の教師の養成など，方言教育のカリキュラムは未整備である。それらの課題が解決されたとしても，現在の過密なカリキュラムの中に方言教育を割り込ませるのは極めて難しい。

8　言語研究者の仕事

　方言の多様性が維持された時代には多くの人がその土地に生まれ育ち，無意識に方言を習得したが，いまは様々な言語や方言を母語にする人々が交じりあって暮らし，かつてのように方言を習得する環境は失われている。方言は，外国語を学ぶように意志的に習得しなければならない時代になった。方言を習得するために必要なのは辞書と記述文法と様々なテキストの3点セットである。

8.1　辞書の役割

　沖縄語の「アワティン」は，語形的には「慌てる」に対応するが，意志動詞であり，語彙的な意味としては「急ぐ」に相当し，アワティレー（急げ）のように命令形がある。「ピガイマーイ」は，語形的には日本語の「左回り」に対応するが，その意味は日本語のそれとは逆で「時計回り，右回り」を意味する。日本語の「左回り」を時計回りと理解している琉球クレオロイドの話者がいるいっぽうで，「ピガイマーイ」を「反時計回り」として理解する日本語クレオロイドの話者がいる。「アワティン」を「慌てる」，「ピガイマーイ」を「左回り」のように意味記述として対応形を記載したのでは本来の意味が継承されない。

　「ミーワキン」と「ミーワカスン」は，どちらも「見分ける」の意味を有し，格助詞トゥ（と）の付いた名詞を従えて「チュートゥ　ウヤ　ミーワキン／ミーワカスン（他人と親を見分ける）」のようにいう。ミーワカスンは格助詞のつかないハダカ格の名詞だけを従え，「チュー　ミーワカスン（人を差別する）」のようにいうことができるが，ミーワキンにはそのような意味はない。動詞などの多義語とその類義語は，その使い分けが分かるような使用条件を記した意味記述と例文が必要である。

　言語衝突は文化衝突でもある。近代化にともなって暮らしや労働の在り方が大きく変容し，地域固有の文化も消えていく。既刊の方言辞典の多くは，簡単な意味を記述したものが多い。そこからは地域の暮らしが見えてこない。そうであるなら，地域の暮らしぶりが分かるような，百科事典的な性格を備えた方言辞典が必要である。例示してみよう。

アサイウムー【名詞】あさり掘り。畑のウムー（甘藷）をクェー（鍬）などで掘り返して一度に収穫しないで，ピラ（耕作用へら）やアサンガニビラ（芋掘り用へら）を使って触感で確認しながら，大きな甘藷をていねいに掘り取ること。また，そうやって掘り取った甘藷。小さなものは残しておいて大きくなってから収穫する。

ピーダマー【名詞】(1) 火玉。火の塊。鉄などを高温で熱したときの赤い塊。［例］カンジャーヤ　ピーダマー　ナイヤカ　ヤクン（鍛冶屋は火玉になるまで焼く）。(2) 鬼火。火の玉。夜燃えるように空中を浮遊する光の塊。［例］ピーダマヌ　アガイネ　クァジ　イジン（鬼火が上がると火事になる）。(3) 赤葉。植物の葉が枯れたり紅葉したりして赤くなること。［例］パジギヌ　ピーダマー　ナトゥン（ハゼノキが赤くなっている）。

農村には農村の，山村には山村の，漁村には漁村の，それぞれの地域の暮らしを特徴づけつつ，独特の語感をともなって使用される単語がある。方言辞典は，そこで暮らし，子どもたちを育ててきた親たちの営為の記録であると同時に，地域のことばと先人たちの知恵と経験を学ぶ優れた教材になる。

8.2　文法書の編集

沖縄語のガ格，ヌ格，ハダカ格の名詞は，連体修飾の機能をもつが，その使い分けには名詞の語彙的な意味の階層性の違いが反映する。ガ格，ヌ格，ハダカ格にとりたて助詞ヤ（は）をつけた名詞は主語として機能する。その使い分けには語彙的意味の階層性のほかに，文の意味的なタイプ，テーマ・レーマ，とりたての有無などが絡み合い，連体修飾語とは原理が異なる。ハダカ格は直接対象語としても時間状況語としても機能し，ガ格，ヌ格，カラ（から）格，ッシ（で）格，ンカイ（へ）格などとともに格体系を構成するし，ヤ（は），ン（も），ドゥ（こそ）などがつくるとりたての体系を構成する。

人やものの動きや変化や状態を表す動詞は，テンス，アスペクト，ムードの３つの形態論的なカテゴリが相関した体系をつくる。さらに動詞は，スル（能動），サレル（受動），サセル（使役）のヴォイス体系，シテモラウ，シテヤル，シテアゲルの授受表現，シテミル・シテミセル・シテオクのもくろみ表現等々，複数のカテゴリに深く関わる。

ひとつの言語形式は多機能的であり多義的であり，複数の異なる小体系に構成要素として加わる。言語は，複数の小体系が集まって部分的に重なりながら，さらに上位の体系を構成するという重層的な構造をなす。記述研究が体系的なアプローチをとることは必然である。方言といえども言語が体系的な存在である以上，言語継承のためには，特定の領域や部分に偏った記述ではなく，形態論と構文論について，形式と意味・機能の両面からの網羅的で体系的な記述研究が不可欠である。言語接触によって琉球語の日本語化が進行するとともに，過疎化と高齢化によって母語話者が減少している。伝統方言話者が健在なうちに伝統方言の記述研究を実施することが急がれる。時間との勝負でもある。

　体系的で総合的な記述文法は，方言継承のために役立つのはもちろんだが，琉球語の多様性を検証し，それがどのように生成されてきたかを研究することを可能にする。さらに言語接触によってどこがどう変容したのかの検証も可能にする。

8.3　語学教材の編集

　人の移動に制限のない現代社会では離島や山間地域から都市部への人口流出が続いている。生まれ育った土地を離れ，両親や祖父母と離れて暮らす人は多い。都市部にはしまくとぅばを学ぶ環境がない。そうであるなら，しまくとぅばの継承には，記述文法の成果を取り込んで体系的に構成された初級から上級までの学習教材が不可欠である。

　沖縄語の第二過去形は，話者が直接知覚した過去の出来事を明示する形式である。第二過去形を述語に持つ文には人称制限があって話し手自身の動作を表せない。しかし，過去の習慣や反復的な動作なら話し手のことでも表すことができるし，夢に登場した話し手自身の行動なら表すことができる。連体修飾の機能を持つガ格，ヌ格，ハダカ格，および，主語の機能を持つガ格，ヌ格，ハダカ格，「ヤのとりたて」は形式的には日本語のガ格，ノ格，ハダカ格，「はのとりたて」に対応するが，そこには，日本語にはない使い分けの原理がある。日本語にはない第二過去形や日本語とは異なる格形式の習得には，日常生活のなかでそれらが使用される典型的な場面を設定しながら，単純なものから複雑なものへ，基本的なものから派生的なものへという教授学上の基本を踏襲して

教材を配置し，段階を踏んで体系的に学べるよう編集された教材が要る。

　方言辞典の百科事典的な記述を活かして，お祝いに招かれた家で親類の人を紹介してもらったり，祖母から料理を習ったり，祖父と山歩きをしたり，いとこと磯遊びや釣りを楽しんだり，ストーリーのある場面を設定できれば，地域の自然や文化や歴史を学びながら，飽きることなく学習を続けられるだろう。文字を持たず書きことばを発達させなかった多くの弱小言語の語学教材にとって，文字テキストは音声テキストをサポートする補助的なもので，音声を聞くだけでも学べる音声テキストであることが肝要である。それをインターネット等によっていつでもどこからでも利用できる簡便な手段で公開することが望まれる。辞書や文法書も方言語形や用例の録音をとってインターネットに公開すれば鬼に金棒である。琉球大学附属図書館のウェブサイト上で公開している琉球語音声データベースは，4つの琉球語の方言辞書の音声付デジタル方言辞書の先がけとなるものである。

　多言語が共存する社会は，弱小言語集団にとって弱肉強食の社会である。接触とは，近づき触れ合い交渉をもつことだが，消滅に瀕した弱小言語にとって言語接触は，自らの存在を危うくするものであり，圧倒的な力をもつ言語集団による弱小言語集団の言語と文化の収奪であり破壊である。

　批判を恐れずに言うならば，弱肉強食の多言語社会にあって，整備された辞書と記述文法と語学教材を整備したしまくとぅばは継承されるが，それをもたないしまくとぅばは，過疎化と高齢化による方言話者の減少とともに変容し衰微し吸収されて消えていく。研究者の果たす役割はきわめて大きい。

参考文献

かりまたしげひさ（2008）「トン普通語・ウチナーヤマトゥグチはクレオールか――琉球・クレオール日本語研究のために」『南島文化』30，56-65．

かりまたしげひさ（2013）「琉球方言とその記録，再生の試み――学校教育における宮古方言教育の可能性」（第1部3章），田窪行則（編）『琉球列島の言語と文化――その記録と継承』，pp. 21-44，くろしお出版

山田孝子（2012）『南島の自然誌――変わりゆく人－植物関係』昭和堂

第8章 文化(生態系)を映しだす言語の〈かたち〉

宮岡伯人

1 言語の〈かたち〉への注目

　1967 年，夏でも小雪舞う北アラスカで岡正雄先生（1898-1982；東京外国語大学 AA 研設立の民族学者）がエスキモー古老からのその日の聞きとりを終えた帰り道，ふと「やはり民族学は言語から入らないとだめだね」とつぶやかれた。秘められたお考えをくわしくお伺いする機会はついに恵まれなかったが，異文化に向かいあったとき，これを解きあかす鍵としての言語の由であったかと，推しはかりつつ，本章では，言語の「かたち」を手がかりに，言語集団（民族）の生きる環境への適応つまり文化とその変容を支える言語の基本的なはたらきを概観してみたい。

　「はじめにことばありき」は『ヨハネ伝』冒頭を飾る句だが，これの遡るとされる旧約聖書『創世記』冒頭では，「かたち」のない（古事記風だと「くらげなすただよえる」）混沌の世界に「ことば」によってさまざまなものが創られていった。ちなみに（言語を獲得した）ヒトの創造は，動物などさまざまなものの創造をひとまず終えた安息日前日にすぎない。

　この句引用の直後に小林秀雄は，「初めに意味があったのではない」と追記している（小林，1956）。『創世記』にはのちにも触れるが (3.3)，その「初め」における「ことば」と「意味」は措き，だれしも人間の「ことば」には「意味」があると考える。しかし，（意味作用・意味内容ということはあっても）言語学的に扱いうる「意味」そのものがあるわけではない。小林の大作『本居宣長』（小林，1977）は，「姿かたち」に深到せんとした言語論だが，宣長の有名な「イ（意）は似せやすく，姿は似せがたし」も，「意味」には静的／固定的なものなどなく，あるのは個人的にも時間的にもたえずずれがずれを呼んで

伸びていく運動（「差延 différance」，デリダ，2007）だとすると，ふだんの言語であれ文芸作品であれ解釈や批評にばらつきや似かよりが生じて不思議ではない。宣長と小林がこだわりつづけた言語の「姿かたち」の「かたち」は，（意味と異なり）われわれが聴覚／視覚／触覚的に触れうる（触知・知覚できる tactile な）ものであり，その具体があるがままに感取され表現される。しかもその「かたち」には，自然あるいは意識的な彫琢（選択／組合せ／修飾／凝縮）によって，滲みでてくる「姿」がある。この「姿かたち」を生む，言語の基礎たる「範疇化」のことをまず頭にいれておきたい。ここでの姿とは，「肉眼にみえる姿」ではなく「心にまざまざと映ずる像」だが，「フォーム」という西洋でも古い言葉は，日本にも古くからある姿という言葉で訳す方が，よほどいい訳なのですと述べたのも小林であった（小林，1957）。ドイツ語「ゲシュタルト Gestalt」も「姿，かたち，形態」。「フォーム form」を漢語「形式」で訳するには問題をおぼえる。

1.1　エスキモーの言葉に「雪」はない

　じぶんたちを取りまく（かかわりや関係をもつ）世界，いわば広い意味での環境を言語的にどうとらえるかを考えるとき，しばしば引き合いに出すのが，エスキモーに「雪はない」ことと，同言語での「コ・ソ・ア・（ド）」の類である。

　なるほどわれわれに身近な自然環境にも，「氷，雪，雨，水」といった普遍的なものがあると思っている。しかし大切なのは，はじめからこの世には雪（一般）といったものがあり，それをわれわれは「ユキ」英語では「snow」，あるいは「アメ」「rain」と名付けてきた，というのではない。

　西南アラスカのエスキモーの土地には，日蔭だと夏でも残雪はみられる。しかし，そのエスキモー語（Yupik）には「雪」は存在しない。かれらにとってあるのは，特別の用途や状態の，古くからの環境のなかで異なるものとして分けてとらえた（たとえば日本語で「アメ，ミゾレ，ユキ，アラレ」のようにべつべつの名がついた）べつものなのである。かれらの「雨」は，「世界，外界，気候，意識など」を意味する名詞の派生語いわば「世界 − わるい：− 接尾辞」である。

たとえば、aniu は「つもっている雪」、qanuk は「雪片」、pukak は「ざらめ雪」、nevluk は「くっついた雪」、utvak は「きりとった雪」、navcaq は「雪庇(せっぴ)」、nalquik は「吹きだまり」。これらは日本語の「雪景色、雪どけ、小雪」などがいずれも「雪」からの派生語（合成語）にすぎないのとも、名詞「雪」に他の語（句）をくわえた修飾（「重い雪」「融けかけた雪」など）とはちがう、エスキモー固有の「範疇化」である。その一方で、「雪」も「雨」もひとつのものとしてとらえる（べつのものとして範疇化しない）言語も世界にはある。

1.2　30種の「こ」「そ」「あ」

範疇化はしかし、「雪、犬」「降る、走る」のような語彙的な世界だけのことではない。このような名詞や動詞などに指示詞「こ」「そ」「あ」（疑問の「ど」）のさまざまな形をつけて、種類・範囲（場所）・状況を細別する。英語なら this／that, here／there の2種、日本語はまさに「こ／そ／あ」の3種にすぎないが[1]、西南アラスカのエスキモー語では、このような指示詞（語根）が表1のように30種あって、指示対象をまず空間（上(うえ)、上(かみ)、下(した)、下(しも)［河口］、内［陸／上流］、外［北］、介在物の存否［水平］など）で類別し、可視・不可視、点・広がり（左右の動き）を区別したうえで、3数と7格の曲用（本章注4参照）をともなう指示代名詞、5格の指示副詞のほか呼格形、間投詞形、さらには存在・方向動詞をつくる（詳しい説明・例示は Miyaoka, 2012；宮岡, 2015）。話し手は、この30種相互のちがいをはじめから整然と掌握し、意識的に操作しているといったものではない。いつのまにか区別を身につけ、意識することなく使っていたはずだが、話し手の無意識な、いわば眠っていた言語知識のなかから一つずつ、もれなく掘りおこし、整理していくうちに整然とした体系が見えてきたものである。

「雪」であれ「降る」であれ、対象を指示・言及するには、英語の this／that, here／there の2種、日本語の「こ／そ／あ（れ、の）、ここ／そこ／あそこ（で、へ）」のような3種といった包括的な区分ですましてしまう言語とは大ちがいで、エスキモー語のように整然と範疇化された30種の指示詞（の膨大な変化形）から適切なひとつを選び、どのような場所・広がり・動きのものかを類別・明示しないとひとことものの言えない言語もあるというわけである。

表 1　ユピック語の指示詞

	〈広がり [左右]〉	〈点的〉遠／不可視	〈点的〉近／可視	
I	mat-		u-	「こ」話し手
II	tamat-		tau-	「そ」聞き手
III		im-		承先／既知
IV		uk-		話し手への接近（時空）
V	aw-	am-	iŋ-	水平（話し手とのあいだに遮(さえぎ)りなし）
VI	ay-	akm-	ik-	水平（話し手とのあいだに遮りあり）／向こう側
VII	paw-	pam-	piŋ-	上（かみ）
VIII	pay-	pakm-	pik-	上（うえ）
IX	un-	cam-	kan-	下（しも／した／河岸）
X	uny-	cakm-	uy-	下（下流／河口）
XI	qaw-	qam-	kiu-/kiw-	内（上流／内陸）
XII	qay-	qakm-	kix-	外（北）

(宮岡，2015: 343)

例（pik-うえ）：代名詞・絶対格単数 pik-na ほか，副詞・位格 pik-a-ni ほか，存在動詞・3人称単数 pik-a-net-uq（うえにいる／ある）ほか，呼格形 pik-suuq，間投詞形 pik-a=i。さらに，移動，方向，経由の動詞，繋辞形が派生する（それぞれ，人称・数による変化）。

　こうしたさまざまな「雪」にしても，それらの詳細な指示のしかたにしても，言語によっていろいろな範疇化（ワケかた）があるわけだが，「ワケ」があって「ワカル」のであり，その「ワケ」は音声であれ，それを表記した文字であれ，「触知（知覚）できる」カタチをとっていなければならない。つまり「環境」の物的・心的両面にまたがる対象やはたらきが，カタチ化するつまり外化することではじめて（聴／視／触覚［点字］のいずれであれ），触知・知覚できる「カタチ」になる。言語もおなじこと（ただし意味にはカタチはない）。

　かかる「範疇化」つまり（外部からは恣意的と映るにしても）当の集団には必須の世界の「ワケかた」を念頭におきながら，（「環境」への適応としての）文化を言語の面からどう理解していくかを考えていくが，言語の「姿カタチ」の具体的なありようこそ，本章がしばしば触れざるをえない，言語「形態法」（morphology つまり form・カタチ／形態の論）である（第4節で詳しくみる）。

2 言語と「環境」のあいだ

　環境適応の方策としての文化を支えているのが人間の言語だが，両者の関係はさほど単純ではない。一例として，南北両極端のふたつのグループの文化・言語を（日本語や英語なども念頭にいれつつ）眺めてみる。

2.1 文化の複雑さは，言語の複雑さではない

　いずれも複雑多岐にわたる人間の文化は，構造的にみるならば，関連する文化要素（要因）が相対的に限られた（農耕・牧畜など以前の）単純な狩猟採集民などのほうが，高度文明社会よりたしかに理解しやすい。しかし，そのような文化の単純・複雑さは，話される言語の類型（構造，難易など）とは相関するものではなく，高度に発達した文化の言語のほうが構造的に難解・複雑であるといったものでもない（語彙の複雑はべつ）。

　たとえばさきのエスキモー語は，一つの語がきわめて長くなる複統合的な言語（polysynthetic――1816 年初出，宮岡, 2015: 141-150）の典型として有名だが[2]，もっぱらその「複統合」をなす拡張は，接尾辞に依存する形態法にしたがう（詳しくは Miyaoka, 2012）。例えば「彼は‐（X に＝［＝は前接語］[3]）小さな‐舟‐つくら‐せ‐たいと‐考えているのだと‐私たちふたりに‐話してくれ‐た」のような，ひとつの文ともみえる内容も，語幹「舟」につづく「小さな‐」「つくる‐」から，「［派生］使役，願望，伝達，完了／［屈折］直説法，3 人称単数主語，2 人称双数目的語」まで，いずれも接尾辞（連続）でできた精妙で複雑な，しかし紛れもない一語である[4]。孤立語的な英語（文）とは比較にならぬ複雑さだが，（いくぶん日本語の動詞複合体に似ているところもあってか）細部をみおとさず根気よく解きほぐしていくと，さほど手こずる言語ではない。

2.2 マゼラン海峡のモンゴロイド

　文化の（発達段階の）おなじような民族が，おなじような「環境」に住んでいるからといって，おなじような「環境」の範疇化をしているのではない。たとえばチリ／アルゼンチンにまたがるマゼラン海峡を越えた「世界の果て」フ

エゴ島周辺には，エスキモーとおなじくモンゴロイドの極少数民族ヤーガン，アラカルーフ，オナの人々が住む。ヤーガンとアラカルーフは極北シベリアの旧シベリア人に似ており（Chapman, 2010），ヤーガンの歌はシベリアの先住民集団（バンド）とそれに類似するという。とくにオナは，どう見ても日本人そっくりである。オナや（これに北接する）テフエルチは中国・ロシアの後期石器人に関係するという説もある（Soto-Helm, 1992）。

フィヨルドに崩れおちる氷河は措き，極北の寒冷きわまるエスキモー地域の自然に類似した「環境」にあって，シャーマンなどの占める重要な役割も共通だが，極悪の諸エレメントからかろうじて身を守りながら，白人との接触（19世紀初頭）後も，絶滅直前まで裸族の石器時代人として木皮カヌーと歩行だけで生きぬいた沿岸漂泊民である。エスキモーの古来，半定住性（夏のキャンプに対して冬の家）とは対蹠的な漂泊の生活では，物質文化の発達や社会組織などの文化的発展の可能性はいちじるしく閉ざされ，環境の締めつけに果断かつ才覚もってたちむかうエスキモーの積極的姿勢は見られない。もちろん「雪」は降るが，エスキモーの場合のような範疇化は，彼らの言語には見られない。

とくにワナコ（鹿科），野生植物，水棲動物（アザラシ，貝類）などとのあいだに設定されていた環境との生態的バランスは，19世紀中葉以後の白人との出会いの中で一挙に崩され（殺戮，疫病），言語接触といえるものもほとんどおこらぬうちに，おそらく数千名いた各族は急激に衰退と死滅の道をたどった。いまやオナは完全に消滅（最後の話者は 1990 年代死去），ヤーガンは私が訪れた 1970 年代初頭にはまだ 10 名たらずの話し手が確認できたが（宮岡，1974），2017 年現在，そのうちのひとりが残るのみという（Yoram Meroz, p. c.）[5]。ただアラカルーフだけはなお 10 名前後の話者がいる模様である。

文化と言語（とくに文法）とが相関しないということについていえば，ヤーガン語は，エスキモー語や日本語よりは，統合度の低い英語などにちかづく一方，カナダ北西海岸のツィムシアン語は，複雑きわまりない複数形成法があって，若干の不規則複数名詞だけで話しがすんでしまう英語話者には想像すらできない類のものである。言語とかたち，文化，生態，環境にはそれぞれ通り一遍でない組み合わさりかたがあり，このため，文化は「構成的にみてゆく」必要がある。

3 環境適応としての文化，そして言語

「環境」には，いろいろな捉えかたがある。文化の差異が世界を豊かにするとした西田幾多郎の「人間が環境を作り環境が人間を作り，（中略）環境は主体的なるかぎり，環境であるのである」（『日本文化の問題』／西田，1940），今西錦司の「われわれの認識し得る世界がわれわれの環境である」（『生物の世界』／今西，1941）にたいして，小林秀雄は『本居宣長』（小林，1977）において宣長の言語観を追うなかで，「人間は（自然環境などというより）言語環境に取り巻かれて（言語秩序に組み込まれて）いる」と書いた（亀井他編，1996参考）。

まず，人間の「文化」にとっての「環境」をその締めつけとこれに対する適応にてらし，①自然，②社会，③超自然に分けて考えてみる。

3.1 環境の締めつけと環境適応

①自然には，生物や植物など有機体や，鉱物などの無機体がふくまれ，その変化（災害・消滅，天候・地震など）も含意している。なかでも生物や植物は，それぞれにみずからの生態系のなかで存在するものの，その一部は家畜・作物，ペット・鑑賞用などとして人間の生活（文化生態系）にとりこまれている。

②人間集団が織りなす社会は，まさに言語あっての環境であり，文化の中心にちがいない。そこに住む人間には，つねに相互作用的に変動する方言や階層差，母語のちがいが，まちまちな仕方で影響してくる。他文化との接触がもたらす言語と母語のちがいからは，一時的で長期的であれ，ここに「言語接触」の問題がその消滅をふくみ，うまれてくる（例，移民集団の来住，定住を想起）。③超自然には，霊的世界，死後の世界をふくむ。しかし，たとえば宗教の弘通という一要因は，商業の発達につながり，後者のルートは前者のルートを広げていくといったように，各要因は相互に関連しつつ生態系全体の変容につらなる。適応活動の体系としてのこの生態系は，環境の諸要素（要因）が錯綜し相互依存的に連関・連動しつつ統合的な働きとして維持される（宮岡，2017: 20-24）。

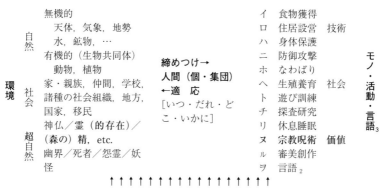

図1　文化生態系[6]（宮岡編，1996）

くわえて，人間のからだじたいもまた人間みずからをとりまく環境にちがいない。おのずと特別の関心がはらわれ，たえずその影響をうけ，具体的な対応をせまられる。そもそも病理解剖がはじまるまえに，人間はみずからの人体内部にたいする興味から，解剖することを考えだしたその理由はまさに言語の問題だという。つまり，人間が世界をことばで埋めつくしてきたなかで，最後の最後まで手つかずであったのがからだの内部であり，その細部を「分け」つまり言語化するには，人体の分割（解剖）が必須となる。この興味があってこそ，身体内部に関心をもつ「病理」解剖よりはるか以前の14世紀，北イタリアで人体解剖がすでに行われていたと養老孟司はいう（養老, 2002: 106-107）。（日本では杉田玄白らによる死刑囚の「腑分け」が1771年）。「分ける」と「分かる」のが言語$_1$。

これら環境の側面①から③それぞれにたいして，個人や集団（言語共同体）は，その締めつけに押し潰されぬよう，さまざまな「モノ」，「活動」，「言語$_3$」でたちむかう。「環境適応（adaptation）」であるが，そこから当然，現実（環境）に改変がくわえられる。くわえて，文化（生態系）には，その内部からではなく，地球温暖化や資源枯渇，国境をこえた黄砂や疫病，他国圧力や異言語集団の流入のように外因的な環境圧力もさまざまに作用してくる。

内的のみならず外的要因にたいするモノ・活動・言語$_3$それぞれの対応の仕方，それに応じて生じる変化，つまり「文化変容（acculturation）」は，もち

ろん集団によっても地域によってもけっして一様ではない。文化は，環境からの多種多様な締めつけを軽減するクッションとして環境適応をはかる方策とみなされるが，その真剣な，ときには生きるか死ぬかの「目的」（機能）を果たすべく，極力，無駄を排し，しのぎをけずってスグレモノであろうとする。とくに外部的要因は，生態系のあちこちを侵食し，文化変容のつよい引きがねとはなるものの，文化には，もっぱら環境適応という大目的からくる（準）安定に向かう傾向があって，他文化（要因）と「混融」しつつも生態系全体としてのバランス（あらたな安定）を生んでいく。もちろん，要因の性質におうじて急激な変化や再編はあり，そこに緩みやガタが生じはじめ，言語の衰退とともに，残滓はのこしつつも，ついにしだいに荒廃と消滅につながるということも当然ありうる。

さて，「いつ・どこで・だれ（個人差／性差／年齢差）・いかに」がそれぞれかぎられた諸活動のなかで，特別な意味をもつのが，人間どうしの「伝え合い」しての言語活動つまり上記言語$_3$である（図1）。ただ，谷崎潤一郎（『文章讀本』）も文化と言語のちがいに触れるなかで述べているように（谷崎，1934），この言語は，案外不自由なもので欠点もあり，道具としてはけっして「スグレモノ」とはいえない。

ただ，ひろい意味での言語活動には，信篤い人々の「祈禱」や（一部）動物・植物とのラポールをはかる「語りかけ」などもあるが，これらはいずれも一方通行的であって，「伝え合い」の言語$_3$とはいいがたい（むしろ後述の言語$_2$）。

3.2 「文化（生態系）」における言語のはたらき

（非言語的）文化とくらべて言語は複成的・多面的であり，環境との絡みあいもおのずと多様である。そのため，後述のように，部分によってその「合目的性」に根ざす「可能性制限」のありようも多様である。ここに，ひたすら環境適応に向かう文化とは対照的な人間言語の重要な特色がある。

こうした人間の生態系において，言語にはひとまず3つの位相が区別できるかもしれない。ふつう言語はと問えばただちに，コミュニケーション（伝え合い）つまり伝達の道具だという答えがもどってくる。たしかに道具としての

言語（「言語₃」）は，社会的存在としての人間の環境適応に重要な機能をはたすが（交感・交話的なはたらきをふくみ），言語はいわゆる道具とはちがう。すくなくとも，物質文化としてのモノや技術とは性質が本来ちがっている。今日のパソコンであれ石器時代の石刃であれ，それにかかわる技術とともにたえずヴァージョンアップがあって，機能のおちる古い版はたちまちとり替えられていく。言語には，「進歩」を論じたエスペルセンのような学者もいたが，（他言語からとりいれた語彙の取替えや豊富化は措くならば）構造的にアップしたといえるような言語はおそらくない。

　言語がはたすはたらきはじつにさまざまだが，環境適応に重要な機能としての伝え合いをはたす言語の前提にまずなければならないのは，（当の集団が共有する）「言語₁」つまり範疇化・命名（認識）とそれにもとづく操作・運用（思考・表現）の型つまり「文法」である。人間がその住む世界（環境）をことばで埋めつくしてきたことはさきに触れたが，これには，なにか辞書にのる「語彙」が連想されるかもしれないが，語彙には，「語」以前の（非自立的な）派生・文法要素もふくまれ，それらを（選択的・義務的に）のせて働かせるのが「文法」である。語彙と文法が両者相俟って（話し手の内なる）思考感情を，その外化した「カタチ」として「言語₃」をはたらかせる。

　ただし，そのまえに「言語₁」を基盤とした「動能性・表出性」という重要なはたらき，つまり「言語₂」がからんでいることを忘れてはならない。これがあってこそ人間言語である。

3.3　「はじめにことばありき」――「環境」への動能的働きかけ

　「言語₁」と「言語₂」については，『創世記』冒頭の「はじめにことばありき」（新約聖書「ヨハネ伝」冒頭）にも連なる：（もとより神学的論議は措き）とくに暗示的な言語のおそらく最古かつ最強にはたらいたのは，天地創造を描く第一章冒頭で，まず「地には〈かたち form〉はなく〈空 void〉のみあり」（2節）にはじまり，かの有名な「光あれと宣いければ光ありき」，「その光を闇から分け」，「光を日と名付けた」（3-5節）がつづく。英語訳は「let there be, divided, called」だが，最初の「光あれ」はたんなる命令法ではなく，これこそことばが現実をうみだす「動能的」なはたらき（言語₂）であり，後二者

(「分け」と「名付け」)は範疇化と命名のはたらき(言語$_1$)にほかならない。初日の創造のあと、草、果物、鳥、牛、鯨などがつくられ、安息日をむかえる前日(6日目)になってようやく(言語を獲得することになる)ヒトが誕生するまで、「であれ」と「を分け、XとしⅠ、これをYと呼んだ」とがいくどとなく繰りかえされる。こうして〈空(くう)〉のなかに、ことばがまさに〈かたち〉をつくっていった。

　動能性の「言語$_2$」はしかし、なにも聖書の世界にかぎったことではない。とくに無文字社会によく知られてきた「シャーマンの呪文」や「言霊(ことだま)」は、渾然一体となった自然・社会・超自然にたいし、まさにある種の「道具」として直接操作するかのように、その環境を改変しようとする(レヴィ・ブリュールが「融即(participation)」と呼んだ直接機能的なことばとものの相通)。古代日本は、まさに言霊の「幸(さきわ)う国」であったが、中世期まで伝えられる、天皇さえふくむ個人的な敵への「呪言(のろいごと)、呪殺(のろいごろし)」は、ことばの動能性を働かせる具体的行動であった。いまも、婉曲的ながら鉄人を刺す表現とか、権力者中心のメディア・コントロールとかは、われわれが身近に知る動能的言語使用である。反対に、神・死者・熊などを「言挙げする」(名前など、特にとりたてて言う)のを避けるのは、ことばの動能性の裏返し、つまり口にすることがひきおこすマイナスの働き(凶事)を避ける逃げの手口に他ならない。

　動能性は言語の表出性につながっている。「言語$_2$」は、その「カタチ」が醸しだす「姿」のもつ表出性によって言うに言われぬ感動を日々、人のこころにあたえる一方、心情的／詩的／美的な力として、それぞれの文化にユニークな彩りをそえる。

　要するに、『創世記』は、(いずれの文化であれ)伝え合い(言語$_3$)にさきだつ人間言語の根底は、範疇化／命名／思考を操る「言語$_1$」とこれに密接に結びついた動能／表出性の「言語$_2$」であることを暗示している。

3.4　「分ける」と「分かる」

　言語$_1$つまり人間が環境を「分け」つづけ、ことばで世界を埋めつくしてきたというのは、環境の「範疇化」(「語彙分節」とも)の名で知られる。ただし、文化を映しだす言語がかかわりをもつのは、なにか平面的にとらえた文化の恣

意的な分割という単純なものではない。色彩名称であれ親族名称であれ，局所的な部分の範疇化というよりは，当の環境全体にかかわり，その環境にたちむかうモノや行動，感情・価値観にまでいたる範疇化,「辞書」全体が対象となるような，あえていえば「環境」まるごと範疇化である（参考,「民族誌としての辞典」松井，1996）。

　範疇化は，名詞・動詞・形容詞，副詞のようないわゆる自立語だけではなく，接語はもとより接辞も「語彙」にちがいない（ただ接語と接辞を区別せず，伝統文法的に附属語と呼ぶのは腑に落ちない；4.4 ならびに注 12, 13 参照）。（複）統合的な言語が依存することの多い接辞は（語幹合成に似て）語の二次的範疇化であり，具体概念のみならず（文法性のたかい）関係概念の細緻化もになう。自立語にさまざまな当言語固有の「ひねり」をくわえ，これが重なってさらに高次かつ多重的な範疇化が精緻複雑な表現を生み，微細なニュアンスを加えていく。それに付随する価値観とともに，（個人差の少なくはない）話者の言語意識というフィルターをとおして，言語$_1$ に沈殿し蓄積されていき，言語$_2$ の表出性にもかかわっていく。

　日本語には,「ワケがワカル（ワカラヌ）」という表現がある。「ワケル」（〜「ワク」）が「ワカル」すなわち分けてはじめて解る（「ワケ」なければ「ワカラ」ない）ということである。つまり範疇化はまさにこの「ワケ」であり，その「ワケ」（訣，理，譯［訳］）が「ワカル」ことこそ認識であろう。見分け，聞き分け，食べ分け，嗅ぎ分け，感じ分けなどすべて「ワケ」によってはじめて，ものの本質に達しうる（「ワキ - マウ／- マエル」も）。この「ワカ〜ワキ〜ワク〜ワケ」には，母音交替（ア〜エ〜イ〜オ〜ウ）がある[7]。「ワケル」ことが「ワカル」ことに通じる（禅の無分別智の世界は措き，分別知によって生きており，これなしには，なにも知ることができず，生きてもいけない）という洞察をこれほど明敏に言語化している言語が日本語の他にはあるのだろうか。

4　言語の「カタチ性」

　うえの「言語$_1$」はミクロの言語と呼ばれることもあるが，これを支えるのは，その言語固有の範疇化（「分ける」語彙）とそれを動かす「文法」にちが

いない。フンボルトが言語について考えたエネルゲイアの性格をもっともよく示すのが文法である（フンボルト，1836）。とくにその形態法とは「集団的な思考の様式（art of thought）以上でも以下でもない」（サピア）にもかかわらず，日本では一般に文法はほとんど興味をひかない。ここには日本語研究の「宣長以後の衰退」（J. Whittman）を部分的に引継いだ「（文部省）国定文法」ならびに国語軽視の影響があったかと考えられる[8]。

　言語の正鵠を射た掌握は言語のカタチ性の認識から出発すべきであろう。これを特徴づけるのは，本節で触れる産出的なプロセスとしての「二面結節（bilateral articulation）」にちがいない。内容面の結節は表現面のそれと組み合わさって「カタチ」をつくる。表現面はまず音声だが，これの転写である文字，そのさらなる転写に点字がある。それぞれ聴覚／視覚／触覚により，まさに「触れうる」カタチができ，これによって内容が伝わる。

4.1　「音声（歌）」と「姿かたち」

　『創世記』が「かたち」と「分ける」から出発したように，『古事記』（712年）が「神々」と称した最古の日本人もまた，営々とその環境を分割しことばで埋めつくしていったにちがいない。音声を手がかりにするいわゆるフィールドワークとはちがって，混沌とした漢字のみで綴った，はじめての日本語文書の細部に40年（以上）の格闘をつづけ，その漢字連続のなかに古代人の「声」を聴きわけ・感じわけつつ，古代人が話した日本語の「カタチ」を解きほぐしていく。この格闘をへて日本人に読める「カタチ」にしていったのが宣長の『古事記伝』だと考えられる[9]。「姿」（す-かた）と「カタチ」（かた-ち）は，当時すでにふつう一般のことばであったにしても，言語の「カタチ性（form-hood）」をはじめて直覚的に把握したのは，日本では宣長にちがいない（小林，1960；1977参照）。宣長が「からごころ」に嵌るのを避け（不要物を除去し），物事をありのままに受けいれる日本的な考えと感じかたの根底にあるものこそ「姿かたち」なのであろう（長谷川，1986参照）。

　漢字オンリーの『原古事記』の背後に古代人の「声」を聴きとり・感じとりつつ，日本語の「かたち」を追いもとめた宣長が生来，衒学でなく細事にこだわる（pedantry；4.3項参照）真のフィールドワーカーであったことは，たと

えば松阪から吉野への10日の往復旅行を描いた『菅笠日記』(すががさのにき)(1772年)での地図作成，執拗なまでの質疑応答，実地を踏んでの地名考証，古墳内での石棺観察などからも知られる(吉田，2004)。

　この宣長の書きのこした「あしわけ小舟」「石上私淑言」から小林秀雄は，「ただの詞より発生的には〈歌〉がさきだ」という宣長の大胆な直観に注目をむけている。これと並行してフンボルトも，「人間は歌うときでも，思考を音に結びつけるのを忘れないのである。(中略) 言語は先ず発話および歌(レーテ)(ゲザング)として自由に流露してくるもの」と書き(亀山訳，1984: 96, 24)，思考を形成する言語の内的な創造性の萌芽に触れていることを忘れてはならない。

4.2　「姿かたち」は「形式」とイコールではない

　「(言語)形式」はふつう「(linguistic) form」と同義に用いられている。しかしformを「形式」と訳すのには問題がある。サピアとブルームフィールドのいう「form」は同じではない。サピアの「form」(Sapir, 1921)は木坂訳／泉井訳は「形態」とするのに対し，安藤訳はすべて「形式」になっており，「form language」を「形式言語」としている。サピアの「形式言語」とはどう理解するのだろう。現代のアメリカ言語研究者も一般に「form」を「shape」と同義的にとらえているようだが(M. Mithun，私信)，これではすでにフンボルト／サピアの「form」(カタチ／形態)ではない。サピアは，一貫して接辞を文法的要素と呼びつつ，最広義には接辞を「form」と呼ぶこともあると慎重に述べたこともあるが，この点の正当な理解を欠くために，接辞を和訳に曇らされ，「形態」と呼ぶのは慎むべきことかと思われる。フンボルトの「Form」が「形式」ならば，形態論は形式論になる。

4.3　「言語学の本当の対象は語である」

　この一節は『言語学大辞典』全六巻(1988-96年)冒頭の「刊行の辞」にある河野六郎(1912-95)のことばだが，その「語」とはまさに「カタチ」であり，これを「語形態」(亀井，1995[1991]: 39)とも呼びつつ，亀井孝(1912-95)は，「かたちの がわから せめて ゆくのが，ことばを 職と する ものの こだわる 定石 または ペダントリである」と記された([1970]1971: 239，分かち書

きは原文のまま)。もとよりその「ペダントリ」は，ふつう日本語訳にされる「衒学，学者ぶり」ではない。これは「かたち(言語)はかたちで制するべき」ことにほかならないが，その「語」はここでみるように，もっとも基本的な「結節(articulus)」である。

歌と思想が戦争讃美と曲解されることがあった宣長も，すでに吉川幸次郎は「世界的日本人」(吉川，1941 ほか) と評価し，世界規模で言語研究史を鳥瞰できた泉井久之助も宣長をたかく評価している (泉井，1976a；本章注 9 参照)。小林の『本居宣長』の「姿かたち」に執拗にせまる明敏な言語的考察がある。

宣長の「かたち」が専門家から正当な理解をうけだしたのは，国語学史上，記念すべき 1957 年，『古事記大成——言語文字論』に亀井・河野の 2 論文が現れたころかと考えられる。なかでも河野の上記「本当の対象」という認識は，「二面結節」の雛型のような「語」つまり漢字 (表語文字) の通暁から出発・完成したその「文字論」を基礎に[10]，広範な類型の言語を渉猟し，晩年は孤立語の中国語とは対極的に複統合的な言語にまで深至考究を続けられたその必然的な到達点であったと考えられる。

4.4　日本語文法の再考

4 世紀以上前，西洋人ではじめて日本語文法を書いたロドリゲス (イエズス会士) がすでに，日本語は，義務的な関係概念としての性・数・格／法・時制・人称などの曲用／活用 (屈折) をもつヨーロッパの諸言語とは異なり，名詞 (体言) には「曲用」がないと，明確に指摘している[11]。にもかかわらず，日本語文法の主流はいまも名詞のいわゆる格助詞を屈折形態論と考え，「名詞屈折論」を唱えている (仁田編，2003-2010 ほか，宮岡，2015: 283-89 を参照)。そこではいわゆる助動詞・助詞は単語の構成要素であり，独立の単語ではないとする。どころか最近も，「接尾辞 (助詞・助動詞)」のごとく示した著作がみかけられるが，これなら格助詞なども屈折と見做されてしまい，同趣の名詞屈折論容認になってしまう (3.4「附属語」参照)。

「それぞれ独立しては用いられないで (中略) 何とかして語幹要素に付着または熔接されねばならぬ単独で自立する能力を持たない」接尾辞 (Sapir, 1921 [泉井訳: 24]) を，「いわゆるテニヲハのようにとりはずしが自由であり，それだ

けを個別に完結した形態（かたち）として抽出しうる」前接語（亀井1949［1973: 44］）と混同するひそかなあやまちは，日本語文法最たる，いまも続く弊にちがいない[12]。国語辞典に挙がる動詞活用表と助詞分類もその顕著な反映である。接尾辞と前接語は，日本語にかんするかぎり，「ひねり（twist）＋スル再立ち上げ（resetting）」テストで容易に区別できるはずである（宮岡，2015: 192-207）。これこそ，まさに「かたちはかたちで制する」文法の「定石」にほかならない[13]。いつまで日本語関係者は，「助動詞・助詞」に拘りつづけようとするのだろうか。

4.5　二面結節

　言語₁の基礎にあるのが「二面結節」にちがいない。言語のカタチ性を生むところを求めてきた概念である。形態・統語面の結節は（音声）表現面の結節に裏づけされ，はじめて「カタチ」をなす。（意味）内容面の結節が，基本的に同延の表現面の結節に裏打ちされるときに生まれる最小の二面結節が「語」だと考えられる（二面にずれあるいはミスマッチはときに生じる）。つまり両面での「結節」の素になるのは，未形（カタチ以前）の形態素と音素であり，前者には，語幹（語基），接辞などがふくまれる[14]。この点，漢字はまさに文字の「表語性」の雛型ともいうべく，（基本的には単音節ゆえミスマッチなどない）二面結節そのものにちがいない。ここには言語以前の（形態素・語以前の触知できない）「意味」はみられない[15]。

　一般に，言語の形態法は，機能性のたかい統語法より，はるかに絢爛多様であり，意識にのぼりにくく，細部の掌握もむつかしい。それだけに，これとの密着・格闘のないところに言語のカタチ性の認識，したがって言語全体の理解は望みがたい。ふつう話し手は，複統合的な言語でも，カタチとして完結した語や音節の認定（知覚）じたいはさほど困難ではないのにたいし，それを構成する接辞（形態素）や音素などの前カタチ的な要素は，（その示差性のゆえに析出は可能だが）ときに難関にでくわすのは話し手との対峙のなかでしばしば経験するところであろう。結節があってこそ分析（二重分節）がある。

```
＊内容面　（形態素→）語→拘束句／拘束語→句→節→文
　　　　　　　　　　　　形　態　法　　｜　統語法
＊表現面　（音素→）音節→音脚→アクセント／トーン結節→
　　　　　　リズム／イントネーション結節（詳しくは宮岡，2015: 90-106）
　cf. 二重分節（A. マルティネ）：　文のレベル→語のレベル→音のレベル
```

　　　　　　　　　　　図2　二面結節 vs. 二重分節

5　言語の「かたち」からみた言語接触（危機と消滅）

　「言語接触」は，いうまでもなく，ある言語集団が他の文化の成員と接触することが前提である。言語接触が生む（相互あるいは一方的）「干渉」にはさまざまな段階や様相がある。少量の語彙の借入からはじまり，構造の部分的吸収から混淆にすすみ，さらにゆけば，その言語を消滅にまで追込む結果さえ生みだしうる（西田編，1990；細川，1996；崎山，2017）。語彙借用にはじまるとしても，受容の分野・度合いは文化・言語によって大幅に異なる。（しばしば音型適応をともなう）相手言語からのじかの借用はかたくなに避け，翻訳借用（意味分析による自国語への記述的置きかえ）に傾く言語もある。反面，形態法は最後まで影響をうけにくいが，ここにいたると「言語の終焉」はちかい。

　一般に「言語」と「文化」を対照的に考えると，前者にも環境適応にとって大切な道具的側面（伝え合い）はあるが，その多様性は後者のそれよりはるかにおおきい。固有の文化の弱化・衰退は言語のそれと連動し，言語接触がひきおこす言語の消滅は，いまや世界的な問題になってきている。とはいえ，これはたんに言語多様性の減少といった，社会言語学の一研究分野ですまぬ，当の集団・民族を超えたたいへん重たい事実にちがいない。すでに危機言語と消滅の問題には，日本語で読める重要な文献も多々あり（中川，1996；宮岡・崎山編，2002；Tsunoda，2005など），言語の危機がますます深刻化するにつれて国際的関心はたしかに広がりと高まりをみせてきている。

　アフリカ系アメリカ人公民権運動が1950年代半ばに本格的に動きだした合衆国では，これと連動してアメリカ先住民の危機言語がつとに問題となり，アラスカでも私がエスキモー語を勉強に出かけだした1960年代半ばには，文字作成が大学ではじまり，数年後，現行の正書法が完成，エスキモーの人たちの興奮と期待が渦巻いた（当時，日本では危機言語はまして，日本語の危機とか

は話題にもなっていない頃のこと）。

　言語の危機度というのは，それが客観的には「消滅直前の深刻な危機的状況」段階にはいっても[16]，なかなか話者（集団）にはその危機性が悟られない（実感しにくい）ものである。（相対的にみると）いかに変化が急激であっても，自分たちがそして子供の世代さえ話しつづけているのに，なぜ消滅なのかと安閑としている。そのうちに，衰退は着実にすすみ，とりかえしのつかない現実が遅からず訪れる[17]。じじつ危機言語についての関心がしだいにたかまってきたこの約半世紀，「最後の話者」の死（民族の完全消滅）がいくつ報じられてきたことだろう。

　外部からもたらされる環境変化，他文化からの影響は生態系のあちこちを侵食し，文化変容の引きがねとなるのにたいし，言語は文化の基盤ではあっても，その語彙・音韻・形態・統語といったサブシステムはけっして一様ではない。つまり，変化しやすい面としにくい面のちがいがあり，見えやすい部分と見えにくい部分があり，ばらばらなはたらきをみせる。そのため，言語の「混淆・形成」にしても，語彙的来由（語源）が可能なかぎり厳密に解明される必要はいうまでもないが，文化変容を直接反映する言語の総体的にはうつろいやすい一面である語彙以外の，文法構造各面についての具体・変化こそ，より詳細に検討されねばならない。

　言語接触がもたらす言語多様性の消滅つまり危機言語は，世界各地で多種多様に混みいった背景があっての結果であり，本書（すくなくとも本章）で概観すらできるような域をこえている。ただ，ひとりの言語学者クラウス博士がアラスカの一言語を「救った」幸運な「救出の言語学（salvage linguistics）」の例を最後に紹介しておきたい。

5.1　形態法は最後まで残る

　言語のなかでもっとも安定した部分は，とくに錯綜し複雑で，相対的には固くまとまった体系をなす形態法である。言語接触は，語彙借用からはじまり，統語法・音韻法を経て，最後まで残るのは形態法であり，その全面的受容は「導入する側の言語の終焉」だと考えられる（亀井他編, 1996: 367）。

　ボアズの「総合人類学」をサピアとともに支えたゴールデンヴァイザー

(Goldenweiser, 1913; 1933; 1943 [1927]) には，文化を考えるにあたって，（環境適応に）機能性のたかい部分は，相対的に変化しやすく（したがって代替は容易），多様性の幅が限られてきやすいのにたいし，かたち性の高い部分は変化しにくく，多様性と例外が残りやすい，という認識があった。環境適応のような「真剣かつ，（ときに）生きるか死ぬかの目的」がある（非言語）文化には，概して，そもそも「余剰」や「遊び」にひたる余地はかぎられ，取りうる選択の幅がかぎられてくる。とくに物質文化（もの）は，用いる材料も形状もおのずと限られた範囲内におちつく，つまり多様性は生まれにくいと考え，これを文化変化における「可能性制限の原理」と呼んだ（宮岡，2015: 12, 37-43）。

環境適応のしばりのため，文化はおおむね一定方向へと共謀し，収斂しやすい（conspire/converge）のにたいし，言語は機能（伝達）だけで説明しようとすると，その多様性は説明できるものではない。ただ，統語法はその機能からして，とる可能性の幅は限られているため，もっとも簡単である。千野栄一がさりげなく「統語論の共通性，形態論の多様性」と呼んだこの対比は（千野，1986: 72-75），まさにゴールデンヴァイザー「可能性制限の原理」の好例である。

「言語$_3$」にはたしかに伝え合いという重要な目的（機能）があるにしても，これは身振り手振り・社会的背景・共通経験のような非言語的要素と相補い，かつ言語ならびにその話者集団じたいにも「もれ」やばらつきがあるなかで，かろうじて目的を達しているにすぎず，目的性の縛りは文化適応に向かう行動／モノほど直接的で強固なものではない（ゆえにさほどスグレモノではない）。統語法の基本というべき語順なども，主語の位置とは無関係に結局 OV 型か VO 型（修飾関係は AN 型か NA 型）のどちらかといった単純さである（W. H. レーマン）。一方，統語法の前提（結節の出発点）たる音韻法や形態法はとくに，カタチそのものであり，幅がひろい。機能性の縛りはかぎられ，どこか（無駄とさえみえる）余剰・遊びを楽しんでいるかのように映る。

5.2 言語にとっての「文字」

言語接触に関連しながらあまり注目されてこなかったかと思われるのが「文字受容（借用）」の問題かもしれない。もちろん，文字誕生後，民族接触にもとづく文字の借用は重要な問題であってきたわけだが，これには言語接触以前

というべきいわゆる「刺激伝播（stimulus diffusion）」（Kroeber, 1940），つまり文字じたいよりも文字使用の原理だけ間接借用つまり模倣する場合もあった（新大陸で有名なのはセコアイア族のチェロキー文字，ウヤコックのアラスカ文字など）。しかし今日，言語接触のもとで，存亡の危機が問題視されだしてきた，いわゆる危機言語の多くが（いまも／比較的最近まで）無文字言語である／あった現状のなかで，言語保持にはまず文字づくりが有効だという期待から，言語学者・宣教師その他が各地であらたな文字を作りあげ，これの実用化も懸命にすすめてはきている。しかしすでに衰退の方向にむかいだした危機言語では，このような新しい文字が言語危機の阻止あるいは保持の実効性につながりそうな言語が現実にどれだけあるだろう。上述1970年代からのユピック正書法も，音韻表記レベルの習得の多少の困難，運用の乱れが残り，十分に安定してはいないし，そもそも文字とはかかわりなく，英語の圧力のもとで，伝統的な話者の老齢化があり，言語弱化・衰退は着実に進んできている。津曲敏郎らの描く環北太平洋地域の，さまざまに異なる18言語などもすべておなじ運命にある（津曲，2003）。

　アルファベットのもとで生まれたヨーロッパ言語学では，文字は音声（聴覚的）の写しかえあるいは転写（視覚的）だと簡単にすまされ，一般に文字から音声に（あるいはその逆に），あまりひっかかりなく移行できると思われがちである（悪名高い英語などの綴り字など多少の問題にはなるが）。そのようなほぼ一対一的に単純な文字からは，複雑な文字体系の過去をかかえてきた日本でこそ生まれえた「文字論」（河野，1977他）が誕生しえなかったのも不思議なことではない。

　日本語のばあいは，まさに文字伝播がほとんど他処に例がないようなはたらきをした。つまり①古代からの漢字と②近代ヨーロッパ語のアルファベットの長期にわたる影響であるが，いずれも接触とはいえ，話しことばよりは，主として文字と，それによって蓄積されてきた書物類との長期的・集中的な格闘・吸収，そしてその今日までつづく重要な文化的かつ言語的な影響であった。

　日本語が受容（接触・借入・吸収）した漢字は，もともと単音節の表語文字（1字1字が語，注15参照）であるが，音読み（起源となった地方・時代の音声にもとづく）と訓読み（対応する日本語の意味にもとづく）ができ，漢字そ

れぞれがもつ（複数の）音と訓が異なる選択肢の多い語およびそれによる合成語は，たとえ同義語的なものであっても範疇化に微妙あるいはそれ以上のずれがある。万葉仮名の段階を経て生まれた表音（節）の仮名による和語のもつ感性的・個人的な微細かつ豊かな範疇化と表現性を保持しつつ，何世紀にもわたる漢文訓読による漢字の習熟がえられるなかで，抽象化・一般化・概念化に適した漢字借用語や生産性のたかい和製字音語などが増大してきた。

　日本語の危機性をはじめて説いたのは，「からごころ」(4.1) を危惧する宣長が『古事記伝　一の巻』「訓法の事」で記した二文「漢文章に牽れて，……古語はひたぶるに滅はてなむ物ぞと，……」，「唯いく度も古語を考へ明らめて，古ヘのてぶりをよく知ルこそ，学問の要とは有ルべかりけれ」であろうかと推測される。――否これそもそも，『古事記』編纂の勅令を下した天武天皇自身の古来日本語の弱化に対する危惧であった。

　一方，幕末からはじまったヨーロッパ諸言語は（オランダ語を筆頭に，英語・ドイツ語・フランス語などの吸収も，漢字にくらべると，はるかに短期であったにしても集中的な）視覚的な読解と翻訳中心の獲得・習得であったが，これによって類型的にことなるヨーロッパ語から日本語にとりこみえた広義での表現・発想法，あらたな概念・語彙の豊富化（範疇化の細密）は漢字への適応とはちがった類のものであった。さらに近年は，ローマ字表記とアルファベット使用もくわわった。

　こうして，他民族にはない多文字体系が生まれた日本語は，漢字，仮名，ローマ字，ルビに加え日本語漢字（合成語）などの，精緻な内容・含蓄・構成の語を「ほどよくととのえ揃える」ことによって，表現性におおきなちがいがうまれ，多様で複雑な「言語力（思考・表現・表出力）」を獲得した。多重性を宿した文字にたいし，すべてを一種の文字でしか表現するしかない言語とでは，表現性（幅，微細，厚み）に異質なちがいが生まれる。

　思うに，「断絶の文体」（前節）が語られる（語の屈伸・連結に制約のおおきな「孤立語」の）漢字から仮名文字（ひらがなの連綿体さえふくむ）をうみだしたことは，「連続性」が特徴的な「膠着語」の日本語には，ふさわしい文字の適応，漢字の「飼いならし」の賜物ではあった。

　このような外異二系列の文字の受容は，いずれの場合も，おおきな負担をと

もなう大作業であったのはたしかだが，中国とヨーロッパという世界の二大文明から吸収した，他に比類のない「言語力」と「文化力」の増強であったこと，つまり単一民族といいつつ，その文化と言語の複合的な豊かさをうむ力となってきたこと，そしてここにこそ日本の誇りというべき国際力そのものがある。もはや手離しできるものではない。

ただしこの漢字にもとづく言語力はすでに明治から昭和初期の文豪たちによる頂点を境に，（すでに筆者の世代あたりからの）とくに大戦後は漢字制限の導入，学校での国語の軽視など，取返しのつかない弊害と損失を生みつつあり，危機感をいだいてしかるべき深刻な段階にある。とくに大戦後の動能的メディア・コントロール（洗脳・骨抜き・白痴化）のもと，一部支配層とこれに連動する商業主義が国際化の美名を弄して軽率な英語化・日本語弱体化をはかり，国民の大半が嬉々として「こめごころ」化していく現況とは，「我々じしんの在り方を失っていく機構」（長谷川，1986）そのものにちがいない。

たしかに，いわゆる危機言語のような，早晩，急激な衰退そして消滅にむかう可能性は，日本語では考えにくい。ただその日本語も国際語化する英語の力は避けがたく，（語彙も文法もますます擦り切れた）低次な伝えあいでしかない一種の混合言語は残るとしても，固有の世界を磨きあげてきた文字文化，歯ごたえのある「読まれるべき言葉」の弱化・衰退は，特別な条件が生まれぬかぎり，疑う余地はない。固有の「文化」の保持育成にかかわる深刻このうえない問題として，その背景とともにそれぞれ説得的な筆致で綴られた心底深い憂慮と犀利な洞察が，水村美苗（水村，2015），小川榮太郎（小川，2015）にある。「〈讀まれるべき言葉〉」によって「練られ，有機的に多様化し，成熟してゐればゐる程，言葉は安泰への求心力となる」（小川，2015: 474）ことに気づくべきであろう。

5.3 滅び行く言語とその記録──イーヤック語の場合

以上述べきたったように，「言語から入る」その通暁こそ当の文化の全体的理解の前提であるとすれば，とくに消滅がちかづく言語は辞典・文法・テキストの記録がとくに急がれねばならない。

イーヤック（語）とは，世界百名山のひとつ聖エリアス山，アラスカ湾のカ

ナダとの国境に近い6000メートル級の独立峰が聳え立つ山姿をロシア人（ベーリング隊）が同湾から望見したことでアラスカが「発見」（1841年）されることになった，その直下の海岸地帯に居住していた少数集団とその話す言語である。北アメリカ最大の大語族ナデーネに属しているアサバスカ語族（南西部のナバホ語など）とも遠縁の一派である。南接のトリンギット（おなじくナデーネの一派），西接のチュガチ・エスキモー（スフピアックとも）に挟まれ，ときに小競り合いはあったにしても，一定の交流はたもちつつ，海の幸（とくに鮭）に恵まれた環境で平穏な生活を送る小集団であった。しかし近年，日本近海でサンゴをはじめ海の幸を強奪していく，かのメンタリティははやくも19紀末にはたらき，ダイナマイトで鮭の漁場（イーヤック地域）を破壊，その結果，たちまち民族崩壊が生じたという，（マゼラン海峡のオナ同様）言語接触などほとんど生じぬうちに被害者となった（当時生存者約60名）。

接触直後に露米会社関係者がわずかな語彙を採録していたことによって，隣接のトリンギットともエスキモーともちがう独自の集団であることが知られるようになったのは，1933年にふたりの研究者が現地にはいり，考古・民族学資料をあつめて以後のことである。特異な民として言語学者の関心もひいたが，もっぱらこれに専念したのは，1992年のアメリカ言語学会の講演で危機言語問題の世界拡張に功のあったクラウス（1934-）である。

もともとケルト系諸言語の研究からスタートしたクラウスがイーヤック語にとりくみだした1961年の時点で話者は5名を残すのみであったが，文字どおり悉皆的な掘りおこしの結果，すでに1980年代には，この5人から，もうどこからどうつかれても自分たちの頭にはイーヤック語はひとつも残ってないよと言わしめた話は有名である。それでもなお掘りおこしは執拗につづけられ（最後の話者は2008年死去），採録ずみの辞書・テキストの分析による文法記述がはじまり，もうこれまでかなともらしだしたのが，最後の話者の逝去の頃であった[18]。量的には，もとよりヘブライ語の比ではないが，このイーヤック語記録は，ナデーネ大語族のなかで示す特異な言語特徴のため，近年ヴァイダに提唱されかつ有望視されてきているイェニセイ語族（シベリア）のケット語との同系性証証にとって貴重なミッシング・リンクとも目されている。消滅した一集団の文化生態系全体を描きだす言語記述にちがいなく，さきのボアズが

生前，遺言でもあるかのように弟子たちに求めつづけていたものの，サピアすらほとんど実現しえなかったボアズのいう3点セット（辞書／テキスト／文法）を，「時間との競争」のなかで単独，成しとげえた成果である（Tsunoda, 2005: 245-246 参照）。総計 4000 頁をこす大業は，いまドイツのとある出版社で刊行が進められつつある。

　辞書／テキスト／文法は異質のそれぞれに異なる大問題だが，もっとも手ごわいのは文法である。一切の（理論的）虚構を排除し，その動的な対象（姿かたち）を細部にまで感じわけていかねばならない。そのような方法は理論的・形式主義的な処理とは合致しないと考える向きはあろうが，この端的な「分け」（感取）によって対象をするどく抑え込み，如実に描きだすだけではなく，その背後に潜むものの把握を可能にする。これこそ本物に至る道（定石）であることを信じて疑わない。

1) 日本語は，いわゆる近・中・遠称のような線的な区分ではないし，エスキモー語的な空間的というより，心理的な特有の範疇化を示す。つまり自［こ］vs. 他［あ］および内［こ］vs. 外［そ］のふたつの軸による3種ではないかと考えられる。「この世」の人間すべていずれ「あの世」に「他界」することになるが，「その世」と言えるコンテクストはきわめて限られている：他界したはずの人が，なぜかふっと「この世」にもどって来て，しばし行ってみてきた「その世」（黄泉の国）について旧友に語りだすといったことでもあればべつだが。

2) 類型的対極にあるのが中国語などの孤立的言語だが，中国語の「断絶の文体」と対照的な「連続的な文章」（吉川, 1964）をうむ日本語がもつ接尾辞プラス前接語の連続する動詞複合体などは，エスキモー語のような接尾辞オンリーの複統合的な動詞にいくぶん似て紛らわしいが，類型的には異なる。単音節あるいは単綴の「語」が原則の孤立語という中国語にも，吉川（1951）による「その詩には，2字の連語を一塊のものとして発音し，それを純粋に一音の単語と交錯させることによって，リズムを成している」というのは，まさに語より一段上の「結節」としての「拘束句」に相当する（つまり厳密な合成語ではない，「拘束語」とでも呼ぶべきか）。

3) 「前接語」は「語」，「接辞」は「語の一部」にすぎず，したがって前者はその前あるいは後で切り離して発音できたり，一定のべつの「語」を挿入しうる。後者（接辞）のほうは，切り離しも挿入も不可。前者の境界は＝，後者の境界は - でしめす。注 13, 14 も参照。

4) 名詞もおなじことで，複雑な派生（接尾辞）による（優雅で非直截的・文学的・儀礼的等の）ひねりをくわえたのち，曲用（名詞）が最後にくることで（動詞同様）カタチとしての語が完結する。（孤立語化した英語はのぞく）インド・ヨーロッパ諸言語の屈折と曲用におなじ。一方，日本語の名詞には曲用はない。ミスン（Mithun, 1983）の用語をまじえて解説すると，義務的な関係概念をになう曲用・屈折は，選択的に表現できる具体概念としての派生より当の言語にはより重要な役割をはたす。つまり，とくに有意的と考えられる（内容・概念的）区分はすべて，接辞として，文法的に処理（文法化・形態法化）され文法の重要部分をなす。これに2種があり，一方は話し手が習得する必要のある重要な，しかし任意的な区分（派生），他方はより重要なはたらきをもつ義務的な区分（曲用・屈折）である。
5) 1871年からフェゴ島にすみついたイギリス宣教師ブリッジズ（Bridges, 1842-1898）の編んだ本格的な辞書（600ページ超），同島生まれのその息子の回想録，ドイツ民族学のグジンデ（Gusinde, 1926-1974）の大部な民族誌，サレジオ会博物館（チリ本土最南端のプンタ・アレーナス）の所蔵資料などが伝統的生活をしのぶ唯一にちかい記録（滞日時はアイヌ研究目録作成）。
6)「生態系（ecosystem）」とは，渡辺仁によると，「ひとつの地域の中の生物の相対と，それをめぐる環境の総体との間に存在する諸関係の体系」である（渡辺, 1977）。生物の中で特に人間を中心にみた場合の生態系が人間生態系である。この人間生態系は「一地域の中の人間（人びと）とそれをとりまく環境との諸関係の体系と定義できる」として，アイヌ生態系の基本構造が示されている（ibid.: 404；Watanabe, 1972も参照）。コミュニケーションの生態的役割には触れつつも（ibid.: 18），その基本構造に言語が入っていない点をのぞけば，ここでの「生態系」，相互に関連する種々の「活動」からなる活動系（いわば生活）における，個体・集団の「活動」がもつ諸範疇については基本的に同書（ibid.: 11-18）におおむね準じた。そこには，文化人類学・民族誌，（身性・遺伝）人類学，環境学，（人文）地理学など連接科学と生態人類学の関係が示されている（ibid.: 28-29）。この「生態系」の各地の民族文化への投射とでもいえる人類学書が煎本（2019）である。

　環境人間学と銘打つ大西・宮城（2016）は，「生きもの・暮らし・ことば」の3部にわけて，沖縄北部の「山原（やんばる）」のほとんど集落ごとにおおきな異なりを見せる多様性と，森・川に囲まれた自然環境と人間の多様性を記述した，類書をみない大ドキュメントである。その第3部は，一部方言（奥方言）の活力と消滅（言語意識，記録保存），危機方言における辞典の役割，方言習得のための音声教材作成といった問題にも目配りがきいている。「読書案内」（本書p. 324）がさらに詳しい。
7) ためる／たまる，たすける／たすかる，さらには，動詞五段のような活用とおな

じ日本語古来の母音交替であり，名詞にも，さけ／さか‐（酒）の類の多彩な活用がある。

8) 著名な大文法家によって，ありきたりの一短文の解釈が 1 語，4 語，6 語などとまちまちであるなど，とくに助詞・助動詞関係は混沌としているが，「私は昨日京都に行った」は，私＝は 昨日 京都＝に 行っ‐た，という 4 文節（ふたつの「拘束句」，ひとつの副詞，接尾辞をつけたひとつの動詞からなるが，後二者は「語」‐橋本なら全体として 7 語）に分析されるべきもの。「二面結節」とそのなかでの「拘束句」については宮岡（2002；2017[iv]）を参照。4.4 項の「ひねり・再立ち上げ」によって日本語の接尾辞（‐）と前接語（＝）はかたちの問題として，明確に区別できることも理解していただけるはずである。日本語の基本である「語」とはなにかという理解すら定まらぬ現状のもと，学校での文法軽視があるとすれば，いかにして「文法」（外国語もおなじく）が面白いものといった言語への関心をよびさますことになるだろう。ちなみに，ほとんどの国語辞典の末尾（別巻）に挙がる通例 20 数個の助動詞活用表はその約 3 分の 1 と一部の辞典にみる助詞分類には再考か訂正が必要かもしれない。

　「橋本の文節は……わたしの語よりひとつ上位の結節（自立語プラス接語）に"ほぼ等しい概念として〈拘束句〉と呼び換えている"」（崎山，2017: 45, 204）と崎山は書いているが，これは読者の誤解を招きうる。宮岡（2017）で詳記し，図 2 の〈二面結節〉にも示すように，〈拘束句〉はむしろ，マルティネ的〈二重文節〉のようなトップダウン的分析とは正反対（逆方向）のボトムアップ的統合であって，〈語〉とはあきらかに区別されうる，そのひとつ（上位の）結節なのである。「articulation」は両義的であることに注意。うえの例からひけば，〈私＝は〉〈京都＝に〉はそれぞれ 2 語の結節からなる拘束句だが，〈行った〉は 1 語であり拘束句ではない。これすべて 4.4 項の「ひねり・再立ち上げ」によって，明確に区別できることも理解できるはずである。これすべて，4.4 項に記した「接尾辞（助詞・助動詞）」の混同にもつらなる無理解が関係する。山田文法では 1 語であるものが，橋本文法では 8 語になるなど，その〈文節〉には問題がある。

9) 泉井久之助（1905-83）は，宣長が独力で成しとげた『古事記伝』の業績が内にいだくものは，アレキサンドリアの碩学が古代ギリシャの古典作品の校合・校訂・再構・解読につくした業績に匹敵する以上のものがあったことを認め，息子春庭によって完成された動詞活用表にも触れつつ，「宣長には洞見の才のおおきな存在があった」と締めくくるかたわら（泉井，1976a），「言語の研究者・哲学者・文法家のともすれば言語を外的に視覚的に考える（文字のなかに言語を考える）傾向は誤りであった」と明言した（泉井，1976b）。

10）漢字受容（すでに廃用）の精査と考察を基礎に成立した河野文字論は，国際レベルの認識も超えた世界的貢献として「近代言語学を築いた（十人の）人びと」に明快な解説がある（千野，2002: 224-29）。河野の「文字論」は，文字の言語的機能を探る文字論である。デリダ（Derrida 1967）の哲学的グラマトロジーとはまったく異質。

11）19世紀後半，チェンバレンも，日本語の名詞は語形変化をしないし，格の関係は「後置詞」によるとし（Chamberlain, 1888），ロシア最初のスミルノーフ日本語典（1890）も，助詞はただしく後置詞あるいは不変化詞であり，つまり接辞ではないとしている（宮岡，2015: 312-313）。

12）接辞は語を構成する要素だが，いまだ「formed」ならざる未整形的で抽象的な，形態以前の「要素」として，あきらかに語である接語（例，格助詞）とは区別される。

　接語の存在は日本語（前接語）近辺では，シベリアの諸言語（前接語），タガログ語（後接語）などで知られている。古くから有名な接語は，意味や文法関係とは無関係な文頭の語につく第二位置としてよく知られる古い印欧語だが，さらに面白いのは，直接文法的に関係する語に後接するのでなく（機能は無関係に，偶々）直前にたつ語に前接するというツィムシアン語（Sasama, 2001；定延，2003）である。数少ないこの種の言語をシソー（Cysouw, 2005）は「まさに morphology in the wrong place」と名付けた。

13）例「書か‐ない」→「書き＝も≠し‐ない」。接辞と接語の差をふくむ語の認定の問題は宮岡（2015），宮崎（2017），universal dependencies を採る村脇（2017）など参照。

14）これら語幹（語基）と接辞（接尾辞・接頭辞）は，「語」の構成要素にすぎず，「語」とは別次元のものであり，連続性のあるものではない。「語」には他の語の後または前に付属的について現れる前接語・後接語があるが（注12），これを（語内部の要素である）接尾辞・接頭辞と区別することが，日本語文法理解の出発点である。（本居宣長の音声重視を受け継いだ息子春庭や鈴木朖らに）一時期，この区別が気づかれたことはあったが，文字尊崇（完全依存）の国語学者に後続をえず，ここに致命的な混乱が定着し，今日まで盲従されているのが「助詞」「助動詞」であるが，これはそもそも日本語の語分けをしない文字伝統に嵌まってきたこと（「感じ分け」の欠如）と関連している。つまり，文字にすべてを託した結果，音声に裏打ちされた「かたち感覚」を鈍らせたことによる「文字の陥穽」である（宮岡，2015: 129-137，ほか）。

15）意味は単位化できず，文字化できない。「表意文字」の用語は一般的だが，これ

は「表語文字」である。おなじく「表音文字」というが，これはアルファベット利用の「表音（素）／表音節文字」である。
16) 言語の危機度にはいろいろな分類の提案があるが，危機言語問題の本質，現状，対応などを整理・追究し，1990年代の世界的な取組みに重要な力になったクラウス（Krauss, 1992）は「safe, endangered, seriously endangered, moribund」の4段階を考えた。
17) 北アメリカ先住民のなかで最大の言語とされていたナヴァホ語もある時期，約15万の話者という公的報告もありながら，すでに moribund の段階にあり，アラスカの原住民諸言語でもっとも安定しているとみなされていた（文字の完成は上述の）ユピック・エスキモー語についても，すでに英語優勢（両言語ともに sub-standard）の「half-speakers」が話題になりだして久しい。話者意識の本格的な調査がなされているわけではないが，SNS（マイク・ダナム氏協力，2017年）で得られた反応のひとつに，「多くの話者はいますが，次の世代には消滅しつつある語彙と文法的な退化があり，語の編成に間違いをきたしていますが，中年の話者にもそれが見られます」があり，ここには英語じたいが sub-standard の village English が聞こえ，すでに古来の複統合的（下記）な語形成能力は失い，基本的な名詞と若干の慣用句をはさんだだけのエスキモー語の現状が（数年前まで現地と行き来していた筆者には）ありありと推測されてくる。にもかかわらず，言語消滅の危機感は読みとれない。
18) その悉皆的な記録の執拗さを支えた力には，文字化された膨大な言語資料の蓄積があったからこそ，いったん死滅したヘブライ語の再生につながったという信念が，ユダヤ人としてのクラウス氏にはあった。

引用文献
泉井久之助（1967［1970］）「言語学」『言語の世界』筑摩書房
泉井久之助（1976a）「言語研究の歴史」『日本語と国語学（講座日本語1）』岩波書店
泉井久之助（1976b）『言語研究とフンボルト——思想・実践・言語』弘文堂
煎本孝（2019）『こころの人類学　人間性の起源を探る』筑摩書房（ちくま新書）
大西正幸・宮城邦昌（編著）(2016)『シークヮーサーの知恵——奥・やんばるの「ことば-暮らし-生きもの環」（環境人間学と地域）』京都大学学術出版会
小川榮太郎（2015）「日本語という鬼と偉そうな男たち——水村美苗『日本語が亡びるとき』熟讀」『小林秀雄の後の二十一章』幻冬舎
亀井孝（1949［1973］）「日本語系統論の問題」『日本語系統論のみち　論文集2』吉川弘文館

亀井孝（1957）「古事記は読めるか」，武田祐吉（編）『古事記大成 3 ——言語文字編』平凡社
亀井孝（1970［1971］）「「こくご」とはいかなることばなりや」『日本語学のために 論文集 1』吉川弘文館
亀井孝（1995）『ことばの森』吉川弘文館
亀井孝・河野六郎・千野栄一（編著）（1996）「言語人類学」「サピアの言語学」『言語学大事典 第 6 巻』三省堂
河野六郎（1957）「古事記における漢字使用」，武田祐吉（編）『古事記大成 3 ——言語文字編』平凡社
河野六郎（1988）「刊行の辞」『言語学大事典 第 1 巻』三省堂
河野六郎（1994［1977］）『文字論』三省堂
工藤浩（2010）「こと - ばの　かた - ちの　こと」，須田淳一・新居田純野（編）『鈴木泰教授東京大学退職記念論文集　日本語形態の諸問題』ひつじ書房
工藤浩（2018）「サピア『言語』ノート」http://www.ab.cyberhome.ne.jp/〜kudohiro/sapir_notes.html
クラウス, M.（2002）「言語の大量消滅と記録——時間との競争」，宮岡伯人・崎山理（編）『消滅の危機に瀕した世界の言語——ことばと文化の多様性を守るために』明石書店
小林秀雄（1956, 1957［2004］）「ことばの力」「美を求める心」『小林秀雄全作品 21』新潮社
小林秀雄（1960）「言葉」『考えるヒント』文藝春秋
小林秀雄（1977）『本居宣長＋別記』新潮社
ゴールデンワイザー, M., 米林富男（訳）（1943［1927］）『文化人類學入門』日光書院
崎山理（2017）『日本語「形成」論』三省堂
定延利之（2002）「書評論文　宮岡 2002」『日本語文法』3(1)
千野栄一（1986）『外国語上達法』岩波書店（岩波新書）
千野栄一（2002）『言語学——わたしのラブストーリー』三省堂
津曲敏郎（編著）（2003）『北のことばフィールド・ノート』北海道大学図書刊行会
中川裕（1996）「少数民族と言語の保持」，宮岡伯人（編）『言語人類学を学ぶ人のために』世界思想社
西田龍雄（編）（1990）『東アジアにおける文化交流と言語接触の研究』（特定研究報告書），京都大学文学部
日本語文法学会（編）（2014）『日本語文法事典』大修館書店

長谷川三千子（1986）『からごころ——日本精神の逆説』中央公論社（中公叢書）
フンボルト，W. von，亀山健吉（訳）（1984 [1836]）『言語と精神』法政大学出版局
細川弘明（1996）「民族接触と言語の変容」，宮岡伯人（編）『言語人類学を学ぶ人のために』世界思想社
松井健（1996）「民族誌としての辞書」，宮岡伯人（編）『言語人類学を学ぶ人のために』世界思想社
水村美苗（2015）『増補 日本語が亡びるとき——英語の世紀の中で』筑摩書房（ちくま文庫）
宮岡伯人（1974）「調査報告 ヤーガン族（ティエラ・デル・フェゴ）の言語」『パタゴニアの人と山』小樽商科大学パタゴニア遠征の記録
宮岡伯人（1987）『エスキモー——極北の文化誌』岩波書店（岩波新書）
宮岡伯人（1992）「ヤーガン語」『言語学大辞典 第 4 巻』三省堂
宮岡伯人（編）（1996）『言語人類学を学ぶ人のために』世界思想社
宮岡伯人（2002）『〈語〉とは何か——エスキモー語から日本語をみる』三省堂
宮岡伯人（2006）『今，世界のことばが危ない』（2005 年第 19 回「大学と科学」公開シンポジウム講演収録集）クバプロ
宮岡伯人（2015, 2017）『〈語〉とは何か・再考 日本語文法と文字の陥穽』三省堂
宮岡伯人・崎山理（編）／渡辺己・笹間史子（監訳）（2002）『消滅の危機に瀕した世界の言語——ことばと文化の多様性を守るために』明石書店
宮崎和人（2017）「書評論文 宮岡 2015」『日本語の研究』13(1)
村脇有吾（2017）「語の認定のそれに付随する提案」UD meeting@ 京都
メイエ，A.，泉井久之助（訳）（1977 [1925]）『史的言語学における比較の方法』みすず書房
本居宣長（1790-1808）『古事記伝』（『全集 9-12』筑摩書房）
本居宣長（1795）『菅笠日記』（『全集 18』筑摩書房）
養老孟司（2002）『からだを読む』筑摩書房（ちくま新書）
吉川幸次郎（1941 [1969]）「本居宣長——世界的日本人」（『全集 17』）筑摩書房
吉川幸次郎（1951 [1970]）「膠着語の文学」（『全集 18』）筑摩書房
吉川幸次郎（1964-65 [1970]）「断絶の文体」（『全集 18』）筑摩書房
吉田悦之（2004）「本居宣長の思考法」，朝日新聞社（編）『21 世紀の本居宣長』朝日新聞出版
渡辺仁（1977）「生態人類学序論」『生態（人類学講座 12）』雄山閣
Boas, F. (1911) Tsimshian, in F. Boas (Ed.), *Handbook of American Indian Languages, Part. 1*, Bureau of American Ethnology Bul. 40.

Bridges, E. L. (1949) *Uttermost Part of the Earth*, New York: E. P. Dutton and Company.

Bridges, T. (1933) *Yamana-English: A Dictionary of the Speech of Tierra del Fuego*. Austria: Missionsdruckerei St. Gabriel [ca. 32,430 words]

Chapman, A. (2010) *European Encounters with the Yamana People of Cape Horn: Before and After Darwin*. Cambridge University Press.

Croce, B. (1902 [1930, 1998; 1992]) *L'estetica come scienza dell'espressione e linguistica generale* [長谷川誠成・大槻憲二（訳）(1930)『美学』春秋社 = (1998) ゆまに書房／*The Aesthetic as the Science of Expression and of the Linguistic in General*, translation from the Italian original by C. Lyas (1992), Cambridge University Press, 1992]

Cysouw, M. (2005) Morphology in the wrong place: A survey of proposed enclitics, in W. U. Dressler (Ed.), *Morphology and its Demarcations*, pp. 17–37, Amsterdam: John Benjamins.

Derrida, J. (1967 [1972]) *De la grammatologie*. Les Editions de Minuit. [足立和浩（訳）(1972)『根源の彼方に——グラマトロジーについて』現代思潮社]

Derrida, J. (1972 [2007]) *De la philosophie*. Les Éditions de Minuit. [高橋允昭・藤本一勇（訳）(2007)『哲学の余白 上』法政大学出版局]

Goldenweiser, A. (1913) The principles of limited possibilities in the development of culture, *Journal of American Folk-Lore*, 26.

Goldenweiser, A. (1933) *History, Psychology, and Culture*. London: K. Paul, Trench, Trübner.

Gusinde, M. (1926-1974?) *Die Feuerland Indianer*, 3 volumes, Mödling bei Wien. [1937; Translation by Frieda Schütze (1977) *The Yamana*, English, HRAF.]

Kamei, T. (1954) *Chinese Borrowings in Prehistoric Japanese*. Tokyo: Yoshikawa Kobunkan.

Krauss, M. (Ed.) (1982) *In Honor of Eyak: The Art of Anna Nelson Harry*. Alaska Native Language Center, University of Alaska.

Krauss, M. (1992) The world's languages in crisis, *Language*, 68(1).

Kroeber, A. L. (1940) Stimulus diffusion, *American Anthropologist*, 42(1).

Mithun, M. (1983) The genius of polysynthesis, University of Oklahoma, *Papers in Anthropology*, 24(2).

Miyaoka, O. (2012) *A Grammar of Central Alaskan Yupik: An Eskimoan Language*. Mouton Grammar Series 58, Berlin: De Gruyter Mouton.

Miyaoka, O. (forthcoming) *Reconsidering Japanese Morphology: Suffixes vs. enclitics in View of Formhood*. TiLSM. Berlin: De Gruyter Mouton.

Sapir, E. (1921) *Language*. New York: Harcourt, Brace. ［木坂千秋（訳）（1943）刀江書院，泉井久之助（訳）（1957）紀伊国屋書店，安藤貞雄（訳）（1998）岩波文庫］

Sasama, F. (2001) *A Descriptive Study of the Coast Tsimshian Morphology*. Lit. D. Dissertation, Kyoto University Graduate School of Letters.

Tsunoda, T. (2005) *Language Endangerment and Language Revitalization*. Trends in Linguistics. TiLSM 148. Berlin: Mouton de Gruyter.

Watanabe, H. (1972) *The Ainu Ecosystem: Environment and Group Structure*, University of Washington Press.

第9章 英語詩の中のアイルランド
シェイマス・ヒーニーの場合
栩木伸明

1 植民地支配に起因する二重性

　グレートブリテン島の西に位置するアイルランド島の面積は北海道より少し大きい。その島に千葉県とほぼ同じ，600万人が暮らす。国土は小さいが歴史は複雑で，植民地支配を受けた長い歴史の名残により，現在でも数多くの二重性を抱えている。

　アイルランド島は長らく英国の植民地だったが，自治権をめぐって1921年に締結された英国・アイルランド条約によって分裂した。北東部の地域は北アイルランドとなって英王ジョージ5世により自治議会が開会され，それ以外の地域は22年，アイルランド自由国を旗揚げして英連邦内の自治領となったため，島内に国境がある。アイルランド自由国は1937年にアイルランド憲法を施行，国名をアイルランド語の「エール」に改め（英語の国名は「アイルランド」，通称として「アイルランド共和国」とも呼ばれる），1949年には英連邦を脱退した。現在はEUの一員なので貨幣はユーロである。他方，連合王国の一部をなす北アイルランドではポンドが使われている。

　宗教を見ると，エールではケルト系先住民のゲール人が古来保持してきたカトリックの信徒が大半を占め，植民者の宗派であるプロテスタントの信徒は少数派である。一方，17世紀にイングランドとスコットランドから大勢の植民者が送り込まれた北東部（現在の北アイルランドにあたる地域）では，プロテスタント信徒が多く，カトリック信徒が少なかった歴史がある。1960年代末から約30年間続いた北アイルランド紛争は，差別政策により不利益を受け続けていたカトリック信徒による公民権運動の弾圧に端を発した民族紛争である。

　言語の面では，近代以前にはケルト語派のひとつであるアイルランド語が優

勢で，英語は東海岸のダブリンを中心とする地域でイングランド人入植者が使用しているに過ぎなかった。ところが16世紀後半，イングランド王エリザベス1世がアイルランドのプロテスタント化を推進し，ゲール諸侯の反乱を鎮圧するために侵攻して以降，英語使用が増大した。また，17世紀以降，北東部に入植した長老派(プレスビテリアン)のスコットランド人がアイルランドへもたらした英語の影響力も無視できない。かくして，エリザベス朝英語とスコットランド方言に，母語であるアイルランド語の語彙や語法が混成して，アイルランド英語（Hiberno-English）が成立したのである。

　他方，アイルランド語の運命は悲惨だった。1845年から5年間，アイルランド全土でじゃがいも飢饉が起きたせいで，約100万人の小作人——ほぼすべてがカトリック信徒だった——が伝染病や飢えのために命を落とし，約100万人が海外へ離散した。それ以後も移民による人口流出が続いた結果，南部と西部の広範な地域で暮らしていたアイルランド語話者が劇的に減少し（Duffy et al., 1997: 94-95），英語話者が決定的に増大した。

　現在，エールでは憲法によりアイルランド語が第一公用語と規定され，第二公用語である英語よりも優位な地位が確保されて，積極的な保護育成がはかられている。そのおかげで，「アイルランド語が話せますか？」という質問にイエスと答えるひとびとは国民の40％にのぼる。にもかかわらず，嶋田珠巳が『英語という選択——アイルランドの今』（嶋田, 2016）で詳細に検討したように，アイルランド語の衰退には歯止めがかからない。エールで，アイルランド語を日常語として話すひとびとの数は人口の1.7％（2016年現在で約7万4000人）に過ぎず，アイルランド語を保護する施策がおこなわれていない北アイルランドでは，日常的な話者はわずか0.2％（2017年現在で約4000人）である。

　さまざまな二重性を抱えこんだアイルランド島において，アイルランド語から英語への言語交替は——少なくとも日常語のレベルでは——完了しつつあるように見える。とりわけ北アイルランドにおいては，アイルランド語の存在は風前の灯火と言わざるを得ない。

2 地名は風景と歴史を内包する

これからしばらく,日常生活を英語でおこない,英語で詩を書いた北アイルランド出身の詩人シェイマス・ヒーニー(1939-2013)の作品の中で,アイルランド語とアイルランド英語がどのように命脈を保っているかを観察してみたいと思う。灯火は弱々しいだろうか,それともしたたかに燃えているだろうか?

ヒーニーが1972年に出した第三詩集『冬を生き抜く』から詩を拾っていくことにする。この詩集にはさまざまな二重性を考えるヒントになりそうな詩が多いからだ。

まず最初に「後ろを振り向く」という詩の前半部分を読んでみたい[0]。

A stagger in air
as if a language
failed, a sleight
of wing.

A snipe's bleat is fleeing
its nesting ground
into dialect,
into variants,

transliterations whirr
on the nature reserves—
little goat of the air,
of the evening,

little goat of the frost.

(Heaney, 1972: 29)

英語の意味をとってみよう——「ひとつの言語がバランスを失ったかのような,空中での揺らぎ。巧みな翼さばき。メエメエいうシギの鳴き声が地面の巣から飛び去って方言になり,変異形になって,翻字されたその声が自然保護区の上をびゅうと飛ぶ——空の子ヤギ,夕暮れの子ヤギ,霜の子ヤギ」[1]。

第9章 英語詩の中のアイルランド——223

この詩は，飛翔能力が高く，山羊に似た鳴き声のシギにこと寄せて，アイルランド語の現状を語っているように読める。「翻字」(ある文字体系で書かれたものを他の文字体系を用いて書き直すこと)や「自然保護区」という表現が保護すべき対象としてのアイルランド語を示唆している。ヒーニーの詩の研究者によれば，「空の子ヤギ，夕暮れの子ヤギ，霜の子ヤギ」は「今ではもう使われなくなったアイルランド語におけるシギの代称法 (kenning)」(Vendler, 1998: 58) だ。

　次に，「空の子ヤギ」の飛翔を追いかけていく詩の末尾部分を日本語に置き換えてみる──「狙撃者 (sniper) がいる高所の巣をかすめ，薄暮の土塁や石壁を見おろしながら飛んでいくシギは，実地調査者の資料ファイル (a fieldworker's archive) の谷間に潜む刈り残し (gleanings) や残り物 (leavings) の間へ消えていく」(Heaney, 1972: 30)。「刈り残し」と「残り物」は滅びゆく言語について調査した言語学者や人類学者が収集した資料を暗示する。英語の綴りが「シギ」と似通う「狙撃者」はシギを狙う猟師であるだけでなく，北アイルランド紛争が激化しつつあった当時，暗躍しはじめていた武装過激派をも連想させるだろう。

　この詩が全体としてほのめかすのは，自由に振る舞ってきたアイルランド語が声と翼を失い，しまいには資料ファイルの中にしか存在できなくなるだろう，という不穏な予言である。

　ヒーニーは 1980 年代半ば，BBC のテレビ番組「英語物語」(9 回シリーズ，1986 年放映) の取材を受けた。そのとき彼が，この詩に書いたのとほぼ同じ見通しを語ったコメントが記録されている。

　　実際，悲観的な見解によると，アイルランド・ゲール語は 2000 年までに死に絶えて，シェイマス・ヒーニーの言葉を借りるならば，「神話に生きている」だけになると予想されている。(マクラム，1989: 266-267)

　詩人は，みずからを養ってきた土地に根ざした言語の衰退を冷静に見据え，いちはやくエレジーを捧げているかのようだ。さらに晩年のインタビューで，「今でもアイルランド語を話せますか？」と尋ねられたヒーニーは，次のよう

に答えている。

　じゅうぶんに，とはいきませんね。さりとて，アイルランド語で書かれた新聞や本を敬遠するわけではありません。アイルランド語のラジオ放送（Raidió na Gaeltachta）をときどき聞いていますし，新聞に載っているアイルランド語のコラムを読んでみたり，アイルランド語の原詩と英訳の対照版を読むこともしばしばある。でもその程度が関の山です。(O'Driscoll, 2008: 314)

　ヒーニーがアイルランド語の古い物語や詩の英訳を手がけたことを思えば，自分の語学力をやや控えめに語っているようにも思えるが，彼の場合，アイルランド語の運用力は文章の読解が主なのだろうと推測できる。
　『冬を生き抜く』に収録された詩をさらにいくつか拾っておこう。次の作品はぜひ音読してみていただきたい。「アナホリッシュ」(Anahorish) と題された詩の全文を引用する。

My 'place of clear water',
the first hill in the world
where springs washed into
the shiny grass

and darkened cobbles
in the bed of the lane.
Anahorish, soft gradient
of consonant, vowel-meadow,

after-image of lamps
swung through the yards
on winter evenings.
With pails and barrows

those mound-dwellers
go waist-deep in mist
to break the light ice
at wells and dunghills.

(Heaney, 1972: 16)

大意をまとめるならば——「ぼくの「清水があふれる場所」。世界のはじまりからあるその丘で清水が湧き出し，草を光らせ，細道にあふれて，敷き詰めた丸石を濡らした。アナホリッシュ——柔らかい子音の坂道，母音の牧場，冬の晩に農場の中庭を揺れていく手提げランプの残像。バケツを提げ，猫車を押しながら，塚穴に住むあのひとびとが腰まで霧に包まれて歩き，野井戸の水や堆肥の山に張った薄氷を割る」。

「アナホリッシュ」は北アイルランドのデリー（ロンドンデリー）州に実在し，日本でいうなら字に相当する，きわめてローカルな地名だ。アイルランド語では 'anach fhior uisce' と綴られ，「清水があふれる場所」を意味する。アナホリッシュ小学校の卒業生であるヒーニーは，幼少期を回想しながらこの詩を書いた。地名を声に出したとき，母音と子音の連なりが風景に変容するところが読ませどころだろう。詩人にとってこの場所は生命を養う水源であり，想像力の源泉でもある。妖精か古代人を連想させる「塚穴に住むあのひとびと」には，地元の農夫たちの姿が重ねられているかもしれない。綴りは英語化されているものの，アイルランド語の地名が奏でる音の中に，現地の風景が封じ込められている。

アイルランド語文学にはディンシャナハスという伝統があった。「地誌」と訳される 'dinnseanchas' は，文字を重んじないゲール人の共同体で活躍した詩人にとって必須の知識である。詩人たるものは地名の由来に関する知識をたくさん覚え込み，必要に応じてそれらを語れなければならなかったからだ。古い文学作品にはできごとの舞台になる地名がふんだんに盛り込まれ，ディンシャナハスが組み込まれている。たとえば，中世のかなり早い時期から伝承され，12 世紀頃写本に書きとめられた『トーイン』という英雄物語がある。剛胆な女王メーヴが，褐色の雄牛を強奪するために大軍を率いて遠征する物語だ。牛の群れをしたがえたメーヴの軍勢が川を渡るくだりを読んでみると，徒渉の苦心をめぐる挿話がたくさんの地名を生んでいるのがわかる。

翌日，全軍はコルプサ川——一歳の若い雌牛の川——に到達し，臆することなく渡ろうと試みた。川は軍勢に襲いかかり，百輛の戦車を呑み込んで海まで流した。その場所は今日，クルイン・カルパド——戦車の氾濫原——と呼ばれている。全軍はコルプ

サ川を遡行してベーラド・アローインの水源に至り、リアサ・リアグで一晩野営した。リアサ・リアグ——板石の家畜小屋——という地名は、その晩、子牛を収容するためにこしらえた家畜小屋にちなんだ命名である。全軍がガトリグ谷にさしかかると、ガトリグ川が水かさを増した。その川は、それ以前にはシェヒレ——蛇行——川と呼ばれていたが、その日からはガトリグ——コリヤナギ——川と呼ばれるようになった。子牛の群れをコリヤナギの足かせ縄でつないで川越えしなければならなかったからである。全軍はその晩、コナレのドリム・フェーネ——戦士尾根——で野営した。(カーソン、2011：83-84)

　ヒーニーは「アナホリッシュ」の詩において、ディンシャナハスの手法を抒情詩に応用した。英雄的な事蹟を物語る地名伝承は個人的な記憶に置き換えられ、共同体ではなく個人の想像力の源泉が神話化された。ヒーニーはアイルランド古詩が内包する遺産を翻訳して、英語詩において継承しようと試みたのである[2]。
　ヒーニー流のディンシャナハスの変奏は、詩集『冬を生き抜く』に収められた他の作品でも試みられている。「トゥーム」(英語綴りでは Toome だが原綴は Tuaim、「埋葬地」を意味する)と題された詩では、語り手がこの地名を唱えながら、「百世紀がたい積したローム層の中に／／火打ち石、マスケット銃の弾丸／土器の破片／古代人の首環や魚骨」(Heaney, 1972: 26)を探そうとする。あたかも地名が場所そのものを体現し、石器時代から近代に至る歴史の物証を埋蔵しているかのようである。
　あるいは「ブロッホ」('Broagh'、アイルランド語で「川の土手」の意味)の冒頭はこんなふうにはじまる。これも音読してみていただきたい。

　　Riverbank, the long rigs
　　ending in broad docken
　　and a canopied pad
　　down to the ford.　　　　　　　　　　　(Heaney, 1972: 27)

見慣れない単語が行末に並んでいるのに気づく。すでに指摘されているように、rigs (畑の畝)、docken (ギシギシ)、pad (細道)はどれもスコットランド系植民者がアイルランド北部へ持ち込んだ方言(コーコラン、2009: 89-90)である。

「ギシギシが大葉を広げている場所へ続く長い畑の畝と、浅瀬へ下りていく木陰の細道がある川の土手」というブロッホの風景を英語で描写しようとすると、代々その場所に暮らしてきたスコットランド系入植者の歴史が染みこんだ語彙が不可欠なのだ。名指しした土地と、そこで暮らしてきたひとびとのことばを突き合わせることで、ディンシャナハスが本来主題としていた、地名にまつわる共同体的な記憶に再び光が当てられている。

この詩は、「川の土手」に降り注ぐにわか雨が止むところでしめくくられる。雨が止む様子は、「よそ者には発音しにくい、あの最後の gh のようにほぼ突然に」(Heaney, 1972: 27) と表現される。読者はこの詩行を声に出しながら、何の変哲もなさそうに思えた川沿いの土手が、部外者には名指ししにくい地名で囲い込まれた領域であったことを悟る。地名は発話者を選別し、正しく発音できない者は受け入れない。喉の奥から発せられる「ブロッホ」の末尾の音は、隠微な暗号の役割を果たしている。

「雨の贈り物」も雨の詩である。何日も降り続く雨の中にたたずんで、自然の音に耳を澄ます男が登場する。男の耳には、ごぼごぼいう川の音が絶えず聞こえている。4つのパートからなる詩の、しめくくりに近いあたりを訳してみよう――「喉を鳴らす黄褐色の水が／自分自身を綴る。モヨラ川は／それ自身の楽譜であり合奏団であって／／その水音で周囲を寝かし続けてきた。／葦が鳴らす音楽／母音と歴史を貫いて／／靄を呑吐する／古いバグパイプの指管」(Heaney, 1972: 25)。「喉を鳴らす」と和訳した英単語は 'guttural' である。この詩では、「ブロッホ」の gh を鳴らしていた喉音が3種の変奏を奏でている。自然（川の音）と、その土地に根ざしたひとびとの言語（母音）と、地元の伝統音楽（バグパイプ）が競い合って喉を鳴らしているのだ。

ヒーニーは数年後、「喉音の詩神」('The Guttural Muse'、第4詩集『自然観察』(1979年) に所収) と題する詩を書いた。

    Their voices rose up thick and comforting
    As oily bubbles the feeding tench sent up
    That evening at dusk--- the slimy tench
    Once called the 'doctor fish' because his slime
    Was said to heal the wounds of fish that touched it.　　　(Heaney, 1979: 28)

舞台は，詩人の故郷デリー州のネイ湖とおぼしき湖畔にたつホテルの駐車場である。夏の夜，ホテルのディスコから出てきた地元の若者たちのにぎやかなおしゃべりが，魚が吐き出す水泡のごぼごぼいう音に喩えられている。この魚——淡水魚のテンチ——は他の魚を癒すことができるぬめりを帯びているせいで，かつては「医者魚」と呼ばれていたという。喉の奥に引っかかるような音を特徴とする，デリー州の若者たちがしゃべる英語は，癒しの力を持つテンチに擬せられた「喉音の詩神」の守護下にあるというわけだ。

　ヒーニーはアイルランド語の地名を唱えて風景に変容させ，地名に埋もれた過去の遺物を掘り出す。また，スコットランド移民が入植した土地の風景をかれらが移入した英語の語彙で語り，よそ者には発音が困難な音を含むアイルランド語の地名を示して，内輪の領域への闖入者を牽制する。あるいは，地名が鳴らす喉音を現地の自然音や人語——アイルランド語と英語——にも聞き取り，喉音をローカルな詩神とあがめるに至る。

　ヒーニーはなぜこれほどまでに生まれ育った土地と，その土地に根ざしたことばの意味や音声に執着するのか？　彼はなぜ，土地ことばに内在する詩的喚起力をとことん引き出そうとするのか？　それらの原動力がどこにあるのかを次に考えてみたい。

3　『冬を生き抜く』の背景をなす時代と場所

　ヒーニーという人物と，彼が詩集『冬を生き抜く』をまとめようとしていた時期の当地の状況について，概略を述べておきたい。

　シェイマス・ヒーニーは1939年，北アイルランドのデリー州の農場に生まれた。両親ともカトリック信徒である。父は自作農で，家畜の仲買人も兼ねていた。地元の小学校を出た後，奨学金を得てデリー市にある大学進学準備中等学校，聖コロンバ校へ進学したのち，ベルファスト市のクイーンズ大学へ入学して英語英文学を専攻し，卒業後は中等学校や大学で教えるようになった。じきに幼少期の思い出や農村の暮らしを描く詩人として頭角を現し，1966年にロンドンで出版された第一詩集『ある自然児の死』は文学賞を3つも受賞した。

ヒーニーが詩人として輝かしいデビューをした直後，北アイルランドをめぐる社会情勢に不穏な影が差しはじめる。1968年10月5日，デリー市内で，カトリック信徒への差別撤廃を求める公民権運動のデモ隊参加者多数が，行進を阻止しようとする警官が振るった警棒により負傷する事件が起きた。これをきっかけにしていわゆる北アイルランド紛争がはじまり，1969年8月には「ボグサイドの戦い」と呼ばれる暴動が起き，治安維持のために英国軍が投入された。1972年にはデリー市で英国軍がデモ隊に発砲して13人の死者を出す「血の日曜日」事件が起きた。

　ヒーニーは1970年から翌年までの1年間，カリフォルニア大学バークレー校で過ごした。彼はゲーリー・スナイダー，ロバート・ブライをはじめとする西海岸の詩人や芸術家たちと交流し，ベトナム戦争にたいする彼らの反戦運動を間近に見るうちに，詩と詩人に開かれた社会貢献と抵抗の手段が持つ可能性に目覚めた。

　この時期に『冬を生き抜く』が構想され，1972年にロンドンで出版されたことを考えると，詩集のタイトルそのものにも北アイルランドの現状にたいするほのめかしが読めてくる。

　ヒーニーは同年，イギリスの新聞『ガーディアン』紙に「1972年」と題した随想を寄せた。アイルランドが抱えるさまざまな二重性の狭間に彼自身が生まれ育ったことを物語る文章である。アナホリッシュやトゥームやブロッホの近くにあった，自宅の農場について書かれた部分をお目通しいただきたい。必要に応じて注釈と原文を補っていく。

　　わが家の農場はモスボーンと呼ばれていた。「モス」とはプランター［17世紀，アイルランド人から没収された土地に移住してきたスコットランド人，引用者注，以下も］がアルスター［アイルランド北部］に持ち込んだスコットランド方言［「モス」は「泥炭地」を意味する］で，「ボーン」はイングランド人の入植者が自分たちの城砦農場を呼んだ名詞である。モスボーンとは，泥炭地の中の入植者の家という意味だ。ところが，陸地測量部が定めた綴りでは「モスボーン（Mossbawn）」と称されるわが家を，わが家では「モスバーン（Moss bann）」と発音していた。「バーン（$bán$）」とはアイルランド語で白を意味する。この発音では，わが農場は白い泥炭地——ワタスゲが生えた泥炭地——という意味になりはしないか？　わたしは実家の農場の綴り字

の中に，アルスターの分断された文化の隠喩を見るのである。

　モスボーンは，キャッスルドーソンとトゥームという2つの村の中間に位置している。象徴的に言うならば，イングランドの影響力の痕跡と地元暮らしの魅力の中間，すなわち「領主直営地（demesne）」と「泥炭地（bog）」の中間にわたしはいた。領主直営地とはモヨラ荘園のことで，ユニオニスト党の北アイルランド元首相，ジェイムズ・チチェスター＝クラーク少佐［1923-2002，1969年から71年まで北アイルランド首相をつとめた親英保守派の政治家］の住まいである。泥炭地というのはバン川西岸に広がる低湿地の堆積層で，火打ち石や魚の骨が大量に埋まっている。バン川の谷間はアイルランドで最も古くから人間が住んでいた場所のひとつである。領主直営地は塀に囲まれた森で，外から見ているわたしたちには窺い知れない。泥炭地はイグサが繁茂する危険地帯で，子供が立ち入る場所ではない。泥炭地にあいた穴は「底なし」だから近寄ってはいけない，と言われたものだ。(Heaney, 1980: 35)

　身近なことばの由来をたどりながら，ヒーニーは自分の立ち位置の説明を試みている。すなわち，「モスボーン」という農場名には，アイルランド人から没収された土地へ入植したスコットランド人とイングランド人の歴史が秘められているが，現在の所有者であるヒーニー家では農場名をアイルランド語に引き寄せて解釈しているということ。さらに，ヒーニーは，プロテスタント系の植民者を祖先に持つ大地主が塀をめぐらした中に暮らす「領主直営地」と，カトリック系の先住者たちが暮らす「泥炭地」が併存する郷土で生まれ育ったが，本人は塀の外で生きる泥炭地側の人間である，ということ。彼の郷土は，北アイルランド紛争が激しさを増していく1972年の時点において，言語的・文化的・社会的な分断をそれまで以上に露呈していたのだ。

　ヒーニーは記憶を手探りして，思い出の片隅に眠っていた分断の証拠を見つけだし，さまざまな詩に組み入れることによって，自分が生きてきた土地が直面している問題の輪郭をつかむことに成功した。ディンシャナハスの手法で地名に秘められた記憶を伝承したゲール社会のアイルランド語詩人や，ベトナム反戦運動に参加したカリフォルニアの詩人たちの先例から，社会に向き合う詩人のふるまい方を学ぼうとしたヒーニーにとって，地名の歴史を掘り起こし，先住民と植民者が長い年月をかけて複雑に編み上げた土地と人間の関係を，母語としての英語でとらえ直すことが，社会に向けて詩を放つ起点となったのだ。

4　シェイクスピアの問いにジョイスが答えるのはなぜか

　こうした背景をふまえて,『冬を生き抜く』に収められた詩をさらに読み進んでみよう。

　「複数の伝統」というタイトルの詩。この作品は12行ずつの3パートでできている。'Our guttural muse / was bulled long ago / by the alliterative tradition' (Heaney, 1972: 31) とはじまる第1パートの冒頭部分は,大昔,「喉音の詩神」が「頭韻を踏む伝統」に陵辱されたことを告げる。「喉音の詩神」は先述の詩では,デリー州の自然音とそこで暮らすひとびとの言語（アイルランド語と英語),さらには伝統音楽までも守護する一種の地霊だったが,この詩においてはもっと限定的にアイルランド語を指すと解釈できる。他方,「頭韻を踏む伝統」は英語を指し示している。

　続く第2パートでは,16世紀末にエリザベス女王（在位1558-1693）がアイルランドへ侵攻し,イングランドやスコットランドから入植者がぞくぞくと渡ってきた時代に,シェイクスピア（1564-1616）ふうの英語がこの島にもたらされた経緯が語られる。その部分を読んでみたい。

```
We are to be proud
of our Elizabethan English:
'varsity', for example,
is grass-roots stuff with us;

we 'deem' or we 'allow'
when we suppose
and some cherished archaisms
are correct Shakespearean.

Not to speak of the furled
consonants of lowlanders
shuttling obstinately
between bawn and mossland.                    (Heaney, 1972: 31-32)
```

「われわれは自分たちに根づいているエリザベス朝英語に誇りを持つべきだ」という冒頭に要点がある。'university' の代わりに 'versity' と言うのは別に気取っているからではなく，'suppose' の意味で 'deem' や 'allow' を使うのも「われわれ」にとっては自然なことであって，ひんぱんに用いられる古風な慣用表現はシェイクスピア時代の名残なのだから，胸を張ったらいい。「城砦農場」と「泥炭地」の間で「頑固に」暮らす，スコットランド低地地方からきた植民者（lowlanders）の子孫たちがしゃべる特有な子音の調子ももちろん，この土地に根づいた誇るべき言語なのだ。

　パート３では，シェイクスピアの歴史劇『ヘンリー五世』の第３幕第２場に端役で登場するアイルランド人騎士マックモリスが，「わしの国が何だって言うんかいね？（What ish my nation?）」(Heaney, 1972: 32) と問いかける。この場面の舞台は偏見と誇張に満ちた，差別的な戯画だ。スコットランド人とウェールズ人とマックモリスがそれぞれの地方の方言丸出しでしゃべり，ひとりだけ標準的な英語を話すイングランド人と４人で議論を戦わせている。このセリフは，ウェールズ人の騎士にばかにされたと勘違いしたマックモリスが反問する場面で発せられる。

　ヒーニーの詩は，けんか腰なこの反問にたいして，忘れた頃に答えが返される場面でしめくくられる――'... though so much / later, the wandering Bloom / replied, 'Ireland', said Bloom, / 'I was born here. Ireland.' (Heaney, 1972: 32)。「わたしが生まれたのはここ，アイルランドですよ」と答えているのは，ジェイムズ・ジョイス（1882-1941）の小説『ユリシーズ』（1922 年）の作中人物レオポルド・ブルームである。『ユリシーズ』はホメロスの叙事詩『オデュッセイア』を下敷きに，新聞の広告取りとして働く「さまよえるブルーム」氏を主人公として，1904 年のダブリンの１日を描いたモダニズム小説だ。「意識の流れ」と呼ばれる手法を駆使し，幾多の文体と叙述法を使い分けた実験精神と，無数の引用やパロディーを詰め込んだ豊穣な文学性により，20 世紀のアイルランドのみならず，20 世紀英語圏を代表する傑作とみなされている。

　この詩では，偉大なるイングランドの劇作家による問いかけをアイルランドの偉大な小説家に答えさせた。ヒーニーはそうすることで，エリザベス朝英語を誇りとするアイルランド英語――すなわち北アイルランドの英語――に居直

ろうとする自分自身を励ましているかのように見える。

5　ハイブリッドな詩，母語としての英語

　ヒーニーは先述のエッセイ「1972年」の中で，自分の言語と詩の成り立ちについて語っている。必要に応じて原文を補いながら読んでみたい。

　　わたしにとって女性的な要素はアイルランド的な題材（the matter of Ireland）と結びついており，男性的な部分は英文学（English literature）から入ってきたものだと思います。わたしは英語を話し，英語で書きますが，関心事や大局観をイングランド人と共有しているわけではない。英文学を教え，ロンドンで本を出版していますが，イングランドの伝統はわたしの究極の故郷ではない。らくだにたとえるなら，もうひとつのこぶにも世話になっているのです。（中略）
　　アイルランド人であろうとなかろうと，詩人の極意はことばの潜勢力を引き出せるかどうかにかかっています。とはいえわたしの場合，詩人としての自分自身を定義しようとすると，過去へさかのぼって，自分が生まれ落ちた風景という生命ある話し言葉のただ中で定義することになる。ルーツと読書が交わる地点でわたしは詩人になりました。個人的に，アイルランドに忠実であろうとする心（Irish pieties）は母音であり，英語によって養われた文学的な自覚（the literary awareness nourished on English）は子音。これから書く詩がわたし自身の経験全体にふさわしい声になるようなら，うれしく思います。(Heaney, 1980: 34-37)

ここにまとめられた「アイルランド的な題材」（女性性，風景，生命ある話し言葉，ルーツ，母音）と「英語」（男性性，英文学，読書，子音）の混成がヒーニーの文学そのものである。これまで見てきた詩の数々に，そのハイブリッドな結実があらわれている。「英語」の対立項として「アイルランド語」を立てることができず，「アイルランド的な題材」と言わざるをえないところに，アイルランドが経てきた植民地体験の傷が影を落としている。
　ヒーニーにとってアイルランド語は出自の根拠ではあるものの母語ではなく，郷愁の対象にしかなりえない。英語で書くしかない以上，英語の中に自分自身の表現を打ち立てるしか方法はない。彼はみずからの試行錯誤を回顧して詩に仕立てている。次に，第四詩集『北』（1975年）におさめられた「恐怖省」を

取り上げてみたい。

　聖コロンバ校の同級生で詩人・批評家になったシェイマス・ディーンに捧げられたこの詩は、ふたりの青春時代の交遊を語っていて感動的だが、読み進むうちに「生命ある話し言葉」としての母語の響きに忠実な詩を書こうとした試みが活描される。次の引用をぜひ声に出して読んでみていただきたい。

> I tried to write about the sycamores
> And innovated a South Derry rhyme
> With *hushed* and *lulled* full chimes for *pushed* and *pulled*.
> Those hobnailed boots from beyond the mountain
> Were walking, by God, all over the fine
> Lawns of elocution.　　　　　　　　　　（Heaney, 1975: 63-64）

思い出の中のカエデの木々を詩に書こうとした語り手は、デリー州南部——ヒーニーが生まれ育った地域——式の脚韻をはじめて試みた。[ʌ] 音を共有する *hushed* と *lulled* が、[u] 音を共有する *pushed* と *pulled* と「完璧に押韻する」ことは、標準英語ではありえないが、彼はこれら4つの単語で韻を踏む詩を書いてみたと回顧している。ヒーニー自身が録音したCD（Heaney, 2009: CD 4-38）で自作朗読を聴いてみれば、その意図は明らかだ。詩人はごく自然にこれら4つの英単語の母音を、喉の奥にくぐもった「オ」と発音している。ヒーニーの母語である「デリー州南部」の英語発音では、これら四単語が「完璧に押韻する」のである。

　この詩の末尾3行を散文に訳してみる。「アルスターは英連邦に属しているものの、英国抒情詩の所有権はなかった。わたしたちが命名したわけではないが、わたしたちを取り巻いていたのは恐怖省だった」（Heaney, 1975: 65）。「英国抒情詩」（The English lyric）とは、ロマン派を中心とする英詩のことである。

　この3行に吐露された不満を説明しよう。北アイルランドの初等・中等学校は英国式のカリキュラムなので、ヒーニーは英文学の正典である「英国抒情詩」（たとえば、ワーズワスの「水仙」の詩やキーツの「ギリシアの壺によせるオード」など）を教え込まれた。とはいえそれらの文学作品は、自分たちが暮らしている北アイルランドの文化や歴史とは縁もゆかりもないので、アイルランドがイングランドの植民地だったことを思い出させるばかりだった、と

言わんばかりである。「恐怖省」（The Ministry of Fear）は，紛争当時の心理的抑圧を象徴するイメージだ。これらの詩行には，「わたしは英語を話し，英語で書きますが，関心事や大局観をイングランド人と共有しているわけではない」というヒーニーの述懐がこだましている。

「英国抒情詩」にアクセス権がないならば，詩人はよそに手本を探すしかない。次節で見るように，ヒーニーはその模索も詩に仕立てて読者に差し出している。

6 「英語はわたしたちのものなのだよ」と亡霊が語る

「ステーション島」という連作詩がある。第六詩集『ステーション島』（1984年）の標題詩であるこの作品は，デリー州の西隣のドニゴール州（アイルランド共和国）にある巡礼地が舞台である。語り手は山懐に抱かれたダーグ湖に浮かぶステーション島へ巡礼に出かける。この島は，アイルランドにキリスト教を伝えた聖パトリックが断食と祈りをおこなった場所として知られ，島の地下には煉獄があると伝えられている。夏季，多くの巡礼者たちがこの島へ渡り，3日間断食をして祈りを献げる。

ヒーニーによく似た語り手は，島へ渡って祈るあいだにさまざまな亡霊に出会う。幼少期に見知ったひと，親戚，友人，文学史上の先人などが次々にあらわれて，再会を喜んだり，生者をたしなめたり，無念を語ったりした後，一番最後の「パート12」で，島から本土へ戻った語り手のそばに背の高い男の亡霊が近づいてくる。「まだしゃべらないうちから，あらゆる川の母音が渦を巻く／男の声がわたしに向かってよみがえってきた」（Heaney, 1984: 92）と描写されるこの男はただ者ではない。「母音」はすでに見たようにアイルランド的なるものを体現する音だからだ。男は杖で道端のゴミ箱を打ち据えて，「なすべきことはひとりでやるしかないのだから／仕事に戻るがいい。大切なのは／楽しんで書くことだ（中略）まじめすぎるのはいかんぞ／／懺悔服を着て灰をかぶるのは他の連中に任せておけ。／やり過ごせ，逃がせ，忘れろ。／聞く方はもうじゅうぶんだろう。おまえ自身の音色を叩き出す番だ」（Heaney, 1984: 92-93），と思いもよらなかった励ましの長ゼリフを聞かせる。

それを聞いた語り手の心は解放され,われに返って返答する。「年老いた父よ」と呼びかけているのは,亡霊の正体がジェイムズ・ジョイスだと気づいたからだ。

> ... 'Old father, mother's son,
> there is a moment in Stephen's diary
> for April the thirteenth, a revelation
>
> set among my stars— that one entry
> has been a sort of password in my ears,
> the collect of a new epiphany,
>
> the Feast of the Holy Tandish.' 'Who cares,'
> he jeered, 'any more? The English language
> belongs to us....'　　　　　　　　　　　(Heaney, 1984: 93)

この部分を読み解くには少々注釈が必要である。ヒーニー本人とおぼしき語り手がジョイスの亡霊に内輪話をしているからだ。「4月13日」は詩の作者であるシェイマス・ヒーニーの誕生日で,「スティーヴン」はジョイスの自伝的小説『若い芸術家の肖像』の主人公スティーヴン・デダラスで芸術家の卵である。「神聖なるタンディッシュ」の背後には暗黙のうちに次の挿話が了解されている。

スティーヴン・デダラスはダブリンでの大学時代,イエズス会士の学監から英語を直されたことがある。このイエズス会士はイングランド人で,プロテスタントからの改宗者である。この学監が,ダブリンで生まれ育ったスティーヴンが言った「漏斗(タンディッシュ)」という単語を聞きとがめ,正しい英語は「漏斗(ファネル)」である,と言わんばかりの態度を取るのだ。

　——ファネルって?　とスティーヴンは聞き返した。
　——ファネルって,ランプに油を注ぐときに使うあれさ。
　——あれですか?　とスティーヴンは言った。あれをファネルって呼ぶんですか?　タンディッシュじゃありませんか?
　——何だね,タンディッシュって?
　——あれです。つまり,あの……ファネル。

——アイルランドではあれをタンディッシュと呼ぶのかね？　と学監は訊ねた。生まれて初めて耳にする言葉だ。
　——低ドラムコンドラではタンディッシュと呼んでいます，とスティーヴンは笑いながら言った，最良の英語を話す地域ですよ。（ジョイス，2007: 349）

「低ドラムコンドラ」はダブリンの北の町はずれあたりの地域で，「アナホリッシュ」と同様のローカルな地名である。スティーヴンはこの直後，自分が常日頃使っている英語にたいする自信を失ってしまう。

　——ぼくたちがいま口にしている言葉は，ぼくのものである前に，この男のものなんだ。ホウム，クライスト，エイル，マースター，こういった言葉はこの男の口から出るのと，ぼくの口から出るのとでは，何という違いだろう！　こうした言葉を口にしたり書いたりするとき，ぼくはいつも心に不安を感じてしまう。この男の国語は，とても馴染み深いものなのに，そのくせ何ともよそよそしいものでもあって，つまるところ，ぼくにとってはいつまで経っても習い覚えた言葉たるにとどまっているのだ。こうした言葉をぼくは自分でつくったわけじゃないし，自分のものとして受け入れたわけでもない。それを口にするぼくの声はいつもこわばってしまう。ぼくの魂はこの男の国語のかげに覆われて苛立つのだ。（ジョイス，2007: 351-352）

英語は自分たちがこしらえた言語ではなく，習い覚えたものに過ぎないという感覚。こうした違和感は言語や歴史に敏感なアイルランド人なら誰しも感じてきたことだろう。とはいうものの，すでに見たように，19世紀半ば以降，アイルランド語を母語とする人口は激減した。ジョイスの時代すでに，大多数のひとびとにとって英語以外の母語はなかった。

　小説のほぼ末尾の部分で，スティーヴンの日記が引用される。そこには思わぬ発見が書きとめてあった。

　　四月十三日　例の「タンディッシュ」という言葉がずっと気になっていた。調べてみたら，じつは英語。しかも由緒正しいれっきとした英語じゃないか。学監のやつ，ぬけぬけと漏斗(ファネル)だなんて！　あいつ，何のためにアイルランドに来てるんだ。自分の国の英語を教えるためか，それともぼくらからそれを教わるためか？　どっちにしても糞くらえ！　もいいところさ。（ジョイス，2007: 474）

『オックスフォード英語辞典』(第2版)を引いてみると，funnelはラテン語の崩れた単語がフランス経由で英語に借入されたもので，tundishのほうは古英語の語彙から派生した単語なので，tundishのほうが「由緒正しい」英語だとする主張は間違っていない。ダブリンの北郊で確かに「最良の英語」が話されていたのである。

　ヒーニーの詩に戻りたい。今引用した日記の記事が書かれたとされる月日がたまたま自分の誕生日と一致していたので，ヒーニーは喜んでみせる。詩の語り手は，「わたしの星回りに組み込まれた／／ひとつの啓示——わが耳にはひとつの記事が／合い言葉のように響く／あるいは新しい顕現に捧げた集禱文というべきか／／聖なるタンディッシュの祝日」(Heaney, 1984: 93) と浮かれて語る。ジョイスの亡霊はそれを冷やかして，「今さら誰がかまうものか？……英語はわたしたちのものなのだよ」(Heaney, 1984: 93) と返す。

　スティーヴン・デダラスに倣ってヒーニーが英語の所有権を獲得した瞬間がここに書きとめられている。ジョイスの亡霊をあやつっているのは詩の作者であるヒーニー本人なので，これは明らかに自画自賛なのだが，ジョイスの気づきをわがものとして引き継ぎ，アイルランド英語による文学の可能性を新たに引き出したヒーニーの手柄は小さくない。

7　ローカルなるものに信を置く詩人——結論に代えて

　ヒーニーは激化していくアイルランド紛争の中で書き続けた詩人である。彼自身はカトリック信徒の背景を持つものの，党派的な立場からは注意深く距離を置き，個人として紛争に向き合いながら，現実について考えさせる契機を読者に提供する詩を次々に書いた。1980年代以降はアメリカのハーバード大学で教えるようになり，チャスワフ・ミウォシュ (1911-2004, リトアニア生まれ，ポーランドからフランスへ政治亡命，カリフォルニア大学で教え，ポーランド語で詩を書いた，1980年にノーベル文学賞受賞)，ヨシフ・ブロツキー (1940-1996, ロシア生まれのユダヤ人，アメリカへ亡命，ロシア語で詩を書き，後には英語でも書いた，1987年にノーベル文学賞受賞)，デレック・ウォルコット

（1930-2017，西インド諸島のセント・ルシア出身，ボストン大学で長年教え，英語で詩を書いた．1992年にノーベル文学賞受賞）など，20世紀の歴史に翻弄されて越境した詩人たちと交流するようになった．そうする中で，植民地支配の遺産の再考をめぐる諸問題を，背景を異にする世界の詩人たちと共有できることに気づくに至った．ヒーニーは1984年にハーバード大学ボイルストン修辞学教授，89年にはオックスフォード大学詩学教授に選ばれて名誉職を歴任し，1995年にはノーベル文学賞を受賞した．

「詩に信を置く」と題されたノーベル賞受賞講演を読んでみると，彼が若い頃から重んじていた，土地に根ざしたものへの敬意を新たにしていることがわかる．まだ幼かった第二次世界大戦中，短波ラジオの外国局の名前として聞き覚えがあったストックホルムで晴れの舞台に上がるのは光栄なことだ，というあいさつにはじまる講演は後半にいたって，20世紀を揺るがしたナチズムとソヴィエト体制がかたくなに保持しようとしたたぐいの，唯一絶対な文化的価値観に対抗して，土着的なものへの信頼を提示する．

> 反対に，本質的に土着的なものが持つ持久力と移動に耐えうる柔軟性を信じるならば，わたしたちはあらゆる伝統の価値に敬意を持つ世界の可能性を信じるようになるでしょう．そうした敬意からは，健全な政治空間を生み出し，維持していこうとする気運が生じてくるはずですから．(Heaney, 1995: 23)

彼はさらに続けて，アイルランド島を南北に分ける国境の存在と，北アイルランドにおける英国的なものとアイルランド的なものの分断に言及する．そうして，アイルランドに住むあらゆるひとが，それらを隔てている頑固な壁がテニスコートの網のようになればいいと願うべきだ，と主張する．その網は以下のように表現されている——「それは柔軟なギヴ・アンド・テイクと出会いを可能にする境界設定であるべきです．境界をめぐる活力はそもそも，「敵」と「味方」という束縛的な単語に端を発していましたが，その源は二項対立的でなく，束縛的でもない語彙に変わっていくかもしれないのです」(Heaney, 1995: 23)．

敵味方という二項対立をなしくずしにしていくような境界設定について述べ

たのは，おそらく単なる思いつきではない。というのもこの発想は，すでに見たヒーニーの言語戦略とよく響き合っているからだ。彼の詩に描かれたアイルランド語と英語の関係や，アイルランド英語の妥当性をめぐる議論を振り返ってみると，権威や規範にたいして正面衝突するのをつねに避けていたことがわかる。

　アイルランド語のディンシャナハスを英語に流用して延命・変容させ，ローカルな風景を描写するときにはその土地に根づいたアイルランド英語の語彙を活用し，イングランド英語の使い手の間違いに気づいた先人の怒りを見つけたらもらい受け，喜びへと転換して，最後には抜け目なく英語を自分の所有物にする。いわばからめ手から相手の懐へ入りこんで，欲しいものに至る詩法が抜きんでていた。彼はみずからが信を置く英語詩の可能性を最大限に活用し，父祖から受け継いだハイブリッドな言語文化をもつれた姿のままに磨き上げて，ローカルで特殊な材料を普遍美へと変容させる輝きを英語詩にもたらした。ヒーニーの功績をまとめるならば，おおむねこういうことになるのでないだろうか。

1) 本章で引用したヒーニーの発言，テクストは断りがない以外はすべて引用者（栩木）訳。
2) 翻訳をともなう「継承」は搾取や自己正当化の意味合いを持ってしまうことがある。アイルランド語文学研究者の松岡利次は，ヒーニーが，アイルランド語による中世の韻文物語を英訳した『迷えるスウィーニー』において，アイルランド語地名を「英語音化」するさいに19世紀に陸地測量部がおこなった「伝統的な方法をそのまま利用し」たのを批判して，「アイルランド語の音と意味をよみがえらせるような方法を考えてくれればよかったのに，ヒーニーはそれらの地名の源はアイルランド語だと確認するだけで自分の行為を正当化している」（松岡, 2007: 75）と指摘する。さらに，英語詩人 W. B. イェイツ（1865-1939）が，ロンドンの雑踏の中でアイルランドを懐かしむ詩「湖の小島イニスフリー」において，「ヒースの島」（Inis Fraoigh）というアイルランド語の地名を英語化して 'Innisfree' と表記したことをも批判して，次のように述べている——「地名を英語化する方法の中で，アイルランド語にとってもっとも破壊的に作用するのは，意味は異なっているが，音の似ている単語をあてるやり方である。むしろ，まったく新しく英語の地名に置きなおしてくれた方が，その土地にその地名の本来の意味を付与したであろうに，イェイツはその呪

われたつづりの持つ free＝「自由」という語義を悪用してしまったのだ」(同書同ページ)，と。ヒーニーにもイェイツにも植民地主義的な搾取の意図はなかったと思われるが，植民地時代の方法を踏襲したり，皮肉な意味に解釈できる英語表記を選択してしまったせいで，落とし穴にはまることがありうるのだ。

参考文献

カーソン，C.，栩木伸明（訳）（2011）『トーイン——クアルンゲの牛捕り』東京創元社

コーコラン，N.，小沢茂（訳）（2009）『シェイマス・ヒーニーの詩——批評的研究』国文社

嶋田珠巳（2016）『英語という選択——アイルランドの今』岩波書店

ジョイス，J.，大澤正佳（訳）（2007）『若い芸術家の肖像』岩波書店

マクラム，R.ほか，岩崎春雄ほか（訳）（1989）『英語物語』文藝春秋

松岡利次（2007）『アイルランドの文学精神——7世紀から20世紀まで』岩波書店

Duffy, S. (Ed.) (1997) *Atlas of Irish History*. New York: Macmillan.

Heaney, S. (1972) *Wintering Out*. London: Faber.

Heaney, S. (1975) *North*. London: Faber.

Heaney, S. (1979) *Field Work*. London: Faber.

Heaney, S. (1980) *Preoccupations: Selected Prose 1968-1978*. London: Faber.

Heaney, S. (1984) *Station Island*. London: Faber.

Heaney, S. (1995) *Crediting Poetry*. Loughcrew, Co. Meath: The Gallery Press.

Heaney, S. (2009) *Collected Poems*. 15 CDs. Dublin: RTÉ.

O'Driscoll, D. (2008) *Stepping Stones: Interviews with Seamus Heaney*. London: Faber.

Vendler, H. (1998) *Seamus Heaney*. London: HarperCollins.

第IV部　日本語の未来を考える視点
英語は日本語の将来にダメージを与えるのか

第 10 章　英語化する日本語とその未来（斎藤兆史）————日本語はこれからどうなっていくのか。いまの日本語には外来語の割合があまりにも多くなっていないか。カタカナ英語にはどのようなものがあり，それらは日本語の英語化をすすめるだろうか。そもそも，高齢者が理解しづらい日本語の現状はいかばかりか。言語の生態系を守るべきだと考える著者のうちだす，日本語保全活動とは。

第 11 章　外来種論争から考える日本語と英語（岡ノ谷一夫）————外来語が言語体系にもたらす影響あるいは英語との急速な接近がもたらす影響とはどのようなものか。それらは外来種が生物多様性に与える影響になぞらえられるだろうか。進化生物学が専門の著者が，生物多様性と文化多様性の比喩と生態系と文明の比喩から，英語の寡占化が文明にもたらす影響を論じる。

第 12 章　英語侵略に抗うための，ことばの教育（大津由紀雄）————日本を席巻する英語狂想曲，そしてその先にあるもの。英語ばかりにとらわれ，日本語で「言葉を操る力」がおろそかになってはいないか。言語についての一般の思い込みから脱却し，私たちが持つべき言語運用能力とはなにかを考える。日本の英語教育に危機感を抱き改革を起こすべく働きかけてきた著者の，ことばの教育論。

第10章　英語化する日本語とその未来

斎藤兆史

1　言語の乱れか変化か

　標準的でない言語使用の増加を言語の乱れと捉えるか変化と捉えるかは，なかなか難しい問題である。日本語の「役不足」は，本来，割り当てられた役が当人の技量よりも不当に低い状況を指す言葉だが，いまでは「私では役不足ですが」といった具合に「(与えられた役に対して) 力不足」の意味で用いられることがある。国語辞典を見ると，後の用法を誤用としているものが多い。英語にも同様の例がある。たとえば，beg the question という慣用表現は，本来は「(論点をはじめから自明のものとし) 議論をはぐらかす」の意味だが，いまでは「問題を提起する」の意味で用いられることが少なからずある。これについては，後者の用法を誤用としている辞書もあれば，とくにそのような注記をせずに2つの用法を併記している辞書もある。誤用が一般化して市民権を得た場合，それは用法の変化として認識される。

　誤用であれば，正すのが道理。変化であれば，それをとがめ立てするには当たらない。では，誤用が定着しつつある過程においてはどうするか。たとえば，「ら」抜き言葉。テレビ放送などにおいては，画面の話者が「ら」抜きをしても，字幕などで「訂正」している場合がある。ときには，話者が正しく「しゃべれる」と言っているにもかかわらず，「しゃべられる」などと過剰訂正 (hypercorrection) をしている字幕もある。筆者個人としては「ら」抜きを誤用としたいが，普段の会話において「ら」抜きをする人の割合を見ても，教育的介入 (たとえば，学校教育でそれを誤用と教えるなど) をするのでもないかぎり，「ら」抜きは残念ながら市民権を得つつあると言っていいだろう。国語の授業観察をした際にも，協同学習をしていた高校生たちが，「食べれる」は

可能,「食べられる」は受け身の表現だとして当たり前の顔で議論しているのを見て驚いた。こうなると,これはもう訂正の余地がないということになる。

　このように,誤用は訂正,変化は容認という方針は,誤用か変化かの判定が難しい以上,少なくとも言語政策において採用すべきものではない。では,どうするか。本章では,言語政策において採用すべき方針として,言語の運用効率と多様性の保証を掲げる。そして,場合によっては相容れないこの２つの価値の優先順位を決めるための上位の考え方として,言語と生態系の類比(アナロジー)を用いることにする。

2　言語の運用効率

　言語使用のすべての側面において優先されるべき価値ではないが,言語政策を考える際に,とくにコミュニケーションにおける運用効率というものを重要な指標と考えたい。運用効率とは,言語によって伝えるべき内容がどれだけの労力によって的確に伝わったかの度合いであり,たとえば,短い言葉で簡潔に言いたいことが伝われば,それは運用効率が良いことになる。逆に,時間と言葉を費やしてやり取りをしているはずなのに,なかなか言いたいことが伝わらない場合がある。これは運用効率が悪い状態である。また,異なる言語の話者同士のコミュニケーション,とくに通訳を介するコミュニケーションなどは,当然ながら同じ言語を共有する話者同士のそれよりは効率が悪い。

　誤解のないように急いでつけ加えておくが,筆者は,効率のよい言語運用がつねに望ましく,上質のコミュニケーションを可能ならしめると主張するつもりは毛頭ない。ぶっきら棒な「飯,風呂,寝る」は,たとえ言いたいことをすべて正確に伝えたにせよ,およそ円満な夫婦関係の構築に寄与する発話とは言いがたい。また,言語表現の曖昧性や多義性は,日常の言語運用においては円滑なコミュニケーションを妨げるものだが,文学的なテクストを豊かにする価値と認識されることもある。本章で重視する言語運用効率とは,言語によって何かを成し遂げたい場合,その目的がいかに効率よく達成できるかの度合いである。

　また,この文脈で言語の多様性を重視する立場を明らかにしておく必要があ

る。なぜならば，言語の運用効率のみを最優先条件とするのであれば，言語コミュニケーションに関わるすべての人間が同じ言語を共有しているのがもっとも効率のよい条件だと思われるからである。たしかに，もともと世界にたった1つの言語しか存在せず，そのすべての話者が同じ母語能力でその言語を運用していたとすれば，多言語を有する世界よりは効率のよい言語コミュニケーションが成立するであろう。しかしながら，現実には世界に多くの言語，そしてそれぞれのなかに方言をはじめとするさまざまな変異形が存在する。その世界に，たとえば「国際共通語としての英語」やエスペラントなどの共通語を導入することは可能であり，また実際になされていることだが，それで単言語状況と同じ効率が得られるはずもなく，そもそもその共通語を習得するための手間と習熟度の違いを考えた場合，かならずしも共通語の導入が言語運用効率を上げるとは言い切れない。

　一方で言語の多様性を保証しつつ，他方でできるだけその運用効率を高めるにはどうするか。ここで言語の生態系という考え方を導入する。すなわち，言語生態系の維持を根幹に据えた言語政策を実施すれば，理論的にはその両者をバランスよく保つことができる。

3　言語の生態系は守れる／守るべきものなのか

　言語生態系という理念を導入するに当たって，生物と言語との類似性を指摘しておきたい。まず，いずれも自然発生的に生まれたものであること。また，他者や異種との接触によって，多くの場合強者が弱者を食い尽す，あるいは駆逐する形でつねに変化していること。そして，人間による制御が（少なくとも完全には）利かないこと。当然ながら，生物と言語には違いも存在する。もっとも大きな違いは，自然の生態系の変化が，人間はもちろん生物の存亡に影響を与えるのに対し，言語変化のほうは，弱小言語の消滅を引き起こしはするものの，生命を脅かすものではない。それぞれの変化に対する人間の意識や対応が違うのは，そのためかもしれない。

　エコロジーの思想や運動は，いまや世界的な広がりを見せている。京都議定書に象徴されるとおり，環境保全に対する意識は，日本でも大いに高まってい

る。また，温暖化対策のように，我々の生命を脅かす環境変化を防ぐための活動のみならず，生態系の保全活動も当たり前のように実践されている。国立公園をはじめ，保護すべき生態系に足を踏み入れる前に靴底の土をマットの上などで拭い去るように指示されることがある。外来種の植物の種が入り込むのを防ぐためだ。また，外来種の水生生物を駆除するために，「かいぼり」と称する池や沼の水抜きが行なわれることがある。最後に底に残った生物のなかから外来種だけを拾い出して駆除する。最近はテレビ番組などでも有名になった活動である。

なぜ外来種を駆除し，在来種を守らねばならないか。そこを突き詰めていくと，環境保全という以上の明確な答えは見えてこない。なかには，ピアスのように，外来種駆除の理念に異を唱える専門家もいる（ピアス，2016）。とはいえ，いまのところそのような考え方をする人はむしろ少数派であり，環境の変化を不可避としながらも，在来種が構成する自然資源をできるだけ守っていこうというのが一般的な考え方であろう。

一方，言語の変質，とくに日本語の変質に対する一般的な意識はどうか。アンケート調査などを行なったわけではないので，厳密な論拠を挙げることは難しいが，日本語の変質の早さとそれに対する日本人の反応（問題の指摘，認識，それに対する危機感，批判的論考，防止策など）の弱さを見るにつけ，多くの日本人は，日本語の変質は「乱れ」ではなく自然な「変化」であり，それは避けられるものでも，避けるべきものでもないと考えているように見受けられる。そのようななかで，筆者は，言語を守るべき資源として，生態系を有する文化事象と捉える立場に立ち，日本語の生態系の保全を目指す言語政策を提言する。そして，ただの保全のための保全ではない理由も以下に記す。

4　言語の急速な変化は「死者たち」との対話を困難にする

我々がある意図を持って言語コミュニケーションを取る場合，疑問や誤解は少ない方がいい。これは自明の理であろう。あとでまた触れるとおり，カタカナ英語の増加などによって急速に変化しつつある日本語でのやり取りのなかで，高齢者が若者の発話の理解に苦労している様子は頻繁に見聞するとおりである。

これは，極端に日本語の言語効率が悪く，高齢者が言語・情報弱者と化している状態を示している。

イギリスの言語学者デイヴィッド・クリスタルは，「世界標準口語英語」と母語との二言語併用による弱小言語の保護を提唱しつつ（クリスタル，1997 [原著] = 1999 [邦訳]；クリスタル，2000 [原著] = 2004 [邦訳]），「[母語の] 変化に対して寛容でなくてはならない」(2004: 162) と主張する。「英語にしてからが……すぐに新語を取り入れ」(ibid.: 161) て変化してきたではないか，と。この論に与する人には，ぜひ次の6つの引用文を読み比べていただきたい。

A. Juliet: O Romeo, Romeo, wherefore art thou Romeo?
Deny thy father and refuse thy name;
Or, if thou wilt not, be but sworn my love,
And I'll no longer be a Capulet. (William Shakespeare, *Romeo and Juliet*)

B. CHAPTER1
In the beginning God created the heaven and the earth.
2 And the earth was without form, and void; and darkness *was* upon the face of the deep. And the Spirit of God moved upon the face of the waters.
3 And God said, Let there be light: and there was light. (Genesis 1: 1-3)

C. Now I saw in my Dream, that just as they [Christian and Pliable] had ended this talk, they drew near to a very *Miry Slow* that was in the midst of the Plain, and they being heedless, did both fall suddenly into the bogg. The name of the Slow was *Dispond*. Here therefore they wallowed for a time, being grieviously bedaubed with the dirt; And *Christian*, because of the burden that was on his back, began to sink in the Mire. (John Bunyan, *The Pilgrim's Progress*)

D. 櫻もちるに歎き。月はかぎりありて。入佐山。爰に但馬の國。かねほる里の邊に。浮世の事を外になして。色道ふたつに。寢ても覺ても。夢介と。

(井原西鶴『好色一代男』)

E. We feel deeply concerned to note that consequent upon the protracted war ending in our defeat, our people are liable to grow restless and fall into the Slough of Despond. ('Imperial Rescript')

F. 惟フニ長キニ亙レル戰爭ノ敗北ニ終リタル結果，我国民ハ動モスレバ焦燥ニ流レ，

失意ノ淵ニ沈淪セントスルノ傾キアリ。　　　（「新日本建設に関する詔書」）

　筆者自身の語感，および長年日本の大学においてこれらの文章を講じたときの学生の反応を元に判断するに，大学生として高度な英語力を持つ学生にとって，英文はすべてさほど難解なものではない。知らない語彙があったにせよ，大意は読み取れる。じつを言えば，これらの文章は発表された年代順に並んでいる。一番古いAの『ロミオとジュリエット』は，1594年から95年にかけて創作されたものだと言われている。Bはジェイムズ1世の命によって成った『欽定英訳聖書』の冒頭で，1611年の発行。Cはイギリスの説教師ジョン・バニヤンが書いたキリスト教の寓話『天路歴程』の一節で，この部分が書かれたのは1678年である。主人公クリスチャンが旅の仲間とともに「失意の沼」にはまってしまう有名な場面だ。BとCは平易な英語で書かれていることで有名な文章だが，それにしても17世紀の英文が日本人英語学習者にも読めるというのは，じつに驚くべきことである。逆に，この2つの英文よりも少しあとの1682年に書かれたDの西鶴の『好色一代男』は，当時としてはとくに高度な教養を必要とせずに読める浮世草子でありながら，現代人にとっては日本語を母語としていても簡単に読めるものではない。もはや立派な「古文」である。また，EとFはいずれも1946年元旦に発表された文章。俗に「天皇の人間宣言」として知られる詔書の原文（じつは英文）とその訳文である。英文中のSlough of Despondは，Cの文章を出典としている。それで，このEとFを読み比べた場合，ある程度の教養を身につけた日本人であれば，英文のほうが読みやすいと感じるのではないか。もしも筆者の教育経験に基づくこの認識が正しいとするならば，過去3世紀半ほどの間，英語よりも日本語の変化のほうがはるかに大きかったことになる。

　内田樹が指摘するとおり，我々は生きた人間とコミュニケーションを図るためだけに言葉を使っているのではない（内田・鳥飼，2014）。古文書の読解などは，まさに「死者との対話」だと言っていい。ある言語の母語話者が数世紀前の「死者」たちと対話できるのに対し，別の言語の話者がほんの数世代前の「死者」と対話するのにいちいち辞書を引かなくてはいけないとしたら，あるいは老人たちの言葉の理解に困難を感じたとしたら，その言語運用効率の差は

一目瞭然であろう。いや，これは単なる運用効率だけではなく，言葉を介して受け継がれる歴史，文化，教育の豊かさに関わる問題である。そう考えると，言語が長い目で見て変化していくのは仕方がないにしても，できるだけその生態系を守ったほうがいいという理屈になる。

5 日本語の英語化

英語に比べ，あるいは潜在的にほかの言語に比べ日本語の変化が早いとすれば，そこにはいくつかの要因が考えられる。まずは，海外からさまざまなものを輸入し，自分たちのものにしてきた日本人の国民性が挙げられる。海外のものを必要以上に有難がる島国の人間特有の性向があるのかもしれない。また，戦後，戦前の全体主義的風潮に対する反発から，規範的な言語政策・教育が敬遠されてきたためでもあろう。

日本語の変化の大きな要因として，外来語の増加が挙げられる。とくに，明治時代から日本にとって最重要な外国語であった英語からの借用語はすさまじい勢いで増えつづけている。借用とはいえ，借りたまま返せないばかりか，返したところで使えない。日本で独自の進化を遂げ，もとの英語とは違う生き物になってしまうからだ。

たとえば，本来「食事，食餌，規定食」の意味の diet が，「食事療法」という限定的な意味において借用された結果，日本語の文脈のなかで，いわば日本語という環境を得て，日本語の統語法や語彙とのせめぎ合いのなかで進化し，「ダイエットする」という表現が生まれるに至って「減量」という単語を食い尽し，それに成り代わってしまった。そのため，「ダンベル・ダイエット」「ウォーキング・ダイエット」「断食ダイエット」など，本来の英語の意味からすればあり得ない複合語が日常的に用いられている。「ぴんと張った状態，緊張」などを表わす tension が日本語化し，最近では「テンションが高い，テンションが上がる」といった表現の中で用いられているようである。本来の意味が「気持ちの張り」を経て「気分，意気」に取って代わったようである。

とはいえ，日本語のなかでのカタカナ英語の多用自体は，いまに始まったことではない。坪内逍遥の『当世書生気質』(1885-86 年) に出てくる書生は，

「想ふに又貸とは。プレテキスト〔遁辞〕で。セブン〔七(しち)〕へポウン〔典(ポウン)〕した贓(か)。セル〔売〕したに相違ない」などという日本語を操っているから，すでに明治時代には言語現象として存在していた。英語を使うと会話が洗練された，知的なものになる，という意識があるためかもしれない。これはいまだに変わらない。

　日本語の文脈における英単語の使用と，それがカタカナ英語，和製英語として変質していく様を暗示する好例を見つけたので，ここに記しておく。俗な例だが，ご容赦願いたい。エコノミー症候群に代表されるような，じっと動かずに座っていることの健康上の問題を論じたテレビ番組のなかで，解説者として登場した，医者とおぼしき専門家がその問題に対する対策を講じていた。長く座り過ぎたときには，「貧乏ゆすり」をするのがいいのだそうだ。意外そうな顔をしている出演者たちに対し，その専門家は（その必要もないのに）「英語では fidgeting と言うんですけどね」と言った。その瞬間，司会者が急に明るい顔をして，「あ，お洒落ですね。これからは『貧乏ゆすり』と言わずに，フィジェッティングと言いましょう」と返した。このやり取りには，少なくとも2つの言語的な間違いが含まれている。まずはその1。「貧乏ゆすり」は fidgeting ではない。fidget は「そわそわ〔もじもじ，いらいら〕する」というような意味だから，fidgeting の身体的表れのひとつとして「貧乏ゆすり」をすることはあるかもしれないが，膝を細かく上下させる「貧乏ゆすり」を fidgeting とは表現できない。その2。そもそも fidget は上記のような意味であるから，英語の文脈のなかではむしろ否定的な意味を持っており，けっして「お洒落」な単語ではない。これを「貧乏ゆすり」と同じ意味を表すお洒落な単語と誤解し，「エコノミー症候群にならないようにフィジェッティングで血流を促しましょう」などという表現が定着したときに，新たな和製英語の誕生となる。

6　最近の英語化の傾向

　明治時代における外来語の使用は，日本社会自体の急速な西洋化や学問の英米化がもたらしたものであった。とはいえ，この傾向には一定の歯止めがかかることになる。明治10〔1877〕年以降，西南戦争鎮圧に伴う財政難ゆえのお雇

い外国人教師の解雇，さらに教育の国語化が進み，西洋の文物は翻訳を通じて輸入されるようになった（斎藤，2017：第2章参照）。また，第二次世界大戦前・戦中を通じて英語は敵性語，敵国語となり，多くの外来語が翻訳された。

　戦後，状況は一変する。アメリカ文化が一気に流入し，ふたたびカタカナ英語が増加しはじめた。そのなかには，本来の英語の意味から考えると誤用としか言いようのない，いわゆる「和製英語」が大量に含まれている。もっとも，英単語がカタカナとして日本語のなかに入れば，誤用とは言えないまでも必然的に変質を被る。ほとんどの日本人は，英語がカタカナになった瞬間，自分たちが自由に使える日本語だと認識しているのであろう。最近の宿泊施設や衣服の宣伝文句には「チェックイン時にウェルカム・ドリンクをサービス」や「シックでエレガントなアーバン・ファッション」などという文が当たり前のように現われるが，宣伝をしている側としても，とくにカタカナ英語の使用を意識しているわけではあるまい。

　カタカナ英語が定着するプロセスは，言語学的にいくつかに分類することができる。

　(1) 舶来の物品，文化，概念を表わす英語がそのままカタカナで定着した場合。例：ベッド，ポケット，ラジオ，スーツ，スケジュール，ジャケット，セーター，ガイダンス，コンピュータ，サーフィン，コンサート，パイロット，インターネット，ハロウィーン，クリスマス，ドローン，コーディネーター，カーペット，ブラインド，ファックス，ボルダリング，コンプライアンス，インタビューなど。

　(2) 本来の英語とは違った（歪曲化された，誤解された，あるいは婉曲的な）意味で定着した場合。例：ホステス，ホスト，コンセント，ダイエット，タレント，サービス，マンション，スマート，（容姿を表わす）スタイル，スナック，（「雪辱」を意味する）リベンジ，（人以外のものについて「写真映えする」の意味に拡張された）フォトジェニック，（食べ物を指す）グルメ，（「廉価」を意味する）リーズナブル，テンションなど。

　(3) (1)もしくは(2)の過程を経たのち，さらに日本語の文法に則って短縮化された場合。例：ビル，テレビ，アニメ，コスメ，プレゼン，コンペ，コ

ンビニなど。

(4) (1) もしくは (2) の過程を経て作り出されたカタカナ英語が2語以上組み合わさり，さらに日本語の文法に則って短縮化された場合。例：リモコン，マスコミ，プラモデル，コスプレ，セクハラ，パソコン，アニソン（アニメ・ソング），ソフビ（ソフト＋ビニール），スマホ，デジカメなど。

(5) 本来の英語とは違った意味で定着したカタカナ英語が，さらに英語の形態素と間違った形で結びつくことで和製英語ができ上がる場合。例：エネルギッシュ，ファンタジック，ボリューミー，マヨラーなど。

これらに加え，さらに最近の傾向として加えることのできる言語事象がいくつかある。まず1つ目は，(1) のプロセスによって生成された2語以上の名詞句の増加である。例としては，ホワイト・ボード，セミナー・ルーム，ホール・イン・ワン，ポール・ダンス，スクール・カウンセラー，オーラル・コミュニケーション，マタニティ・ドレス，アクティブ・ラーニング，シビリアン・コントロール（中黒がない場合も多い）などがある。和製英語の名詞句としても，上記のウェルカム・ドリンク，サラリーマン，シャープペン，ナイス・アシスト，パワー・スポット，フロア・スタッフ，グルメ・リポーターなどがある。

また，これも戦後になってからのことであるが，日本語を左から横につづる「左横書き」の書式が急増した（屋名池，2003）。それによって，日本語のなかに横文字が入ることに違和感がなくなり，英語をカタカナ化せずにそのまま日本語のなかに入れる習慣が定着した。たとえば，略語のDVD，CD，LED，PC，CM，CEO，FD（faculty development）などは，カタカナ化するのでなく，そのままアルファベットでつづられる。日本の歌謡曲のなかにも，題名や歌詞が横文字になっているものが数えられないくらいに存在する。

7　内容語から文へ，そして言語交替へ

カタカナ英語の増加自体が日本語の英語化を引き起こすかどうかについては，賛否が分かれるところである。一例を挙げるために，コンピュータ・ソフトの

使用手引書などにありそうな文章を多少大げさに創作してみよう。

　　ソフトをダウンロードしてインストールするには，まずアイコンをダブルクリックし，インストーラーをアプリケーションのボックスにドラッグします。

　さて，これが日本語か英語かと聞かれたら，ほとんどの日本人は日本語だと答えるであろう。カタカナ表記された語彙の意味さえわかれば，文法的に難しいところはない。語彙も文法の一部と広義に解釈し，厳密な表現を使うとすれば，内容語は英語由来だが，機能語と統語法が日本語だから，前者の意味さえ分かれば日本語として理解できる，ということになる。となると，このまま放っておけば，第一の言語力学として，上記のような文，すなわち内容語が英語由来，機能語と統語法が日本語という文がますます増えていくであろう。そして，ほとんどの日本人は，それを日本語として使っていくことになるであろう。
　だが，ここで気になる第2の力学がある。それは，日本語の左横書きの定着に伴う英文の挿入である。たとえば，ある企業が娯楽的な催しを主催する場合，「［企業名］＋ presents ＋［催し（多くの場合横文字）］」というような文が宣伝文句の一部として使われるようになった。また，「Let's 何々」という宣伝文句も増えた。先頃筆者が目にした広告には，Buy Two Get Two という英語の文句があった。英語圏の広告によくある Buy One Get One (Free)（1つ買えばもう1つついてくる）を応用したものであろう。このほか，テレビ・コマーシャルなどの一部に挿入される英文を数え上げたら切りがない。
　さらに，第3の力学として，「グローバル人材育成」のためと称する英語偏重の言語・教育政策がある。日本をグローバル化するためには日本人の英語力を高める必要があるとの誤解に基づき，学校教育において，英語科のみならず多くの科目の教授や議論を英語で行わせようとする行政的な動きがある（斎藤他，2016参照）。すでに日本語のなかの内容語がカタカナ英語化し，さらには日本語のなかに英文そのものが入り込んでいる。それに加えて，教育や日常生活における英語使用が推奨されるとしたら，日本における日本語から英語への言語交替が起こる危険性はきわめて大きいと考えられないだろうか。

8　日本語の「かいぼり」と保全活動

　言語交替の危険性が大であるといっても，アイルランドのような形（嶋田, 2016）で，すなわち国家的な選択として起こる可能性はさほど高くはない。日本において日本語から英語への言語交替が起こるとしたら，それは徐々に進行する大きな言語の地殻変動である。どのような形で起こるかは，実際のところ予測不能である。しかしながら，このまま放っておけば，前節前半で見たような，内容語のカタカナ英語化と日本語中への英文の挿入は間違いなく増えつづけるであろう。問題は，それをよしとするか，あるいは不可避とするか，あるいは言語資源保全のための活動を行なうかどうかである。すでに論じたとおり，筆者は言語を文化資源と捉え，言語運用効率を重視する立場から，日本語の「かいぼり」を含める言語保全政策が必要であると考える。

　問題は，どこがその政策を主導するかである。かつての「敵性語・敵国語」排斥ほど強権的な政策は好ましくないが，リベラリズムが放置・放任主義に流れてはまずい。言語交替の防止や言語運用効率の向上のみならず，日本語の急激な英語化について行けない高齢者などの言語・情報弱者の救済をも視野に収めるとすれば，文部科学省，文化庁，国立国語研究所，日本学術会議，あるいは言語系の学会や大学などが中心となって，わかりにくいカタカナ英語をやさしい日本語に言い換える方法を提示し，少なくとも公的な文書ではできるだけ前者を避けるような文章を使うように提言をするなどの方策が考えられる。

　さらに穏やかな方法としては，言語文化資源保全のための啓蒙活動がある。外来語を気軽に仕入れたり，流行語を使い捨てするのでなく，すでにある言葉を大事に使うという考え方を浸透させるのである。それを理念として広める手もあれば，文筆を専門とする人たちが意識的にその理念を具現化した文章を書くのも効果的であろう。少なくとも筆者はそれを実践しているつもりである。

　また，現在の英語教育ではとかく悪者扱いされがちな訳読や翻訳を言語教育に重点的に取り入れるのも一法である。和製英語増加の弊害のひとつとして，それが日本人の英語学習を阻害していることが挙げられる。すなわち，日本語のなかで使い慣れた間違った英単語をそのまま英語に戻して使えると勘違いしてしまうのである。英語話者の英語教師たちが嘲笑的に話していた日本人学生

の作文の典型的な間違いに、たとえば 'I challenged the entrance examination of X university' のようなものがある。「X大学の入学試験に挑戦（チャレンジ）した」と言いたいのだろうが、challenge の使い方として正しくない。この典型的な間違いを指摘した英語教師は、母語話者らしい思い込みで、こういう間違いをする裏には訳読の悪癖がある、日本では訳読ばかりやっているから「challenge＝挑戦」と単純に訳して覚えてしまうのだと話していたが、そうではない。しっかりと訳読や翻訳の訓練を積んでいないから、そういう単純な間違いを犯すのである。きちんとした翻訳訓練を受けていれば、たとえば identity という英単語が出てくれば、それが文脈に応じて「同一性」にも「正体」にも、あるいは「自己認識」にもなることが理解できる。

いずれにせよ、このまま放置しておけば、日本語は急激に英語化し、高齢者に理解しづらい、言語効率の悪い言語になっていってしまう。それを言語の自然な変化として放置するのか、それともこの時代で何らかの手を打つのか、それは我々一人一人の判断に掛かっている。

参考文献

内田樹・鳥飼玖美子（2014）「かなしき英語教育」、江利川春雄・斎藤兆史・鳥飼玖美子・大津由紀雄（編）『学校英語教育は何のため？』ひつじ書房, pp. 101-142.

クリスタル, D., 國弘正雄（訳）（1999）『地球語としての英語』みすず書房

クリスタル, D., 斎藤兆史・三谷裕美（訳）（2004）『消滅する言語――人類の知的遺産をいかに守るか』中央公論新社

斎藤兆史（2017）『英語襲来と日本人――今なお続く苦悶と狂乱』中央公論新社

斎藤兆史・鳥飼玖美子・大津由紀雄・江利川春雄・野村昌司（2016）『「グローバル人材育成」の英語教育を問う』ひつじ書房

嶋田珠巳（2016）『英語という選択――アイルランドの今』岩波書店

ピアス, F., 藤井留美（訳）（2016）『外来種は本当に悪者か？――新しい野生 THE NEW WORLD』草思社

屋名池誠（2003）『横書き登場』岩波書店

第11章　外来種論争から考える日本語と英語

岡ノ谷一夫

　発端は 2 冊の本であった。1 冊は本書の編者でもある嶋田珠巳による『英語という選択』(嶋田，2016)。もう 1 冊はピアス著の『外来種は本当に悪者か？』(ピアス，2016)。これらは 2016 年の 6-7 月に前後して出版された。私は当時，読売新聞の読書委員を務めており，本来書店では離れた棚に置かれるであろう 2 冊の本を，同時に手に取るという偶然に出くわしたのであった。

　『英語という選択』からは，すぐに，ケン・ローチ監督の映画『麦の穂をゆらす風』が想起された（次頁図 1）。20 世紀初頭，英国統治下のアイルランド。自分の名前を英語で言うことを拒否しただけで若者が銃殺される場面が強く印象に残っている。現在のアイルランドではもちろんそんなことは起こらないだろう。だが，アイルランド本来の言葉であるゲール語と，外来語である英語とが入れ替わろうとしていることは事実だ。著者は社会言語学的な視点でこの言語交替過程を描いていた。

　『外来種は本当に悪者か？』は，外来種により在来種が圧迫されるという多くの人々が感じている危機意識に再考を促す（ピアス，2016）。また，こうした危機意識から外来種を根絶させようとする動きを牽制し，むしろ種が流動する新たな自然観を提案する。折しも東京・武蔵野市の井の頭池のかいぼりが行われ，池の自然とは何かが議論されていた時期であり，興味を持って読んだ。著者ピアスによれば，そもそも在来種と外来種の違いはその地に移入した時期の違いだけである。外来種のおかげで生物多様性が増加した地域もある。人間が感じる自然の多くも，実は外来種を移入した結果である場合も多い。著者はこのような事例を列挙し，「新しい野生」という考えを持つよう読者を説得する。

　『英語という選択』と『外来種は本当に悪者か？』を同時に評してみたら面白いだろう。この 2 冊を前にして，突如思いついた。英語の移入を生物学的な

図1 『麦の穂をゆらす風』の日本語版ポスター

外来種の移入として比喩的に論ずることができるだろうか。現代日本の言語状況を，外来種としての英語の移入という見方から捉え直すことができるだろうか。そう考えているときに，ちょうどよく「英語という選択シンポジウム」（本書プロローグ参照）での講演依頼をいただいた。本章は，「英語という選択シンポジウム」での講演をもとに，この課題について再考したものである。

1 科学者としての私と英語をめぐる状況

　私は，生物心理学の研究者として日常的に英語に接している。ついさっきも，投稿した英語論文が「英語母語話者の校閲を受けるべきである」との査読者の意見とともに，掲載拒否を食らったばかりである。言っておくが，当の論文には10万円近い研究費を使って英語母語話者の校閲を受けた。それでも私のジャパニーズ・イングリッシュは残ってしまっているようだ。

　私は大学卒業後，米国メリーランド大学大学院に入学し，6年をかけて博士号を取得した。その過程で，英語で学術的な議論をし，英語で博士論文を書いた。それでも私は，論文を出すたびに10万円前後の英文校閲費を出さねばならない。釈然としない。英語圏で数年過ごした経験のない研究者は，英語論文に私以上に苦労し，私以上に研究費を浪費しているのではないだろうか。

　理系の研究者の中では，国際化という名の下に研究環境の英語化が進んでいる。論文の影響力を「客観的」に示すという謳い文句の数値がいくつも開発されてきた。中でも雑誌の影響力を示すインパクト・ファクター（IF）という値は，自然科学全体を序列化した。IFとは，その雑誌に掲載された論文が平均して年に何回引用されたかを示す数字である。1以下だとよい雑誌とはいえず，3前後だと堅実な専門誌，5以上だと評価が高い専門誌ということになる。『ネイチャー』『サイエンス』などの一流誌は，IFが30前後もあり，専門誌としてのみならず，分野を超えて科学の一流の成果が掲載されていると認識される。

　私が大学院生であったころ，そのような数値はなかった。私はそのころの論

文の多くを『比較心理学雑誌』(Journal of Comparative Psychology)という歴史ある雑誌に投稿した。この雑誌は年に4回冊子体で発行されており，私の興味を惹く研究が多く紹介されていた。私にとってあこがれの雑誌だったのである。自分の論文が掲載された雑誌を手にするのは幸せな気分であった。私の論文は人間の文化が続く限り世界中の図書館にあるのだ，と考えると自分が人類の知的遺産作りに貢献した気分になれた。

しかし今は状況が違う。『比較心理学雑誌』は，電子版雑誌の台頭により，IFが現在は2.3しかなく，今この雑誌にあこがれる学生は少ないであろう。理由として，査読者が3名付き，査読に半年ほどかかることがあげられる。そのような雑誌に掲載されるには手間と時間がかかるので，研究成果を次々に発表せねばならない現在の状況では敬遠され，結果としてIFが低くなる。大学院生は，自分の研究をできる限りIFの高い雑誌に投稿したいと考えている。「この研究ならIFが5くらい行きますかね？」などと言いながら投稿雑誌を決める。そういうわけで今や大半の専門誌がウェブ媒体のみになってしまった。ウェブも人間の文化がある限り存続するであろう。しかし私は，印刷された論文が図書館にあるほうがうれしい。

序列化・電子化されることにより，自然科学論文の多くは英語で書かれることになり，そのことがさらに序列化・電子化を促進した。30年前まで権威があったドイツ語の雑誌の多くは英語に鞍替えした。研究者はよりIFの高い雑誌に自分の研究を掲載してもらうため，研究費の多くを英文校閲に費やす。有力な雑誌の出版社は，研究者の弱みにつけ込んで購読料をつり上げる。科学出版は割の良い商売になってしまった。出版社が用意するのはウェブサイトだけで，論文査読と編集は関連領域の研究者がボランティアとして無料で行う。研究者は論文を投稿して原稿料をもらうのではない。論文を出版してもらうための経費を自ら負担するのである。にもかかわらず，電子雑誌を購読するためにもさらに購読料を払わねばならない。これらの経費は研究費つまり多くは日本の税金から払われるのである。

このような傾向は，IF値の高い英文国際誌に論文が掲載されることを科学行政機関のみならず科学者自身が重視した結果生じた。研究費や研究職の獲得に際し，IF値の高い論文が何本あるかが基準とされる。大学院生は，生き残りの

ため，実験にかける時間と同等の時間を，自分の研究成果を英文にすることに費やす。教員は，獲得した研究費の多くの部分を英文校閲料およびウェブサイト掲載料として支払う。英文校閲は，英語圏の大学院生の良いバイトだ。日本の大学院生は，薄給または無給に甘んじ，下手な英語を書いて英語圏の大学院生を食わせている。そして 0.1 でも IF の高い雑誌に論文を掲載してもらうため，もがいているのである。

　この状況が正しいとは私には思えない。英語という言語は，なぜこのような暴力的な力を持ってしまったのか。日本人であり研究者である私たちは，この状況とどう向き合うべきなのか。この問題に感情的にのみ向き合うのではなく，この問題をある種の生物現象として考えてみようと思う。

2　生物多様性

　まず，生物多様性についてまとめておこう。生物多様性には 3 つの階層がある。遺伝子・種・生態系である（宮下・井鷺・千葉，2012）。ここでは言語との比較として種のレベルを扱う。種とは生物の種類分けの基本的な単位である。種とは，その成員間で交配が行われるか交配可能な自然集団で，他の同様な集団と生殖的に隔離されているもの，と定義できる。種レベルでの多様性とは，このように定義された集団についての多様性である。現時点では，地球上に 200 万ほどの種が記載されているが，実際にはその 10 倍以上が存在するであろうと言われている。われわれの目に触れやすいものを挙げると，昆虫 75 万，鳥類 9000，哺乳類 4000，顕花植物 25 万ほどの種が記載されている（鷲谷，2017）。

　これらの種は，在来種，固有種，外来種に分類できる。在来種とは，本来その地域に生息する種のことである。固有種とは，在来種の一部で，世界でその特定の地域にしか見られないものを指す。固有種は，そこから絶滅すれば世界から消滅することになる。日本には両生類が 61 種おり，その 74％が固有種である。外来種とは，在来種ではない，すなわち本来その地域に生息しない種のことである。外来の過程は様々で，人間により積極的に導入されたもの，人間の経済活動に伴って移入したもの，生物自身の移動も含む自然の作用により拡散したもの等がある。外来種の中で，人間の健康や生産活動に好ましくない影

響を及ぼすものを特に侵略的外来種という（トムソン，2017）。

　生物多様性が守られるべきものであることは直感的にはわかるが，説明するとなるとなかなか難しい。わかりやすいのはその有用性，使用価値である。多様な生物が存在することで，われわれはそれらを資源として利用し，水の浄化や防災に利用し，文化的な対象として利用することができる。しかし多様性は有用性に限るものではない。多様性は生命の本質である。遺伝子複製の仕組みや自然選択による進化には，多様性を産出する機能が必然的に含まれている。だから私たちは多様性を重んずるのであろう。

3　外来種と生物多様性

　次に，外来種が生物多様性に与える影響を考えてみよう。そもそも，在来種と外来種の区分が恣意的であることを指摘したのが，ピアスの『外来種は本当に悪者か？』（ピアス，2016）である。トムソンはほぼ同時期に発表された『外来種のウソ・ホントを科学する』で，外来種問題を5つの「神話」として分析している。この場合，「神話」とは多くの人々が信じているが，科学的には検証できていないことを示唆（または揶揄）した言い方である。

1. 外来種による侵入が生物多様性を損ない，生態系の機能を失わせる。
2. 外来種は私たちに多額の損害を与える。
3. 悪いのはいつも外来種。
4. 外来種はわたしたちを狙って野をうろついている。
5. 外来種は悪者，在来種はいい者。

　トムソンはこれらの神話についてそれぞれ多くの反例を挙げるか，または根拠が薄弱であることを説明している。神話1については，研究者が対象を選ぶ際の偏好として外来種が実際に害を及ぼしている事例を選びがちであることを指摘している。例えば，ハワイでは多くの外来種が導入され，そのことで絶滅した在来種はほとんどなく，結果として生物多様性が増加している。神話2については，ヒアリが米国で年間20億ドルの損失をもたらしているという噂を分析している。このコストはヒアリによる損失ではなく，防除のコストである。

ヒアリ防除は，化学薬品会社の利益のために大げさに喧伝された可能性があるらしい。神話その3については，ミンクの例を挙げている。ミンクの導入により，同様な生態学的環境（ある種が利用する資源の組み合わせ，ニッチ）を持つカワウソが減少したとされた。事実は異なり，ミンクとカワウソの食性はほとんど重ならない。現在では，カワウソの減少は有機塩素系殺虫剤によると考えられている。神話4，5についてはもう説明する必要もないだろう。これらは事実というより，人間の危険検出に関わる認知バイアスと考えたほうが正しい。悪い方向への変化は，見慣れない生物に帰してしまいがちである。凶事はよそ者のせい。

　ピアスやトムソンの外来種についての主張を統一的に理解するすべはなかろうか。私は，移入の速度が問題のひとつとして捉えられるのではないかと考える。在来種と外来種とは，双方とも，移入時期の違いに過ぎないという主張は共通している。移入に関して自然要因しか働かなかった時代にはそのように考えることができるだろう。確かに，在来種の相互作用で一定の安定を構成した環境に外来種がゆっくりと時間をかけて移入してきた場合，外来種は定着せず駆逐されるか，在来種と平衡を取りながら同化してゆくであろう。これは，在来種の側に外来種からの防御機構が進化することで実現される。しかし，人為的に，急激に移入がなされた場合，何らかの不均衡が人間の目に見える形で現れることは，ゆっくりと移入してきた場合に比べるとはるかに多いに違いない。不均衡の度合いは，進化の歴史をどのくらい共有してきたかによると考えられる。

4　生物多様性と環境頑健性

　生物多様性について，影響ある人物たちが興味深い発言をしている。アクアラングの発明者で海底の世界を撮影しカンヌ映画祭のグランプリとアメリカのアカデミー賞を獲得したクストーは，「南極のように種の数の少ないところの生態系は，きわめてもろい。ところが赤道直下のように生物の種が多ければ，生態系は強い。この法則は，文化にも当てはまる」と語っているそうだ（服部，2013）。女性の交換が親族構造の根本的機能であることを指摘して構造主義の

祖とされる文化人類学者のレヴィ=ストロースは，「文化の多様性と生物多様性は有機的に結ばれている」と言う（レヴィ=ストロース，2005）。これらの言明は，直感に強く訴える。レヴィ=ストロースやクストーであれば，これで許されるが，私程度では許されないだろう。私はこの言明に論理付けする必要がある。まず，生態系の強さと生物多様性の関連について考える。

　遺伝子レベルの多様性ではこれは理解しやすい。ある種の個体群が遺伝子レベルで変異を持たないとどうなるか。つまりクローンだったらどうか，ということだ。クローンは免疫応答も同一なので，ある病原体に免疫が作れない場合には，その病原体によりすべての個体が死滅する。19世紀半ばのアイルランドでは，人口の3割が単一品種（ランパー）のジャガイモを主食としていた。記録によれば，成人が1日で50-80個のジャガイモを食していたといわれる。これではジャガイモしか食していなかったと言っても過言ではない。ニューヨークに発しヨーロッパに入ってきた疫病によりジャガイモが不作となり，100万人（人口の2割）もの死者が出た。貧困層の多くがゲール語を話しており，このことでゲール文化に壊滅的な被害があった。多様な品種のジャガイモを栽培していればこの危機は避けられたかもしれない。潜在的な問題がバナナにもある。現在栽培されているバナナの99％はキャベンディシュ種のクローンである。これがなんらかの疫病で不作になると，バナナに栄養依存している貧しい国々で飢饉が起こる危険がある（ダン，2017）。

　1万3000年前，人類は1週間のうち数百種類の食物を消費している。現在，人類が消費するカロリーの90％はわずか15種（とその亜種）の植物から得られているという（ダン，2017）。これら15種の植物に疫病が生じてしまったら，世界中で多くの餓死者が出るであろう。生物多様性をそぎ落とすことで大量生産を可能にしてきた私たちの農業は，結果的には非常に危うい均衡の上にかろうじて立っている。

　さて，種レベルではどうだろう。多様な種が共存するためには，異なる資源を利用する必要がある。ここで言う資源とは，栄養素，日照，植生，温度など，様々な条件を含む。前述のように，ある種が利用する資源の組み合わせを生態学的環境と呼ぶことにする。ある地域が多数の種を保持するためには，環境が寄せ木細工（モザイク）化され，多様な生態学的環境を支えることが必要であ

る。

　多様な生物の冗長な相互作用に支えられた環境は（伝染病や気候変動などの）破壊的な変化を緩衝することができる，という考えは納得しやすい。種にとって劣悪な環境と好ましい環境があり，それぞれの種にとっての劣悪さと好ましさが異なり，かつそれぞれの種が環境に固有の応答をとれば，多くの種が共存できる。例えばミジンコは環境が悪化すると休眠卵を産んでその時期をやり過ごし，環境が回復すると孵化する。複数のミジンコが競争関係にあっても，休眠卵を作る環境変化が異なれば，環境を寄せ木細工化することができ，共存可能となる。

　しかしこのような関係では，必ずしも種の豊富さが環境を支えているとは言えない。環境の寡占によって，資源が枯渇する状況を考えねばならない。捕食者・被捕食者の関係を考えると，そのような例があるのかもしれない。複数の種の共存を促進するメカニズムを相利共生的な種間相互作用という。植物では多数の送粉者（花粉を運搬する動物）と複雑な関係を築き安定なネットワーク構造を発達させることで多種共存を可能にしている。このような仕組みは，少数種よりも多数種が共存することにより安定する（宮下・井鷺・千葉，2012）。

5　生物多様性と文化多様性

　レヴィ゠ストロースやクストーの言葉を補えば，「文化多様性が高い文明ほど頑健である」ということになろう。再び，彼らにとってこの言明は自明であっただろうが，私はこれを論理的に展開せねばならない。ここで比喩されているものは，種と文化，生態系と文明である。まず，種と文化の比喩はどうであろうか。種が異なる生態学的環境を利用するように，文化も異なる生態学的環境を利用する。種が分化したり滅亡するように，文化も分化したり滅亡する。種は個体群からなるように，文化も個体群が支える。以上から，種と文化の比喩は成立しているといえる。

　次に生態系と文明である。生態系が複数の種の相互作用で成立するように，文明も複数の文化の相互作用で成立する。生態系が動的に変化するように，文明も動的に変化する。生態系が種の階層性から作られるように，文明も文化の

階層性から作られる。最後は少し説明が必要であろう。生態系は種によって利用できる栄養形態の階層から成っている。太陽光と二酸化炭素から酸素と糖を作る植物を栄養として草食動物が生き，草食動物を栄養として肉食動物が生きる。それらの動物の排泄物を利用して土壌が豊かになり植物が生きる。人間が従事する産業も同様に階層化されており，それぞれの階層に固有の文化が生じる。これらの総体が文明である。以上から，生態系と文明の比喩も成立可能である。

6　文明の頑健性・脆弱性

ではなぜ，文化の多様性が文明を頑健にするのであろうか。文化は価値観・コミュニケーション様式・消費資源を含む。ひとつの価値観しかない文明では，その価値観の衰退が文明の崩壊につながる。複数の価値観があれば，一部の文化が衰退しても文明は維持される。

そういうならば，文明崩壊の事例を出せねばなるまい。幸い，ダイヤモンドがすでに『文明崩壊』という著書を出版している（ダイヤモンド，2005）。この本の原題は *Collapse: How Societies Choose to Fail or Succeed* であるが，和訳はわかりやすい意訳になっている。本書は過去に存在した・現在も存在している様々な文明について，それらがなぜうまくいったのか，なぜ崩壊したのかを分析している。ダイヤモンドはこうした分析の結果，文明崩壊に至る5項目を挙げる。

1. 環境資源の浪費
2. 気候変動
3. 近隣社会との友好関係
4. 敵対社会との関係
5. 政治・経済・文化的要因

例えばグリーンランドのノース人の社会について。グリーンランドには984年にバイキングが定住し，1450年に滅亡した。この原因として，森林資源の浪費によって鉄器が作れなくなったこと，1400年代に気候が寒冷化したこと，友

好的であったノルウェーの弱体化によって貿易が低調になったこと，グリーンランドに定住していた他部族イヌイットと敵対関係にあったこと，そしてキリスト教への過剰な傾倒とイヌイットへの理不尽な蔑視をダイヤモンドは挙げている。

　文明崩壊は複雑な現象であり，これを1つの要因に落とし込むのは馬鹿者であるとダイヤモンド自身が語っている。しかし，第5項目が価値観に関わるものであり，これが1-4項目と無関係であるとはいえないと私は考える。すなわち，ノース人の価値観の単一性が，環境資源の浪費を起こし，ノルウェーとの貿易を低調にし，イヌイットとの緊張関係により資源の有効利用ができなくなったのではないか。また，これらの要因が，第2項目の気候変動への耐性をなくしたのではないか。モンタナ，ソビエト連邦，イースター島の文明が崩壊したのも，単一的な価値観が最大の要因のように私には読める。生物多様性が生態系の抵抗性を強めるように，多様な価値観，文化多様性が文明の寿命を伸ばすという仮説は，ここに至り信憑性を増してきたと思える。

7　地球文明の画一化と英語の寡占化

　ダイヤモンドが『文明崩壊』を書いてから10年以上が経ち，地球上の文明の状況はさらに変化している。寄せ木細工化された環境では多種共存が可能なように，政治・経済・文化的に寄せ木細工化された地球上では多様な文明が共存可能であった。20世紀中盤までは地理的・政治的に寄せ木細工化されていた地球は，情報技術とグローバル経済により今や1つの文明圏になってしまった。1つの文明が1つの価値観しか保持できないとすると，その文明の寿命は長くない。これは私がダイヤモンドを深読みした結果得た結論である。

　科学業界が英語によって寡占されたことにより，情報技術もグローバル経済も，英語を国際共通語（リンガフランカ）としている。経済的優位性を獲得したい国々では，日本のように政府が主導して，または現在のアイルランドのように国民が自発的に，英語を学ぼうとしている。一部の国では，母語を捨て英語を母語化しようという動きさえある。このような状況で，まずは大衆文化が英語化する。映画『スター・ウォーズ』は，世界中の子どもたち（大人たち

も）が鑑賞している。どこの国に行っても，スターバックス・コーヒーがある。大衆文化は英語文化への憧れを増強し，英語を学ぶ動機づけを高める。情報機器の多くは英語によりプログラムされ，これらを操作する用語は，特に日本では，カタカナ化された英語で表現される。日本人が「オッケーグーグル」などと言うのは滑稽を通り越して屈辱的でさえある。

　英語は単に言語であるだけではなく，文化である。価値観である。世界の見方である。英語には必ず主語がある。英語の人称には多様性がない。英語では定冠詞，不定冠詞がある。英語文化は，個人主義，一神教，論争による意思決定を尊重する。英作文ではパラグラフ・ライティングが奨励される。主張すべきことを主題文とし，段落の冒頭または末尾におけ。1つの段落には1つの主題文のみ入れよ。段落のその他の部分は主題文の主張を強めるために用いよ。このような教育が，思考に影響しないはずなく，このような言語を母語とすることが価値観の形成に影響しないはずはない。それがどのような価値観であれ，1つの価値観しか持たない文明は，環境の急激な変化に対して抵抗力がない。

　国際化のもとに世界の英語化が進むことで，文化の多様性は死んでいき，文明の持続力と耐久性は減っていく。私は英語が悪いと言うのではない。英語の寡占化がよろしくないというのである。私はまた，英語が外来種であるから悪であるというつもりもない。日本語も多く外来言語の影響を受けて変化してきた。しかしその移入は明治維新までは緩慢であった。緩慢であるがゆえ，それらの外来語は時間をかけて日本語に入り込んでゆき，一部は日本語に同化した。

　しかし，特にここ20年の日本語の変化はあまりに急激である。情報技術用語をはじめ，多くの科学技術用語は翻訳されることなくそのままカタカナ英語として日本語に浸透してしまった。母語に翻訳されることなく音として浸透することで，表面的な理解を増長している危険性がある。例えば，以下は最近の心理学・神経科学用語であるが，いったい何のことだかおわかりだろうか。「デフォルトモード・ネットワーク」「レジリエンス」「ラストリゾート」「イン・サイチュー・ハイブリダイゼンション」「スティグマ」。わからないですよね。定訳がないので私訳で順に，「基底脳活動」「回復力」「最終手段」「組織化学的遺伝子標識法」「精神障害への偏見」。日本語のほうがわかりやすいと思う

が，なぜカタカナのまま流布してしまうのだろうか。一部には，カタカナ英語でしゃべったほうがカッコイイと思うヒトもいるのだろう。日本の研究者に英語・英米文化を崇拝する価値観が浸透しているからだと思われる。

8　科学における上意下達な課題設定

　科学行政についても，多様性の考えは重要だ。現状では研究費は少数の重点項目に集中投下されている。今この時点（2018年）では，それらは人工知能（AI），大規模データ処理（ビッグデータ）および機械学習である。これらはすべて自然科学ではなく，技術・応用科学である。必要ではあるが，これが基礎科学を圧迫したり，若者の方向性を規定したりするのは良くない。科学研究は本来，好奇心に基づき進められるべきだが，上意下達により特定の分野が大事にされると，研究者はその分野に群がりはじめる。熾烈な競争の中で画期的な成果が生まれるかもしれない。しかし同時に，研究費の集中投下は，多様な研究分野から偶発的に生まれるかもしれない重要な発見を，生まれる以前から葬りさっている危険性もある。

　上意下達な課題設定には他の問題もある。設定された課題群に懸命に取り組んできた研究者たちは，その分野の専門家になる。しかしその分野の「流行」が永遠に続くわけではない。旬を過ぎた考え方と技術をもって科学者であり続けるのは難しい。今もっとも重要に見える課題は，10年後には陳腐化する課題である危険は高い。重点化された課題からどのように新たな課題へと脱皮してゆくかが科学者の適応度を決めるのである。科学行政機関も，研究者が成熟した分野から離脱し新たな分野を開拓することを奨励するような仕組みを作るべきである。

9　言語多様性の積極的維持――多言語主義

　特定言語の寡占化と言語交替，それによる固有文化の消失を防ぐ試みとして，多言語主義という考え方がある。地域語の使用を尊重しながら，より広範囲のコミュニケーションを可能にするために，複数の共通語をも利用することであ

り，そのことによって言語と文化の多様性を，身をもって学ぶことである（平高・木村，2017）。日本において外国語の時間と銘打ちながら英語のみを教えるのは多言語主義の理念に反する。

多言語主義は，文化多様性を教育により導入しようとする動きである。英語が国際共通語として強い感染力を持つ以上，教育という強制力で英語以外の言語，地域の固有言語を獲得させ，言語多様性・文化多様性を伝達することは重要であると私は考える。地域語は，それを使用することによる経済的優位がなくなってしまうと消滅の危機に瀕する。言語交替は3世代で起こり，4世代で定着するという。アイルランドにおけるゲール語は，一時期は，家族での使用が奨励され補助金さえ支給されたそうだ（嶋田，2016）。ゲール語は，それだけの危機に瀕しているということだ。

類似したことがフランスのアルザスで起きている。アルザスはその地政学的な位置から，フランスとドイツとの間で争奪が繰り返されてきた歴史がある。そのため，教育や行政にはフランス語とドイツ語が公用語として用いられる。しかしアルザス人は日常生活においてはアルザス固有の言語，アルザス語を用いてきた（平高・木村，2017）。ドーデの「最後の授業」はそのあたりの背景を描いた物語である。「フランス万歳！」と教師が黒板に書く情景は感動的であるが実は偽善的である。なぜなら，アルザスの言葉は本来，ドイツ語により近いのだから。現在，60歳以上の74％がアルザス語を話せるが，17歳以下でこれを話せる者は3％にすぎない。この状況に鑑み，アルザスでは1960年代よりアルザス語復興運動が起きている。しかしながら，子どもにアルザス語を習得させたいと考える親は減っており，フランス語と英語の二言語話者（バイリンガル）として育てたいと考えている親が増えているようだ。今後，積極的な多言語主義をとらないとアルザス語は消滅してしまうであろう。

結論として，生物多様性は地球環境を守る。多様な生物の冗長な相互作用に支えられた環境は（伝染病などの）破壊的な変化を緩衝することができると言える。同様に，言語多様性は人間を守る。多様な言語は多様な文化を作り，多様な文化は多様な価値観を作る。多様な価値観は冗長な相互作用を生み，（戦争などの）破壊的な変化を緩衝することができるといえる。

全地球的なコミュニケーションを可能としながら，文化多様性・言語多様性を守る方法として，私は次のように考え，提案する。

　まず，15歳程度（日本では中学卒業）までは，子どもには母語によってしっかりと思考する教育を与える。今後の世界で，英語を国際共通語とすることはやむを得ないようである。それならば，母語話者の英語とは異なる基本英語を作る。基本英語は多言語話者の委員会によって語彙・発音・文法を単純化したものを制定する。世界各国でこれを希望する高校生に教えるが，それが特権的なものではないことはよく理解させ，基本英語以外の言語も選択肢として提示する。並行して，英語母語話者も基本英語を身につける必要がある。国際的な場での議論は，母語英語ではなく基本英語とすることを義務づける。科学論文は母語英語ではなく基本英語で書くことを義務づける。なぜなら母語としての英語には，文法以外にも慣用表現が増えてしまい，非母語話者にこれらの習得を強いるのはコミュニケーションの道具としては不公平であるから。国内での活動は母語で，国際的活動は基本英語で行う。その上で，英語母語話者は，非母語話者の英語に寛容になることが必要である。このような世界が実現すれば，表現に違和感があるという程度の理由で私が英文校閲に10万円もかける必要はなくなるだろう。

　以下は雑談である。コミュニケーションに関わる技術の変化が，個人の学習期間を超えて生じると不幸だ。言語を含め，そのような技術は人間の（生殖までの）1世代，すなわち20-30年を単位として浸透するかぎりは，人々はそれに適応することができるだろう。しかし，現代のように怒濤のように英語が入り込み，怒濤のように情報機器が変化する時代においては，どのような個人も，その個人の時代に置き去りにされるのではないだろうか。過去において，年老いることは，知識を累積すること，人生の指針を与える力を持つことと同義であった。だから人々は老人に敬意を持つことができた。現代において，新規な情報機器に適応できない老人，英語を解しない老人は尊敬するに値しないと判断される。年老いることが尊敬に値しない世界では，老人は孤独になる。誰でも生きていれば老人になるのだから，そのような世界は好ましくない。急激な技術の変化は常に価値観の変化も伴ってしまう。

　日本人に小学生のうちから会話英語を習得させようとする教育が，日本の教

育を司る機関によって進められている。ほとんどの日本人にとって，英語で会話する必要はない。英米人に道を教えるためにのみ英語を学ぶとしたら，これは非常に経済的ではない。今後，大学入試の英語に「聞く・話す」能力の業者テストが導入されるという。言語の根幹にある論理と表現を学ぶことが大学の英語学習の目的ではなかったのか。英語が話せなくても，聞けなくても，立派な論文を書く学者もいるのだ。

　会話英語を教えたところで，日常語が日本語である以上，英語はカタカナ化する。カタカナ化して導入された英語は，むしろ英語学習を阻む。日本語は基本的に子音と母音の組み合わせで音節を作るが，英語では子音が連続する場合もある。日本語は必ずや母音で終わるが，英語はそうでもない。カタカナ化された英語を使うことで，私たちの発音はより悪くなる。日本人のほとんどを英語に堪能にしたいと本気で思うなら，教育行政機関はカタカナ英語を禁じるべきである。さらに，各学会は術語の日本語化を進めるべきである。

　そもそも義務教育で外国語を学ぶ目的は会話をするためではない。会話を学ぶには，その言語を日常的に使用する環境に身を置くしかない。生活・職業上の必要がない者以外は，そのようなことをする必要はない。外国語を学ぶ目的は，日本語表現を磨くためであり，言語の互換性に気づくためであり，文化の多様性を知るためであり，言語の根幹にある論理と表現を学ぶことである。それらの目標のためには，英語教育は読解と作文に戻るべきではないか。

　畢竟，人間は幸せになりたいのだ。英語による言語寡占が進み，文化多様性が失われ，情報技術によりコミュニケーション様式が急激に変化し，年齢を重ねることと敬意を得ることとが一致しない世界において，どのような幸せを求めたらよいのか。本章では，言語多様性と文化多様性の比較をしてきたつもりなのだが，最後に至り，人間にとってより本質的な問題をほじくり出してしまった。

謝辞

本章についてご意見を下さった野中由里さん，橘亮輔さん，藤井朋子さんに感謝します。本章の執筆は，文部科学省科学研究費補助金新学術領域研究「共創言語進化」（#4903, JP17H06380）の助成を受けたものです。

参考文献

嶋田珠巳（2016）『英語という選択――アイルランドの今』岩波書店

ダイヤモンド，J., 楡井浩一（訳）（2005）『文明崩壊』上・下，草思社（Diamond, J. (2005) *Collapse: How Societies Choose to Fail or Succeed*. Brockman.）

ダン，R., 高橋洋（訳）（2017）『世界からバナナがなくなるまえに』青土社（Dunn, R. (2017) *Never Out of Season: How Having the Food We Want When We Want It Threatens Our Food Supply and Our Future*. Hachette UK.）

トムソン，K., 屋代通子（訳）（2017）『外来種のウソ・ホントを科学する』築地書館（Thompson, K. (2014) *Where Do Camels Belong?: The Story and Science of Invasive Species*. Profile Books.）

服部英二（2013）『未来を創る地球倫理』モラロジー研究所

ピアス，F., 藤井留美（訳）（2016）『外来種は本当に悪者か？――新しい野生 THE NEW WILD』草思社（Pearce, F. (2015) *The New Wild: Why Invasive Species Will be Nature's Salvation*. Icon Books.）

平高文也・木村護郎クリストフ（2017）『多言語主義社会に向けて』くろしお出版

レヴィ＝ストロース，C., 川田順三・渡辺公三（訳）（2005）『レヴィ＝ストロース講義――現代世界と人類学』平凡社

宮下直（2016）『となりの生物多様性』工作舎

宮下直・井鷺裕司・千葉聡（2012）『生物多様性と生態学』朝倉書店

鷲谷いずみ（2017）『絵でわかる生物多様性』講談社

第12章　英語侵略に抗うための、ことばの教育

大津由紀雄

1　英語狂想曲

英語に対して、他の言語に対しては見せない、ある種、異常な反応を示す日本人は少なくない。実際、英会話学校のCMはテレビやラジオにあふれているし、都市圏の電車に乗れば同様の広告が否が応でも目に飛び込んでくる。最近では、学齢前の幼児を対象とした「プレスクール」のCMや車内広告が殊の外目立つ。

矢野経済研究所が2017年8月4日にプレスリリースした「語学ビジネス市場に関する調査を実施（2017年）」という報告には「幼児・子供向け外国語教室市場」[ママ]という項目があり、以下の記述がある。

> 2016年度の幼児・子ども向け外国語教室の市場規模（事業者売上高ベース）は、前年度比102.0％の1,030億円であった。2017年3月末日に文部科学省から次期学習指導要領が公示され、小学校の英語教育においては3年生から必修化、5年生から教科化される。この英語学習時期の早期化と同時並行で大学入試改革も行われ、読む、聞く、書く、話すといった4技能を測定する方向で議論が進んでいる。こうした状況下、子どもたちの将来を思う保護者層の早期英語教育熱が高まっていることから、今後も英語を学習する生徒は増加傾向にあるものとみる。一方で生徒獲得のため、参入事業者間での競争は一層激しさを増しており、なかには生徒数を減らす事業者も散見される。2017年度についても、同様の傾向は続いており、同市場規模は前年度比101.9％の1,050億円を予測する。

同報告によると、外国語教室市場全体では、2016年度の市場規模は3490億円にも達し、分けても幼児・子ども向け外国語教室の市場規模はそのおよそ、そ

の3割を占める。いうまでもなく，このような文脈では，「外国語」といっても，その実態はほぼ英語であるといっても過言ではない。

　こうした状況を筆者は英語願望に支えられた「英語狂想曲」状況と呼んでいるが，その根底には，《「グローバル化」が進むこれからの社会を生き抜いていくためには英語が使えることが必須であり，兎にも角にも英語を身につけておくことが重要なのだ》という漠然とした思いがある。そうした思いの持ち主は自我に目覚めた子どもから成人まで幅広いが，ことに，自分自身が《あれだけ，長い時間とたくさんのエネルギーを割いて努力したにもかかわらず英語を使えるようにはならなかった》という恨みつらみに翻弄され，《せめて我が子には同じ思いをさせないために（英語そのものに触れる機会が少なかった自分のようにではなく）小さいときから英語に触れる機会を与えてやりたい》と考える親たちの切実な願いが透けて見える。

　これだけ，社会全体に英語狂想曲が鳴り響けば，英語願望は幼少のころから本人も気づかないうちに忍び寄り，刷り込まれていく危険性をはらんでいる。《これからの社会を生き抜いていくためにはほんとうに英語が使えることが必須なのだろうか》という問いと向き合うことなく，その点についての思考が停止したまま，その考えを無批判に受け入れてしまう。こうして，知らぬ間に英語侵攻が個人レベルでも社会レベルでも進んでいくこととなる。この章では，まず，こうした状況について少し立ち入って考察した後，その状況を生み出している原因を探り，英語侵略に抗う手立てについての私見を述べる。

2　学校英語教育の変遷と現状

　英語狂想曲状況下の学校英語教育（以下，特段，「学校における」という点を強調する必要がある場合を除き，単に「英語教育」と呼ぶ）について1980年代終盤ごろからの変遷と現状を整理してみよう。

　1989（平成元）年に告示された中学校学習指導要領の「第9節 外国語 第1目標」に「外国語で積極的にコミュニケーションを図ろうとする態度を育てる」という文言が登場して以来，英語教育は「コミュニケーション志向」の色を徐々に濃くしていく。

2002（平成14）年7月に「「英語が使える日本人」の育成のための戦略構想」が，翌2003（平成15）年3月にはその「行動計画」が文部科学省によって策定され，英語教育の「コミュニケーション志向」は決定的なものとなる[1]。

　「戦略構想」と「行動計画」の原点は「「英語が使える日本人」の育成のための戦略構想の策定について」という文書の「趣旨」として掲げられた，つぎの文章に求めることができる。

　　経済・社会等のグローバル化が進展する中，子ども達が21世紀を生き抜くためには，国際的共通語となっている「英語」のコミュニケーション能力を身に付けることが必要であり，このことは，子ども達の将来のためにも，我が国の一層の発展のためにも非常に重要な課題となっている。／その一方，現状では，日本人の多くが，英語力が十分でないために，外国人との交流において制限を受けたり，適切な評価が得られないといった事態も生じている。同時に，しっかりした国語力に基づき，自らの意見を表現する能力も十分とは言えない。／このため，日本人に対する英語教育を抜本的に改善する目的で，具体的なアクションプランとして「『英語が使える日本人』の育成のための戦略構想」を作成することとした。あわせて，国語力の涵養も図ることとした。[2]

　ここで問われるべきは出発点となっている「子ども達が21世紀を生き抜くためには，国際的共通語となっている「英語」のコミュニケーション能力を身に付けること」が必要であるという認識の妥当性である。この点を含めた，英語（教育）に関する言説を，データをもとに検証したのが寺沢（2015）（ここでの問題に直接関わるのは第8・9章である）で，その検証結果を見ると上記「趣旨」の前提となっている認識はその根拠の薄弱さがわかる。たとえば，2008年のデータで，「過去1年間に少しでも仕事で英語を使った」という人は18.4％にすぎない。対象データは異なるが，「英語をほぼ毎日使う」「時々使う」という人の割合はさらに低い。もちろん，寺沢（2015）が分析したのは2000年から2010年にかけてのデータであり，東京オリンピック・パラリンピックを目前に控えた数年間にはこの値が上昇する可能性はあるが，どう考えても就労者人口の過半数が仕事で少しでも英語を必要とするという状況になるとは思えない[3]。

にもかかわらず，英語教育の「コミュニケーション志向」は勢いを増していく。2009（平成21）年告示の高等学校学習指導要領の「第13節 英語 第3款 各科目にわたる指導計画の作成と内容の取扱い」の「2(3)」に以下の文言がある。

> 英語に関する学科の各科目については，その特質にかんがみ，生徒が英語に触れる機会を充実するとともに，授業を実際のコミュニケーションの場面とするため，授業は英語で行うことを基本とすること。その際，生徒の理解の程度に応じた英語を用いるよう十分配慮すること。

「オール・イングリッシュ」という奇妙な和製英語で呼ばれることもある方針である。

その前年の2008（平成20）年には，告示された小学校学習指導要領によって，小学校高学年に（道徳と同じく「領域」扱いの）外国語活動が導入される。名称は「外国語活動」であるが，第4章 外国語活動 第3指導計画の作成と内容の取扱いの「1(1)」には「外国語活動においては，英語を取り扱うことを原則とすること」とある。実質的な英語活動の導入である。

そして，周知のように，2017（平成29）年3月に公示された次期小学校学習指導要領では高学年に教科としての「外国語」，中学年に「外国語活動」がいずれも必修として組み込まれている。この学習指導要領は移行期間を経て，2020（平成32）年度より全面実施の運びとなる。

2020年といえば，東京オリンピック・パラリンピックが開催される年でもあり，外国からの訪問客（「インバウンド」）が急増することが予想され，それに伴って，日本での英語熱はさらに高まっていくだろう。筆者が高校生の時に開催された，1964（昭和39）年の東京オリンピックの時の英語熱の高まりが脳裏に浮かぶ。

こうした流れのなかで，大学入試についても同様の観点から「改革」が打ち出された。大学入試センター試験に代わって2020（平成32）年度から導入される「大学入学共通テスト」では，大学入試センターが出題する問題とは別に，英語に関して「聞く・読む・話す・書く」の4技能をすべて評価するため，外

部の資格・検定試験を活用することとなった。

英語教育においては4技能をバランスよく育成すべきであり，そのためには大学入試においてもスピーキングを含んだ4技能をその対象とすべきだという議論とともに，この「改革」が実施されようとしている[4]。

一見したところ正論と映るこの議論の危険性をきちんと認識しておくことが重要である。この改革を推し進めるのであれば，そもそも，スピーキング・テストによって計ろうとするスピーキング力とはいったい何であるのか[5]，学校英語教育において4技能をバランスよく育成する必要があるのかという根本的な問いに向かい合う必要がある。そうした点について十分に議論しないまま，ことが進行している。

以上，近年の英語教育の変遷と現状について概観し，学校英語教育の「コミュニケーション志向」性が徐々に色濃くなっていくことを確認した。関連して，つぎの2点を付け加えてこの節を閉じる。

1 《学校英語教育は文法や訳読ばかりに力を注いできたが，もっと実際のコミュニケーションに役立つ英語力がつくよう改革が必要である》という声はいまだに根強いが，学校英語教育がそのような方向に向けて舵を切ってから久しい。認識すべきはそのような方針変換をしたあとも，英語が使える若者たちが多く育っているという状況にはなっておらず，英語の文章を正確に読み，書き，また，相手の話したことをきちんと理解し，自分の考えを相手に的確に伝えることができる若者は減ってきているという印象すらある。

学校における言語教育で最も大切なことのひとつは子どもたちに文および文章は構造を持っていることを感じとらせることである。文や文章が構造を持つということは文や文章はそれを構成する部分を特定の方法で組み合わせることによってでき上っているということである。

2 経済界が英語が使える人材を求めることは自然なことであるが，文部科学省がコミュニケーション志向の英語教育へ方針を転換したことはその育成を学校教育に求める経済界の姿勢に安易に妥協したとしか考えられない。しかも，1が正しければ，皮肉なことに，英語が使える人材の減少という結果をもたらしているということになる。

第12章 英語侵略に抗うための，ことばの教育——279

3 英語狂想曲状況の行きつくところ

　英語狂想曲が鳴り響くという社会の状況が続くことによって懸念されるところは大きい。

　まず，英語狂想曲状況のいわば先輩格にあたる韓国での「雁パパ（キロギ・アッパ）」現象をみよう。韓国では今世紀に入ってから小学生・中学生・高校生らのアメリカなど英語圏への留学（早期留学）が急増し，主として，都市部に住む，経済的に恵まれた家庭ではある種のブームとなった。子どもの将来を決するのは英語であると考え，英語圏への移住を決断する。とはいえ，一家総出で移住をしてしまうと，生活費を稼ぎだすのに困る。そこで，移住は母親と子どもたちだけにし，父親は韓国に残る。韓国で生活費を稼ぎ，家族に仕送りをするというわけだ。そして，年に1, 2度，太平洋を渡って，家族に会いに行くという渡り鳥のような生活を送ることになる。これがいわゆる「雁パパ」である。

　「雁パパ」については，ワシントン・ポスト紙に掲載された関連記事（Phoung, 2005）により広く知られることになったが，その後，経済的余裕が少なく，太平洋を渡りたいと思っても飛べない「ペンギン・パパ（ペンギン・アッパ）」という，悲哀に満ちたことばも生まれた。

　雁パパ状態が結末として家庭崩壊を招くことは想像に難くなく，悲惨な例としては父親の自殺なども報告されている。雁パパについて日本語で書かれたまとまったルポとして江口（2014）がある。そのルポによると，「2000年初頭に急増した早期留学生の数も，2006年をピークに減少傾向にあり，2012年度は約半分の14,340名まで減少した」が，それでも「小学校の早期留学生の数は，中高校生に比べると減少の幅が少ない」ということで，問題の深刻さが窺われる。

　韓国内での英語狂想曲状態は雁パパ現象に留まらないが，おそらく最もショッキングであるのは英語の発音をしやすくするために子どもに舌の手術（linguistic surgery）を受けさせる親がいるというニュースであろう（Park, 2009）。その手術がかなりの痛みを伴うものであろうことは想像に難くないが，

そもそも効果のほども怪しげな手術をただただ「きれいな」英語の発音ができるようにという思いだけで我が子に強いる親の気持ちの異常さに対しては絶句する以外の術を知らない。

雁パパ現象に象徴されるのは英語に対する異常な思い込みとその反動としての母語の軽視である。これに対し，《いや，それはあくまで韓国での話であるし，韓国においても韓国語はどうでもいいとまで考えるのはいささか極端なケースではないか。目指すところは英語と日本語のバイリンガル状態である》という反論もあろう。しかし，ことはそれほど単純ではない。

二言語を使うことができる状態を一般に「バイリンガル状態（bilingual）」と呼ぶが，よく知られているように，ひとくちに「バイリンガル状態」と言ってもさまざまな形態がある。状況に応じて当該二言語を自由に使い分けることができる状態を「均衡バイリンガル状態（balanced bilingual）」というが，子どもを日本語と英語のバイリンガルに育てたいと考えている親は（明確にか，漠然とかの差異はあるにせよ）こうした状態をイメージしているケースが少なくないように思える。

両親の母語が日本語であるにもかかわらず，家庭でもできるだけ英語を使うという「英語子育て」は論外とするにしても，少なくとも首都圏では，なんらかの形で英語との触れ合いのプログラムを組み込んでいる保育園や幼稚園が目立つ。本章冒頭に記したように，幼児・子ども向け外国語教室市場が拡大していくという状況下で心配されるのが，いずれの言語も子どもの母語として確立されていない状態の発生である[6]。ここでいう「母語の確立」とは当該言語の文法と年齢相応の語彙が子どもの脳内にきちんと形成され，思考の基盤が整備され，状況に応じてそれを適切に使用できる状態になっていることを指す。

このような危惧については，10年以上も以前に早津（2004）や市川（2004）などの著作で，具体的な例とともに警告が出されている[7]。筆者自身も言語教育関連の話題についての講演を行った時に，たとえば，「小学校5年生の息子のことばのことでご意見をいただきたい。自分は英語が母語で，妻の母語は日本語です。家庭の中では基本的に自分は英語，妻は日本語で話し，必要に応じて，自分も日本語で，妻も英語で話します。息子は日本語も，英語も使うことができるのですが，学校での授業についていくのが大変だと言います。実際，

息子の書く日本語の作文は筋が通っていない。きちんと考えて文章を書いているように見えないのです。英語ならうまくできるかというとそうでもない。息子の様子を見ていると日本語も，英語も定着していないのではないかと心配です。どうしたらいいでしょうか」といった質問を受けることがある。これまでに7，8件は受けたのではないか。なかには，両親揃って言語教育に携わっているというケースもあった。

　完全に均衡がとれているバイリンガル状態が存在するかどうかは別にして，少なくともそれに近い状態は確実に存在すると言って間違いないし，その状態に至ることによって，ことばが持っている力を十二分に発揮している人もたくさんいる。ただ，問題はどのような条件が満たされたときに均衡がとれたバイリンガル状態に至ることができ，どのような場合にはいずれの言語も母語として確立できていない状態に陥ってしまうのか，現状では明確な答えがないという点である。

　そして，筆者が最も危惧しているのは，英語狂想曲が鳴り響く中で，子どもたちの，ことばを操る力が低下しているのではないかという点である。

4　ことばを操る力

　この節で取り上げる「ことばを操る力」とは，ことばが本来的に持っている可能性を発揮させる力を指す。より具体的には，（i）ことばを利用して自分の思考を整理し，組み立てる力，（ii）言語表現（音声・音韻情報を含む）から話し手・書き手の意図を正確に把握する力，（iii）話し手・書き手として自分が聞き手・読み手に伝えたいとする内容を言語表現を介して正確に伝える力を指す。このような力を育成するために必要な過程が「ことばに対して自覚的になること」[8] である。

　上記の3つのうち，（i）が最も重要なのであるが，思考という目に見えない対象に関わるものなので，学校教育などでは，（ii）や（iii）についての指導をとおして，（i）を鍛えていくという形をとることになる。第2節で「学校における言語教育で最も大切なことの一つは子どもたちに文および文章は構造を持っていることを感じ取らせることである。文や文章が構造を持つということは

文や文章はそれを構成する部分を特定の方法で組み合わせることによってできあっているということである」と述べたのはいま指摘したことの具体例である。

　現在の学校教育ではこの点での指導がきわめて不十分にしか行われていない。この点を如実に示すのが新井（2017）に掲載された調査結果である。新井紀子は「ロボットは東大に入れるか」プロジェクトの先導者として著名であるが，彼女が中学生560名，高校生640名を対象として行った「読解力」テストで主題された問題とその結果を掲げる。

　　つぎの文を読みなさい。
　　アミラーゼという酵素はグルコースがつながってできたデンプンを分解するが，同じグルコースからできていても，形が違うセルロースは分解できない。
　　この文脈において，以下の文中の空欄にあてはまる最も適当なものを選択肢のうちから一つ選びなさい。
　　セルロースは（　　）と形が違う。
　　①　デンプン　②　アミラーゼ　③　グルコース　④　酵素

正解は①のデンプンであるが，正答率はきわめて低い（次頁の表）。高等学校用の生物の教科書から採られた，この問題文の骨格は

　(1) アミラーゼという酵素はデンプンを分解するが，セルロースを分解することはできない

であり，それに (2) の追加情報が組み合わされて出来上がっている。

　(2) a. デンプンはグルコースがつながってできている
　　　b. セルロースもグルコースからできているが形が違う

ここまで分析することができれば，あとは，(2) b. の後半部分に隠されている (3) の下線部の x の値を特定するだけである。

　(3) セルロースもグルコースからできているが <u>x</u> とは形が違う

	市立中	県立中等部	都立高校
A デンプン	9%	27%	33%
B アミラーゼ	29%	47%	57%
C グルコース	53%	27%	8%
D 酵素	9%	0%	2%

新井紀子「AIが大学入試を突破する時代に求められる人材育成」スライドより引用
http://www5.cao.go.jp/keizai-shimon/kaigi/special/2030tf/281027/shiryou3.pdf

(2)a と (2)b を併せて考えれば，x の値はデンプンと簡単に判断できる。

この問題文については構造が複雑で，決して読みやすい文ではないとの指摘もあるようだが，上で述べたように高等学校用の教科書から採られたものである。

上記 (ii) の「言語表現（音声・音韻情報を含む）から話し手・書き手（以下，単に「話し手」）の意図を正確に把握する力」の中には，与えられた文ないしは文章に用いられた言語表現を正確に読み取るという，より基礎的な側面も含まれているが，この点についても，現在の学校教育がどこまでを達成しているかを疑問に感じさせる調査結果もある。同じく，新井（2017）によるものである。

つぎの①と②の文が表す内容は同じか，異なるか。
①幕府は，1639年，ポルトガル人を追放し，大名には沿岸の警備を命じた。
②1639年，ポルトガル人は追放され，幕府は大名から沿岸の警備を命じられた。

日本語話者であれば，この問題に特段のむずかしさを感じることはないと思うが，新井の人工知能「東ロボくん」にとっては結構，難問だという。なぜかと言うと，使われている語がほとんど同じなので，内容も同じと判断してしまいがちになる。東ロボ君は受け身の「られ」をきちんと処理できるわけではないからだ。

それはそれとして，問題なのはその先にある。中学生と高校生に同じ問題を

解かせてみたところ，中学生875名の正答率は57％，高校生1139名の正答率でも71％であった．ランダム解答正答率50％の二者択一問題だということを考えると，この結果の深刻さは明白だろう．

いま見た2つの例は上記（ii）に関連するものであるが，（i）と（iii）に関連して，思考の整理が十分に行われないまま，言語表現化を行うと聞き手・読み手に伝えたい内容が伝わらない「悪文」ができてしまう．ある学生が書いたつぎの文章はその例である[9]．

(4)【背景：書き手は筆者のゼミを志望する学生である．筆者のゼミ生は金曜日の特講も同時履修しなくてはならない．】
授業終わったら会話学校を入れようと思っていたので会話学校に6月分までスケジュールを組んでもらって金曜日は毎週入っています．特講をとらなくてはいけないことはまだ知らなかったのでとらずに授業を組んでしまいましたが特講をとらないとゼミについていけませんか．会話学校なのでキャンセルをするとキャンセル料がかかってしまうので授業をとるのはむずかしいです．

この文章を読んでも，なにが問題で，その原因はなんであるのかがすぐには読み取れない．また，筆者になにを訴えているのか／なにをしてほしいのかがわからない．

英語狂想曲が鳴り響く中で，子どもたちの，ことばを操る力が低下しているのではないかという危惧を払拭するために欠かすことができないものと筆者が考えているのが「素朴言語学」の打破である．つぎの節では，その素朴言語学について考える．

5　素朴言語学

物理についても，生物についても，心の働きについてもそうであるように，人々の関心を惹く対象について科学的方法やそれによって得られた知見とは別に一般に広く受け入れられている考え（思い込み）がある．ことばについても同様で，ことばの科学的研究としての言語学の成果が教えるところとは別に，ことばについて広く受け入れられている考えがある．ここでは，それを「素朴

言語学 (naive linguistics)」と呼ぶことにしよう。

　素朴言語学は言語学が教えるところとは相容れない思い込みであることが多く，ことにそれが教師や教育政策関係者によって無批判に受け入れられてしまうとははなはだ危険である。アメリカ言語学会 (Linguistic Society of America, LSA) はその危険性を重大視し，関連委員会を起ち上げるとともに，学会のウェブサイトなどを利用した啓発活動を展開している。また，そうした活動の成果の一端が書籍化されている (Adger, Snow, & Christina, 2002; Denham & Lobeck, 2016)。

　この素朴言語学こそが英語狂想曲状況の根幹を成すものであり，それを打破し，ことばについての妥当性の高い知見を基盤として，ことばの教育を再編成することにこそ，英語狂想曲状況という英語侵攻に抗うための鍵があるというのが本章の主旨である。そこで，本章と直接関連する，素朴言語学の一端を具体的に検討することにしよう。

(A)「ことばの第一義的機能はコミュニケーションの手段としての機能であり，ことばによるコミュニケーションはことばのキャッチボールに尽きる。」——確かに人間同士のコミュニケーションを考えるときに，ことばが重要な役割を果たしていることは疑いの余地もない。実際，ことばを持たない動物同士のコミュニケーションは小鳥のさえずりにしても，ミツバチのダンスにしても，ある限定された情報（求愛や蜜の場所）の伝達という点では優れているが，ことばを使った人間同士のやり取りとは明らかに質的な違いがあり，創造性に欠ける。

　「ことば」という視点は前節で見た，文の構造に留まることなく，言語理解の過程を理解する上でも重要である。まずは，日本語でのごく単純な会話例を見てみよう。高校生のカップルを想定していただければよい[10]。

　　(5) 優：綾，こんどの日曜日，映画を観に行かないか。
　　　　綾：来週の月曜日，数学の試験なんだ。
　　　　優：そうかあ。じゃあ，また今度にしよう。

なんの変哲もない，ごく普通の会話である。ここで，このやりとりについてや

や立ち入って考えてみよう。優はつぎの日曜日に綾を映画に誘った。それに対して，綾は映画のことや日曜日の予定などについては何も触れず，来週の月曜日に数学の試験があることを告げただけである。それを聞いた優は自分の誘いに応えていないことに腹を立てることもなく，そうであるなら，次の機会を待とうと応じている。つまり，(5)は文字どおりの解釈からすれば，行き違ったやりとりなのである。しかし，実際のところは会話が成立しており，(5)を読んだ／聞いたわたくしたちもそのやりとりに不自然なところを感じることはない。

賢明な読者諸氏には説明は不要であろうが，優からつぎの日曜日に映画に誘われた綾は，その翌日にあたる月曜日に数学の試験があり，前日である日曜日にはそのための準備をしなくてはならず，映画を観る余裕はないと考え，誘いを断ろうとする。その際，月曜日に数学の試験があることだけを言語化して伝えれば，優は残りの部分を計算して理解してくれるものと考える。実際，綾の応答を受けた優は，綾の応答は自分の誘いに無関係であるはずはないのだから，月曜日に数学の試験がある以上，日曜日には準備をしなくてはならず，映画を観る余裕はないということを伝えたいのだと考え，そうであれば，映画はつぎの機会にしようと応答した。

このようにこの会話を支えているのは表面的な言語表現だけでなく，その解釈をもとにして行われている「推論（inference）」である。ここでは推論を「既存の情報をもとに新たな情報を生み出すための心的操作」と定義しておこう。上の例からも窺えるように，ことばの使用において推論は重要な役割を果たし，同時に推論自体においてはことばがその基盤を形成する。さらには，推論の過程は思考の中心的部分を成すことから，ことばと思考の深いつながりがわかる。ことばと思考の間にどのような関係があるのかについては周知のようにさまざまな考えがあるが，ここでの話はその議論に立ち入る必要はなく，両者が深く結びついているという認識だけで十分である。

さらにいうと，ことばは他者との情報のやり取りを伴わないで使われることも稀ではない。独り言や感嘆表現のように自己表出の手段として用いられることはいうまでもないが，言語化を伴わない思考（ことに論理的思考）もことばが根幹で支えているのである。

このように考えるとことばの本質的機能はコミュニケーションの手段としての機能ではなく，思考を支える基盤としての機能であると考えるのが自然である。この点の認識は重要で，母語がこの基本的機能を果たすことができる状態になっていないときわめて深刻な問題が起こる。
　なお，会話において推論が重要な役割を果たすのはどの言語・文化においても共通であるが，会話に関連する情報のどこまでを言語化して伝え，どこからを推論に委ねるかは言語・文化によって異なり，また，同じ言語・文化であっても，会話に関与する人たちの関係によっても動態的に変化する。

　(B)「文字と語彙を除けば，母語はだれでも特段の努力なしに身につけることができ，かつ，それを適切に使うことができる。」——この素朴言語学的認識はかなり広範に受け入れられている。実際，少し大きめの書店へ行って，学齢前幼児用のドリルの類を見ると，その多くが文字（ひらがな，かたかな，漢字）や語彙（単語や熟語）に関するものである。最近になって，母語の音読の重要性が一部で叫ばれるようになって，その種のものも目に付くようになってきたが，全体として見たときにはやはり少数派である。
　ほとんど見かけないのが日本語の仕組みや働きに関するものである。学齢前の幼児に対しても日本語の仕組みや働きのおもしろさを伝えることはできるのだが，そうした試みはほとんどなされていないといってよい。
　小学生用の参考書の類になると，学校で文法を習うこと，私立中学入試に出題されることがあることなどから，日本語の仕組みや働きに関するものも目につくが，その多くが学校国文法の学習用で，日本語の仕組みや働きのおもしろさを感じ取ることができるようにはなっていない。多くの子どもたちが文法を暗記物と捉え，関心を持たなくなるのもむべなるかなと思う。
　学校における文法教育で最も大切なことのひとつは子どもたちに文および文章は構造を持っていることを感じ取らせることである。文や文章が構造を持つということは文や文章はそれを構成する部分を特定の方法で組み合わせることによってできあっているということである。文を例にして説明しよう。
　どの自然言語であっても，文を作る時の基本単位は句であって，句を組み合わせることによって文を形成する。句は語（単語）を組み合わせることに作ら

れる。語は範疇（品詞）に分類され，句の範疇もそれを形成する語の範疇によって決定される。文を作る時にどの範疇に属する句が，いくつ必要で，それをどのように組み合わせて文を作るかということは述語の性質（項構造）によって決まる。さらに，そうして形成された文を組み合わせて，より大きな（1つの）文を作ることができる。

　英語で例示しよう。

(6) ジョンが（その）公園で（ある）犬を追いかけた

という趣旨（発話意図）の英文を作ってみよう。まず，必要な語を用意する。

(7) John（名詞），playground（名詞），dog（名詞），chased（動詞），in（前置詞），a（冠詞），the（冠詞）

つぎに句を作る。John は固有名詞なので，単独で句（名詞句）を作れる。公園 playground は普通名詞なので，その前に冠詞を置いて名詞句 the playground を作る。さらに，その前に前置詞 in を置いて前置詞句 in the playground を作る。つまり，in the playground は [in [the playground]] のように表記できる，やや複雑な成り立ち（統語構造）になっている。dog は普通名詞なので，その前に冠詞を置いて名詞句 a dog を作る。まとめると (8) のようになる。

(8) [John], [in [the playground]], [a dog]

さて，いよいよ文（全体）を作る段だ。どんな部品（つまり，句）をいくつ，どのように置くかは述語の性質によって決まる。ここでは動詞 chased なので，(あ) 追いかけるという行為をする人，(い) 追いかけるという行為を受ける生物や物が必須の要素で，場合によっては，(う) その行為をする場所，(え) その行為をした時などの情報が付け加えられる場合がある。(あ) と (い) はいずれも名詞句で，(あ) は chased の前に，(い) は chased の後に置かれる。また，(う) や (え) がある場合は，副詞句とか，前置詞句とかの形で，(い) の

後ろに（う），（え）の順で置かれる。

　（6）（発話意図）から，（あ）は John，（い）は a dog，（う）は in the playground，（え）はなしということになり，前の段落で述べたところに従い組み合わせると，（9）ができあがる。

　（9）John chased a dog in the playground.

　さらに，（9）という文を Bill thought と組み合わせて，（10）というより大きな文を作ることもできる。

　（10）Bill thought John chased a dog in the playground.

思考することを表す動詞 think が述語で，思考する人を名詞句の形でその前に，思考する内容を文の形でその後に置くという，think が持つ性質によって（10）が形成されている。

　日本語の場合も，文の作り方は同じで，上の英語の例に倣って，その過程を略述すると以下のようになる。

　（6'）ジョンが公園で犬を追いかけた
　（7'）ジョン（名詞），公園（名詞），犬（名詞），追いかけた（動詞），で（助詞＝後置詞）
　（8'）［ジョン］，［（公園）で］，［犬］
　（9'）ジョンが公園で犬を追いかけた（＝6'）
　（10'）ジョンが公園で犬を追いかけたとビルが考えた

　文の作り方は基本的に同じだ。（8'）から（9'）への過程を見ても，「どんな部品（つまり，句）をいくつ，どのように置くかは述語の性質によって決まる」という点は同じだ。動詞「追いかけた」は，（あ）追いかけるという行為をする人，（い）追いかけるという行為を受ける生物や物が必須の要素で，場合によっては，（う）その行為をする場所，（え）その行為をした時などの情報が付け加えられる場合がある。ただし，異なっている点もある。日本語の場合には

述語が文の最後に置かれる。問題は（あ）から（え）だが，（あ）には「が」という助詞を，（い）には「を」という助詞を添える。また，（う）や（え）がある場合は，（標準的には）（い）の後ろに（う），（え）の順で置かれる。こうした点が日本語と英語の個別性を反映している。

本節で略述した文の作り方はまず，直感が利く母語を使って理解し，その上で，外国語について学ぶのが自然なやり方である。ひとたび，外国語についても文の作り方がある程度理解できれば，今度はそれを利用して母語の文の作り方についてさらに理解を深めることができるようになる。

さて，ここで，前節で見た学生の文章（4）に戻って，この節で検討したことを考慮し，それをよりよい文章に書き改める作業をしてみよう。

この学生の念頭にあったのは以下の項目であると考えられる。

(11) a. ゼミ生は金曜日の特講をとらなければならないことを最近まで知らなかった。
  b. その状態で，今年度の時間割を組んでしまった。
  c. 現在，大学と並行して，英会話学校に通っている。
  d. 大学で受講する予定の授業が終わった後の時間帯に英会話学校の予約を入れた。
  e. その時間帯にはすでに英会話学校に6月分までの予約を入れてしまった。
  f. 英会話学校の予約をキャンセルするとキャンセル料をとられてしまう。
  g. キャンセル料を回避するために，特講の受講をあきらめようかと思う。
  h. 特講をとらずにゼミに参加したい。

その上で，aからhの相互関係を考慮し，1つの文の中にあまり多くの情報を盛り込まないようにすると，たとえば，(12)のような文章ができあがる。

(12) ゼミ生は金曜日の特講もとらなければいけないことを最近まで知りませんでした。じつは，今年度の大学での時間割を組んだ時点で，その時間割をもとに大学外での予定も立ててしまいました。現在，英会話学校に通っているのですが，大学での授業が終わった後の時間帯に予約を入れました。すでに6月分までの予約を入れてしまいました。いま英会話学校の予約をキャンセルするとキャンセル料をとられてしまいます。そこで，できれば特講の受講をせずにゼミに参加させていただきたいと思います。

さらに，上記（iii）と関連して，（12）の最後の文を以下のようにすれば，よりよい文章になる。

(13) このような事情ですので，今年度は特講の受講をせずにゼミに参加できればありがたいのですが，いかがでしょうか。その場合，特講は来年度に受講させていただくつもりです。できれば，この件について，面談をお願いしたく，ご都合をお聞かせいただければ幸いです。

このほかにも，主述のねじれや視点の混乱など，悪文の要因といわれるものもことばに対して自覚的になることによって，避けることができるようになる。
　ことばに対して自覚的となり，素朴言語学を脱することによって，人は母語を大事に扱うようになると同時に，英語に対する非合理的な思いを排することもできるようになる。ことばに対して自覚的になるということはまた人を豊かな思考へと誘ってくれる。

6　今後への期待

　英語侵略に抗うためにはことばに対して自覚的になることが重要であることを論じてきたが，その方法を展開することに現実性があるのだろうかという問題を検討し，本章を締めくくることにしたい。
　「学校英語教育の変遷と現状」の節で述べたように，2017（平成29）年3月に公示された次期小学校学習指導要領では高学年に教科としての「外国語」，中学年に「外国語活動」がいずれも必修として組み込まれている。この学習指導要領は移行期間を経て，2020（平成32）年度より全面実施の運びとなる。
　ただ，新学習指導要領にはことばに対して自覚的になることという視点が（密かに）組み込まれている部分もあり，筆者としてはそこに一縷の望みをかけたい。具体的には，「国語教育と英語教育の連携」（新学習指導要領での用語では「関連」）という，年来の筆者の主張を反映したと思われる記述が学習指導要領本体やその解説に散見される。

小学校国語には「言語能力の向上を図る観点から，外国語活動及び外国語科など他教科等との関連を積極的に図り，指導の効果を高めるようにすること」(p. 39) という文言が見られる。小学校外国語活動には「英語の音声やリズムなどに慣れ親しむとともに，日本語との違いを知り，言葉の面白さや豊かさに気付くこと」(p. 174) という一節も見られる。さらに，小学校外国語では，「日本語と英語の語順の違い等に気付かせる」(p. 158) というくだりもある。

　中学校国語には「言語能力の向上を図る観点から，外国語科など他教科等との関連を積極的に図り，指導の効果を高めるようにすること」(p. 38) という文言がある。また，指導要領解説の中学校国語編には「日本語と外国語とを比較し，それぞれを相対的に捉えることによって，日本語の文の構成についての気付きを促すことも考えられる」(p. 78) などの指摘がある。

　さらに，「言語の働き」についても，指導要領解説の中学校国語編には「[国語科での] 指導に当たっては，外国語科における指導との関連を図り，相互に指導の効果を高めることが考えられる」(p. 18) とある。また，中学校外国語には「言語活動で扱う題材は，生徒の興味・関心に合ったものとし，国語科や理科，音楽科など，他の教科等で学習したことを活用したり，学校行事で扱う内容と関連付けたりするなどの工夫をすること」(p. 151) という記述があり，指導要領解説の中学校外国語編には対応する，より詳しい記述がある (p. 88)。

　これらに共通するのは「ことば (language)」という視点の存在である。日本語 (「国語」) を日本語として，英語を英語として個別的に捉えるだけでなく，両者を有機的に関連づけて捉える「ことば」という視点である。これまで長い間，その重要性が指摘されてきながらも，実質的な第一歩を踏み出すことができなかった，国語教育と英語教育の連携に向けた動きの萌芽と受けとめることができる[11]。

　この動きは重要ではあるが，それが実質を伴うために必要なことがある。それはこうした動きに対応できる教員を育てることだ。そのためには教員養成の教育課程の中に「ことば」という視点を盛り込む必要がある。そして，それを可能にするためには言語学者がこの問題に関心を持ち，積極的に関与する必要がある。

最後に，筆者の個人的逸話を以て本章を閉じることとしたい。
　国際的（言際的）やりとりにおいて，現時点で英語が持っている有効性は認めざるを得ないが，それは経済的・政治的・軍事的・歴史的事情によって生じたもので，英語が他の言語と比べて体系（システム）として優れていることを意味するものではない。そうした場面において，英語話者は自分自身の母語が使われるという有利さに驕ることがないように，また，非英語話者は必ずしも自由に操ることができるとは限らない英語を使わなくてはならないという不利を嘆いたり，卑屈になるようなことがないように，それぞれ心がける必要がある。
　筆者は以前（2000年代初頭），当時勤務していた日本の大学で10年余にわたって言語心理学の国際会議を主宰したことがある。第1回大会冒頭のあいさつで，筆者は「この会議の発表言語は英語とするが，それはあくまで現状における世界の言語事情を反映したものであって，他の個別言語と比べ英語が学術研究用言語として優れているということではないという，ことばの専門家であれば，だれにとっても自明ともいえることを心にとめておいてほしい。英語を母語とする者は非英語話者にもわかりやすい表現や話し方を心がけ，非英語話者は母語ではない英語を操らなくてはならないことに臆することなく，この国際会議を楽しく，実りあるやりとりの場にしてほしい」と述べた。
　そうは言ったものの不安は残った。実際，質疑応答の際，早口でまくし立てる英語話者の質問に狼狽してしまった日本人大学院生が卒倒してしまい，大学の保健室に運びこまれるということもあった。しかし，次第に参加者の間に筆者の考えは浸透していき，「日本での会議なのに日本語で発表することができず，申し訳ない」と前置きして話しはじめる発表者も出てくるようになった。筆者の勤務先変更などの理由により，その国際会議は現在中断されているが，中断前の大会では第1回とは比べようのないほど，参加者間で自由で，活発な意見交換や交流が行われるようになった。
　英語に対する，ことばに対するこうした思いを一人でも多くの人たちが共有することによって，英語侵略に抗うことが可能となる。

1) 以下のウェブサイトを参照されたい。「「英語が使える日本人」の育成のための戦略構想の策定について」(http://www.mext.go.jp/b_menu/shingi/chousa/shotou/020/sesaku/020702.htm),「「英語が使える日本人」の育成のための戦略構想」(http://www.mext.go.jp/b_menu/shingi/chousa/shotou/020/sesaku/020702.htm#plan)「「英語が使える日本人」の育成のための行動計画」(http://www.mext.go.jp/b_menu/shingi/chukyo/chukyo3/004/siryo/04031601/005.pdf)
2) 末尾に掲げられている「あわせて，国語力の涵養も図ることとした」という部分は英語だけを強調するだけではあまりにも均衡がとれていないと作成者が感じ取って後から付け加えたものと想像できる。実際，戦略構想を読んでも英語力の育成と「国語力の涵養」の関連や後者の具体的方策に関する記述はきわめて貧弱である。
3) ここで注意しておかなくてはならないのは，将来，だれがその2割弱に入り込めるのかはその時点ではわからないという自明のことから，親たちの多く（そして，その子たち）が《我が子はどうしてもその優越した2割のグループに入れなくては》という思いに憑りつかれてしまう点である。
4) 今後の大学入試における英語試験については，本章執筆時点（2018年5月）ではいささか事態は流動的である。このあたりの事情の一端は東京大学高大接続研究開発センター（2018）で窺うことができる。本章校正時点（2019年3月）でもこの点は未だ流動的である。この時点までの一連の動向については南風原（2018）が信頼できる。
5) この点がとても複雑な問題を提起することは，毎年数多く開催されている「英語スピーチコンテスト」のことを考えてみるとわかりやすいかもしれない。複数の審査員がいる多くのコンテストで出場者の評価が割れる場合が少なくない。ある審査員たちは英語が上手な出場者に高い評価を与え，別の審査員たちは内容が優れている出場者を高く評価する。すばらしい内容のスピーチを上手な英語で披露すればよい結果が出るのだが，内容はよかったが英語が見劣りする，あるいは逆に，英語はすばらしかったが内容が薄いという出場者がいた場合には判断が分かれる。もちろん，ほとんどの大会ではあらかじめ審査基準を決めておいて，そうした審査結果のばらつきが出ないように手は打っておくのであるが，そうしても現実には問題が起きることがしばしばある。
6) カミンズ（Jim Cummins）による「セミリンガル状態（semilingualism）」「二重限定状態（double limited）」などの名称が広く使われていた（Colin & Hornberger, 2001; Cummins & Swain, 1986など）。ただ，その根底にあるカミンズの提案については，「相互依存仮説（Interdependence Hypothesis）」「敷居仮説（The Threshold Hypothesis）」「基礎的対人コミュニケーション能力（BICS; Basic Interpersonal

Communicative Skills）と認知学力的言語能力（CALP; Cognitive Academic Language Proficiency）」など，その中心的仮説や概念を巡って論争が展開されている。本章ではその論争に関与することなく，「どの言語も母語として確立されていない状態」という表現を用いることにする。

7）多言語化が急速に進展する現代日本社会では日本語以外の言語を家庭での生活言語とする児童・生徒の数が急増しており，その児童・生徒の母語の確立も重要な問題となっている。

8）「ことばに対して自覚的になる」力を「メタ言語能力（metalinguistic abilities）」と呼ぶ。筆者は啓発的著作の中では「ことばへの気づき」という言い方をしている。

9）書き手の学生が特定されないように一部の情報を改変したが，文章の構造は変えていない。

10）以下の例とそれについての説明は大津（2018）を利用した。

11）新学習指導要領からの引用を含む段落については大津（2017）の一部を利用した。

参考文献

阿部公彦（2017）『史上最悪の英語政策——ウソだらけの「4技能」看板』ひつじ書房

新井紀子（2017）『AI vs. 教科書が読めない子どもたち』東洋経済新報社

市川力（2004）『英語を子どもに教えるな』中央公論新社（中公新書ラクレ）

江口由貴子（2014）「加熱する韓国の英語教育——早期留学ブームの弊害も」『WEDGE Infinity』（http://wedge.ismedia.jp/articles/-/4259?page=2）

大津由紀雄（1995）「『英語帝国主義』はメタ言語能力によって粉砕できる」『現代英語教育』3月号，20-23.

大津由紀雄（1999）「『英語帝国主義』はメタ言語能力によって粉砕できる 補論」『慶應義塾大学言語文化研究所紀要』31，169-175.

大津由紀雄（2017）「次期学習指導要領から見た英語教育の今後の課題」『学術の動向』22(11)，101-103.

大津由紀雄（2018）「ことばの教育としての外国語教育」『新英語教育』7月号，7-9.

寺沢拓敬（2015）『「日本人と英語」の社会学——なぜ英語教育論は誤解だらけなのか』研究社

東京大学高大接続研究開発センター（編）（2018）「大学入学者選抜における英語試験のあり方を巡って」東京大学高大接続研究開発センター主催シンポジウム報告書，東京大学高大接続研究開発センター（https://www.u-tokyo.ac.jp/ja/adm/koudai/sympo2018.02.10.html）

鳥飼玖美子（2018）『英語教育の危機』筑摩書房（ちくま新書）

南風原朝和（編）（2018）『検証 迷走する英語入試——スピーキング導入と民間委託』岩波書店（岩波ブックレット）

早津邑子（2004）『異文化に暮らす子どもたち——ことばと心をはぐくむ』金子書房

Adger, C. T., Snow, C. E., and Christian, D. (Eds.) (2002) *What Teachers Need to Know About Language*. Washington: Center for Applied Linguistics.

Baker, C. and Hornberger, N. H. (Eds.) (2001) *An Introductory Reader to the Writings of Jim Cummins*. Clevedon: Multilingual Matters.

Cummins, J. and Swain, M. (1986) *Bilingualism in Education: Aspects of Theory, Research and Practice*. London: Routledge.

Denham, K. and Lobeck, A. (Eds.) (2016) *Linguistics at School: Language Awareness in Primary and Secondary Education*. Cambridge: Cambridge University Press.

Park, J.-K. (2009) 'English fever' in South Korea: Its history and symptoms, *English Today*, 97(27), 50-57.

Phillipson, R. (1992) *Linguistic Imperialism*. Oxford: Oxford University Press.

Phillipson, R. (2010) *Linguistic Imperialism Continued*. London: Routledge.

Phoung, L. (2005) A wrenching choice. *Washington Post*, January 9, 2005. (http://www.washingtonpost.com/wp-dyn/articles/A59355-2005Jan8.html)

エピローグ
この本をまとめるなかで考えたことなど
嶋田珠巳

　読者のみなさんはこの 12 章を通して，なにを感じ，なにをお考えになったでしょうか。それぞれの著者の言語接触へのアプローチのなかに，さまざまな形の言語接触に触れ，日本のことばの未来を考える視点を得ることができたでしょうか。あるいは，さらに大きく，言語のことを考えるとはどのようなことかを感じていただけたかもしれません。

　いくつかの重要なトピック，たとえば，言語と方言，標準語と方言の接触，言語多様性，消滅の危機に瀕した言語の問題，言語研究の進めかたやありかたなどは，章をこえて，重奏的，呼応的に響いているのをとらえられたことと思います。歴史的な軸があり，地域的な幅があり，著者の個性によるふくらみがあり，それぞれの専門において深入りする。そんな楽しさも感じていただけたかもしれません。「いや，私にはむずかしくて，なにがなんだか」ということがあれば，このあとの「読書案内」で関連する図書にあたり，またその章に戻ってみてください。

　ことばのことは自分の言語使用からも，周囲に溢れる言葉からも，外国を旅したときに出会う人からも，日々の生活からいつでも考える材料を受け取ることができます。そんなとき，この本の「効果」を感じていただけたら，本書は役割を果たしたことになるものと思います[1]。

1　世界は英語を選択するのか

　『英語という選択』という本を書いたばかりに，その後「選択」についてよくよく考えることになったのですが，先日の公開講座では「世界は英語を選択するのか」というお題をいただいてしまいました（2018 年 7 月 8 日放送大学

文京学習センター公開講座 「コトバのミライ」)。「選択」の辞書的意味は「条件を備える最も好ましいものとして，いくつかのなかからそれを取り出す（に決める）こと」(『新明解国語辞典 第7版』）であり，「選択」というと主体的な意味合いが強いわけですが，言語選択（language choice）における「選択」には結果としての選択，つまり結果としてそうなっているというものが含まれます[2]。いいかえれば，「選択」には意図的選択と非意図的選択があるということにもなります。さらにいえば「主体的に選んでいる」場合であっても，ある状況のもとにおのずとそう決めるのだとすれば，その環境的な制約の影響をとりのぞいて考えることは難しいでしょう。アイルランドにおいて土地に根ざしたアイルランド語ではなく英語を日常的に使うように言語が交替したという事実を「英語という選択」をしたとみるときにも，また「世界は英語を選択するのか？」という問いについて考えるときにも，同様の考察を踏まえておく必要があります。

　いま現在，世界人口75億人のうち，20％にあたる15億人が英語を話すといわれています。ただし，英語を母語として話す人は3億6000万人ほどで，世界の多くの人は英語を，2番目，3番目，4番目の言語として話します。これまでのところで，英語は「選ばれる言語」に成り得たといえ，日本でも，外国語教育といえば，いまはもっぱら英語を念頭におきますし，ヨーロッパでも，ほぼすべての国で，英語は最も教えられている外国語だといいます[3]。多言語環境にあり，子どものころから母語の他に外国語を2つないしそれ以上学習する，ヨーロッパの環境が日本とは異なることは留意されるべきですが，では「どの外国語を？」となったときに，英語は選ばれる言語であるわけです。まさに，第6章で真田信治が指摘している「英語の特権化」です。現在の日本，これからの日本の言語状況を考えるときには，好むと好まざるとにかかわらず，英語とどうつきあうのかという観点をもっておく必要がありそうです。

　「世界は英語を選択するのか？」というのは，本書でみてきた言語接触の問題，また言語接触をどのようにとらえるのかという課題とも連動しています。英語の状況を把握して，世界の動きを知り，さらには言語の性質がわからないと答えられないものですが，これだけ人の移動距離が大きくなり，インターネットやSNSで瞬時に世界とつながる現代では，言語接触はあまねく見られる

事象であり，英語の拡大はますます勢いを増していくかのようです。ただし，そのまま英語がそれよりも小さな言語をすべて飲み込んでしまうかというと，そう単純なものでもないと思います。

　本書の第5章の安田敏朗の考察は，国として言語をどうするか，その方向を決めるうえで支配的なのは時代背景であり，その時の思潮であることに気づかせてくれました。日本においても，近代化の流れにあって，また帝国として領土の拡大に意欲的であるときには，「国語」という統一的な国の言語を作って人々を統制しようという方向にはたらき，一方で地方のことばを撲滅しようという方向に動きます。これは政策的なことであるのですが，人々すなわち話者みずからが意識において加担していくことがあればその動きの大きな力になるのです[4]。

　ものごとを単純化して言えば，戦後，さらにグローバル化による英語の拡大によって2000年前後に英語公用語論が活発になり，2003年に文部科学省が「英語が使える日本人」の育成のための行動計画を出すなど，言語教育に関する政策があがってきました（このように，日本において英語の威信はますます高まり見せているわけですが，それを高めているのはほかでもない当事者だということに，気づいておく必要があるかもしれません）。そしてまた一方で，あるていど国語ないし標準語が浸透すれば，こんどはすこし，ローカルなものの価値にも気づき，方言を保存しようという気運が高まる。これは日本だけでなく，世界的な傾向としてあるように思います。

2　言語接触の環境を見るということ

　世界にせよ，日本にせよ，これからの言語選択，言語教育を考えるのに必要な視点とは，どのようなものでしょう。ここで4つあげてみたいと思います。

　第1番目は，言語接触の環境を見ることです。本書では世界の言語のいくつかに触れて，その言語のこと，そして言語接触のさまざまなありようを見てきました。家庭，学校，職場，公共の場所など，ドメインごとの言語使用を見ることは，言語の実際の状況を知るための基本の一歩です。個人のレベルでは，誰が誰に何語で話しているか，どの変種（地域・社会方言的バリエーション）

で話しているか，あるいは実際の発話はどのようなものか，といったことを見ます。さらに，コミュニティにおいて，どのような人がどのような場面で，何語，何方言で，どのようなことばで話しているかの実態を把握します。

たとえば，「学校を通して見る移民コミュニティの多言語使用と言語意識」(研究代表者：林徹，2014〜2016年度科学研究費基盤研究（B））というプロジェクトでは，「学校」をいわば窓にして，複数の地域の比較のもとに「移民言語」の特徴をとらえる試みを行いました。そのなかで，「学校」は，保護者，地域の住民，教会や商店街といった地域との繋がりを緊密に持つものとして，言語使用を見るのにとてもいい場であるという気づきがありました。「学校」のような観察の拠点を得ることは，言語接触の環境を見る一つの方法だと思います。

コミュニティの変化，すなわち，言語そして人（話者）を取り巻く環境の変化も考えないといけません。人口動態，人口変動，さらにいわゆる「移民」の受け入れなどは使用言語に影響を与えます。日本語を母語とする人の数が減れば，おのずと日本語以外の言語の使用領域と使用割合が増えるでしょう。さらに科学技術の進歩は，言語を取り巻く環境に変化を与えるにちがいありません。「同時通訳イヤフォンができて，自国の言葉でコミュニケーションができるようになりそうな気も」というのは数ヶ月前の知人談ですが，そうこうしているうちに，言いたいことをたちまち外国語に翻訳してくれる機器も登場しています。機械翻訳の精度の向上や人工知能がより身近なものとして生活に入り込んでくることによって，多言語を学ぶ必要性や心理的負担を減らすかもしれませんし，人間と機械との接触によって，人間の言語が機械にわかりやすくなる可能性，さらにいえば，機械の「標準搭載」が英語をもとに構成されているならばそこに近づいてしまう可能性さえあるのかもしれません。あるいは，現代の技術革新をもってすればそんな心配も無用でしょうか。

また環境は，「空気」，すなわち，ひろく「風潮，時代の空気」も含むと私は考えています。なぜならそれは人々の意識に影響し，それゆえ言語使用に作用するからです。時代の空気が，言語を話す人々の言語意識に無意識的にも働きかけ，言語使用に影響を与えるのです。

ことばというのは一人ではどうにもならない，環境相互的なものです。たと

えば，今かりにだれかがなにか理想を掲げて，日本の言語状況を変えたいとか，言語変化を起こしたいと思ったところで，ことばはそんなに大きく動きません。もちろん大きな力がはたらけば別です。戦争，植民地支配，国の大きな政策転換，人口動態の激変，大規模な天災などは，ことばを取り巻く環境に甚大な変化を与え，人々の言語使用，そしてことばを変えます。

ふりかえれば，近代化の時代的風潮のなかで地域の言葉を弾圧して国家の言語を確立して普及したというのは，なにも日本に限って起こったことではありません。同時代の世界の思考，思想，風潮の傾向であったのです。今の日本，現代の世界を包む「空気」はどのようなものでしょうか。今後の言語のことを考えるときには，空気をも含めた環境も考えに入れるべきだと思います。

3　さらに，言語の未来を考えるために

第2に，ミクロはマクロをかえるという視点をもっておくことはたいせつです。これはすでにプロローグでも述べたことですが，日々の言語使用，言ってしまえば，「ことば遣い」が言語を変える，さらに言語接触の状況にあっては，それが「言語」をまたぐことさえあるということです。言語が替わっていくときに実際に言語にどのようなことが起こり，コミュニティにどのようなことが起こっているのかについては，本書の第1章（嶋田珠巳）で見てきました。そこにあるのは，ミクロなものの集積であり，言語形成・言語の死などにおける，社会的な力の言語体系への関与でした。アイルランドの事例を見ても，植民地として逼迫した社会経済的状況にあって，日々の言語行動において，英語を取り入れるようになり，そのぶんアイルランド語を話す割合が減り，そのような個々の言語行動や態度がコミュニティ単位で集積したときに，言語交替を起こす状況に大きく近づいていたと考えられます。そして，日常に使用する言語が替わっていくなかでは，アイルランド語が英語に溶け出して，あるいはアイルランド語の思考の溝を引き継ぐような形であらたな言語の体系（すなわち，アイルランド英語）が形成されてきたとみることができます。

第3に，言語はいちどなくなってしまうと実質的に「生きた言語」として息を吹き返すことはかなりむずかしいということも，わかっておいたほうがよい

でしょう。言語は使わなければ生きた言語としての機能を失います。これは現実に言語交替が起こっているさまざまなところで経験されることでもあります。言語の保持のために学校教育でその言語を学んだところで,出口として,日常的に使用する場がなく,またたとえば大学でその言語で教育を受けられないということになれば,実用とは離れたところの言語に機能が限定されてしまいます。「生きた言語」として継承するのは現実にはきびしいものです。第3章(上野善道)で述べられたように,かりに苦労して言語を復活することができたとしても,あらたなモノや概念をあらわすのにその社会で優勢な言語から語彙を借りることになりかねません。そして,結局使い勝手のよいほうの言語の使用が多くなるというのは避けられないループでしょう。一元的に言語をとらえるのではなく,言語の機能に着目した多元的な観点からの現実的な解決をめざすことが必要なのかもしれません。

さいごに,もっともそうな言説を訝ってみることがあげられます。これは,第12章で大津由紀雄が論じた「素朴言語学」への警鐘とも関連することかもしれません。たとえば,一般的にそう信じられているかもしれない,「言語は方言よりも立派だ」ということが見当はずれであることを複数の著者が述べています(とくに第3・6・7章)。同様に英語に関しても,「英語は必要だ」はほんとうか,そう感じるのはなぜなのかを問うこともできそうです。寺沢拓敬が検証した言説に「これからの社会人に英語は不可欠」という言説がありますが(寺沢, 2015),そういった,世に言われているまことしやかな言説をすこし客観的にながめてみることも,必要なのかもしれません。「英語を習うのは早い方がいい」とか「英語ができたら生きていける」など,どういう意味で間違いで,どういう文脈でならほんとうになりうるのかを考えてみるのもよいと思います。

関連して本書では,第3章において上野善道が言語多様性と生物多様性の並列視を問題視し,「言語の単一化を品種の単一化になぞらえる説」に疑義を唱えています。その一方で,第10章では斎藤兆史が生物と言語の類似性を指摘し,「生態系を有する文化事象」として言語を守るべき資源だととらえ,言語多様性の保持をうったえています。外来種を駆除し,在来種を守るべきだという主張です。さらに,第11章では岡ノ谷一夫が,種と文化,生態系と文明の

比喩の成立を確認したうえで,「生物多様性が生態系の抵抗を強めるように,多様な価値観,文化多様性が文明の寿命を延ばす」という仮説に信憑性があることを論じています。ここで重要なのは,これら「説」の真偽や〈言語多様性と生物多様性の並列視〉への支持・不支持に決着をつけることではなく,支配的な論であっても「はたして本当か」「その論拠はなにか」といったん考えてみることのように思います[5]。

4 「生態系」のアナロジーと言語多様性

それにしても,「生態系」は興味深いアナロジーです[6]。第11章(岡ノ谷一夫)において,生物の生態系での在来種と外来種の違いがその地に移入した時期の違いだけであるというのをきけば,言語における外来語との類似を思わずにはいられません。第2章(林徹)で見たように,たとえば「ワイン」や「テレビ」や「ニュース」や「コンプライアンス」が外来語で,明らかによその国のことばに由来すると感じるのにたいして,馬や瓦や天ぷらが外来語であることは現代の私たちはほとんど意識することがありません。

生物多様性と言語多様性をいかにとらえるか,生物界の生態系になぞらえて,「言語の生態系」を論じるというときに,日本語に対して英語が駆除すべき「種」であるというマクロな議論よりは,日本語という言語の「生態系」においてどのように英語の要素(語であれ,音であれ,言い回しであれ,統語構造であれ,文章構成であれ)が入るのかというミクロなところから考えることで見えてくるものがあります。言語は閉じた体系というよりも,時間につれてその環境との相互作用において変化する開いた体系であると考えられます。「日本語」という体系を想定し,それをひとつの生態系として見立てて,その「純性」を理想的に論じるということではあるのですが,英語との接触によって「生態系」になにが起こっているのかをみることは言語学の関心です。

言語多様性に関しては,本書の複数の著者がその重要性を説いています(第3・7・10・11章)。ただし,それぞれの論拠(すなわち,なぜ言語多様性が必要か)とそこへの考え(言語多様性をどのようにとらえているか,また今後どのような展開が予想されるか)はそれぞれにちがっています(もちろん重なり

もありますが，ここでは違いがあることが強調されます）。これらは本書のよみどころのひとつであり，さらなる議論の発展を予感させるものです。

5 「多様性を守る」ことの難しさ

　世界に6000ある言語のうちの2500が消滅の危機に瀕していると言われますが，私たちの身近なところで，日本の多くの方言も危機に瀕しています。言語であれ，方言であれ，そのことばに土地に根づいた人々の暮らしと文化が息づいていることには変わりがありません。諸々の言語／方言は人類のかけがえのない知的財産ですが，その保持は現代ではますますむずかしい課題です。

　第6章で真田信治が詳しく述べているように，方言の保存にも「ことばの帝国主義」がはたらくのです。たとえば，奄美方言という場合にいつもそれが中心地の名瀬の言葉で代表され，集落ごとにことばや書記法が違う現実に反して，個々のことばが排除されていくという問題があります。○○方言とまとめるときに標準から逸脱するよりマイナーな諸方言が外れてしまうことは，○○語の場合と並行的です。同様の事実は，第7章で狩俣繁久が琉球語についても述べています。琉球方言の保存というときに，首里方言を基礎とした沖縄語中南部方言に代表されて，「内なるマイノリティ」である小さな方言を無自覚に軽視してしまう危険があるのです。

　さらに方言教育について，狩俣繁久が「安易な方言教育が弱小方言の衰退に拍車をかける可能性」を指摘していることも見逃せません。方言の保存，方言教育というと，一見「ことばの多様性を守る」という活動に積極的に従事しているような感じがし，また実際に，大きな言語を意識した場合にはそうであるにちがいないのですが，方言の保存，方言教育は，その方言における「標準」の制定と表裏一体で，それゆえ，「標準」に含まれないより小さな方言を黙殺してしまう怖さがあるのです。多様性を守るための積極的，人為的な働きかけが，かならずしも意図する結果を生み出すわけではないことも，言語保護のむずかしさです。

　方言にかぎらず，言語という大きな単位を問題としても，一人が複数の言語を話したり，複数の変種を交互に使いながら生活することがあたりまえの今日，

それぞれの言語体系，方言体系が影響を受けないままにいることはあまり考えられません。第4章において遊佐昇が現代の日本と中国の言語接触における「新漢語」について述べているところにも，その一例が見えます。またこのような大きな現象でなくても，第1章2節で述べたようにバイリンガルの話者であれば，その人がもつ2つの言語能力がいかようでも，その個人のなかで接触が起こりますから，バイリンガルの話者がコミュニティにたくさんいるとなれば言語は互いに密に影響しあいます。

　第2章で林徹は，言語の定義の難しさないし「言語」という単位の曖昧さについて考察し，「外来語」がたんに「外国語に由来する」という歴史的事実に基づくだけではなく，そのように認識され続けていることが単語の使い方に影響していることを示しています。そもそも，「純粋な言語」とか「100％○○語」などというのが幻想にすぎないのなら，「言語多様性を守る」と言ったときに，いったいなにを守らないといけないのか，その対象がじつは曖昧であり，それゆえにイデオロギー的な論争に巻き込まれてしまうことは，国字問題にも類似するかもしれません。言語は環境の変化を受けて変わるものなのだから，ときに替わることがあっても，ありのままで行けばいいんじゃないですか，という考えもあっていい。読者のみなさんはどのようなお考えでしょうか。

　私は以前，「現代においては，言語を単位としての多様性はたしかに縮小しているのかもしれない。けれども，人びとの接触の多様化，それに伴う言語のありかたの多様化を受けて，変種という単位でものを見れば多様性の縮小もそう嘆かわしい事態になっているわけでもないのかもしれない」と書きました（嶋田 2016: 198, 一部改変）。現代の世界を見渡せば，個別の言語は，安定性，定着性が揺さぶられて，土地や国家や，ときに民族から切り離され，一言語としての枠に収まらない流動性のなかにあるようです。単位としての「言語」がなにであるかが比較的明確に想定できた時代から，さまざまなことばが行き交い，その接触や言語使用における組み合わせのなかにみずからの言語表現を求める時代へ。人を中心に，話者／使い手の側から見る言語は，一元的な言語観に縛られない新たな方向を求めているように見えます。

6　今後の英語教育をおもう

　日本はここのところ，ちょっと英語にざわめきだっているような印象がありますが，その背景には，世界に通用する英語が話せないと国際社会においていかれるという危機感があります（いまやそれが，子どもを育てる親の意識にまで浸透していることが，じつはけっこう「問題」かもしれないのですが）。現実的に，世界で一番ふつうに通じるのが英語である以上，それがふつうに話せる人が国際的な交渉の場にいないと，日本は不利益を被ります。日本はそこでグローバル化に対応した，英語が使える人材を育成する方向に出ます。重要な出来事を最小限にとりだしてみたのが，以下のスケッチです。そして，国がなにを意識してこのような「言語政策・言語計画」に乗り出しているかがわかるところに線をひいてみました。

1996 年　中央教育審議会答申「21 世紀を展望した我が国の教育の在り方について」
1999-2000 年頃　英語公用語論が活発に
2002 年　「総合的な学習の時間」の導入。国際理解教育の一環としての「外国語活動」
　　　　の実施
2003 年　文科省「英語が使える日本人」の育成のための行動計画
2013 年　グローバル化に対応した英語教育改革実施計画
2020 年　小学校でも本格的に英語の教科化実施

ここにあらわれるのは，21 世紀のグローバル化のなかで国際理解がかなめになる，外国語（もっぱら英語）が使える日本人を育成しないといけない。そういう時代の流れなのだから，日本人もこれからはもっと英語をがんばりましょう，という教育方針です。

　21 世紀になる頃にこれが「公用語論」（船橋，2000 など）に結びついてしまったことにはアイデアの限界を感じます。第 4 章で真田信治が指摘するように，公用語は国内において複数の民族や言語コミュニティが存在するときに法律で認定するというのが一般的なありかたです。日本において，突然，英語が公用語になるというのはやはり突飛な発想で，もう少し自分たちの足元，日本の言語状況を見てもいいんじゃないかと思います。公用語にしないなら，ではどう

やって「英語が使える日本人」を養成するのかというのがその考えのもとでのつぎの問いであり、さらに、なんのためにどれくらいそのような日本人が必要であるかを考えないといけないのだと思います。日本のことをしっかりと考え、英語でも語れる日本人、専門性の高い英語を読み書きできる日本人は国際社会において必要です。教育、政策において、どのような方法が良いかは今後も考えていくべき課題です。

　2016年の日本学術会議の提言（言語・文学委員会 文化の邂逅と言語分科会）には、現状の問題点と新たな可能性が示されています。提言の内容は、(1) 非母語としての英語という視点の共有、(2) 英語でおこなうことを基本としない英語教育への変更、(3) 文字の活用、書きことばの活用、という語句にまとめられています。外国語の習得を「生徒自らが能動的にことばに向かうことによってしか達成されない」とし、「学校での外国語学習（活動）はその手助けをしているにすぎない」と位置づけ、どのように指導するかのヒントを盛り込んだ内容です。

　とくに着目したいのは、書きことばを活用するという点です。日本における英語、教育の意味、英語ないし言語の性質を考えたときに、それはとてもまっとうなアプローチのように思います。日本において英語は、日常生活でみんなが話すことばではなく、世界に通じる普遍語としての意味合いが強いわけです。世界で「話される英語」にはバリエーション（多様性）があります。土地の文化のなかで育まれた表現があったり、母語の干渉がとくに発音の面で顕著にあったりしますから、統制された「書きことばの英語」の活用は効率的にちがいありません。言語の権力性をそのまま映し出したような、How are you?―Fine thank you, and you? のおうむ返しを憶えて、その続きが話せず笑っているしかない（大学入学時の自分がそうでした）というのがいいわけがありません。滋養のある英語をしっかりと読み書きし、そこから話したいことを話せる力を少しずつ身につける。それは、これからの日本の英語教育を見据えたときに、「なぜ英語を学ぶのか」「どんな英語を学ぶのか」の回答になりそうです。

　英語で十分に読み書きできる力の重視は言語教育を正しい方向に向かわせるように思います。すなわち、それはその学習者の思考力、表現力の獲得を介して、日本語の力にも連動させるという方向に導くことが可能であるからです。

英語教育における書きことばの活用は，英語を無視できない現代の日本において，日本語を衰退させないための，逆説的ではあれ，一つの現実的な方向であるのかもしれません。水村美苗が『日本語が亡びるとき──英語の世紀の中で』（水村，2015）においてつよい筆致で問いかけたのは，日本文学の衰退であり，「読まれるべき言葉」の弱化からくる日本語そのものの衰弱でした。未来の日本語をイメージしたときにこうあってほしいと思い描くのは，やはりしっかりとした書きことばに裏打ちされての日本語の姿です[6]。英語教育も，言語教育。せっかくなら，思考の表現として日本語の力も育てるようなかたちでできないだろうかと思います。読み書きの力の養成はそのときに，どちらの言語においても核になるはずです。

7　言語に対する，おもに2つの価値基準──「応世」と「伝世」

　大学の講義でアイルランドにおける言語交替の話をして，これからの日本のことばのこと，さらに言語教育のことを学生たちと一緒に考えるとき，彼らの素直なことばは議論にかかせません。英語学特講の教室から，2つの対照的な声をとりあげてみましょう。

> [意見1]「そもそも，英語とか，アイルランド語とかなんでもいいと思うんですけど，世界で1カ国のことばにすればよかったのになと思います」（上村芙未加さん）
> [意見2]「私は小学校への英語の教科化や最近の英語教育を見ていると，一体何を目指しているのだろうか？と思ってしまう。（中略）英語は確かにこれから使えると便利になるが（中略）それが進んでしまうと「日本」という国まで失ってしまうのではないかと私は思うのである。」（佐々木房之介くん）

　[意見1]は，コミュニケーションの観点から究極的には単一言語が望ましいという考えと軌を一にします。ひとつのことばだったら，みんなわかりあえて問題ないんじゃないかという意見。学生との議論のなかでは，英語に替わってしまったほうが勉強の苦労がないとか，子どものころから英語の環境にあるネパールからの留学生の話をきくと羨ましいといった声さえ聞かれます。英語

学習にさんざん苦労させられている学生にとっては,生まれたときから英語環境にあれば楽なのにと思うのでしょう。［意見1］は,言語の実用性だけに目をむければ,それが何語であったって,より多くの人とコミュニケーションできるならそのことばで十分だという考え方です。

　また一方で,2つめに紹介した意見もあります。英語は便利だけど,それで結果的に,日本語の使用が減るか,日本語の体系が危うくなるなどすれば,日本語ということばが失われる。そうなると,「日本」という国まで失うのではないかという見方です。［意見2］の前提になっているのは,〈言語＝国〉という近代的な考えではありますが,大きくみれば,言語を失うことは,国であれ,民族性であれ,そこに結びつくアイデンティティを失うという考えです。おなじ授業の教室で「そもそも日本で日本語が使われていなければ留学生は日本に来ない」という留学生の声もありました。「日本」の値うちは,日本語を話すというところにもあり,その固有性に魅力を感じるという意見です。

　最近,私は「応世」と「伝世」という言葉を知りました。この言葉を知ったのは,安田敏朗が漢字廃止論をみる分析の枠組みとして島田晴雄の言葉を用いたのに接したのが最初ですが,『大漢和辞典』に典拠のある言葉だといいます。「応世」は時勢に適する,「伝世」は後世へ伝える,という意味です。日本の英語をめぐる近年の教育方針は,まさに応世的考えの反映だといえるでしょう[7]。

　たいして,さきにみた［意見2］のように,言語がそれを話す人の国民性や民族性と一体のもので,そこに密着するようにして文化があるという考えは「伝世」に通じます。日本語をだいじにすることは日本の言語文化の尊重を意味する。日本語に日本の「精神」をみるような考えにも通じます。ことばが先祖から引き継がれてきたものであるという認識に立った,伝統・文化を重視する姿勢です。「文化資源としての言語」（斎藤兆史）,また「死者たちとの母語の共有」（内田樹；本書の第10章で紹介）といった語句はこのことばの「伝世」的性質を正面からとらえたものといえます[8]。

　これからの言語をどうするかといったときに,「応世」と「伝世」という概念は役に立ちそうです。「応世」と「伝世」のどちらをより重視するかによって,意見の対立が見られることがあるかもしれません。あるいは,より建設的,また現実的には,その2つのベクトルの合うちょうどいいおさまりどころをさ

ぐっていくことになるのではないかと思います。とは言っても，言語は果たすべき機能を果たしていないと生きていけない生き物です。時勢に応じるのは必然と言えますが，言語のもつ伝世的性質はつねに意識しておいてちょうどいいくらいなのかもしれません。

　第8章で宮岡伯人が，認識／範疇化としての「言語₁」を基盤とした「動能性・表出性」をもつ「言語₂」，さらにそれらがあったうえで思考感情を「カタチ」としてはたらかせる「言語₃」があるとする考えを示し，その連関に人間言語の特質を見ています。応世に急ぐあまり，「言語₃」のうしろだてである「言語₂」さらに「言語₁」が連綿として環境を言語に刻んできたものの厚みを忘れることはしたくないとあらためて考えさせられます。そのうえで，言語接触がもたらす新たな局面をそれはそれとして受け入れ，言語のそれぞれの位相において起こるであろう変化を人間の新たな環境適応として考えてみる方向もありはしないかと，つぎの世代の言語環境，言語と人のありかたに思いをめぐらせます。

8　人にとって言語とはなにか

　私はほぼ毎年アイルランドを訪れるのですが，一昨年南西部のゲールタハト（アイルランド語使用地域，プロローグ参照）を訪れたときに，地域の人や学校の先生と話していて，考えさせられたことがありました。ゲールタハトの学校ではアイルランド語を媒介とした教育がなされています[9]。私が訪ねているのは，ゲールタハトのなかでもアイルランド語が比較的「強い」地域ではあるのですが，そのようなところであっても，地域の方や学校の先生方は危機感を抱いています。政府の刊行物でも，このまま放っておけばアイルランド語はそうとおくないうちに消滅するだろうという報告がなされています（Ó Giollagáin et al., 2007）。

　そんな地域で昨夏，アイルランド語を話せない人のゲールタハトへの転入に制限をかけるべきだという意見を聞きました。そのように話す人は，アイルランド語を守りたいという気持ちがとても強かったり，自分の子どもたちの話す 'beautiful Irish' の「成長」が止まってしまうことを強く懸念したり，学校で

新入生と転入生が来るたびに英語しか話さない児童へのアイルランド語での教育に困難を感じていらっしゃる先生だったりします。

　居住制限という意見にふれて，「えぇ？　ほんとに，正気でそんなことを？」とか，「ことばを守りたいのはわかるけど，居住の自由ってあるじゃない」と頭の半分で反応するのですが，そんな言葉が目の前で，人によっては強い語調で，人によっては告白するような感じで語られるときには，「そうか，そういう思い，そういう結論になってしまうんだ」とそのまま理解し，納得するしかありません。政策は「アイルランド語を話すコミュニティの家としてのゲールタハト地域」をうたい[10]，国民はゲールタハトにそのような場所としてのゲールタハトの存在を期待し，そこに住むアイルランド語母語話者もそのようなものとしてのコミュニティの存続を願っているのです。その一方で，ゲールタハトの小学校では，家庭の言語が英語である子どもたちの対応に追われ，子どもたちを取り巻く環境の英語化に歯止めがきかない，アイルランド語で教育を行うのにもアイルランド語能力を十分にもつ教員が確保できない，アイルランド語を母語として話す子どもたちの言語能力を豊かにする教育ができないなど，多くの課題に直面しているのが現実です。現場では，英語を母語とするかアイルランド語を母語とするかによってクラスを分けて対応したい，そうするのにも教員の数が足りないといった話にもなります[11]。

　ゲールタハトに居住制限を設けたいという意見に接して思うのは，「人が先か，言語保護が先か」という問いです。アイルランド語の維持だけを目的とするなら「言語の生態系」はいかようにも守らないといけないのかもしれません。たしかに，アイルランド政府が考えるように，それができるのは「アイルランド語を話すコミュニティの家」であるゲールタハトだけで，それをしなければ生きた言語としてのアイルランド語はいずれ生き続けられなくなってしまうのです。政府が本当にアイルランド語使用を推進するなら，居住制限をもうけるべきで，それくらいしなければ，アイルランド語を話す環境は守れないということを，そこに住む人は日々感じているのかもしれません[12]。それでもなお，住む場所の自由に制限をかけてまで言語を保護することは正しいことなのか，という問いも生まれてきます。人の生活は言語の生命の前にあります。

　第9章では，栩木伸明がシェイマス・ヒーニーという北アイルランドの詩人

の詩作を読み解きました。ヒーニーは，母語ではない，自分の出自を感じるアイルランド語の響きを詩作に表現することによって自分に「アイルランド性」を取り込もうとでもするかのようでしたが，このような感覚は，自分の一番楽な言語（＞「母語」）と気持ちのうえでの「母なることば」がおなじではない話者が多く経験していることなのかもしれません。

アイルランド南西部における私の調査においても，アイルランドの人々にとってアイルランド語とは our native language であり，our native tongue であり，our true language であり，our mother tongue であり，OUR language だということがわかっています（嶋田，2016: 25-26）。つねに 'OUR'「わたしたちの」ものとして語られる対象がアイルランド語であるわけです。

2015年夏のアイルランドでアンケートに書かれた言葉がずっと心に残っています。アイルランド人が英語を話すということについて違和感をもたずにはいられない人がいます。

（「あなたはなぜ日常生活でアイルランド語ではなく英語を話しているのですか」という問いに対する答えとして）
アイルランド語を話すためにはどんな努力もしています——いまアイルランド語使用地域に住んでいて，アイルランド語を学んでいるんです。英語がアイルランドの第一言語であるということに一度たりとも正しいと感じたことはありません。自分のネイティブの言語で流暢に話せないことをわたしは悲しく思っています。その傷はアイルランド人の魂の奥深くにあります（わたしの偏った見方ですが）。

言語はたんなるコミュニケーションの道具になりきれません。言語は思考，自己表現を全身で担います。それゆえ，自己像を描くときに「民族」が一つ重要な糸になる人にとっては，言語と民族の密着感，生まれ育った土地に代々受け継がれてきた言語に裏打ちされた生活習慣，文化といったものと言語との緊密な関係は，自己を規定し，自分を世界に位置づけるうえで根幹を成すもののようです。言語はまさにそれを話す人のアイデンティティと一体であり，話す言葉はアイデンティティの表現であるのです。

9　中国語との接触，英語との接触——日本語の歴史的な流れのなかで

　ここまで書いてきて，喉にまだつかえたものがあること，ほかにも正面から向き合わないといけない問題があることを意識せずにはいられません。どこか引っかかっているもう一つのことは，日本語の言語接触を長い歴史的時間のなかにひとまずとらえ，そこにおいて，現在の英語との「接触」を相対化する作業であるのかもしれません。すなわち，感覚的に「現代における英語との言語接触」をただ憂いたり，問題視するのではなく，長い歴史的時間のなかでもっとも主要な接触である中国語（以降「漢語」，第4章参照）との接触も含めて考えておくことをすこし試みておこうと思います。たとえば，私たちが漢字を用いて文章を書くことについては特段問題にしないのに，同じ人が英語がカタカナ語で入ることはけしからんと感じるようなことについて，そこに気づかないふりをせずに，ちょっと踏み込んでものをみてみたいと思うのです。

　第4章（遊佐昇）は日本と中国の言葉の接触について，多くを教えてくれます。日本での漢字受容に始まる中国から日本への強い影響下にあって，どうして日本語が漢語に接近するような大きな変化が起こらなかったのだろうかと問いを発し，「近代にいたるまでの中国での共通語が話し言葉（漢語）ではなく，書き言葉（漢文）が用いられていたことにその理由が求められるようだ」と述べています。当時の日本にとっての「国際社会」であった東アジアの共通の教養であり国際語であった漢文。広い中国の共通語として書かれた漢語が日本社会にそのまま取り入れられて，漢文を読み，書くという教養として近代まで継続してきたのだといいます。

　2節で述べた，「言語接触の環境を見る」ということがここで効いてきて，漢語との接触はまずもって，文字を介しての，すなわち大陸において共通の書きことばによる，言語接触であったということが，言語交替という帰結を生む言語形成，言語変化を引き起こすことにならなかったという見方が可能です[14]。すなわち，市井のことばに圧倒的な影響を及ぼすことをせず，日本はその文字を上手に借りて，また漢字を取り入れ，さらに言えばその範疇化さえも取り込んで，みずからの思想，思考を未来に伝える方法を開発したとも言えるのです。漢文訓読，さらに，カタカナ，ひらがなという文字の発明，漢字を交えた固有

の書記法の定着。漢語からの史的恩恵を日本語に宿らせながらも，固有な言語文化，文字文化を育んできたことにおいて，日本語はしたたかだと感じます。

　こうして見るとき，「歴史的長期間漢語と接触しても日本語は日本語であり続けることができたのだから，それに比べてうんと短い時間，英語と接触したくらいで日本語はびくともしない」と言うことはできないとわかります。第１章２節で言語接触の見方を記しましたが，言語接触の帰結を決めるのは言語接触の期間だけではありません。日本語における漢語との接触のありかたと，現在の英語との接触のありかたは，大きく異なります。人々の態度，社会の態度も違っていれば，接触の度合いや密度，日本語への刻まれかた，その体系への貢献のしかたも違っているわけです。ただし，同時に，「日本語は漢語を吸収しながら成長してきたのだから，英語と接触して日本語がダメになるどころか，英語を吸収しながら成長するだろう」と言う人に「違うよ」と頭ごなしに否定できないのも事実です。成長や進化とよぶのか，たんに変化なのか，あるいは退化であり破壊なのか，といったこともこの命題は問うのですが，それでもなお，接触したときの吸収のしかたによっては言語の交替を導くということは，第１章５節で見たとおりです。

　現代のめまぐるしい環境変化にあっては，世界のおおよそどこであっても，言語はそんなに安定的でいられないものなのだと思います。「言語」の身になってみれば，日々多様な複数の「他者（ほかの言語）」にさらされ，更新されるテクノロジーのユーザーとしての言語話者に使われ，ミクロな諸々のアップデートを日々余儀なくされているのが現在です。言語のほうでも，しだいに姿が変わっていくことを，陽のあたる日には楽しみ，陰がさす日には憂う，そんな感覚なのかもしれません（もっとも，言語自体に感情はありませんので，かってな擬人化です）。

　言語―人間―祖先との繋がり―思考の手段―環境適応―文化の営み―豊かな文法―自己表現―コミュニケーション―アイデンティティ。言語をめぐる思考はとどまるところを知りません。日本語がこれからどのように生きていくか。その要は話者／使用者なのです。

10　本書のおわりに

　現代の日本語はけっして英語にだけさらされているわけではありません。移民受け入れの話題を出すまでもなく，これからの日本にはますます様々な言語を話す人が住むようになるでしょう。多様性のなかで，日本語に内包する言語的な豊かさは少しずつ薄まったりするのでしょうか。あるいは，「令和」という新しい元号に始まる未来には，日本語はたくましくさえしなやかに，成長し続けるのでしょうか[15]。

　人工知能の出現と浸透が「人間とはなにか」を問うように，多言語社会の到来は「言語とはなにか」を問います。それらの問いはそれぞれに，〈人間性〉を際立たせ，〈言語性〉を突き詰めさせるのかもしれません。そして共起的には，これらは過去から現在，現在から未来への時間軸における「人と言語」への問いにもなります。「言語接触」はその問いを解く一つ重要な鍵であることはまずまちがいありません。この本から，言語接触の研究が進んでいくこと，日本語の将来，日本のことばの未来についてディスカッションが生まれていくことを期待しています。

　本書はなにより，12人の著者の，言語接触に関する考察とそれぞれの研究のエッセンスがつまっています。豊かなご論考を惜しみなく提供してくださったご執筆の先生方に，心より感謝いたします。最後に，本書の構想から骨の折れる作業まで寄り添い，ご尽力くださった東京大学出版会の後藤健介氏にお礼申し上げ，本書を読者とともに味わう喜びに感謝いたします。

1) ここにきて，文体がデス・マス調になってしまいました。冒頭で語りかけるときにどうしても「〜だろうか」などと変えられませんでしたので，そのままで行くことにしました。本書の内容を存分に味わった読者にとって，このエピローグはむしろ蛇足。章をつなぐ横糸を意識して考えていたことを，ここで文章にしています。このエピローグが，各章の議論やそれぞれのご論考の深みに戻っていただくきっかけになればと思います。
2) 言語にかぎらず，たとえば「最近では産まない選択をする女性が増えて」などというときには，子どもを産まないということを決めている場合も，なんとなくそういうことになっている場合も含みます。いわゆる「女性の社会進出」といったこと

が背景にあり，ある社会状況のなかでたとえば子どもを産まない女性が増えているというのがその主旨でしょう。過労死（過労による自殺／自死）も，どこまでが当人の意思であるのか，その線引きには困難な点があります。そうならざるをえない，そのような「選択」に追い込まれる状況にあったという理解も可能なのかもしれません。
3) EU 圏の小学校では 73％の生徒が英語を学習していると，欧州評議会の外郭団体ユリディスの報告書（Eurydice, 2012）に示されています（西山・大木，2015）。
4) 関連して第 3 章 注 18 において，上野善道が「言語の消滅・滅亡は，征服・外圧よりも，むしろ内部の人間の捉え方・価値観の方が大きく左右することも忘れてはならない」と述べていることも注目されます。
5) このような問題はかんたんに答えを導きだせるものではありません。そのために「専門家」なり「有識者」がいて，多くの場合，一般の人はその知見に委ねるほかはないわけです。だから，専門家は社会において一定程度の責任があるわけですが，専門家とて，ある時代のある風潮において，あるパラダイムにおいて，仕事をしているということからは免れません。そしてまた，専門家のなかでも見解が一致しないということは，言語を話題とする本書においても，また「原発」や「移民」のような社会的なことがらが俎上にのぼるときにも，気づかれましょう。
6) 「生態系」は様々な意味をもちます。本文で触れきれませんでしたが，人間を中心とした活動の総体としての「文化生態系」も重要。第 8 章（宮岡伯人）注 6 に詳細。
7) このことは，話しことばの軽視でも，文字をもたない言語の蔑視でもありません。言語（方言も含めてさまざまな変種）には，それぞれに歴史と機能があります。近代の標準語の確立を経た普遍語の場合の，現状を踏まえたストラテジーをここで考えています。
8) とはいえ，『小学校学習指導要領解説　外国語活動編』には「外国語を用いて積極的にコミュニケーションを図る。日本と外国の言語や文化について，体験的に理解を深めることができる」とあることにも触れておくほうが公平性が保たれるのかもしれません。言語の運用能力（すなわち「実用」）と言語と文化（すなわち「教養」）の二本柱であることがわかります。
9) 「死者たちとの母語の共有」という内田樹の論点は，江利川ほか（2014）の〈対談　内田樹×鳥飼玖美子「悲しき英語教育」〉を参照。
10) ほんとうはこれは正確ではなくて，ひとまずお題目上はそうなっている，その地域に住まないアイルランド人はそう信じている，という感じです。町の方では状況は以前から変わってしまっているようです。
11) ゲールタハトはつねにアイルランド語をめぐる言語政策の中心であるのですが，

2017年には「ゲールタハトの教育政策2017-2022年」が出されました。そこには，国の第一公用語であり，「国語」であるアイルランド語の保持は国家的な課題であり，国にとって「アイルランド語を話すコミュニティの家としてのゲールタハト地域」を維持することは重要であるとの認識が示されています（嶋田，2018: 103）。

12) 学校における「すみわけ」のような話にもなりますが，個々の能力をのばす教育を考えるならそうしたいというのは頷けます。私が以前訪問した，外国にルーツをもつ児童が半数ほど在籍する大阪市の小学校は，国語と算数は習熟度別に授業を行っているということでした。アイルランドにおけるアイルランド語と日本における日本語。どちらも国語なのですが，その「学校」の外がどういう環境にあるかは，これら2つの学校では大きく異なります。

13) ゲールタハトの言語政策とコミュニティの葛藤に関する詳細は，嶋田（2018）参照。

14) 6節における英語教育における書きことばの活用はこの意味でも奨励されるかもしれません。

15) この新元号には，古来に遡って日本語の成り立ちに思いを馳せさせる力があるような。そしてまた今感じる空気。「新しい時代の幕開け」と一つ区切ってまた進み続ける心のありかたにも，日本語の未来を一瞬重ねました。

参考文献

江利川春雄・斎藤兆史・鳥飼玖美子・大津由紀雄（2014）『学校英語教育は何のため？』ひつじ書房

嶋田珠巳（2016）『英語という選択――アイルランドの今』岩波書店

嶋田珠巳（2018）「ゲールタハト（アイルランド語使用地域）の小学校にみる今日的葛藤――アイルランドの言語政策とコミュニティ」，『東京大学言語学論集別冊2 学校を通して見る移民コミュニティ』（東京大学言語学研究室），pp. 101-108.

寺沢拓敬（2015）『「日本人と英語」の社会学』研究社

西山教行・大木充（編）（2015）『世界と日本の小学校の英語教育――早期外国語教育は必要か』明石書店

日本学術会議 言語・文学委員会 文化の邂逅と言語分科会（2016）『ことばに対する能動的態度を育てる取り組み――初等中等教育における英語教育の発展のために』

船橋洋一（2000）『あえて英語公用論』文藝春秋（文春新書）

水村美苗（2015）『増補 日本語が亡びるとき――英語の世紀の中で』筑摩書房（ちくま文庫）

文部科学省（2003）『「英語が使える日本人」育成のための行動計画』

安田敏朗 (2016)『漢字廃止の思想史』平凡社

Ó Giollagáin, C., Mac Donnacha, S., Ní Chualáin, F., Ní Shéaghdha, A., and O'Brien, M. (2007) *Comprehensive Linguistic Study of the Use of Irish in the Gaeltacht: Principal Findings and Recommendations.* Dublin: Stationery Office.

読書案内

この読書案内は各章の著者におすすめの本を短い解説をつけてもらったものをもとに作成しました。いくつかの項目に分けましたが，あくまで便宜的なものとお考えください。本書をきっかけに様々な分野に関心を広げていただければ，また今後の考察，研究を深めていただければ，編者にとってうれしいことです。

1　まずはここから

水村美苗（2015）『増補 日本語が亡びるとき――英語の世紀の中で』ちくま文庫――真っ向から日本語のことを考えた本気の書。つよい筆致，魂の声に圧倒される。日本人と日本語，言語における文学の役割，書きことばのもつ意味，英語公用語論のもとにある憂い。本書から考える内容は多く，重い。「読まれるべき言葉」を弱らせてしまっては日本語は亡びる。（宮岡／文：嶋田）

嶋田珠巳（2016）『英語という選択――アイルランドの今』岩波書店――本書のきっかけになった本。先生方の書評がうれしかった。選択シンポジウム（「はじめに」参照）に参加してくださった黒田龍之助先生（日本経済新聞），また本書にご執筆の，斎藤兆史先生（産経新聞），岡ノ谷一夫先生（讀賣新聞），栩木伸明先生（週刊読書人）の書評は，最強の「読書案内」。どんな読者にもおもしろいと思えるところがあるというところをめざして，「研究」の中身が伝わるように表現した。（嶋田）

ベネディクト・アンダーソン（白石隆・白石さや訳）（2007）『定本 想像の共同体――ナショナリズムの起源と流行』（書籍工房早山／邦訳初版リブロポート，1987／増補版NTT出版，1997）――すでに古典といってよいナショナリズム論であるが，想像の共同体としての国家の，国民国家，帝国的膨張，そして脱植民地化後のありようを，ヨーロッパ，南北アメリカばかりではなく，東アジア，東南アジアの事例に言及しながら論じている。俗語革命や出版語としての整備など，ナショナリズムを論じるときに，ことばのあり方，言語政策のもつ重要性を認識させられる。（安田）

高田時雄（編）（2009）『漢字文化三千年』臨川書店――漢字は中国で三千年前に使用さ

れはじめて，東アジアに広がり，現在にまでつながる文字である。日本にとっては外来の文字であった漢字を，その発生から，周囲への伝播，さらにはその中で多岐にわたって展開，発展した漢字文化を扱っている。各分野の第一線の研究者の報告であり，研究の最前線を窺いみることができる。（遊佐）

江利川春雄・斎藤兆史・鳥飼玖美子・大津由紀雄（2014）『学校英語教育は何のため？』ひつじ書房——英語教育史・英文学・異文化コミュニケーション・認知科学の専門領域を背景にもつ《英語教育4人組》が学校外国語教育はなんのためにあるのかという根本的な問題に迫る。この本には，内田樹と鳥飼玖美子の対談「悲しき英語教育」が収録されている。日本の英語教育のこれからを考えるための必須の書。表紙の〈4ヒツジ〉イラストもひそかな見所。シリーズ化され，4冊本となっている。（嶋田）

2　言語学

服部四郎（1960）『言語学の方法』岩波書店——日本の言語学の水準を大きく高めた著者の言語観を述べた論文集。言語・言語学の概説に始まり，言語本質論・方法論，音韻論，意味論，単語その他の言語単位論，言語年代学を論じ，国語国字問題・国語教育にまで及ぶ。その分かち書き論やローマ字綴り論は，音韻論や言語単位論の実践編。書評と英文論文も含む。学部時代の師の本で，脚注まで熟読した。『日本語学』の上野（2007）はその紹介。『国語学』に村山七郎（1961）の書評がある。『月刊言語』の上野（2001）「日本の言語学の確立者 服部四郎」は著者の言語学を私なりに要約したもの。（上野）

服部四郎（上野善道補注）（2018）『日本祖語の再建』岩波書店——比較方法を用いて具体的に日本祖語の再建を論じた本。生前に出版予定でありながら未刊だった原稿を内容に応じて4部に再編成し，すべての出典にあたって必要な修正と補注を加え，より読みやすい形にしてある。日本祖語の考察にとっての必読書で，その研究には，音声言語の正確な記述，文献学的取り扱い，厳密な比較方法の三者が必須であることが伝わってくる。その元となった雑誌『月刊言語』の「日本祖語について」の連載は，毎月が待ち遠しかった。（上野）

柴田　武（1969）『言語地理学の方法』（別冊言語地図付き）筑摩書房——本文第3章第3節で「地理的分布」について簡単に触れたが，その分布からそこに至る歴史（言語史）を読み取る方法を論じた本。分布図の解釈こそが言語地理学の真髄とする。地理的接触を前提とするこの分野は「接触論」にとっても不可欠である。大学院生時代の師で，

東京大学の言語学研究室では2年間にわたって私の郷里の言語地理学調査をおこなった。本書は糸魚川調査に基づくが、全国規模のものとしては徳川宗賢編（1979）『日本の方言地図』（中公新書）がある。（上野）

松本克己（2006）『世界言語への視座——歴史言語学と言語類型論』三省堂——人類言語の総体的な視座のもと、言語の類型的特徴の地理的分布を手掛かりにその歴史はもとより、伝統的な比較方法では不明となっている言語の系統まで考えようとする。「語順の類型論」と、数詞体系、形容詞の品詞別タイプ、流音タイプ、母音調和などを扱う「世界諸言語の類型地理論」が中心をなすが、「印欧語の世界」と「主語をめぐる諸問題」も広い類型的視野から通説を批判する。若い頃の上司として、それまでとは違う言語学の視点を学んだ。（上野）

3　社会言語学

スザーン・ロメイン（土田滋・高橋留美子訳）（1997）『社会のなかの言語』三省堂——社会言語学といわれる分野の入門書なのだが、多言語使用に至るまでの非常に幅広い対象がバランスよく扱われている。取り上げられている言語もやはり幅広い。英語や著者の専門であるトクピシン語は当然としても、ジャマイカ・クレオル語、パンジャーブ語、日本語など多くの言語が登場する。第2章で言及したスウェーデン語やノルウェー語などのスカンジナビア諸語の状況も、実は本書で初めて知った。訳文はいわゆる直訳でなくこなれていてわかりやすい。各章の末尾には詳しい文献案内がある。（林）

Winford, D. (2007). *An Introduction to Contact Linguistics*, Oxford: Blackwell.——言語接触はあまりにもおおきな研究トピックであるので、どれか1冊に全てが網羅されるということにはならないのだが、入門書を紹介するならまずこれだろうか。この本は初学者にもわかりやすくまとめられていて、読みやすい英語で書かれている。接触言語学がどのような学問領域で何を含むのか、その基礎がわかる。（嶋田）

ルイ＝ジャン・カルヴェ（砂野幸稔ほか訳）（2010）『言語戦争と言語政策』（2010）三元社——カルヴェはチュニジア生まれ、フランスの社会言語学者である。『言語戦争と言語政策』の原著が出版されたのは1987年とずいぶん前であるが、当時の論考は色褪せないどころか、いま言語学が取り組むべき課題を明るみに出す。言語の社会的側面がいかにして言語内部にはたらきかけるのか。たとえば第9章「言語の死」における、ボリビアのケチュア語がスペイン語との言語接触をうけてどのようになっていくかの記述

は，少々あらいところがあるとはいえ，その考察のお手本的実践だと思う。(嶋田)

4 言語と方言，ことばと暮らし

真田信治 (2018)『シリーズ 日本語の動態 1——標準語史と方言』ひつじ書房——近代における日本標準語の成立過程，それをめぐる地域社会での葛藤，そして標準への集中と逸脱といった 2 つのベクトルの交錯の様相について具体的に記述している。日本の言語計画（標準語の選択・国字問題・国語教育・日本語の普及など）をめぐる著者の論攷を撰集したもの。(真田)

真田信治 (2018)『シリーズ 日本語の動態 2——地域・ことばの生態』ひつじ書房——多様性に富む日本語のなかで地域差だけが目立っていた時代はすでに幕を下ろした。現代は，その地域差を部分的に含んだ社会差，機能差などのさまざまに絡み合った混沌的情況が現出してきている。日本の地域社会における言語生態をめぐる著者の論攷を撰集したもの。(真田)

大西正幸・宮城邦昌（編著）(2016)『シークヮーサーの知恵——奥・やんばるの「コトバ・暮らし・生きもの環」』京都大学学術出版会——「山原(やんばる)」と俗称される沖縄本島北部地域は，ヤンバルクイナやヤンバルテナガコガネ等の希少生物の生息する生物多様性の地域として知られるが，その地域は文化的にも言語的にも多様性を見せる。生物・文化多様性は，外来生物や言語・文化の影響で深刻な打撃を受けている。沖縄本島北端の国頭村奥集落の生物・文化多様性を複数の角度から切りこみ，記録と保存，継承と利活用をめぐる論考が 13 編掲載されている。(狩俣)

名護市史編さん委員会（編）(2006)『名護市史本編 10——言語』名護市役所——島嶼部を含む沖縄本島北部の 12 市町村 17 地区の方言は，沖縄北部方言として 1 つの方言圏を形成している。この地域全体の方言概説，各自治体・地域ごとの方言概説のほかに，全 136 集落の方言語彙を 139 枚の言語地図に描いて掲載している。この地域の方言には，日本語諸方言では失われた日琉祖語の p 音が保存される一方，他の地域には見られない独特な変化があり，狭い地域に変異に富んだ方言で構成されることが知られている。その多様な語形の分布が一目見て分かるよう工夫されたカラー刷りの言語地図と市民が読んでも理解できることを目指した解説が見開きに配置されている。そこからは，山原地域の言語的多様性と言語がどのように変化して現在の状況を生み出したかの過程を知ることができる。(狩俣)

柴田　武（1958）『日本の方言』岩波書店——60年前に出版された岩波新書の1冊。内容は，タイトルから想像されるのとはちょっと違う。東京方言や地域共通語を含めて，日本の諸方言の間の社会的な評価の差によって引き起こされる不幸に静かに憤りつつ，一方で標準語の必要性も説く。とはいえ，著者の言う標準語は「どこかの方言または共通語を，そのままそっくり，あるいは少し手を入れたようなものとも考えない。東京人だけではない，すべての日本人の宇宙をあますところなく表しうる言語の総体である。（中略）おそらく，そういう「標準語」は，一つの体系をなす言語とはならないであろう。しかも，標準語の全体がそのまま自分の言語であるような個人はいないと考えられる。そういう意味で人工的な言語である」（同書137ページ以降）。著者は，このような言語観に基づいて，教育における強制的な言語の標準化が無駄な試みであると断言する。「日本」を世界に，「方言」を言語に，そして「標準語」を英語に置き換えて読んでみると，60年前に書かれたとは思えない新鮮さが感じられる。（林）

5　変わりゆく言語（危機言語，多言語使用，ことばの現在・未来）

デイヴィッド・クリスタル（2004）（斎藤兆史・三谷裕美訳）『消滅する言語——人類の知的遺産をいかに守るか』中央公論新社——第10章でも触れたが，イギリスの言語学者デイヴィッド・クリスタルは本書の中で弱小言語の保護の重要性を説き，その方策としてそれぞれの言語の話者が母語と優位言語（実質的には英語）の二言語併用をすればいいと論じている。いかにも英語の伝道師らしい，英語話者に都合のいい議論であり，筆者は「訳者あとがき」でその議論の危険性を指摘しておいた。原著で読んでもいいが，ぜひこの訳者あとがきをお読みいただきたい。（斎藤）

宮岡伯人・崎山　理（編）（渡辺　己・笹間史子監訳）（2002）『消滅の危機に瀕した世界の言語——ことばの文化の多様性を守るために』明石書店——2000年の国際シンポジウム（Lectures on Endangered Language，文部科学省特定領域・環太平洋の「消滅に瀕した言語」にかんする緊急調査研究）において報告された，研究者の論考18篇を収録したものである。世界の言語の危機に早くから警鐘を鳴らしてきたマイケル・クラウスの「言語の大量消滅と記録——時間との競争」を含む。世界の言語の状況，実際に「危機言語」に取り組む言語学者が直面している問題，コミュニティとの共働などを詳しく描く。（宮岡／文：嶋田）

砂野幸稔（編）（2012）『多言語主義再考——多言語状況の比較研究』三元社——近代国民国家形成にあたって統一された国語をつくっていくことは，反作用として多様なことばのありようを排除していくことにもなる。1990年代にそうしたあり方を再考するために多言語主義が提唱されたが，本書は，欧米発のこの概念がアジア・アフリカ地域でどの程度有効なのかを検証したもの。安易にとなえられる「多言語社会」とか「多文化共生」などといったスローガンを一歩引いて考えるために欠かせない一冊。（安田）

真田信治・庄司博史（編）（2005）『事典 日本の多言語社会』岩波書店——日本でも多くの外国語が行き交うようになった。さまざまな渡日の経緯を背景にしながら，労働者，地域住民，帰国子女などとして急増しつつある多文化的な背景をもつ人々は，当初から役所，住民摩擦，教育問題などで，ことばゆえのトラブルに直面している。このような情況に鑑みて，自らのことばによって伝達する権利と，地域社会にアクセスする権利という両面から，移住民言語と日本語の相互理解にかかわる問題を取り上げている。（真田）

平高史也・木村護郎クリストフ（編）（2017）『多言語主義社会に向けて』くろしお出版——日本における多言語教育，移民の言語使用と母語継承，海外在住日本人の言語生活，ヨーロッパ（アルザス，ルクセンブルク，ドイツ・ポーランド国境など）における多言語教育の事例などが，各章ごとにわかりやすくまとめられている。いわゆる「移民」の受け入れに積極的な姿勢を見せつつある日本でますます話題になると思われる「多言語主義」について，事例的に概観，考察することができる。（嶋田）

諏訪春雄（責任編集）（2006）『日本語の現在』勉誠出版——カタカナ語の氾濫，符牒のように見える世代語など，日本語の乱れとして，いわゆる有識者によって往々に指弾されてきた現象が，日本語の変化とどうかかわるのか。本書では，日本語の現場の最前線で格闘している人々の生の声を載せるとともに，日本語の本質，歴史と現状をめぐる各方面の専門家の研究成果を集成している。（真田）

デイヴィッド・グラッドル（山岸勝榮訳）（1999）『英語の未来』研究社——イギリスの文化振興機関ブリティッシュ・カウンシルによる「英語2000プロジェクト」の調査結果を基にして書かれた本であり，21世紀において英語がどのような展開を見せるかを予測している。このプロジェクトの後援者がチャールズ皇太子であることを見ても，イギリスがいかに英語産業に力を入れているかが分かる。さらに，いかに日本が日本語の保全や体系的整備に向けた取り組みに無頓着であるかも見えてくる。（斎藤）

6　歴史・文化交流・植民地

山口　修（1996）『日中交渉史——文化交流の二千年』東方書店——日本での漢字の習得だけではなく，広く歴史・文化に中国がどのような影響及ぼしてきたかを，倭の国から現代に至るまでをたどる。日本での出来事から見た日中交渉を幅広く扱っており，改めて広い空間に亘って中国の影響を見渡すことができる。（遊佐）

金文京（2010）『漢文と東アジア——訓読の文化圏』岩波新書——「漢文」は中国の古典を学んだ教科で，「漢文」の教科書があったと思い出す人が多いことだろう。そこに日本人の書いた日本漢文もあって不思議だと感じていたかもしれない。「漢文」は，近代中国になってはじめて口語の標準語を定めるまで，中国国内においての標準語の役割を担ってきた書き言葉としての言語であった。それを学んだ日本，朝鮮半島，ベトナムではそれぞれの言語にあわせて訓読して理解していた。その上で，漢文文化として東アジア文化圏を形成してきた。東アジアの言語交渉を知る好著。（遊佐）

岡田袈裟男（2009）『江戸異言語接触——蘭語・唐話と近代日本語　第二版』笠間書院——日本での異言語交渉は古く東アジア世界の中国の言語，朝鮮半島の言語の接触から始まり，中世末期には西欧言語との接触に広がっていった。本書は江戸時代の異文化言語との接触の実態を解析することから，日本文化について考究する。江戸期の蘭語の学習については知られているが，中国の口語を唐話と呼び，唐通事と呼ばれる通訳の存在，また唐話学が盛んであったことなど，本書から得られる知識は豊かである。（遊佐）

安田敏朗（2011）『かれらの日本語——台湾「残留」日本語論』人文書院——植民地台湾で日本語を話していたのは，台湾にわたっていった日本のさまざまな地方出身の日本人ばかりではなく，台湾で国語教育をうけた台湾人もいた。言語接触の結果，どのようなことばが生じ，それを日本人側がどのように認識していたのかを，1945年以降にまで時間軸をひろげて考察した。ここからみえてくるのは，端的にいえば，「われわれ」のそのときどきの都合によいように「かれらの日本語」をとらえて消費してきた（そしていまも消費している）構図である。（安田）

ジャック・デリダ（守中高明訳）（2001）『たった一つの，私のものではない言葉——他者の単一言語使用』岩波書店——題名に，立ち止まらされる。デリダは，フランス植民地下のアルジェリアに，ユダヤ系両親のもとに生まれた。言語をめぐるデリダの思考は，

自らの出自をこえて，言語が普遍的，本質的にもつ，言語的主体からの分離，非帰属性をも問うものである。「私はひとつの言語しかもっていない，ところがそれはわたしの言語ではない。」ポストコロニアルに生きる人々の「母語」の非帰属性とアイデンティティの問題を考えさせる。(嶋田)

7 ことばと人の営み（文学，教育）

ブライアン・メリマン（京都アイルランド語研究会訳・著）(2014)『ブライアン・メリマン『真夜中の法廷』——十八世紀アイルランド語詩の至宝』彩流社——メリマンはアイルランド語詩の伝統が危機に瀕していた18世紀末，西部の村で近所の子どもに算術を教えながら農夫として生きた詩人である。彼が書いたアイルランド語文学有数の傑作とされる長篇詩の邦訳と研究が一冊にまとめている。湖畔で眠りに落ちた詩人が，妖精女王が司る法廷に出廷させられ，「結婚できない若い女」と「若い妻に裏切られた老人」の訴えを聞かされる物語で，しまいには未婚である詩人本人が「鞭打ちと皮剥の厳罰」を受けそうになったところで目が覚める。アイルランド語の比喩や口頭伝承の名残を生かした邦訳は流麗で読みやすい。本書の後半は，この詩を生んだ政治的・社会的背景を解説し，本作を文学史に位置づけ，英語文学への影響などをも論じる研究論文集になっている。(栩木)

ヌーラ・ニ・ゴーノル（大野光子編訳）(2001)『ファラオの娘』思潮社——現存するアイルランド語詩人の最高峰であり，この国の女性詩人のパイオニアのひとりでもあるニ・ゴーノル（1952年生まれ）は，南部ケリー州のゲールタハト（アイルランド語を日常語として話す地域）で育ち，長年アイルランド語のみで詩を書いてきた。本書は彼女の選詩集で，英訳を参照しながらつくられたという邦訳は，日本語詩として見事な完成度を見せる。津軽三味線の二代目高橋竹山がいくつかの訳詩に作曲して歌い，美術家の大坪美穂は訳詩にインスパイアされた作品を制作して，個展を開いた。少数言語の詩が翻訳されることによって何が失われ，何が得られるかを考える材料を提供してくれる一冊。アイルランド語と日本語による朗読のCDが付録についている。なお，同じ詩人の詩集『アイルランドの人魚歌』をアイルランド語から直接邦訳したものとして，『ヌーラ・ニゴーノル詩集』（池田寛子編訳，2010，土曜美術社）がある。(栩木)

ジェイムズ・ジョイス（大澤正佳訳）(2007)『若い芸術家の肖像』岩波文庫——第9章で述べたとおり，ジョイスの母語は英語である。ジョイスの時代のアイルランドにおいて，英語はすでに300年以上にわたって使われ，日常語としてのみならず，文学言語と

しての実績にもゆるぎないものがあった。にもかかわらず，この自伝的小説の主人公は，英語は「ぼくにとってはいつまで経っても習い覚えた言葉たるにとどまっているのだ。こうした言葉をぼくは自分でつくったわけじゃない」という違和感を持ち続けている。英語文学において，前人未踏の試みを数々おこなったジョイスの原点には，言語的な居心地の悪さがあったに違いない。この小説の文体と内容には，そうした違和感から派生する諸問題を考えるヒントが詰まっている。(梛木)

シェイマス・ヒーニー（村田辰夫・坂本完春・杉野徹・薬師川虹一訳）(1995)『シェイマス・ヒーニー全詩集　1966-1991』国文社──第9章では，英語表現そのものの細部に注目するためにヒーニーの詩の原文を引用したが，ヒーニーのすべての詩集（『全詩集』刊行以後の作も含む）と主要な評論集には邦訳がある。彼の詩に興味を持たれた読者には，ぜひ参照することをお勧めしたい。(梛木)

デレック・ウォルコット（徳永暢三編訳）(1994)『デレック・ウォルコット詩集』小沢書店──ウォルコット（1930-2017）は西インド諸島セントルシア出身の詩人・劇作家。1992年，カリブ海諸国出身者としてはじめてノーベル文学賞を受けた。20世紀中葉までヨーロッパ各国の植民地であったこの海域の島々では，多数の人種・言語・文化が混在・混淆している。「僕はノーボディか　さもなけりゃ一人で国家だ」(ネイション)（詩「帆船「逃避号」」）という詩句や，「「作る」というより作り直すこと，断片化した記憶の収集と称すべき」ことこそ「詩作のプロセス」である（講演「アンティル諸島──叙事詩的記憶の断片」）という意見などは，言語交替や言語の混淆を経験したあらゆるひとびとの胸に響くだろう。現代日本語の使用者の中に「ウォルコット」がいても不思議はない。(梛木)

稲垣佳代子・波多野誼余夫 (2005)『子どもの概念発達と変化──素朴生物学をめぐって』共立出版──もともと2002年に英文書として出版された稲垣・波多野の著作を2人の監訳で訳出した本である。素朴言語学への言及はないが，素朴生物学を例に素朴理論一般について理解を深めるのに適している。教育への示唆も興味深い。(大津)

Otero, C. P. (Ed.) (2002). *Chomsky on Democracy and Education*. Routledge Falmer.──民主主義と教育に関するチョムスキーによる25編の論考が収められている。言語理論から社会思想にわたり，チョムスキーのよき理解者のひとりであるオテロが編んだ論集で，論考の選択とその配列に編者としての輝きが感じられる。16章から25章までは直接教育に関わる論考であるが，本書の冒頭に置かれている4つの章はチョムス

キーの人間知性観と教育観が分かりやすく語られている。まずはこれらの章を読むことを強くお勧めする。(大津)

大津由紀雄・窪薗晴夫（2008）『ことばの力を育む』慶應義塾大学出版会——素朴言語学からの脱却を意図した言語教育構想について知るために便利な本である。「理論編」で構想の基盤にある考えが整理されている。「実践編」では構想を実践するための素材とヒントが多数掲載されている。大津由紀雄ら編著（2019）『日本語からはじめる小学校英語——ことばの力を育むためのマニュアル』開拓社はこの本の続編とも言える本で、小中高大の先生がたのアイディアが随所にちりばめられている。(大津)

8　心・脳・進化

レイ・ジャッケンドフ（水光雅則訳）（2004）『心のパターン——言語の認知科学入門』岩波書店（原著 Jackendoff, R.（1995）. *Patterns in the Mind*. Basic Books.）——当代理論言語学を代表する研究者による、一般向けの言語科学入門書である。素朴言語学からの脱却に大いに役立つ。原著出版からだいぶ時間が経過したが、この本の内容はいまでも古くなっていない。例も豊富に挙げられている。この本とほぼ同時期に出版されたスティーブン・ピンカーの『言語を生みだす本能　上・下』（椋田直子訳（1995）日本放送出版協会、原著 Pinker, S.（1994）. *The Language Instinct: How the Mind Creates Language*. William Morrow）も良書であるが、記述に気どりが少ない分、この本のほうが読みやすい。(大津)

セドリック・ブックス（水光雅則訳）（2012）『言語から認知を探る——ホモ・コンビナンスの心』岩波書店（原著 Boeckx, C.（2010）. *Language in Cognition: Uncovering Mental Structures and the Rules behind Them*. Wiley-Blackwell.）——ジャッケンドフの本よりも最近の理論言語学についても触れてある本が読みたいということであれば、本書をお勧めする。現代理論言語学の壮大な構想が手に取るように理解できる。(大津)

岡ノ谷一夫（2017）『脳に心が読めるか』青土社——詩歌から文学、脳科学、宇宙論に至るまで、広範な読書を通して心の科学を俯瞰した。本書で論じた問題に関連する書籍についてもいくつか書評している。言葉、脳、心に関する人間の営みをざっと見ておきたいときに参考になろう。(岡ノ谷)

岡ノ谷一夫（2013）『「つながり」の進化生物学』朝日出版社——内省的自己意識、いわ

ゆる心がどのように進化したのか。コミュニケーションの必要性が心を進化させるのに不可欠であったという仮説を展開している。(岡ノ谷)

岡ノ谷一夫（2010）『言葉はなぜ生まれたのか』文藝春秋——言語起源の前適応説に立ち，言語への前適応として，呼吸の制御，文脈の分節化，音列の分節化をあげ，それぞれの進化過程についてヒト以外の動物について得られた知見を統合する。小学4年生でも読めることを目標にイラスト（石森愛彦）を多用している。(岡ノ谷)

9　ことばの教養

井上ひさし（1986）『國語元年』新潮社（新潮文庫，1989／中公文庫，2002／新潮文庫新版，2018)——戯曲。明治維新後の東京の，長州藩出身文部官僚の屋敷が舞台。妻とその父は薩摩出身，女中頭は江戸山の手ことばを話し，使用人は江戸下町ことば，津軽ことばなどを，書生は尾張ことばを話し，そこに京ことばを話すあやしげな公家があらわれる。「全国統一話しことば」制定を命じられた主人公は，奮闘するものの，悲劇的な結末を迎える。虚構ではあるが，話しことばの統一がいかに困難なのかをユーモアあふれる筆致で示している。(安田)

高島俊夫（2016）『漢字と日本語』講談社現代新書——「漢語」は中国語では，現在世界中で現代中国語として学習する標準語としての「中国語」のことである。日本語では，和語に対して漢字の字音による語を指しても用いられている。とてもややこしいことになっている。案の定，へえそうなの，が山ほど控えている。筆者がエッセイ風に綴った文章をまとめたものだが，日中の文化への切込みが鋭い。(遊佐)

斎藤兆史（2001）『日本人のための英語』講談社——第10章では英語教育・学習にあまり触れることができなかったので，その視点を盛り込んだ拙著を紹介させていただく。これは，英語偏重の教育がなされ，日本語が英語化していくなかで，日本人がいかに英語と付き合っていったらいいかを論じた本である。(斎藤)

田中克彦（1981）『ことばと国家』岩波新書——ことばと国家が一対一に対応する必然性がないことに初めて気づかせてくれた本。出版後30年以上経つがまだ読まれているようで，新品購入が可能である。母国語から国を抜いた母語という表現を広めたのも本書の功績である。(岡ノ谷)

本多勝一（2015）『新版　日本語の作文技術』朝日文庫――日本語の作文技術を語りながら，たとえばなぜ日本語は万進法なのにカンマは千進法で打つのか等の考察が興味深い。点の打ち方は英語のカンマとは異なることも詳述してくれている。本多による『しゃがむ姿勢はカッコ悪いか？』（1993，朝日文庫）という本も，無意識に導入されている欧米崇拝を批判する。（岡ノ谷）

テッド・チャン（公手成幸・浅倉久志・古沢嘉通・嶋田洋一訳）（2003）『あなたの人生の物語』早川文庫SF――SF短編小説集である。すべてが言語に関わる小説だ。表題作は，サピア＝ウォーフの仮説をヒントとした作品で，言語と思考の関連を考えさせる。言語が相対化しない領域としての愛を描くことが究極の目的だったのかと思うが，言語は愛をも相対化するように私は思う。（岡ノ谷）

編者・執筆者紹介

編　者

嶋田珠巳（しまだ・たまみ）［プロローグ，第1章，エピローグ］明海大学外国語学部教授．『英語という選択――アイルランドの今』（岩波書店，2016），*English in Ireland: Beyond Similarities*（渓水社，2010），ほか．

斎藤兆史（さいとう・よしふみ）［第10章］東京大学大学院教育学研究科教授．『英語達人列伝』（中公新書，2000），『日本人と英語』（研究社，2007），ほか．

大津由紀雄（おおつ・ゆきお）［第12章］明海大学外国語学部教授，慶應義塾大学名誉教授．『ことばの力を育む』（窪薗晴夫と共著，慶應義塾大学出版会，2008），「ことばについて知ることの大切さ」（『日本語学』35 (2)，2016），ほか．

執筆者（五十音順）

上野善道（うわの・ぜんどう）［第3章］東京大学名誉教授．『言語学（第2版）』（風間喜代三・松村一登・町田健と共著，東京大学出版会，2004），『日本語研究の12章』（監修，明治書院，2010）ほか．

岡ノ谷一夫（おかのや・かずお）［第11章］東京大学大学院総合文化研究科教授．『さえずり言語起源論――新版小鳥の歌からヒトの言葉へ』（岩波書店，2010），『進化言語学の構築――新しい人間科学を目指して』（藤田耕司と共編，ひつじ書房 2012），ほか．

狩俣繁久（かりまた・しげひさ）［第7章］琉球大学島嶼地域科学研究所教授．「言語接触がもたらした琉球語の南北差」（『方言の研究』5，2019），「人間の言語の特性と起源」（『琉球アジア文化論集』5，2019），ほか．

真田信治（さなだ・しんじ）［第6章］大阪大学名誉教授．『変わりゆく時見るごとに』（桂書房，2016），『関西弁事典』（監修，ひつじ書房，2018），ほか．

栩木伸明（とちぎ・のぶあき）［第9章］早稲田大学文学学術院教授．『アイルランド モノ語り』（みすず書房，2013），『アイルランド紀行』（中公新書，2012），ほか．

林　徹（はやし・とおる）［第2章］放送大学東京文京学習センター所長・特任教授．『トルコ語文法ハンドブック』（白水社，2013），『人文知1――心と言葉の迷宮』（唐沢かおりと共編，東京大学出版会，2014），ほか．

宮岡伯人（みやおか・おさひと）［第8章］元京都大学大学院文学研究科教授．*A Grammar of Central Alaskan Yupic Eskimo*（De Gruyter Mouton, 2012），『「語」と

はなにか・再考——日本語文法と「文字の陥穽（おとしあな）」』（三省堂，2015），ほか．

安田敏朗（やすだ・としあき）［第5章］一橋大学大学院言語社会研究科教授．『辞書の政治学——ことばの規範とはなにか』（平凡社，2006），『日本語学のまなざし』（三元社，2012），ほか．

遊佐　昇（ゆさ・のぼる）［第4章］明海大学外国語学部教授．『唐代社会と道教』（東方書店，2015），『国際未来社会を中国から考える』（河村昌子・佐藤賢と共編著，東方書店，2018），ほか．

索引

あ行

アイデンティティ　6, 37, 155, 314, 328
アイヌ（語）　79, 84, 87, 155, 157, 165, 169, 213
アイルランド　2, 3, 4, 9, 27, 36, 38, 221, 256, 259, 268, 303, 310, 312, 314, 321, 328
アイルランド語（ゲール語）　2, 9, 36, 37, 45, 221, 222, 224, 226, 229, 234, 241, 265, 271, 312, 313, 319, 328
粟田真人　109
青田節　125, 126, 127, 128, 129, 134, 135, 140, 132
アクセント（規則，分類）　65, 66, 67, 68, 69, 70, 74, 80, 82, 83, 84, 93, 157
　東京アクセント　65, 71, 86, 157
　ピッチアクセント　70, 71
　標準語アクセント　66, 67
奄美（語，方言）　87, 161, 162, 164, 170, 175, 180, 181, 306
アメリカ言語学会　286
新井紀子　283, 284
アラスカ文字　208
アラビア語，文字　27, 28, 39, 46, 61, 62
アルカルーフ　194
アルザス　271, 326
アルバニア語　29, 30, 43
アルファベット　3, 8, 57, 149, 208, 209, 254
アンダーソン，B.　127, 321
イェイツ，W. B.　241, 242
泉井久之助　203, 214
イタリア語　85, 152
一般化（内的・外的）　76
糸満方言　88
イヌイット　268
移民，移民言語　26, 141, 195, 302, 326
イーヤック（語）　210, 211
入谷義高　116, 117, 118
インド　146

インパクト・ファクター（IF）　260, 261, 262
上田万年　129
ウズベク語　39
内田樹　250, 311, 318, 322
ウチナーヤマトゥグチ，ヤマトゥウチナーグチ　160, 161
英語
　アイルランド英語　1, 36, 37, 40, 41, 42, 45, 222, 233, 239, 241, 303
　アフリカ系アメリカ英語　41
　イングランド英語　241
　カリブ英語　40, 41, 42, 329
　基本英語　272
　和製英語　25, 252, 253
英語音化　241
英語化　4, 6, 8, 269, 331
英語が使える日本人　277, 295, 308
英語教育　256, 276, 277, 278, 279, 292, 310, 322
　英語教育のコミュニケーション志向　276, 277, 278
英語狂想曲　276, 280, 285, 286
英国抒情詩　235, 236
英語傾斜　3
英語公用語論　150, 151, 156, 301, 308
英語至上主義　5
英語特権化　147, 300
英語の所有権　41, 239
英文国際誌　261
エスキモー（語）　189, 190, 191, 193, 194, 205, 211, 212, 216
エスペラント　247
エスペルセン，O.　198
黄金期原則　8
大槻文彦　131, 134, 135, 136, 140
岡島冠山　113, 114
岡正雄　189
小川榮太郎　210

335

沖縄クレオロイド　175, 176
沖縄（語）　87, 88, 169, 170, 171, 175, 177, 178, 185, 186, 324
荻生徂徠　113, 114
オーストロネシア系諸語　151, 152, 157
オナ　194, 211
音対応規則（音法則，音韻対応）　67, 169
音と訓（漢字の）　110, 208, 209
音調段階論　70, 71, 72, 93

か　行

外国語　59, 60, 61
外来語　46, 59, 60, 61, 62, 63, 92, 148, 157, 253, 305, 307
外来種　248, 259, 263, 264, 269, 305
書きことば　38, 91, 101, 102, 153, 309, 310, 315, 319, 321
学習指導要領　50, 53, 174, 182, 278, 292, 293, 318
過剰訂正　245
カタカナ（語）　8, 24, 147, 148, 248, 251, 252, 253, 254, 255, 256, 269, 273, 326
かたち／カタチ（言語の）　189, 190, 192, 198, 199, 202, 203, 204, 207, 213, 215
カタルーニャ語　28
加藤弘之　129, 130
可能性制限の原理　207
カバン文　22
カフマン，T.　35
カミンズ，J.　295
亀井孝　202
カライモ普通語　159, 162
ガリア語　27
雁パパ現象　280, 281
カリブ英語　40, 41, 42, 329
カルヴェ，L.-J.　33, 34, 323
川上蓁　94
含意法則　77
環境　193, 194, 195, 200, 206, 266
環境適応　196, 197, 198, 207, 312
漢語　8, 24, 99, 100, 101, 102, 111, 112, 117, 172, 315, 316, 331
　和製漢語（新漢語）　101, 307

関西弁　152, 154
漢字　100, 102, 103, 104, 106, 110, 138, 139, 145, 201, 203, 208, 209, 210, 214, 321, 327, 331
漢字制限　128, 131, 210
漢書　104, 106
干渉　20, 34, 159, 205, 309
漢文　101, 102, 106, 315, 327
危機言語　88, 155, 205, 206, 208, 210, 211, 215, 325
危機方言　81
基層　32, 44
規範性　90
基本英語　272
救出の言語学　206, 210
共通語　57, 101, 123, 153, 270, 315
ギリシア語　29, 67
キリル文字　39
クァージ標準語・クァージ方言　159, 160
クストー，J.-Y.　265, 266
国頭語　87
クラウス，M.　206, 211, 216, 325
クリー語　33
クリスタル，D.　249, 325
グリーンバーグ，J.　77
クレオール　30, 31, 32, 35, 36, 38, 41, 43, 44, 45, 151, 175
グローバル化　133, 154, 165, 182, 255, 276, 308
形式　202
形態法　192, 201, 204, 206, 207
系統　81, 82, 169
系統樹（モデル）　33, 35, 45, 46
ケセン語　155
ケチュア語（諸）語　7, 32, 33, 34, 35, 44, 323
ケベック　28
ゲール語　→アイルランド語
ゲールタハト　2, 312, 313, 319, 328
ケルト語　44, 221
言語　10, 38, 40, 53, 56, 58, 65, 67, 74, 84, 85, 86, 87, 88, 152, 164, 165, 194, 205, 210, 303, 304, 307, 316

336——索　引

言語運用効率　246, 247, 257
言語改革　45, 62
言語教育　141, 256, 279, 301, 309
言語交替　1, 2, 3, 4, 5, 7, 16, 25, 26, 27, 33, 36, 37, 81, 255, 256, 310, 315
言語使用の文脈　18
言語消滅　88, 205
言語政策　124, 140, 142, 247, 251, 308
言語接触　1, 4, 7, 10, 16, 18, 19, 27, 35, 38, 39, 42, 45, 46, 68, 82, 125, 126, 135, 141, 142, 169, 172, 174, 179, 187, 195, 205, 206, 207, 300, 315, 316, 317, 322
言語選択　18, 300, 301
言語喪失　26, 43
言語能力　18, 19, 80, 88
　生得的言語能力　77, 79
　メタ言語能力　296
言語の機能差　91, 92
言語の死　33, 34
言語の社会的な力　17, 18, 35, 45
言語保持　16, 26, 27, 45
言語保全　256
言語（方言）保存復興　65, 87, 90, 92
言語類型論　77, 78, 79, 80
言語連合　29
遣唐使　109
言文一致体　130
語彙供給言語　43
口語法別記　131, 133
河野六郎　202, 214, 215
公用語　38, 146, 150, 181
国語　16, 85, 124, 125, 133, 136, 138, 139, 140, 142, 301, 324, 331
国語仮名遣改定案　130
国語国字問題　128, 132, 322, 324
国語審議会　131, 132, 141
国語政策　38, 123, 124, 125, 128, 132, 140
国語調査委員会　129, 130, 131
国際音声字母（IPA）　73, 74
国立国語研究所　60, 148, 256
古事記　108, 201, 203, 209
国家　9, 127, 152
コード　6, 16, 24, 31, 42, 43

コード・スイッチング　6, 16, 21, 22, 24
コトバ（という言葉）　49, 50, 51, 52, 57, 58
ことばという視点　293
ことばを操る力　282
小林秀雄　189, 190, 195, 202, 203
コプト語　27
個別言語，個別文法　77, 79, 80
個別性　77
コミュニケーション志向（英語教育の）　276, 277, 278
コミュニティ　1, 3, 19, 25, 26, 27, 28, 32, 34, 35, 36, 40, 42, 150, 152, 302, 303, 308, 313, 325
コムリー，B.　77
固有語　59, 60, 61, 62, 63
誤用　245, 246
ゴールデンヴァイザー，A.　206, 207
混成言語　30, 32, 44

さ　行

最適性理論　75
サピア，E.　201, 202, 206, 211, 332
サラマッカ語　43
シェイクスピア，W.　232, 233
刺激伝播　208
始皇帝　102, 103
詞詩曲語辞匯釈　116, 117, 119, 120
雫石町（雫石方言）　65, 66, 67, 94
シマグチ　163
しまくとぅば　180, 181, 182, 183, 184, 188
島田晴雄　311
社会的意味　61, 63
借用（語）　16, 24, 29, 34, 35, 37, 176, 205, 207, 209, 251
収束　29
首里方言　88, 181, 306
手話，手話言語　164, 165
舜子変　114, 115
ジョイス，J.　233, 237, 238, 239, 328
蔣礼鴻　119, 120
小学　110
小学校英語　3, 7, 149, 174, 183, 330
少数民族（の言語）　27, 38, 325

索　引——337

上層言語　32, 44
情報構造　36, 45
常用漢字表　132
植民地　133, 134, 136, 137, 327
植民地支配　4, 36, 44, 221, 234, 303
自律分節理論　76
新言語形成　16, 26
水滸伝　111, 112
推論　287
スウェーデン語　55, 56, 58, 59, 323
スタイル　42, 43, 52, 57, 158
ステーション島（ヒーニー）　236
スピーチ・コミュニティ　25
スペイン（語）　7, 26, 28, 32, 33, 34, 35, 85, 151, 152, 154, 323
スラナン語　31, 44
スリナム　43, 44
正書法　153, 164, 205, 208
生成音韻論　75
生成文法　77
生態系　195, 196, 197, 211, 213, 246, 247, 248, 265, 266, 305, 313, 318
生得的言語能力　77, 79
生物多様性　262, 263, 264, 265, 268, 271, 305, 324
接辞と接語　200, 204, 212, 215
千字文　108, 109
相互理解度　56, 57, 85
創世記　189, 198, 199, 201
祖語　80, 85, 86
祖国復帰（沖縄施政権返還）　173, 174
ソーシャル・ネットワーク・サービス（SNS）　10, 152, 216, 300
ソスュール（ソシュール，F.）　78
素朴言語学　284, 285, 286, 288, 292, 304, 329, 330

た　行

大学入学共通テスト　278
ダイグロシア　28
ダイヤモンド，J.　267, 268
多言語社会　28, 141, 182, 317, 323, 326
多言語使用，多言語主義　28, 43, 179, 188, 270, 271
谷崎潤一郎　197
多様性（言語の）　77, 78, 79, 89, 182, 183, 205, 206, 271, 305, 307, 324
単一言語主義　40
単一言語使用者（モノリンガル）　24
チェロキー文字　208
千野栄一　40, 207
中国語　99, 100, 101, 134, 203, 212, 315, 331
中世口語（中国語の）　115
中和（アクセントの）　74, 94
朝鮮人虐殺　135
張相　116
チョムスキー，N.　77, 79, 329
坪内逍遥　251
ディクソン，R. M. W.　56
帝国主義　44, 45, 306
デインシャナハス（地誌）　226, 227, 228, 231, 241
寺沢拓敬　304
転移　35
伝世と応世　311
伝統方言　156, 157, 161, 162, 163, 187
デンマーク語　55
ドイツ語　28, 271
トーイン　226
東夷伝　105, 106
唐音雅俗語類　114
東京アクセント　65, 71, 86, 157
東京方言　74, 77, 86
東国方言　82
統語構造　35, 289
東条操　142
動点把握（アクセントの）　71
動能性　198, 199, 312
唐話（学）　112, 113, 117, 327
唐話纂要　114
徳川宗賢　82, 83, 84, 94, 95, 323
トクピシン　30, 31, 43, 44, 323
読解力　283
トマソン，S. G.　35
トムソン，K.　263, 264
ドメイン　31, 136, 145, 301

富山萬壽喜　164
トライ語　43
トラッドギル，P.　154
トルコ（語）　38, 57, 61, 62, 63
奴隷（制）　31, 32
敦煌文献　112, 115
敦煌変文字義通釈　119, 120
トン普通語　162

な行

ナヴァホ語　216
那覇方言　88
奈良田方言（山梨）　81
二言語主義　43
二言語使用者　→バイリンガル
西嶋定生　107
西田幾多郎　195
西村美和　6, 22
日琉祖語　169, 172
日本手話　164, 165
日本祖語　81, 322
二面結節　201, 204, 214, 324
ネオ方言　159, 160
ノース人　267, 268
ノーベル文学賞　239, 240
ノルウェー語　55, 56, 59, 323

は行

バイリンガル，二言語使用　4, 17, 19, 20, 23, 28, 33, 34, 37, 43, 125, 149, 157, 162, 176, 177, 179, 271, 281, 282, 307
ハウゲン，E.　55
八丈語，八丈島方言　87, 180
服部四郎　65, 72, 77, 78, 79, 83, 94, 322
発話　51, 52, 54, 57, 69
パラメーター　78, 79
バルカン言語連合　29
範疇化　191, 192, 194, 198, 199, 200, 209, 312, 315
バントゥー諸語　76
ピアス，F.　259, 263, 264
比較言語学　81, 82, 86
ピジン（化）　9, 30, 31, 32, 38, 43, 44

左横書き　254, 255
ピッチアクセント　70, 71
ヒーニー，S.　223, 224, 225, 227, 228, 229, 230, 231, 233, 234, 235, 236, 237, 239, 240, 241, 242, 314, 329
標準漢字表　131, 132
標準語　16, 37, 66, 67, 68, 85, 90, 91, 92, 93, 95, 123, 128, 129, 131, 152, 158, 159, 162, 163, 181, 324, 325, 327
標準語アクセント　66, 67
ヒンディー語　146
ファーガソン，C. A.　28
フィリピン　151
フィルター　146, 147, 157
フィールドワーク　69, 162, 201
複数形成法　194
複統合　193
普遍性　77, 78, 80
冬を生き抜く（ヒーニー）　223, 225, 227, 229, 232
フランス語　26, 28, 33, 85, 152, 271
フリップ・フロップ規則　75
ブリュール，L.　199
ブルガリア語　29, 30, 43
ブルームフィールド，L.　44
ブロムマルト，J.　60
文化　179, 189, 194, 196, 197, 205, 207, 210, 266, 267, 318
文化生態系　195
文化変容　196, 197, 206
文法　198, 199, 214
文法教育　288
フンボルト，W. v.　200, 202
北京語　100
ベトナム　102
変種　16, 41, 151, 156, 178, 306
ボアズ，F.　206, 211, 212
方言　16, 37, 56, 57, 65, 67, 68, 80, 84, 85, 86, 87, 88, 90, 91, 92, 94, 95, 127, 151, 152, 153, 154, 155, 157, 158, 159, 182, 227, 304, 306, 325
方言改良論　125, 129
方言教育　183, 184, 306

方言辞典　　185, 188
方言撲滅運動　　85, 163
母語の確立　　281
保科孝一　　130
ホースケンシュ，C.　　56
ホットニュース完了　　37
ポルトガル語　　43, 85, 152
本土方言　　82, 86, 152

ま 行

マイノリティ　　182, 184，→少数民族（の言語）
前島密　　128, 132
マケドニア語　　29, 43
松岡利次　　241
松本克己　　77
ミシュノ，E.　　33
水村美苗　　210, 310, 321
ミスン，M.　　213
ミチフ語　　32
宮古（語）　　87, 169, 170, 175, 180, 181
ミュフェネ，S.　　41
民族　　9
ムスタファ・ケマル（アタチュルク）　　62
村井和輝　　43
村上広之　　136, 137, 138, 139, 140
名詞屈折論　　203
メタ言語能力　　296
メディアレンガ　　32
メティス　　33
目標言語　　20, 36
文字（使用）　　38, 45, 91, 153, 207, 208
文字論　　208, 214
本居宣長　　189, 190, 195, 201, 202, 203, 209, 214, 215
モンタナ・セイリッシュ語　　44

や 行

八重山（語）　　87, 169, 170, 171, 175, 180, 181
ヤーガン　　194
山浦玄嗣　　155
山田孝子　　170
融即　　199
ユネスコ　　86, 87, 95
ユピック　　216
ユリシーズ　　233
養老孟司　　196
吉川幸次郎　　203
与那国（語）　　87, 170, 175, 181

ら 行

ラテン語　　27, 28, 33, 43, 44, 67
ラテン文字　　39, 61
ラボフ，W.　　8
琉球クレオロイド　　176, 178
琉球（諸）語　　86, 87, 152, 169, 171, 173, 174, 176, 178, 180, 181, 182, 184, 187, 306
琉球国併合　　173
琉球方言　　81, 82, 86, 95, 152, 161
リンガフランカ　　19, 173, 268
ルイス，G.　　62
ルーマニア語　　29, 30, 43
レヴィ＝ストロース，C.　　265, 266
レーマン，W. H.　　207
ロドリゲス　　203
論語　　108, 109

わ 行

話者（集団）の力関係　　18
和製英語　　25, 252, 253
和製漢語（新漢語）　　101, 307
渡辺仁　　213
渡邉義浩　　107
和邇（王仁）　　108

言語接触
英語化する日本語から考える「言語とはなにか」

2019 年 5 月 31 日　初　版

[検印廃止]

編　者　嶋田珠巳・斎藤兆史・大津由紀雄
　　　　しまだたまみ　さいとうよしふみ　おおつゆきお

発行所　一般財団法人　東京大学出版会
　　　　代表者　吉見俊哉
　　　　153-0041 東京都目黒区駒場4-5-29
　　　　http://www.utp.or.jp/
　　　　電話 03-6407-1069　Fax 03-6407-1991
　　　　振替 00160-6-59964

組　版　有限会社プログレス
印刷所　株式会社ヒライ
製本所　誠製本株式会社

©2019 T. Shimada, Y. Saito, & Y. Otsu, Editors
ISBN 978-4-13-083079-9　Printed in Japan

[JCOPY]〈出版者著作権管理機構 委託出版物〉
本書の無断複写は著作権法上での例外を除き禁じられています．複写される場合は，そのつど事前に，出版者著作権管理機構（電話 03-5244-5088, FAX 03-5244-5089, e-mail: info@jcopy.or.jp）の許諾を得てください．

大津由紀雄（編）	認知心理学 3　言語	A5・3400 円
斎藤兆史	英語の作法［POD版］	A5・2800 円
斎藤兆史	翻訳の作法	A5・2200 円
唐沢かおり（編） 林　徹	人文知 1　心と言葉の迷宮	A5・2800 円
山口明穂 鈴木英夫（編） 坂梨隆三 月本雅幸	日本語の歴史	A5・2400 円
長谷川寿一 C.ラマール（編） 伊藤たかね	こころと言葉 進化と認知科学のアプローチ	A5・3200 円

ここに表示された価格は本体価格です．御購入の
際には消費税が加算されますので御了承ください．